普通高等院校"十三五"规划教材·公共基础课系列

沟通与写作

主 编◎张祥平 金敏 张鹏振　　副主编◎冯梦琳 胡苗苗 牛娟

华中科技大学出版社
http://www.hustp.com
中国·武汉

内 容 简 介

现代社会已经进入了信息时代,沟通是一个人终生必备的生存和发展技能,沟通能力也是一个现代人综合素质和能力的体现,大学生沟通能力的培养已受到高等学校的高度重视,本教材为配合高等院校文化素质教育和课程教学改革而编写,旨在通过理论阐释和案例解读切实提高教学对象口头和书面沟通的能力。

全书分为绪论、上编、下编三部分:绪论系统而简明地介绍了沟通的含义与功用、要素与形式、特点与原则等理论知识;上编侧重介绍口语沟通——交际口才,专题解说日常社交沟通、主持口语沟通、演讲口语沟通和求职口语沟通的常识和技巧;下编侧重介绍书面沟通——实用写作,专题解说公务文书写作、职场文书写作、商务文书写作和教育诉讼文书写作的格式和要求。

本书内容通俗易懂、循序渐进,既可以作为高等院校口才与写作类课程的通用教材,也可以作为普通读者自学和训练的参考用书。

图书在版编目(CIP)数据

沟通与写作/张祥平,金敏,张鹏振主编. —武汉:华中科技大学出版社,2019.11(2024.8重印)
ISBN 978-7-5680-5446-1

Ⅰ.①沟… Ⅱ.①张… ②金… ③张… Ⅲ.①人际关系学-基本知识 ②汉语-应用文-写作-基本知识
Ⅳ.①C912.11 ②H152.3

中国版本图书馆 CIP 数据核字(2019)第 164100 号

沟通与写作 张祥平 金 敏 张鹏振 主编
Goutong yu Xiezuo

策划编辑:张 毅 杨 帆
责任编辑:张 娜
封面设计:廖亚萍
责任监印:朱 玢
出版发行:华中科技大学出版社(中国·武汉)　电话:(027)81321913
　　　　　武汉市东湖新技术开发区华工科技园　邮编:430223
录　　排:武汉市洪山区佳年华文印部
印　　刷:武汉市洪林印务有限公司
开　　本:787 mm×1092 mm　1/16
印　　张:18.25
字　　数:467 千字
版　　次:2024 年 8 月第 1 版第 13 次印刷
定　　价:46.00 元

本书若有印装质量问题,请向出版社营销中心调换
全国免费服务热线:400-6679-118　竭诚为您服务
版权所有　侵权必究

前言

所谓沟通，是一个人向另一个人传递信息并使之理解的过程。无论在现实生活中，还是在工作学习中，沟通是极为重要的实际能力。沟通之于人，就像吃饭、睡觉一样不可或缺。人作为特定社会群体的成员，作为须以工作来保障生存的个体，必须具有人际沟通和工作沟通的能力，否则就无法正常建立人与人之间的和谐关系，无法顺利处理工作中涉及的各项事务。

从技术层面而言，沟通实质上涵盖口语沟通与书面沟通两个方面。口语沟通能力由口才水平来体现，书面沟通能力由写作水平来体现。一个人，如果具有理想的口才水平和写作水平，处理种种复杂的人际关系和工作问题，就不会左支右绌，而会游刃有余。

有鉴于此，本书以沟通原理统领"口语沟通——交际口才"和"书面沟通——实用写作"两部分。无论是交际口才，还是实用写作，各自的涉及面相当宽广，作为一门授课时数有限的课程，客观上不可能面面俱到，因此，我们只能介绍与大学生目前人生阶段最需要把握的最基本的口才艺术和写作技法。在上编，侧重介绍了日常口语沟通、主持口语沟通、演讲口语沟通和求职口语沟通等内容；在下编，侧重介绍了公务文书写作、职场文书写作、商务文书写作和教育诉讼文书写作等内容。教材虽不具备"面"的广度，但具备"点"的深度，每章的内容我们尽可能深入开掘、讲清讲透，以便学生透彻理解、牢固把握，并以此为基点，自行探索本书未能涉及的口才艺术和写作技法。本书每个章节都安排了若干与教学内容密切相关的实训练习题目，以期学生成功地将理论知识转化为口语交际和写作沟通的技能。

本书由张祥平(湖北商贸学院)、金敏(湖北商贸学院)、张鹏振(武汉设计工程学院)担任主编，由冯梦琳(武汉设计工程学院)、胡苗苗(湖北商贸学院)、牛娟(湖北省鄂州市葛店高级中学)担任副主编。

在编写过程中，我们参考借鉴了同类教材不少案例和表述，在此，向相关教材的编者谨致谢忱，并恳请专家、读者不吝赐教。

编　者

目录

绪论 …………………………………………………………………… 1
 第一节 沟通的含义与功用 ……………………………………… 1
 第二节 沟通的要素与形式 ……………………………………… 3
 第三节 沟通的特点与原则 ……………………………………… 10
 第四节 沟通的要求和心理准备 ………………………………… 13

上编 口语沟通——交际口才

第一章 日常口语沟通 …………………………………………… 18
 第一节 寒暄与交谈 ……………………………………………… 18
 第二节 提问与应答 ……………………………………………… 31
 第三节 赞美与批评 ……………………………………………… 37
 第四节 求助与拒绝 ……………………………………………… 45

第二章 主持口语沟通 …………………………………………… 53
 第一节 主持相关常识 …………………………………………… 53
 第二节 文艺节目主持 …………………………………………… 58
 第三节 重要会议主持 …………………………………………… 65
 第四节 现场活动主持 …………………………………………… 69

第三章 演讲口语沟通 …………………………………………… 76
 第一节 演讲的准备 ……………………………………………… 76
 第二节 演讲的实施 ……………………………………………… 84
 第三节 演讲的控场 ……………………………………………… 89
 第四节 演讲的禁忌 ……………………………………………… 95

第四章 求职口语沟通 … 98
第一节 自我介绍技巧 … 98
第二节 常规问题应答 … 103
第三节 特殊问题应答 … 108
第四节 面试语言禁忌 … 113

下编 书面沟通——实用写作

第五章 公务文书写作 … 118
第一节 通知与通报 … 118
第二节 报告与请示 … 127
第三节 批复与函 … 138
第四节 计划与总结 … 147

第六章 职场文书写作 … 163
第一节 简历与求职信 … 163
第二节 规划与竞聘 … 175
第三节 述职与辞职 … 189
第四节 致辞与演讲 … 197

第七章 商务文书写作 … 211
第一节 商品说明书与商务广告 … 211
第二节 市场调查报告与商务策划书 … 221
第三节 协议书与经济合同 … 237

第八章 教育、诉讼文书写作 … 249
第一节 实习报告的写作 … 249
第二节 毕业论文的写作 … 257
第三节 起诉状与上诉状 … 274

参考文献 … 285

绪 论

第一节 沟通的含义与功用

一、沟通的含义

沟通是人类社会最基本、最重要的交往方式之一。沟通作为一种行为方式伴随着人类社会的产生而产生,伴随着人类社会的发展而发展。沟通行为大量地存在于人们的日常生活中,几乎到了无处不在、无时不有的程度。任何一个社会组织和个人都离不开沟通,可以毫不夸张地说,没有不需要沟通的组织、家庭,也没有不需要沟通的个人。正由于沟通行为的常见性和复杂性,人们对沟通的定义也是"仁者见仁,智者见智",各抒己见,莫衷一是。国内外关于沟通的定义就有100多种。下面简述最主要的几种:

"交换说"认为:"沟通是用任何方法,彼此交换信息,即指一个人与另一个人之间用视觉、符号、电话、电报、收音机、电视或其他工具为媒介,所从事的交换消息的方法。"(《大英百科全书》)"文字、文句或消息之交通,思想或意见之交换。"(《韦氏大辞典》)"交换说"明确沟通是有来有往的双向交流活动,但前一种意见侧重于个人与个人之间的沟通,而忽视了生活中还有个人与群体的沟通;后一种意见缺省了沟通所凭借的工具或渠道,概括不够全面。

"共享说"认为:"我们在沟通的时候,是努力想同谁确立'共同'的东西,即我们努力想'共享'信息、思想或态度。"(美国传播学家施拉姆)"沟通是人们分享信息、思想和情感的任何过程。这种过程不仅包含口头语言和书面语言,还包含形体语言、个人的习气和方式、物质环境——赋予信息含义的任何东西。"(美国学者桑德拉·黑贝尔斯、理查德·威沃尔二世)"共享说"将"思想""情感""态度"与"信息"并列起来,混淆了概念的种属关系。

"影响说"认为:"沟通这一概念,包含人与人之间相互影响的全部过程。"(美国学者露西、彼得森)"什么人说什么,由什么路线传至什么人,达到什么结果。"(西方学者拉斯韦尔)"影响说"认为沟通是传播者、接收者双方通过"说"以施加影响或达到目的,将沟通局限于"说"的范畴,而将以非语言因素为媒介的人际沟通活动排除在外,显然不够科学。

"传受说"认为:"沟通是信息凭借一定符号载体,在个人或群体间从发信者到接收者进行传递,并获取理解的过程。"(苏勇《管理沟通》)这个界定从管理的角度,特别是从领导工作职能的要求出发,吸收了信息学的研究成果,较为接近沟通学视角观照下的关于沟通的含义。

人们出于不同的目的,站在不同的视角对沟通进行界定,形成了侧重点不尽相同的诸多观点。"横看成岭侧成峰,远近高低各不同",站在某一视角(如管理学)对沟通的界定是这样的,但变换到另一视角(如传播学),对沟通的界定又会有所不同。

融摄上述诸种定义的合理内容,可从沟通学的视角对沟通做如下定义:沟通的本质是一种信息传播,所谓沟通,是指人们在一定的交际环境或背景中借助相同的言语或非言语的符号系统,相互传递、交换并理解信息,达到消除隔阂、寻求共识、达成一致目的的任何过程。如果信息传递、交换、理解获得成功,则是有效的沟通;反之,则是无效的沟通。"沟"是手段,"通"(消除隔阂、寻求共识、达成一致)是目的。

二、沟通的功用

沟通是人的社会化活动,不仅是针对特定对象的行为活动,更是现代人的生存方式。作为有意识的人类主体活动,与人生发展息息相关。沟通的有效性直接关系到一个人的身心健康、事业发展、人际关系等方面,沟通的重要性不言而喻。

(一)思想交流离不开沟通

一个人的思想藏在脑子里,究竟怎么样别人无从知晓,一个人要禁锢自己的思想也不可能,人的思想需要表达,需要与别人交流。这样,别人才了解你,你才了解别人。生活在社会中的人,思想是千差万别、错综复杂的,对人、对事、对问题的认识,不可能都全面、都正确。通过沟通,便可以与别人切磋、沟通、交换意见,在不断地修正中获得正确的认识。这样,自己的思想就会进步,境界就会提高。

(二)联络感情离不开沟通

随着传播手段的日益现代化,社会竞争的日趋激烈以及人与人之间关系和交往的密切,在社会生活的各个方面,沟通越来越起着举足轻重的作用。人生在社交中度过,每时每刻伴随着沟通,探讨学问、接洽事务、交换信息、传授技艺,还有交际应酬、传递情感和娱乐消遣都离不开沟通。沟通是增进了解、消除矛盾的有效手段。

(三)协调关系离不开沟通

有位沟通专家曾经断言:"语言是人生命运的纽带。"拥有好的沟通能力,就能在错综复杂的人际关系网络中游刃有余。善于沟通的人,到处都受人欢迎。他们能够使许多素不相识的人携起手来,成为朋友;他们能够为人们排忧解难,消除疑虑和误会;他们能够安慰愁苦烦闷的心灵,使人勇敢地面对现实;他们能够鼓励悲观厌世的人,使其微笑着迎接新生活。

(四)事业成功离不开沟通

沟通是一个人获得事业成功必备的能力。人生有三大幸福:成功的事业、真诚的友谊、甜蜜的爱情。这些都离不开成功的沟通。英国首相丘吉尔曾经说过:"一个人可以面对多少人,就代表这个人的人生成就有多大!"不管是政界领袖还是商界名流,古今中外所有深具影响力的人士都是善于表达和沟通的大师。一个人的发展成功与否,往往由他的沟通能力所决定,拥有较强的沟通能力,就能赢得比别人更多的发展机会,就能在激烈的社会竞争中脱颖而出。

(五)身心健康离不开沟通

人的一生,绝大部分时间是在工作单位和家庭中度过的,具有较强言语沟通能力的人,一般都具有融洽、和谐的人际关系,能够营造良好的工作环境、和谐幸福的家庭氛围,给人带来欢悦、满足的积极心理效应,促进自我和他人的身心健康。医学研究表明,良好的人际关系对于个人生理与心理健康都有很大的益处,善于沟通的人,其心理疾患要比不善于沟通的人少很多。

第二节 沟通的要素与形式

一、沟通的要素

沟通主要有沟通者、信息、目的、环境和工具五个基本要素。除五个基本要素之外,噪声和背景也是沟通的要素。

(一)沟通者

沟通者是五个要素中最主要的要素。沟通者,既是沟通活动的物质承担者,又是沟通目的、沟通环境、沟通工具的选择者。沟通者包括发信者和接收者,发信者是指在沟通过程中利用生理或其他手段向预定对象发送信息的组织或个人,其主要任务是收集、加工、传递信息,并对反馈信息做出反应;接收者是发信者的信息传递对象,又是反馈信息的发出者。人们进行沟通的过程,实际上就是分享信息的过程,接收者在接收信息的同时,还以各种手段向对方反馈信息。沟通环境各不相同,沟通工具各式各样,人们往往会根据不同的沟通目的,选择不同的环境和工具。

(二)信息

信息即沟通的内容,是发信者所发送的、需要接收者理解的知识、观点、愿望、兴趣、思想和感情等所组成的内容。人们要交际,就要传达信息、交换信息。人产生交际冲动,也正是因为需要传达信息;没有需要沟通的内容,人们也就不会产生交际冲动。人们往往根据不同的信息去选择不同的交际方式。

(三)目的

目的也就是交际意图。并不是所有的沟通都会有成效,但是所有的沟通都应该有目的。没有交际目的的行为是人的一般行为,而不是沟通行为。是否有沟通的目的是区别人的沟通行为与一般行为的重要依据。

(四) 环境

环境即物理环境,是指沟通行为发生的物质空间,是直接或间接影响沟通的各种客观因素的总和。物理环境可以分成有形环境和隐形环境两类。有形环境包括建筑、摆设、物品等;隐形环境包括颜色、香味、味道、声音、温度、湿度和光线等。物理环境影响着人们交际的欲望,影响着人们对交际方式的选择。一般来说,良好的环境有助于交际的开展,恶劣的环境则阻碍交际的开展,但环境的好坏是相对的。如何根据沟通的目的和沟通双方的实际情况,选择或营造适当的沟通环境,对于保障沟通的顺利进行,具有十分重要的意义。

(五) 工具

工具指传达信息的载体。沟通内容的传达需要经过一定的信息通道,采用一定的交际工具。

信息通道简称信道,是由发信者选择的、借以传达信息的媒介物。例如,人们在面对面的沟通中,口语就是双方沟通的通道;当人们通过互联网沟通时,QQ 聊天工具或电子邮件等互联系网通讯工具就是沟通的通道;在特定情境下,人们通过表情、手势来表达某些特定的意思,这时的非言语工具就是沟通的通道。由于各种信息通道都有各自的特点和利弊,因此在选择通道时要因时制宜、因地制宜、因人制宜,根据沟通的目的和内容,选择正确的信息通道。

交际工具包括言语工具和非言语工具,也包括交际方式、语言选择、某些实物等,如文字、音响、灯光等在一定条件下能起到承载信息的作用。不同的交际工具,可以传达不同的信息。在日常交际中,人们往往不会单独使用一种工具,而是几种工具混合使用,可将有声语言、表情语、手势语、身势语等一并使用。

(六) 噪声

噪声是造成信息损耗或失真的干扰因素,是阻止沟通者正确理解和解释信息的障碍。有的学者把噪声定义为"妨碍信息沟通的任何因素"。噪声存在于沟通过程的各个环节,主要包括:发送噪声,指沟通过程中产生于信息发送环节的干扰因素;信道噪声,指沟通过程中产生于信息通道中的干扰因素;接收噪声,指沟通过程中在信息接收者接收过程中所产生的干扰因素;符码噪声,指沟通双方由于信息符号系统的异质性或差异性所引发的干扰因素;环境噪声,指沟通过程中由于客观环境所产生的影响沟通效果的干扰因素;背景噪声,指沟通双方由于心理、性格、地位、文化、历史渊源等背景因素的差异所产生的干扰因素;数量噪声,指沟通双方所传递的信息量过大或信息量严重不足而引起的干扰因素。

(七) 背景

沟通行为都是在某一特定背景中发生的。任何形式的沟通,都会受到背景因素的影响和制约。有什么样的背景,沟通双方就会采取与之相适应的沟通行为与方式。一般来说,影响沟通的背景因素有以下几个方面。一是心理背景,心理背景是指沟通双方在沟通时所保持的情感和态度。心理背景对沟通的影响在于:沟通双方的情感好恶和态度影响沟通的过程和效果。二是社会背景,社会背景是指对沟通双方产生直接影响的社会角色关系和产生间接影响的其他人际关系。人的社会背景主要取决于社会地位,而社会地位的高低与个人所扮演的社会角色有着密切的关系。社会角色是指社会地位赋予人的权利和义务,以及与社会地位相适应的意识和行为,不同的社会角色,具有不同的权利与义务,沟通时必须采取与自己的社会地位相适应的沟通方式。三是文化背景,文化背景是指沟通双方较稳定的价值取向、思维模式、心理结构和行为方式的总和。文化背景往往转化为人的精神的核心部分而自动保持,是人们思考、行动的内在依据,所以文化背景会对人们的沟通行为产生潜在而深刻的影响。在全球经济一体化的进程中,跨文化沟通越来越多,只有明确文化背景在沟通活动中所起的作用,才能够避免或消解不同文化的冲突。四是信誉背景,信誉背景是指沟通中一方因另一方的权威、名气、地位等因素所产生的信赖的感觉。在沟通过程中,一方对另一方的信赖程度越高,沟通的效果越好;反之,沟通效果越差。这种信赖感的产生一般源于权威效应(即沟通一方是某一方面的专家学者,沟通中的另一方对其学识地位产生敬仰,愿意与其沟通)、名人效应(即沟通中的一方虽不是某方面的专家,但由于其名气、地位、身份使其具有很高的声望,增强了感召力,使人愿意与之交往)和印象效应(即沟通中的一方给另一方造成的第一印象会直接影响沟通的进行,第一印象越好,越有利于进行沟通)。

心理背景、社会背景、文化背景和信誉背景是沟通活动中看不见、摸不着但又客观存在,并对沟通产生影响的隐性因素。不论人们是否意识到它们的存在,它们对沟通目标的确定、沟通进程的推进、沟通方式的选择等都会产生全方位的影响。

二、沟通的形式

人际沟通的渠道和方式多种多样。按照沟通手段的不同,可以分为语言沟通和非语言沟通两大类。语言沟通以语言、文字符号为媒介,它无疑是人类最重要的交际方式。语言沟通又可以分为口语沟通和书面语沟通,口语沟通以语音为媒介,书面语沟通以文字为媒介。非语言沟通是语言沟通的辅助手段,它是以语气、停顿、语速等副语言手段和以表情语、手势语、身势语等体态语言为媒介的沟通方式。

(一)语言沟通

1. 口语沟通

1)口头语体和书面语体

语体与语言有着紧密的关系,人们只要运用语言进行沟通,其语言必然从属于某一种语体。所谓语体就是人们运用语言进行沟通所形成的语言运用体系,是适应不同交际领域的需要而形成的语言的功能变体。离开了语言运用就不可能有语体,同样,离开了语体也就不可能有语言运用。人们在进行语言沟通时,不仅要遵守语言规范,而且要善于使用各种相应的语体,否则会影响沟通效果。

口语和书面语是人们运用语言的两种不同表现形式。在语言沟通中,因两者凭借的媒介以及所使用场合的不同,它们也呈现出不同的特点,并逐渐形成不同的语体风格,即口头语体和书面语体。但是,口头语体和书面语体并不等于口语与书面语,许多书面语存在口语的表现形式。比如,叙事性的文艺作品就有大量的口语化描述,演讲语体中也经常出现书面语形式。

2)口头语体的种类

根据不同的场合、不同的沟通目的,可以将口头语体分为不同的类型,每种类型有其特殊的沟通形式和语言特点。根据口头语体的语言特点,可分为演讲语言、辩论语言、播音语言、主持语言、教师语言、谈判语言、推销语言、求职语言、领导语言、采访语言、答辩语言、朗诵语言、外交语言等。这些不同类型的口头语体,又可根据沟通交流的主体特点分为独白体和对白体。独白体是说话者独自完成与听众的沟通与交流,而对白体是由两个及以上的说话者进行互动的沟通与交流。

2. 书面语沟通

1) 书面语沟通与书面语体

书面语沟通使用的媒介是文字。由于媒介的性质不同,口语沟通和书面语沟通的性质和规律也有差异。口语沟通对语境的依赖性很强,并且可以借助副语言和体态语言等辅助手段。书面语沟通凭借的是文字,它没有对话的语言环境,也没有谈话时的情态、体态的补充,也不是即兴的漫无边际的交谈,省略、重复、跳跃的情况比较少。所以,书面语沟通的语言加工程度要远远超过口语沟通。书面语沟通可以字斟句酌,精心地遣词造句和谋篇布局,追求语言的准确规范和形象生动。在书面语沟通过程中,书面语体逐渐形成。

2) 书面语体的种类

书面语体包括的范围较广,常见的有公文语体、科技语体、政论语体和文艺语体四种语体。公文语体是党政机关、企事业单位、社会团体以及人民群众之间采用法定公文或事务性文书来处理公务而形成的一种书面语体,它具有如下特点:有固定的程式和格式,不同文种有其固定的习惯用语;用词简明、准确;句式要求周密、严谨。科技语体是适应科学技术领域特定的交际目的、内容、任务的需要而形成的适用语体,其特点为:用词准确,注重选词的专业性;表达严谨,注重表意的单一性;重视非语言符号的使用,注重表达的科学性。政论语体是论述社会政治生活中的各种现实问题,阐明某种政治主张和社会生活准则的语体,其语言特点表现为:用语准确有力,观点鲜明;论述逻辑严密,说服力强;观点鲜明生动,感染力强。文艺语体是一种有突出艺术特征的语言体式,主要是借助形象思维,通过语言描绘形象向读者揭示作品所蕴含的意思,其特点是重视各种修辞手法的运用,追求语言的艺术美。

(二)非语言沟通

1. 副语言交际

1) 副语言及其交际功能

副语言是有声音而没有固定意义的语言。副语言与常规语言的区别在于:其一,常规语言是分音节的语言,而副语言的语音形式,诸如重音、语调、笑声、咳嗽等都不是正常的分音节语言;其二,常规语言绝大部分有较为确定的语义,而副语言本身没有固定的语义,只有在具体语境中才能表达特定的意义。正因为副语言的语义具有不确定性,所以,在交际过程中适当地运用副语言能产生特殊的表达效果。

副语言主要有以下几个方面的交际功能:一是强调功能,副语言借助重音、停顿或语速、语调的变化等形式强调所要表达的内容;二是替代功能,在交际过程中,副语言有时能直接替代常规语言并产生特殊的表达效果;三是暗示功能,副语言的声音在特定场合具有特定的含义,常充当一种"声音暗示";四是否定功能,同样的语句因说话者的语调、语气或重音运用的不同,可能表达截然相反的语义。

2) 副语言的运用

副语言可分为辅助语言和类语言。辅助语言包括音质、音强、音高、音长、语调、语速、节奏、停顿、重音等。

音质，也称为音色，是声音的特色，是一个声音与其他声音相互区别的根本标志。每个人都有独一无二的音质。音质的好坏对交际有很大影响，一个人声音是否浑厚，是否有磁性，是否悦耳动听，都将对沟通效果产生一定影响。音强，是指声音的大小，也称音量，它与发音体振动幅度的大小有关。音高，指的是声音的高低，它决定于发音体振动的快慢。音长，指的是声音的长短，它决定于发音体振动时间的久暂。语调，是语句中声音高低升降的变化，也称句调，是指说话者为了表达意思和感情而表现出来的抑扬顿挫的语句调子。语速，是指朗读或说话时在一定时间里容纳一定数量的词语，也就是说话的快慢。语速在沟通交流中的作用在于说话者可以利用语速来调整感情，更好地表情达意。语速的快慢受多种因素的制约，表达紧张、焦虑、慌张、热烈、欢畅的心情时语速较快，表达沉重、悲痛、缅怀、悼念、失望的心情时语速较慢。节奏，主要是指语言表达上的快慢、抑扬顿挫、轻重虚实等各种循环交替的语言形式。在沟通中，我们应根据实际情况调节语速、音强、音高等，形成合适的节奏，从而更有效地传递所要表达的思想和感情。停顿，是指朗读或说话过程中的断和连，语言表达中的停顿是必不可少的，它既是显示语法结构的需要，更是明晰表达语义、传达感情的需要。停顿分为常规停顿和超常规停顿。常规停顿是指语法停顿和逻辑停顿，这种停顿并没有产生特殊的语义，而副语言中的停顿是一种超常规停顿。停顿能传达特殊的信息，并产生特别的表达效果。重音，是指说话或朗读时把句子里的某些词语读得比较重的语言现象。在不表示特殊的思想和感情的情况下，根据语法结构的特点把句子中的某些成分重读，称为语法重音；为了表示特殊的思想和感情而把句子中的某些成分重读的现象，称为强调重音，也称为逻辑重音。

类语言，包括笑声、哭声、叹息声、咳嗽声、嘘声、口哨声等。

不同的笑声往往反映出沟通者不同的心态，不同的哭声也隐含着沟通者不同的情绪。叹息声是一种比较典型的情绪表现形式，当人们感到失望、压抑、无奈、困惑的时候，往往情不自禁地发出叹息声，借以排解内心苦闷的情绪。咳嗽声本来是一种生理现象，但有时候也是一种功能性发声，人们有意发出咳嗽声并借此传达特定的信息，如提醒、警示。咳嗽声还可以用来填补语空。嘘声表达语义的功能是非常明显的，而且情绪化色彩很强，在公众场合用的比较普遍。嘘声常常表现为观众的一种否定、对抗甚至是反抗的负面情绪。口哨声，古代称为啸声、撮口作声，后来啸声又包括了叫声。古人常以此抒发悲愤之情或以此述志。

2. 体态语交际

体态语包括的内容很多，大致包括表情语、首语、手势语、身势语、空间语等。

1）表情语及其运用

这里所说的表情语主要是指人的面部表情。表情语是通过面部表情来交流情感、传递信息的语言，其中使用最广泛、表现力最丰富的是目光语和微笑语两种。

目光语是运用眼的动作和眼神来传递信息和感情以实现交际的语言。目光能塑造自我形象，能给人以鲜明的第一印象。目光"会说话"，能传达细微、复杂、强烈的思想感情。自然流露的目光语，能反映人物的遭遇、性格和深层心理。

凡富有经验的语言交际者，总是能够恰如其分、巧妙地运用目光语，与有声语言相协调、配合，去表达千变万化的思想感情，去调整沟通现场的氛围。除了目光语的传神外，沟通中目光语的运用，还与交际者眼睛注视的位置、时间停留的长短和频次、注视的方式、控制对方的眼神有关。

目光注视的位置不同,表明双方的关系不同,传递的信息也不会相同。注视可以分为亲密注视(亲人、恋人之间)、社交注视(酒会、舞会、茶话会等友谊聚会)和公事注视(洽谈业务、贸易谈判、对外交往等)三种。

目光注视对方时间的长短和频次,也是很有讲究的。长久不注视,则被认为是冷落对方,或者是对对方不感兴趣;长时间地盯着对方,也被认为是失礼行为,或者是向对方挑衅;眼神躲闪,则被看作是胆怯和心虚。在沟通过程中,不喜欢对方,看对方的次数就会减少,因为看是一种表示喜欢的信号。当交际者希望得到对方的赞同和关注时,看对方的次数就会增加。陌生人之间通常是目光接触之后立即移开。

注视的方式能够确切地表明沟通者的态度。目光注视的方式一般可以分为环顾(即视线向前做有意识的自然流转,以照顾全视野的沟通对象)、专注(即目光注视着对方)、虚视(即目光似视非视)等。除了上述三种方式之外,还有其他视线投射方式。当对方非常重视或者谈严肃的话题时,一般需要正视;当对某人表示轻蔑或反感时,可采用斜视;当对某人毫无兴趣甚至厌恶时,就会采用耷拉眼皮的漠视。

会运用目光语控制对方的眼神,这是目光语运用的最高境界。一般说来,处于沟通强势的一方更容易控制对方的眼神。

微笑语是通过略带笑容而不出声音来传递信息的体态语言。微笑语是一种具有强烈感染力的体态语,也是一种跨文化的通用体态语。微笑的功能是多方面的:微笑有助于身心健康,延年益寿,微笑还可以美化人们的外形,陶冶人们的情操;微笑能改善沟通环境,改变不友善不融洽的交际环境,微笑比有声语言更方便、更直观、更得体、更有效;微笑是沟通交流的润滑剂,微笑能增强沟通亲和力,应当贯穿沟通的始终。

在运用微笑语传情达意时,要做到以下几点:一是要笑得自然,发自内心的笑才能笑得自然、笑得亲切、笑得美好、笑得得体;二要笑得真诚,微笑语既是自己愉快心情的外露,也是纯真之情的奉送;三要笑得合适,做到场所合适、程度合适、对象合适。

2)首语及其运用

首语,就是通过头部活动所传递的信息。这里说的首语是指头部的整体活动所传递的信息,包括点头、摇头、侧头(歪头)、昂头、低头等。点头表示致意、同意、肯定、承认、赞同、感谢、应允、满意、认可、理解、顺从等;摇头表示不满、怀疑、反对、否定、拒绝、不同意、不理解、无可奈何等;侧头(歪头)表示思考、天真等;昂头表示充满信心、胜利在握、踌躇满志、目中无人、骄傲自满等;低头表示顺从、听话、委屈、无可奈何、另有想法等。

首语的运用,要做到以下三点:一是动作要明显,二是注意配合其他交际语言使用,三是注意民族习惯。

3)手势语及其运用

手势语是人体上肢所传递的交际信息,包括手指、手掌、手臂及双手发出的能够承载交际信息的各种动作,其中尤其是手指语、握手语、鼓掌语和挥手语的交际能力最强。手势语是多种多样的,它主要由发出手势的位置、手掌、拳头、手指构成。

发出手势的位置大体可以分为上位(肩部以上,一般用于希望、号召、鼓动、祝贺或一些宗教活动中)、中位(腹部至肩部区域,多用于社交活动与日常生活)、下位(腰部及以下,一般表示憎恶、反对、鄙视、失望等)三个区域。

手心向上,胳膊微曲,手掌稍向前伸,表贡献、请求、赞美、欢迎等;手心向下,胳膊微曲,手掌稍向前伸,表抑制、否认、制止、不喜欢等;两手叠加,表团结一致、联合、命运攸关、休戚与共等;两手分开,表失败、失望、分离、空虚、消极等;手心向外的竖式手势,表对抗、分离、不相容的矛盾或不同意对方的观点。

握紧拳头,表挑战、团结、一致对外、警告、示威等;举起双拳在空中晃动,表号召人们起来斗争、奋斗等。

伸出拇指,表称赞、夸耀;伸出小指,表轻视、蔑视、挖苦人;用手指指某一事物或方向,向听者示意事物和方向;用手指可以表示数目。

在日常沟通中,手势语的运用范围很广,使用频率也相当高。比如,用招手表示呼唤;用摇手表示不需要或谢绝;会议征求意见时,举手表示赞同或支持;当不能满足对方要求时,用搓手表示为难;用叉手表示自信和优越感;用摊手表示坦诚或无可奈何;用拱手表示行礼或者道谢;用背手表示自由自得或正在思考等。

手势语十分丰富,能表示各种意义,它常常被用来弥补有声语言的不足,起辅助或者强化作用。在特殊情况下,手势语可以代替言语而独立存在。从功能来看,手势语可分为情感性手势语、象征性手势语、摹状性手势语以及习惯性手势语等。手势语是人们内心活动的外化表现,文雅适当的手势语体现交际者的风度、仪表和文明程度。

4) 身势语及其运用

身势语是通过静态和动态的身体姿势传递交际信息的一种手段,在当今社会,身势语不仅是修身养性的基本要求,而且还是交际活动中用来表现仪表、传递信息的重要体态语言。静态的身势语包括立、俯、坐、蹲、卧;动态的身势语只有步姿。重要的身势语为立、坐、步,次要的身势语为俯、蹲、卧,不过后三种身势语在人们交际中较少运用。身势语在社交活动中有着极其重要的作用,体姿不同,传达的信息也不一样。

坐姿语是通过各种坐的姿势来传递信息的交际语言。坐姿的一般要求是:入座时,应当轻而稳,不要给人毛手毛脚不稳重的印象;坐的姿势要端正、大方、自然;无论什么坐具,都不要坐得太满;上身要挺直,不要左右摇晃;腿的姿势配合要得当,一般不能跷二郎腿;交谈时,上身要稍许前倾,表示对对方的尊重和自己的专心;上身需要后仰时,幅度不能太大,否则会给人困扰、无聊、想休息的印象。

坐姿有三种基本类型:一是正襟危坐,用在外事谈判、严肃会议或主席台就座等场合;二是半正襟危坐,介于正襟危坐和轻松坐姿之间,坐的姿势较轻松,如头部稍微后仰,背靠椅背,手随便放在扶手上等,适用于交谈、接待、座谈会、联谊会等场合;三是轻松坐姿,即非常自由自在、随随便便的坐姿,身子可以斜着,手可以交叉放在胸前或两手抱着后脑,可以跷二郎腿,这种坐姿一般只适用于非正式交际场合。

坐姿的运用,需要考虑这样几种情况:一是选用什么样的坐姿是受交际环境制约的;二是在现实沟通中,往往两种坐姿结合起来运用,它们之间没有不可逾越的界线;三是人的坐姿是素养和个性的表现,得体的坐姿可以塑造社交者的良好形象。

立姿语是通过站立的姿态传递信息的语言。因性别不同,立姿的要求也有所不同。男士应尽量体现刚毅,立姿为两脚平行分开,大体与肩同宽,两手交叉,垂放于前胸,或自然下垂;女士应尽量体现优雅,立姿为双脚跟并拢,脚尖分开呈小八字形,双手交叉放于腹部上位。

立姿语大致可以分为庄重严肃型、恭谨谦虚型、傲慢自负型和无礼粗鄙型。庄重严肃型:腰板挺直,全身直立,精神振作,给人以庄重严肃的印象。恭谨谦虚型:略微低头,垂手含胸站立,给人以谦虚、诚恳、恭谨的印象。傲慢自负型:两手交叉在胸前,两脚向外分开,斜倚式站着,目光睥睨,给人以傲慢、自负、骄矜的印象。无礼粗鄙型:歪斜着身子,一腿在前,一腿在后,或交叠着双膝站着,抖动着脚尖,给人以无礼粗鄙的印象。

通过行走的步态传递信息的语言称为步姿语。根据人们行走时的步态,步姿语大致可以分为以下类型:自如轻松型、庄重礼仪型、稳重自得型和沉思踱步型。自如轻松型:行走时,心情轻松,步子幅度不大不小,速度不快不慢,上身直立,两眼平视,两手自然摆动,或一手提包或托着大衣,适用于一般会见、前去访问、出席会议、走进社交场合等。庄重礼仪型:行走时,上身挺直,步伐矫健,双膝弯曲度小,步子幅度、速度都适中,步伐和手的摆动有强烈的节奏感,眼睛正视前方,适用于领导检阅仪仗队、参加剪彩、登上主席台、做报告或颁奖等隆重场合。稳重自得型:行走时,步履稳健,昂首挺胸、仰视阔步,步伐较缓,步幅较大,适用于理想目标实现、谈判达成协议、演讲或表演大获成功时。沉思踱步型:行走时,步子速度时快时慢,快的时候,步子急促;慢的时候,低视地面,缓缓徐行,或偶尔抬头回顾,或不时停下搓手。

5) 空间语及其运用

空间语,是沟通者运用空间距离传递信息的一种途径,又称"空间距离""人际空间""近体度"等。每个人的身体都占据固定的空间,在日常沟通中,人们都在有意无意地保持着适当的空间距离。沟通者对空间的运用可表明双方关系、地位、态度、情绪等。

爱德华·特威切尔·霍尔认为每个人都有自己的空间需要,并分出四种距离:亲密距离、个人距离、社交距离和公众距离。

亲密距离在 0～45 厘米之间,其近范围在 15 厘米之内,是人际交往的最小距离;亲密距离的远范围是在 15～45 厘米之间。亲密距离只用于情感上高度亲密的人之间。个人距离在 46～122 厘米之间,个人距离的近范围是 46～76 厘米之间,正好能亲切握手、友好交谈,这是与熟人交往的空间;个人距离的远范围是 76～122 厘米,任何熟人和朋友都可以自由地进入这个空间。社交距离在 1.2～3.7 米之间,社交距离超出了亲密或熟人的人际关系,而体现出一种社交性或礼节上的较正式的关系。社交距离的近范围是 1.2～2.1 米,一般在工作环境和社交聚会上,人们都保持这种距离;社交距离的远范围是 2.1～3.7 米,表现为一种更加正式的社交关系。公众距离一般在 3.7 米以上,这是公开演说时演说者与听众保持的距离。其近范围是 3.7～7.6 米,远范围在 7.6 米以外,这是一个几乎能容纳所有沟通对象的距离。

人际交往时,空间距离的远近是沟通双方是否亲近、是否友好的重要标志,也是不同类型交际的重要标志。因此,人们在沟通交流中,选择正确的距离是非常重要的。

第三节　沟通的特点与原则

一、沟通的特点

(一) 社会性和广泛性

沟通是人与人之间进行的一种社会活动,任何沟通都不会是一个人的单独行为。在沟通过程中,能怎样做,不能怎样做,需要注意一些什么,这都是随着社会群体的不同而产生差异的。不同的社会群体、不同的民族具有不同的沟通习惯和沟通方式,沟通具有较强的社会性和民族性。沟通的社会性、人际矛盾的复杂性、多样性和经常性决定了沟通使用的广泛性。每个人在工作、学习和生活中都离不开沟通。沟通现象比比皆是,即所谓"处处皆沟通、时时皆沟通、事事皆沟通、人人皆沟通"。

(二)个体性与双向性

人际沟通都是具体的个体交往,由于每个人的社会阅历、性别、性格、文化程度、职业习惯、宗教信仰等的不同,每个人的沟通能力就不会相同,沟通方式和沟通习惯也不尽相同,因此,沟通具有很强的个体性。沟通双方互为主客体,既不是完全的单方依赖,也不是完全的独立,而是沟通双方参与相互间的沟通行为所构成的有机整体。沟通具有双向性,是指发信者与接收者之间的信息交流是一种双向互动的过程,它既包括发信者向接收者发出信息,也包括接收者将信息反馈给发信者。

(三)协同性与循环性

沟通的过程是沟通者之间相互影响、相互作用、相互尊重、协同运作、共同完成的过程。沟通者之间的协作配合是人际沟通取得成功的重要因素,在特定场合、特定情景下,沟通者也可以故意采取不合作的态度来影响沟通效果。所谓循环性是指沟通过程中的双向信息交流活动沿着一定的内容指向反复进行的过程。在沟通过程中,当信息接收者将信息反馈给发信者时,接收者就成了发信者,原来的发信者成了接收者,这是一个循环的过程。

(四)符号性与非符号性

沟通活动必须凭借一定的符号系统,否则将会因缺乏物质凭借而无法进行。符号总是负载着某种信息,信息总是表现为某种符号。在沟通过程中,发信者发出的信息都是由各种符号构成的。沟通双方必须使用同一符号系统,才能对符号与其所指代的意义有相同的理解,沟通才能顺利进行。沟通可以使用多种符号传递信息,沟通过程中,双方除了使用言语符号以外,还大量使用各种非言语符号,如表情、体态、语气、语调、节奏等。人们很多时候都会利用这种非言语符号传递信息,如表达喜欢、厌恶、烦躁、安详、从容、窘迫等情绪。

二、沟通的原则

沟通的基本原则即人们进行沟通时必须遵循的一般法则或标准。实践表明,要实现有效沟通,除了合理使用一些技巧外,还必须遵守沟通的基本原则。

(一)目标性原则

沟通的目标是指沟通双方或一方通过沟通想得到的结果,人与人进行沟通的时候,有其明确的目标。沟通不是受本能驱使的简单活动,而是在一定意识的支配下,表现为一种有目的、有计划、有对象的活动。沟通活动发生、运行、终止的全过程都带有或明或暗的目标性。明确沟通的目标对沟通具有重要意义。没有沟通的目标可能会导致沟通无效,原因有以下几点:其一,缺乏沟通目标,信息发出者无法从自己大脑储存的繁杂信息中,整合出对本次沟通有用的信息,造成思维的混乱;其二,沟通目标的缺失,使沟通行为的主动者很难衡量沟通的效果是否与沟通的本意相符;其三,沟通目标对沟通方式的选择具有制约作用,不同的目标需要采用不同的沟通方式。

(二)适当性原则

适当性原则包括信息通道选择的适当性和沟通对象的适当性。信息通道选择的适当性,是指沟通的双方向对方发送信息时,要选择适当的信息通道。不同的沟通内容对于信息通道的选择有着不同的要求,如果沟通的双方或一方选择了不恰当的通道传递信息,就会产生信息误解,导致沟通受挫。如上司对下级表示友好的方式就因人、因场合而异。年长的男上司对年轻的男性下属,可用拍其肩膀的方式表示赞赏、鼓励,而对女性用这种方式显然不妥。沟通对象的适当性,是指沟通的信息必须由适当的主体发出,并通过适当的信息通道传递给适当的接收对象。人们要想实现有效沟通,信息的发出者和接收者必须是应该发出信息和接收信息的沟通对象。如果信息由适当的发信者发出,但接收者不是适当的沟通对象,或信息接收者是适当的沟通对象,但发信者身份或地位不适当,都会导致沟通失败。只有信息从适当的发信者发出,并及时准确地传送给适当的接收者,沟通才可能是有效的。假如下级犯了错误,上级可以直接批评;上司出现失误,下级一般不便直接批评。

(三)完整性原则

沟通的完整性原则,是指沟通信息必须由适当的对象发出,并通过适当的信息通道,尽可能完整地传送给适当的接收对象的法则。如果信息由适当的主体发出,通过适当的信息通道的传递,由适当的接收者接收,这样的沟通是否就一定有效呢?不一定。因为在信息的传递过程中,由于各种因素的影响和干扰,信息可能被人为或自然地损耗或变形了,接收者接收到的已经不是发信者所发出的原本信息,而是一种失真了的信息,容易引起误解,从而导致沟通失效。因此,保持信息在传送过程中的完整性,是有效沟通的前提。

(四)同一性原则

沟通的同一性原则是指沟通双方必须使用相同的符号系统,即沟通信息在发信者那里是以某种符号系统进行编码的,那么在接收者那里也必须以相同的符号系统进行译码,沟通才能顺利进行。如果双方所使用的符号系统完全不同或存在较大差异,就会导致接收者无法解读信息或者产生误解、误读,导致沟通失效。一旦出现类似的错误,沟通过程在形式上看起来是完整的,但实际上没有实现信息的有效传递,译码过程出现了断裂,没有形成有效的沟通。沟通双方要使用同一符号系统,既是沟通的特点,也是沟通的原则,需要沟通双方理解和遵循。

(五)时效性原则

时效性原则是指沟通行为必须在一定的有效期内实施完毕,超过了有效期,沟通就失去了意义。比如,一位女孩失恋了,在寻短见前打电话让广播电台的节目主持人给前男友带句话,说今生不能和他在一起,就在来世相聚。这位节目主持人设法稳定女孩的情绪,与她进行电话沟通,最终使女孩放弃了自杀的念头。如果这位主持人在女孩寻短见前的沟通有效期内,没有及时劝慰她,后果将不堪设想。

(六)噪声最小化原则

噪声最小化原则是指沟通过程中必须尽量减少或消除噪声的干扰。噪声产生于沟通的各个环节，是人们沟通的障碍。噪声是客观存在的，但经过努力，人们可以减少甚至消除噪声。例如，上课时，走廊里传来喧闹声，使学生听不清老师讲课，此时可以关上门窗，减少噪声的干扰；也可以婉言劝说喧闹者离开，消除干扰。再如，使用无线通讯工具因信号不好而听不清楚时，可以靠近窗户或到室外接听，也可以加大声音，让对方听清。

第四节 沟通的要求和心理准备

一、沟通的要求

(一)道德要求

道德是一种社会意识形态，是人们共同生活及其行为的准则与规范。道德往往代表社会的正面价值取向，起着判断行为正当与否的作用。道德是指以善恶为标准，通过社会舆论、内心信念和传统习惯来评价人的行为，调整人与人之间以及个人与社会之间相互关系的行动规范的总和。

在沟通中重视道德修养，遵守必要的行为规范，做到举止得体、落落大方，这不仅可以塑造良好的交际形象，而且道德修养是为人处世所不可或缺的精神素养。社交中的道德主要有诚实、守信、正直和宽容四个方面。具有道德感的人，必然深明大义、深明事理，敢于主持正义、弃恶扬善。诚实是做人的灵魂，守信是立世之本，正直是人与人之间信赖的基石，宽容则是增加人与人感情的黏合剂。

诚实，即忠诚老实，就是忠实于事物的本来面貌，不隐瞒自己的真实思想，不掩饰自己的真实感情，不说谎、不作假，不为不可告人的目的而欺骗别人。

守信，就是讲信用、讲信誉，信守承诺，忠实于自己承担的义务，属于自己的责任要勇于担责；"言必信，行必果"，承诺的事情要竭尽全力实施兑现。

正直，即光明磊落、坚持正义，有君子人格，不搞邪门歪道，不做小人之事，不因贪图名利而放弃原则、忘却道义，遇见不正义的事情要敢于抵制和斗争。

宽容，即严于律己、宽以待人、大事清楚、小事糊涂，对别人的缺点和不足要容忍，对别人的非原则性错误要宽恕，允许别人改正错误，不可紧紧揪住不放。

(二)语言表达要求

在人际沟通中，对语言表达的基本要求主要表现在适时、适量和适度三个方面。

1. 适时

说在该说时、止在该止处，这就叫适时。适时，首先表现在话语要适可而止，一个观点、一个意思表达明白就行了，不要啰哩啰嗦、没完没了。适时还表现在该说的时候一定要说，不能畏缩，不能胆怯，话语一定要点到。少说一句，别人也许就无法理解你的意思，你就无法达到语言沟通的目的。有教养和有品位的人不会随意少说话,总会适时地表达,说出适时的话语。

2. 适量

适量,既指说话的多少适当,也包括说话的音量适宜。适量并非少说为佳,适量与否应以是否达到了说话目的为衡量的标准。话语多少的适量并不排除为达到说话目的的必要重复,应根据对象、环境、时间等因素的不同要求,该多说时不少说,该少说时不多说,该重复的也要重复。语言表达的适量,还包括声音高低适量。

3. 适度

语言表达的适度,主要是指根据不同对象把握言谈的深浅度,根据不同场合把握言谈的得体度,根据自己的身份把握言谈的分寸度。事情有缓急,说话有轻重。俗话说"话不要说绝,路不要走绝",人与人之间难免因某种原因产生摩擦,这时,如果把话说得过重,就会激化矛盾,相反,如果克制自己的情绪,则会让事情平息下来,这就要求发生冲突时切忌失去理智。

二、沟通的心理准备

要想拥有良好的人际沟通能力,就需要沟通者具备良好的沟通心理素质。掌握人际沟通的心理知识,克服沟通交流中的心理障碍,对于人际沟通的成功有着重要的意义,对成功建立、保持和发展良好的人际关系也至关重要。

(一)克服羞怯心理

羞怯心理是沟通者在交流过程中因害羞、胆怯而表现出来的心理障碍。害羞是交际过程中的一种表现,比如,不敢注视对方,面红耳赤,手足无措;胆怯是沟通准备阶段的心理状态。羞怯在一定程度上是缺乏自信的表现,在沟通中,表现为不敢与人交流或不善于与人交流。心理学研究表明,潜意识通常接受的是肯定的信息,"别紧张""不要害怕"之类的自我暗示,反而会刺激自己变得更紧张、更羞怯,所以要多给自己肯定的信息,如"要自信""要勇敢"等。

(二)消除自卑心理

自卑是沟通者对自身能力、水平、品质等评价过低的自我意识。由于缺乏自信,觉得自己一切不如人,对自己的能力、知识和才华没有信心,不愿与人交流,逐渐变得自惭形秽、自我封闭、自我孤立、脱离群体。自卑心理产生的原因多种多样,就沟通中的自卑心理来说,必须加强训练,增强沟通技能,从而增强自信心。

(三)控制猜疑心理

猜疑是一种主观臆断的、过分敏感的、以假设为出发点来看待和处理沟通对象言行的心理障碍。猜疑心理是沟通交流的一大心理障碍,也是处理人际关系的大忌。我们需要正确看待人际沟通,与人为善,树立正确的价值观;要控制自己的情绪,遇到事情不应该仅凭直觉,要三思而后行,不能用猜疑代替事实;要学会信任别人,主动与被猜疑者敞开心扉交流,以坦诚的心态、平等交流的方式,主动与被猜疑者交流自己的困惑,消除误解。同时,我们要保持心理健康,培养自己豁达的心胸。

现代社会进入了一个急剧变革的时代,职场竞争日趋激烈。一个职场人士要想在竞争中立于不败之地,必须提高自己的核心竞争力,而沟通能力则是核心竞争力中的重要组成部分。沟通是一种可以培养的能力。沟通的理论知识是沟通实践活动的概括和总结,反过来对沟通实践活动起着指导作用。因此,认真学习沟通的理论知识对于提高沟通能力、营造良好的人际关系具有重要意义。

【实训练习】

1. 搜集并学习不同民族的体态语,了解不同民族体态语的差异。
2. 请查阅并学习有关手指语、握手语、鼓掌语、挥手语等资料。
3. 朗读下列作品,练习把握朗诵过程中的停顿、重音和节奏。

舒婷《致橡树》、北岛《回答》、[匈]裴多菲《我愿意是急流》、[俄]高尔基《海燕》、[美]罗斯福《对日宣战演说》、[英]丘吉尔《热血、辛劳、眼泪和汗水》

上编　口语沟通——交际口才

第一章 日常口语沟通

日常交际是人们传递信息的重要方式,日常沟通的内容比较宽泛,包括寒暄与交谈、提问与应答、赞美与批评、求助与拒绝、致谢与道歉、圆场与安慰、摆脱尴尬等诸多方面的口才技巧,下面介绍寒暄与交谈、提问与应答、赞美与批评、求助与拒绝等技巧。

第一节 寒暄与交谈

一、寒暄的技巧

寒暄是一种普遍的语言现象,是指人们相遇时相互之间表示友好态度的应酬话,在日常生活中被广泛使用。"暄"本意是太阳的温暖,寒暄在社交中的作用在于通过问候、搭讪的方式打破陌生的界限,缩短人与人之间的感情距离,引出交谈的话题。因此,寒暄实际上是人际关系发生、发展的起点,是人际交往中不可缺少的重要一环。生活中,往往能从两三句寒暄语,看出一个人的文明程度。

(一)寒暄的作用

寒暄的基本功能是联络感情——缩短交际者之间的社会距离,维持人际关系。寒暄在向人致意时注入了关怀,能给对方带来温暖。我们在工作和生活中,无论遇到陌生人还是熟人,都需要寒暄几句,用以沟通彼此之间的感情,创造和谐的气氛。与陌生人第一次接触,寒暄是展开交往活动、建立感情联络的良好开端;与熟人反复接触,寒暄是维持和增进感情联络、保持广泛社会联系的持续焊点。从交际心理学角度看,恰当的寒暄能够使双方产生一种认同心理,使一方被另一方的感情所同化,体现着人们在交际中的亲和需求。这种亲和需求在融洽气氛的推动下逐渐升华,从而顺利地达到交际的目的。

(二)寒暄的类别

根据场合的不同,寒暄大体分为如下几类。

1. 攀认式寒暄

有时为了找到与对方的共同点,可以采取攀认的方式进行寒暄。通过这种攀认式寒暄,交际的双方很快就能找到相同或相似点,增加双方的亲和度,为进一步加深交往奠定良好的基础。在现实生活中,这种攀认式寒暄的事例比比皆是。唐代诗人崔颢的诗《长干曲》:"君家何处住?妾住在横塘。停船暂借问,或恐是同乡。"这四句诗表现的就是陌生人之间寒暄的场面,诗中主人公——客居他乡的女子通过乡音和乡俗,问对方籍贯,攀了个"同乡"。

2. 敬慕式寒暄

对人尊重、敬慕会引起对方的好感,对初次见面者表示敬重、仰慕,这是热情有礼的表现。最通行的说法是"很高兴能认识您!""见到您非常荣幸!"比较文雅的表达是"久仰!""幸会!"也可说"早听说过您的大名!""××经常跟我谈起您!"或说"我早就拜读过您的大作!""我听过您做的报告!""您就是××老板?真是百闻不如一见啊!"采用这种方式必须注意:要掌握分寸、恰到好处,不能乱吹捧,不要随便说"久闻大名,如雷贯耳"之类的过头话。表示敬慕的内容应因人、因时、因地而异,让听者感到自然亲切。

3. 夸赞式寒暄

作为社会成员,人人都希望得到别人的肯定和认可。一般情况下,女性喜欢对方赞扬自己衣服漂亮、会购物,男性则喜欢对方赞扬自己投资有道、事业有成。夸赞式寒暄能够营造一种和谐气氛,如"您起得好早啊!""您身体越来越好啦!""您的小孙女好可爱啊!""你气色真不错!""你的发型真棒!""哟,在哪儿做的发型,这么酷,快叫人认不出来了!""你穿上这件连衣裙更加漂亮了!""你穿这套牛仔装挺合适,看上去特精神!"此类夸赞式寒暄,谁听了心情都会很好。服装店(柜)的销售员对拟试衣的女顾客多采用夸赞式寒暄,见矮胖体型的说"长得丰满",见瘦长体型的说"长得苗条",见矮瘦体型的说"玲珑秀气"。夸赞式寒暄的内容最好能具体一些,这样才能产生较大的作用。

4. 问候式寒暄

若是比较熟的人,可采用此寒暄方式,这类话语有时并无太多实际意义,只是表示一种礼貌和关怀。现在流行的问候式寒暄语是:"周末上哪儿去玩了?""最近在忙什么呢?""最近在哪儿发财?""生意还可以吧?""最近工作进展如何,还顺利吧?""身体怎么样?""家人都好吧?""好久不见,近来怎么样?""多日不见,可把我想坏了!"……问候式寒暄多为问好式话语,"您好"是向对方问候致意的常用语,如能因对象、时间的不同而使用不同的问候语,效果则更好。对德高望重的长者,宜说"您老人家好",以示敬意;对年龄跟自己相仿者,称"老×(姓),你好",显得亲切;对方是医生、教师,说"李医生,您好""王老师,您好",有尊重意味。节日期间,见面说"节日好""新年好"比较合适;早晨见面说"您早""早上好"比较得体。"早上好"是亲善感、友好感的表示,更是一种信任和尊重。"早上好"一旦说出了口,双方就有了亲切、友好的意愿,彼此的距离缩短了,既增进了信任,又沟通了关系。

5. 即景式寒暄

即景式寒暄就是以身边的人和事作为寒暄的话题,见机行事,信手拈来。如宴会上可说"今天的晚餐很丰盛",在朋友家中可说"这房间布置得很有特色"等。"今天天气不错"是日常生活中常用的一种即景式寒暄。陌生人见面,一时难以找到话题,就会说类似"东北天气很冷吧"之类的话,能够打破尴尬的场面。即景式寒暄用于初次见面非常合适。甲乙两人会面时,往往会有类似于下面的谈话。甲:"哈哈,今天的天气很不错嘛!"乙:"是的,很好,哈哈!"甲和乙之间的寒暄看起来很平淡,仿佛没有什么内容,可是仔细研究一下他们的态度和语调,就会发现这"哈哈"两声,体现出一种特殊的情感,这情感既不热烈,也不冷淡,是从生活中磨炼出的世故经验。

此外,还有友情式寒暄、激励式寒暄、幽默式寒暄等。寒暄的类型多种多样,无论是哪一种类型的寒暄,都要掌握好分寸,恰到好处。

(三)寒暄的原则

寒暄语的使用应该根据条件、环境、对象以及双方见面时的感受来调整和选择,没有固定的模式,只要沟通时让人感到自然、亲切,没有陌生感就行。那么,寒暄应注意些什么呢?

1. 注意称呼

人际交往从称呼开始,与人接触的第一个词、第一句话就是称呼。熟识的人见面,打招呼时要亲切地称呼对方;与陌生人交谈时更要有恰当的称呼,以示尊重。称呼别人不是为了满足自己,而是为了满足别人,称呼得体可以使对方感到亲切,获得心理上的满足,使沟通顺畅、交际成功。选择正确适当的称呼,反映说话人自身的教养和对对方尊敬的程度,使用称呼要因时而变、因地而异、因人而殊。

(1) 记住对方姓名。与人寒暄时不宜只说句"您好",而应在"您好"前面或后面冠以对方的姓名,切勿使用"喂""哎"等来称呼他人。特别要注意的是,对方的姓名如果较生僻,一定不要发错音;如果对方是双名,千万不要将前后两个字颠倒了。

(2) 符合年龄身份。称呼必须符合对方的年龄、性别、身份和职业等具体情况。对年长者称呼要谦恭持重,对同龄者称呼要诚恳友好,对年轻人称呼要慈爱谦和,对有官职或职称者称呼要带职务或职称。

(3) 分清场合地域。在不同的场合、不同的时机,对不同的对象要选择正确的称呼。如到同学或同事家,对其父母就不能称职务或同志,要称"伯父、伯母"或"叔叔、阿姨"。在集体活动场合,面对众多年轻人,叫一声"青年朋友们"就会缩短心理距离;面对农村老少,叫一声"父老乡亲们"定会增进相互感情。

(4) 有礼有节有序。少与长、学生与老师、下级与上级之间,应该由前者主动打招呼,以示尊敬;在与多人打招呼时,一般来讲,先长后幼、先女后男、先上级后下级、先生疏后熟识为宜。

2. 注意对象

寒暄要因人而异。在交际场合,长幼有序、男女有别,彼此熟悉的程度也不同,寒暄时的口吻、用语、话题也应不同。比如从年龄上考虑,对老年人可以问:"身体好吗?"对成年人问:"工作忙吗?"对少年儿童问:"几岁了?"或者问:"上几年级了?"从职业上考虑,对艺术家问:"又有什么作品问世了?"对商人问:"生意怎么样?"对教师可以问:"上课顺利吗?"对工人可以问:"工作累不累?"

3. 注意环境

在不同的环境,要进行不同的寒暄。早晨相见习惯说:"你早!""吃早饭啦?""早晨好!上班去?"等。中午相见习惯说:"你吃过啦?""可吃中饭啦?"等。这种寒暄随口而来,但一定要得体,不能乱用。如"吃了吗?"这句话一般在早上、中午、晚上用餐时间使用较为妥帖,若在上午十点或下午三点时二人相遇,用"吃了吗?"来问候,便有些不合时宜了。寒暄语应该根据场合的改变而改变。若在家门口遇见熟人,习惯说:"请进来坐坐!""进屋喝口茶歇歇!"等。拜访别人时要表现出谦和,不妨说一句"打扰您了";接待来访客人时应表现出热情,可以说:"欢迎""请进""请坐"等。庄重场合要注意分寸,一般场合则可以随便些。有的人不分场合、时间甚至在厕所见面也问人家"吃饭了没有",这只会令人啼笑皆非。

4. 注意得体

得体就是说话得适当、妥帖、恰到好处,即适时、适情、适势、适机、适人,一切都恰当。如西方年轻女性在听到别人赞美她"你很性感"会很高兴,并会很礼貌地说"谢谢"。如果在中国年轻女性面前讲这样的话,对方就会觉得难以接受,并会认为你存有歹意。中国人过去见面,喜欢用"你又发福了"作为恭维话,现在人们都想方设法减肥,再用这句恭维话恐怕就不合适了。语言要得体,态度要真诚,客套话要运用得自然、妥帖、真诚,言必由衷,为彼此的交谈制造融洽的气氛,应避免粗言俗语和过头的恭维话。

5. 注意适度

做任何事情都应有个"度",寒暄也不例外。恰当、适度的寒暄有益于打开谈话的局面,但切忌没完没了。与陌生人见面后的四分钟内,只能有两三个回答往复的过程,最好作一般性的寒暄,如问候,互通姓名,谈论一些无关紧要的话题。如果滔滔不绝,会给人以轻浮的感觉。初次见面,寒暄要热情亲切,不要阿谀奉承,要做到温和有礼。这样,才能使对方乐于接近你,从而产生与你交往的愿望。夸赞式寒暄尤其要适可而止,不然会给人以虚伪客套的感觉。

寒暄还要注意不同民族、不同国家的文化习惯。比如,西方人的寒暄多以天气、季节、自然环境等一些无关紧要的事情作为话题。寒暄中如果能充分注意这一点,往往可以使交际取得极大的成功。

(四)寒暄的禁忌

1. 忌过于客气

客气话是表示恭敬或感激,恭敬和感激并不是随时随地存在的。刚开始会面说几句客气话倒不成问题,但要适可而止,如果不停地堆砌客气话,反倒会让对方觉得你迂腐或虚伪,使对方如芒在背、坐立不安,无形中给彼此竖起了一道难以逾越的高墙。初次见面客套之后,第二次、第三次见面就应竭力少用那些如"阁下、府上、如雷贯耳、久仰大名"之类的客气话,客气话的堆砌会损害融洽的气氛和关系的延续。

2. 忌漫不经心

与人寒暄,要集中注意力。如果是漫不经心的寒暄,不但不能起到好的作用,反而会使对方有一种被轻视的感觉。别人讲话时,要注意倾听,如果你望天、望地、望别处,或是玩弄着小物件、翻弄报纸书籍等,别人就会以为你对他的话没有兴趣,会很扫兴。如果沟通时漫不经心,别人已告诉过你什么地方的人、姓什么了,你当成了耳旁风,根本没有记住,再次问人家"哪里人""贵姓",对方肯定会不痛快,因为你根本就没有在意人家的话,交谈也不会愉快地进行了。

3. 忌过分随便

寒暄语应带友好之意、敬重之心,既不容许敷衍了事打哈哈,也不可用以戏弄对方,禁用"来了""瞧你那德性""喂,你又长膘了"等。开玩笑的人动机大多是良好的,但如果把握不好分寸、尺度，就会造成一些不良的后果。掌握说话艺术需要我们在生活中多观察、多总结，避开别人的痛处，只有这样，才能够准确恰当地与他人沟通。

4. 忌涉及隐私

寒暄时，切忌牵涉个人私生活、个人禁忌等方面的话语。例如，一见面就问人家"跟老婆离了没有"，或是"现在还吃不吃药"，这些都是会引起别人反感的。

二、交谈的技巧

美国著名的语言心理学家多罗西·萨尔诺夫曾说："说话艺术最重要的应用，就是与人交谈。"所谓交谈，是两个或两个以上的人共同参与的双向口语交际活动。它是语言交际中一种最基本、最常见的活动，也是社交的常规方式，交谈的实质是达成心灵的沟通。

（一）交谈的特点

1. 出语的即兴性

交谈常常是面对面接触后开始进行的，所以不能事先做好准备，即使有些涉及工作的交谈，可以事先考虑一个交谈的中心，但也无法做详尽的准备，因为双方在交谈的过程中，都有各自的想法，且会产生新的想法，这就决定了交谈往往是边想边说的即兴发言。即兴发言思考时间短、出语速度快，所以交谈者必须听辨灵敏、反应迅速，快速地选择词语和句式，熟练运用叙述、说明、描述等表达方式，否则会使交谈不畅。

2. 交流的相互性

美国语言哲学家格赖斯提出，在言语交际中，双方都希望互相理解，彼此总是需要合作的，因此都遵循合作原则来达到预期目的。口语交际强调信息的往来交互，交谈的过程是不断沟通、不断了解对方思想的过程，交谈的双方都受对方的制约。如果希望谈话顺利，双方必须积极地参与进来，共同构建和谐的氛围，"独角戏"是唱不起来的。参与交谈的人，一要注意倾听对方的言谈（了解对方的观点和想法），二要注意做出恰当的反应（力求自己的话与对方的话相呼应），在双向或多向互动中实现信息的沟通和交流。

3. 话题的灵活性

交谈有时没有明确的中心，只是自然而然地任意交谈各种话题。有时交谈有中心，但由于时间、地点和交谈对象的变化，不得不改变话题，或者发现自己原先的想法不合此时此景而决定改变交谈内容和说话方式，避免造成误会和损失。交谈的灵活多变性，要求交谈者具有灵巧的应变力，切合时宜地寻找和转换话题。

（二）交谈的原则

1. 尊重对方，彬彬有礼

在任何时候说的任何话，都应当以尊重对方、彬彬有礼为前提。

尊重对方，要做到"三不"。①不盛气凌人。朋友同事间的关系是平等的，不能自以为是、居高临下、唯我独尊。②不自以为是。不要认为自己的学识、兴趣高人一筹，喜欢夸示自己。③不虚情假意。坦诚相见、坦率交谈，能够使人感到亲切自然，彼此交谈的观点与思想也很容易得到对方的认同。如果虚情假意、言不由衷，就会引起别人的反感，使别人的情绪大受影响,从而很难与对方展开深入的交谈。

彬彬有礼,要做到"三要"。①要谦逊低调。说话谦虚是一种美德,谦虚者常常给人留下有礼貌、有素养、有深度的印象。谦逊得体、不卑不亢的言谈举止能够充分体现出自己的涵养和平易近人的性格,给对方带来亲切随和的感受。②要注意小节。尊重对方,必须保持端庄的谈话姿态,抖腿、挖鼻孔、哈欠连天等都是不礼貌的,不要一直牢牢地盯着别人的眼睛,也不要居高俯视,不要目光乱扫、东张西望,手势语不要幅度过大,也不要以手指人。③要礼貌用语。日常交谈中,"您好、请、谢谢、对不起、再见"等词语用得最多。常用敬语有"久仰""久违""包涵""打扰""借光""拜托""高见"等。谦语是向人们表示一种自谦的词语,在交谈中常用"愚""愚见""寒舍""太客气了""过奖了""为您效劳""多指教""没关系""不必""请原谅""惭愧""不好意思"等。常用雅语有"留步""奉还""光临""失陪""光顾""告辞"等。

2. 话因人异,适合时地

交谈不是一味地发泄自己的感情和情绪,而是一种合作的过程。古话说"拜神看佛,说话看人"。各种年龄、各种职业、各种地位、各种文化素养的人都有各自不同的趣味,都有不同的语言和习惯。因此,说话要因人、因时、因地而异。古人的经验是:与下者言宜善,与长者言宜曲,与智者言宜博,与愚者言宜比(打比方),与名者言宜直,与怨者言宜泄(让对方发泄),与傲者言宜捧(先满足其虚荣心),与刁者言宜刁(以刁对刁),与善辩者言宜守(以守待攻)。这些策略可资借鉴。话因人、因时、因地而异,可归纳为"九看":①看对方身份。与地位高者谈话,态度要尊敬,不要随意插话;答话要简练适当,尽量不讲题外话;说话自然,不要显得紧张。与地位低者谈话,态度要庄重,不要居高临下,不要盛气凌人,不要随随便便,要尽可能亲切随和、礼貌热情。②看对方年龄。年长者阅历丰富,与其谈话切忌说教;年轻人阅历较少,谈话时可多讲些道理。③看教养层次。教养层次不同,对说话者言辞的接受程度也不同,因此交谈用语各有差别。④看性格特征。人各有其性情,言辞表达的内容与方式必须因人而异,符合接受对象的脾气、性格,才有可能产生"同声相应,同气相求"的效果。⑤看对方性别。异性之间交谈,女性不宜让男性评价自己的服饰、发型、穿戴;男性不宜讨教与女性身体、服饰相关的问题。⑥看对方状况。针对对方的不同状况,当采取不同的谈话策略。⑦看地域特点。不同地域有不同的地域文化,彼此在认识、观念、习惯、风俗上都有区别,对说话者言辞的接受就会有所不同。⑧看文化背景。要适应交际的广泛性,就要考虑不同文化背景下说话的特点,使说出来的话与特定的文化背景协调一致。⑨看交谈场合。场合可以分为正式场合与非正式场合。正式场合指公共活动场所,说话应该严肃认真,不能随便乱扯。非正式场合指日常交往的地方和娱乐场所,说话可以随便一些,像聊家常一样,平易、通俗、幽默、风趣,而忌摆官架子。场合还可以分为喜庆场合与悲伤场合,场合不同,话语各异。

3. 清晰准确,委婉生动

社交谈吐不仅要坚持待人敬、于己谦的准则,而且要吐词清晰准确。①发音规范。坚持讲普通话和讲好普通话,不用或少用方言、土语,吐词要清晰,不要含糊不清,更不要发错音、念错字,以免贻笑大方。②声音适度。"听话听音",有声语言的表达是以声传意、以声传情。因此,在与人言谈中,应注意语音的轻重、语速的快慢、语气的疾徐;音量要大小适中,抑扬顿挫适宜,口气要平易近人、亲切随和。总之,说话的音量高低、音幅长短、音速快慢、重音位置均表达特定含义。③要言不烦。谈话言简意赅,要言不烦,是社交谈吐应遵循的规则之一。④ 委婉含蓄。委婉含蓄的语言是成熟、稳重的表现,中国人讲究曲径通幽的含蓄美。当谈话的内容或目的可能触及对方的利益、尊严、荣誉、能力、品德、隐私,或者大家共同的忌讳

(比如死亡、性等)时,当直接、清楚、明白的表达会带来不良后果时,必须坚持委婉含蓄原则。讲话幽默可以收到委婉含蓄的效果。

交谈中使用幽默应注意三点,一是幽而不俗,睿智、雅趣、有涵养、健康优美的幽默才是真正的幽默。二是幽而有度,巧妙的幽默技巧、高质量的幽默内容才能产生良好的幽默效果。三是幽而有理,交谈中的幽默应是一种理性的幽默,通过机智的语言传达自己的思想,从而达到寓理于幽的目的。

4. 善于倾听,慎用否定

听懂对方所说的话,是成功交谈的第一步。倾听是一种美德,倾听是一种智慧,倾听是一种艺术。真正的倾听,是要用心、用眼睛、用耳朵去听。倾听他人谈话时,目光要与对方交流,时不时点头微笑,用"哦""嗯"应答;时不时对别人的观点表示赞同,如"太好了!""啊,这太有意思了!"时不时提出简短的插语和提问,如"真想不到,会是这样的吗?"听到别人迸发出的妙语警句时,不妨大大赞赏一番,如"啊,太精辟了!让人醍醐灌顶!"在别人讲话时不要用他人的话来打岔,也不要提出不相干的意见来打岔,更不要用鸡毛蒜皮的小事来打岔。如果没有听清或必须插话,则应该等对方谈话间歇时再插入,而且要表示歉意:"对不起,我没听清楚,请再说一遍好吗?""对不起,我想插一句。"经对方同意后,再把自己的插话简要地说出来。初次见面,应当尽量避免有否定对方的行为出现,假如觉得对方观点不够全面、不够正确,一定要找出其中某些可以赞同的部分,在表达自己意见的时候,要承认自己的意见也可能有错,为继续对话创造条件。如果是无关痛痒的小问题,更不要急于开口批评、纠正,最好是装"糊涂先生"。

5. 态度诚恳,有错则改

诚恳是人际交往的基本原则,也是交谈的基本原则。态度诚恳,一是要以自然平等的态度与人交谈,交谈的双方可能身份地位不同,但不论在何人面前,交谈的态度应该是坦然平等的,面对达官贵人不要手足无措,面对市井小民时也不要趾高气扬。二是要保证自己的说话内容真实无误,口要对心,推心置腹,不虚与委蛇,不隐瞒遮掩,不吞吞吐吐,不凭空虚构,不文过饰非,不过度谦虚。与人谈话,失言总是难免的,特别是在心情过于激动的时候更容易失言。由于一时忘记了别人的禁忌,忽略了他人的生理缺陷,忘掉了某人的不幸,有伤人家感情的话语,有损人家尊严的言辞,有失人家体面的言论都可能出现。一旦失言,就要视具体情况,采取应急措施进行补救。如果接近失言危险的边缘,要沉着冷静地兜转话题,迅速摆脱失言危险。若他人失言,则要保持宽容,并积极主动地圆场。

(三)交谈的策略

1. 善于精选话题

若要衡量一次谈话的成败,那么首先要审视交谈的话题,因为话题的好坏,直接影响交谈的结果。因此,在交际中,对每一次交谈的话题都应该精心选择,不要随心所欲张口就来。话题应该怎样选择呢?应该注意如下原则。

(1)都感兴趣。在谈话开始时,要注意话题性质的选择,要选择双方喜闻乐道、共同感兴趣的话题。只有根据群体和个体的兴趣差异来选好话题,交谈才能顺利地展开。在正式场合或非正式场合谈谈有关体育比赛、文艺演出、电影电视、风景名胜之类的话题,往往是比较轻松愉快和普遍能够接受的。不同的谈话对象要安排不同的话题,一般说来,男士爱谈的是时事、政治、法律、体育、文化、社会问题、经济动向等;而女士爱谈的是孩子、丈夫、日常经济、消费心得、风流艳闻等。

（2）自己擅长。谈话者要选择一个自己力所能及、有话可说的话题，才能把话谈好，引起对方的共鸣，使对方也围绕这个话题热心倾诉，交谈才是成功的。相反，如果谈话者无视本身所短，勉为其难去谈论，势必说不到点子上，引不起对方的响应，交谈必定归于失败。

（3）情趣高雅。情趣，顾名思义，就是情调趣味。情调有健康与庸俗之分，趣味有高雅与低级之别。清人敦诚认为聊天可以分为上乘、中乘、下乘、最下乘四个等级。"居闲之乐，无逾于友，友集之乐，是在于谈;谈言之乐，各有别也。奇谐雄辩，逸趣横生，经史书文，供我挥霍，是谓谈之上乘。衔杯话旧，击钵分笺，兴致亦豪，雅言间出，是谓谈之中乘。论议政令，臧否人物，是谓谈之下乘。至于叹羡没交涉之荣辱，分诉极无味之是非，斯又最下一乘也。"情趣健康高雅的话题，谈话双方容易达到畅所欲言、真诚沟通、思想共鸣的效果;而情趣庸俗低级的话题，势必败坏谈兴，令人如坐针毡。

（4）不落俗套。话题要新鲜，时时传递新信息，交流新思想，才能与时俱进，使谈话常谈常新。相反，话题陈旧而落俗套，都是些老生常谈、陈词滥调，"陈芝麻烂谷子"的事还拿出来说，把听腻了说烦了的事拿出来"炒现饭"，谈话是注定要失败的。在日常生活中，有的人得到领导的表扬、旁人的夸奖，内心着实想谦虚一番，却寻找不到适当的方式。要么手足无措，面红耳赤，支支吾吾，要么说一些"归功于集体，归功于人民"的套话。其方式陈旧，语言贫乏，千篇一律，给人一种矫揉造作之感。

2. 善于自我介绍

在与陌生人交际的过程中，相互了解的第一步便是进行介绍。介绍分为两种情况：自我介绍和介绍他人。所谓自我介绍，是指人们在社交场合中向他人介绍自己的过程。日常交际自我介绍有应酬式、工作式、交流式、礼仪式等几种。应酬式适用于萍水相逢的社交场合，工作式适用于联系工作或参加会议的场合，交流式适用于希望与对方深入交往的社交场合，礼仪式适用于讲座、报告、演出、庆典、仪式等一些正规而隆重的场合。不能简单地认为自我介绍就是自报姓名，得体的自我介绍是一门学问和艺术。自我介绍一般包括介绍姓名、介绍籍贯、介绍职业等内容，欲想自我介绍给人留下深刻印象，必须独辟蹊径、突出特色。

（1）姓名介绍。一个人的姓名，往往有丰富的文化积淀，或折射凝重的史实，或反映时代的乐章，或寄寓双亲对子女的殷切厚望。如果只粗略交代，平淡无奇，实在很难给人留下深刻印象。介绍姓名可用如下方法：①诠释法——分析含义;②故事法——道出来历;③挂钩法——联系地域，和自己相关的地方挂钩;④谐音法——给人联想，利用谐音也能很好地给人留下想象的空间，留有余味;⑤调侃法——幽默自嘲;⑥拆字法——添加寓意;⑦诗词法——赋予情趣，利用名言、诗词，比单字的解释要传神;⑧图像法——化虚为实，营造一种图像;⑨攀附法——攀附名人。

（2）籍贯介绍。介绍籍贯有下面几种方法：①人文法——联系历史，如出生于扬州，可以这样介绍："我来自江苏扬州，扬州自古出美女，'扬州八怪'名闻天下……"②地理法——联系地理，如出生于哈尔滨，可以这样介绍："各位朋友，我来自哈尔滨，中国最北边的省会，松花江边的最大城市。"③名言法——借助古语，如出生于杭州，可以这样介绍："'上有天堂，下有苏杭'，我来自钱塘江边、西子湖畔。"④名胜法——端出景点，如出生于上饶，可以这样介绍："我来自江西上饶，风景极具秀丽，有'江南第一仙峰'三清山，'中国最美的乡村'婺源……"⑤特产法——道出特产，如出生于清远，可以这样介绍："我来自清远，大家都知道，清远有天下闻名的清远鸡!"⑥徽记法——点出特色,如"我的故乡是'九省通衢'武汉。""我的故乡是潮湿多雾的'雾都'重庆。"

(3) 职业介绍。尽量要赋予职业积极的意义和形象化的比喻。①名言法——引用名言,如老师可以这样介绍:"我是一位教师,所从事的是'太阳底下最光辉的事业'。"②形容法——加以修饰,如计算机工程师可以这样介绍:"我的职业是网络维护工程师,我是虚拟世界的修理工。"③描述法——描述工作,如推销员可以这样介绍:"我的职业是推销员,就是'走出去、说出来、把钱收回来'靠口才吃饭的人。"④打油法——编顺口溜,如企业司机可以这样介绍:"老板司机,技术一流;膀大腰圆,一个顶俩;能文能武,秘书保镖……"⑤高上法——故弄玄虚,如快递员可以这样介绍:"根据实际需要将运输、储存、装卸、搬运、包装、流通加工、信息处理进行科学的结合,用来拉动GDP,扩大市场范围和内需,调整产业结构,这就是我的工作。"⑥幽默法——风趣搞笑,如"'虎口拔牙''与狼共舞'就是我的职业,有人说我胆大,其实我的胆子挺小,没办法,我是动物园的兽医……"

(4) 其他介绍。介绍特长、兴趣可通过举例子、形象化等方法;介绍个性、思想可用具体、生动的故事讲述。有时运用自嘲、幽默的方法,既能让别人加深对自己的印象,同时活跃气氛。如台湾著名艺人凌峰在中央电视台举办的春节联欢会上是这样介绍自己的:"在下就是光头凌峰,我是以丑出名的,中华五千年的沧桑和苦难都写在我的脸上。"话音刚落,台下掌声欢笑声响成一片。凌峰的自我介绍之所以产生这样好的效果,是因为他抓住自己的形象特征自嘲,并把它加以夸大,既风趣幽默,又出人意料,给人留下深刻的第一印象。

自我介绍须注意如下几点:

一是稳重大方,恭敬有礼。自我介绍时,介绍者就是当事人,其基本程序是先向对方点头致意,得到回应后再向对方报出自己的姓名、身份及有关情况。介绍自己时,态度要稳重大方,不卑不亢,恭敬有礼,从容不迫;表情坦然亲切,面带笑容,眼睛注视对方;话语层次分明,条理清楚,符合逻辑,幽默风趣;语气热情友好,语速自然正常,语音清晰动听。不要虚张声势、轻浮夸张、矫揉造作;不要妄自菲薄、猥琐懦弱、发挥失常;不要目光不定、面红耳赤、手忙脚乱;不要生硬冷漠、含糊其词、结结巴巴。千万不要用背诵、朗读的口吻介绍自己,那样会显得滑稽。

二是方式灵活,繁简适度。自我介绍的程度应视具体情况而定,由于交际的目的、场合、要求不同,自我介绍的繁简程度也应有所区别。在一些特定情况下,自我介绍的内容需要较全面、详尽,不仅要讲清姓名、身份、目的、要求,还要介绍自己的经历、学历、资历、性格、专长、经验、能力和兴趣等。为了取得对方的信任,有时还得讲一些具体事例。比如,求职应聘、找人办事、深交朋友时,就要做到这一点。在某些公共场所和一般性社交场合(如参加聚会、替人办事、偶尔碰面、临时见面),自己并无与对方深入交往的愿望,做自我介绍可以只是向对方表明自己的身份,应该简略一些,不需要面面俱到,将姓名、爱好、年龄、性格等和盘托出。如果希望新结识的对象记住自己,作进一步沟通与交往,自我介绍时除姓名、单位、职务外,还可以提及与对方熟悉的某些人的关系或与对方相同的兴趣爱好。总之,自我介绍话不在多,表意就行。运用"以点代面""抓住一点不计其余"的方法,反而能收到意外效果。自我介绍或繁或简,"繁"到什么程度,"简"到什么地步,完全要视对象和目的而定。

三是精简内容,掐准时间。自我介绍时要掐准时间,具有双重含义。其一是要求自我介绍一定要力求简洁,尽可能地节省时间。虽说各种形式的自我介绍所用的时间长度不可一律,但总的原则是简明扼要,不要长篇大论,一般以半分钟为宜,情况特殊时也不宜超过三分钟。应将自己最突出的特点、最容易让人记住的特点告诉对方,省略无关紧要的头衔、个人业绩等内容。为了节省时间,在自我介绍时还可利用名片、介绍信加以辅助。若使用了名片、介绍信,则其上所列内容在交谈中尽量不予重复。在自我介绍时,东拉西扯、借题发挥、信口开河、滔滔不绝,对自己而言是失态,对对方而言是失敬,都是极为不智的。其二是要求自我介绍应在适当的时间进行,进行自我介绍的适当时间,指的是对方有兴趣时,或对方有空闲时,或对方情绪好时,或对方干扰少时,或对方有要求时。

四是实事求是,把握分寸。只有实事求是、恰如其分地介绍,才能给人以诚恳、坦率、可以信赖的印象。自我介绍要自识,需有自知之明,对自己做出正确评价;要自谦,对自己的评价要留有余地,不要自吹自擂。优点要充分展示,缺点也无须刻意回避,自我评价既不要过分炫耀,也不要过分自我贬低。过高,别人觉得此人狂妄自大,产生反感;过低,别人会觉得此人一事无成,不屑与其交往。介绍用语不宜用"最""极""特别""第一"等表示极端的词语。

五是说好"我"字,注意细节。自我介绍少不了说"我",如何说好这个字关系到别人对自我介绍产生什么样的印象。要给人良好的印象,就要在合适的时候平和地说出"我"字,目光亲切,神态自然,这样才能使人从这个"我"字里,感受到一个自信、自立而又自谦的美好形象。有人自我介绍时,左一个"我"怎样怎样,右一个"我"如何如何,听众满耳塞的都是"我"字,招致听者反感。还有的人"我"字说得特别重,而且有意拖长。更有甚者,说"我"时得意洋洋、咄咄逼人、不可一世。这种自我介绍不过是孤芳自赏,只能给人留下骄傲自大的印象。自我介绍时不要东张西望,目光要专注有神,面对多人时目光不要散乱,不要有皱眉、斜眼、歪嘴角、搔头发、摸鼻子等不雅的小动作。

3. 善于寻找话题

有人说,"交谈中要学会没话找话的本领",所谓"找话"就是"找话题"。好话题的标准是:至少有一方熟悉,能谈;大家感兴趣,爱谈;有展开探讨的余地,好谈。怎么找到话题呢?要从如下几个方面着手:

(1) 即兴引入。巧妙地借用彼时、彼地、彼人的某些材料为题,借此引发交谈。假如在车站、码头上与人初识,一时没有话说,这时最方便的办法就是从眼前双方同时看到或者听到的事物中找出几件来谈。在车站、码头,耳目所及也许是人山人海,也许是巨幅广告,也许是外国游客等。眼前的事物、人物,最容易引起人们的注意,也最容易发展谈话的内容。或借助对方的姓名、籍贯、年龄、服饰、居室等,即兴引出话题。一个人的心理状态、精神追求、品德修养、生活爱好等,都或多或少地要在他们的发型、服饰、表情、举止、声调、谈吐以及室内布置等方面有所表现。"即兴引入"法的优点是灵活自然、就地取材,其关键是要思维敏捷,能做由此及彼的联想。

(2) 投石问路。陌生人之间为了打破沉默的局面,先可提些投石问路式的问题,在略有了解后再有目的地交谈,便能谈得较为投机。有人以打招呼开场,询问对方的籍贯、身份,从中获取信息。询问对方的籍贯,然后就所知引导对方详谈其家乡的风物,这几乎是一个万通万灵的话题。"请问您是哪里人?""请问您准备在这儿待多久?""请问您是乘飞机来的吧?"……这样的话题,一般都能激起对方的谈话兴趣。如果对方是个善谈的人,双方的交谈便可以一路进行下去,如,"您是哪里人?""江苏。"于是询问者可就着江苏往下发挥:"那是不错的好地方呢,不但风景美丽,也颇富人文气息。""是啊,咱们江苏……"如此一来,对方的话匣子就打开了。

(3) 借助介绍。去朋友家串门,遇到有陌生人在座,作为对于二者都很熟悉的主人会马上出面为双方介绍,说明双方与主人的关系及各自的身份和工作单位,甚至个性特点、爱好等,细心人从介绍中马上就可发现对方与自己的共同之处。比如,一位县物价局的股长和一位县中学的教师,在一个朋友家见面了,主人分别对他们做了介绍,股长得知教师也是主人的同学,于是就围绕"同学"的话题谈开了,逐渐由相互认识到深入了解,两人变得如同熟人一样亲热起来。在听人介绍时只要留心,就不难发现共同点,在交谈中会不断地拓展新的共同关心的话题。

(4)寻趣入题。一般说来,同窗故友,忆旧便是最好的话题;中年朋友,家庭、事业是最有体会的话题;老年退休者,健康活动是较适宜的话题;情趣高雅者,墙上的字画、桌上的读物便是最好的话题;涉世未深者,事业功名是他们感兴趣的话题。交谈对象如是妇女,以儿童教育、购物经验、夫妻相处、亲友应酬、家庭布置、美容健身、流行时装等引起话题相当容易。谈话对象如是男士,名胜风光、电视节目、儿童教育、买卖房屋、投资股票的经历等也是比较好的谈资。谈话对象如是机关干部或知识分子,国际新闻、社会新闻、惩治腐败、房价物价、自然环保、食品安全、重大事故,多数人都会感兴趣。双方如果能彼此志趣相投,共同点多,谈起话来相互衔接,气氛就会一步步走向融洽,交谈就能轻松自如地进行。兴趣点是可以变化的,在交谈过程中,如果能够不断发现对方的新的兴趣点,并且能够与自己的兴趣结合的话,说话就会越来越有趣。

4. 善于引导话题

话题展开之后,剩下的就是如何保持谈话顺利进行。成为出色的交谈者并不在于有多么聪明,或者有多少传奇性的经历,而在于启发、诱导别人谈话。引导话题需注意如下几点。

(1)正面激励。在与他人的交谈中,要高度集中注意力,当对方谈话中出现精辟的见解、有意义的陈述或有价值的信息,言之有理,谈锋正健,有利于深化交谈主题时,就要抓住对方谈话的内容,鼓励对方把话继续说下去,从而使对方做出更详尽、更明确、更清楚的阐述。或提出问题,问一些"谁""什么""什么时候""哪里""为什么"和"怎样"之类的问题,由浅入深,逐渐发掘未知的细节,如"产生这种情况的原因究竟是什么呢?"或赞赏肯定,可以简述自己过去同样经验以印证说话者的观点,也可以直接表达对说话者的观点的理解、赞同,如"这个想法真好!""你的意见很有见地!""你这话很关键,如果大伙就此取得共识,问题恐怕就容易解决了!"或加以补充,如果发现对方的谈话有不够全面、不够深刻之处,可以抓住机会予以巧妙的补充,从而促使交谈话题得到全面深入的展开。

(2)顺水推舟。在跟人交谈时,要学会引导别人说话,让话题不断延伸。话题延伸的主要方法就是深挖话题的内涵,扩大话题的外延。深挖内涵即把该话题本身深入下去,讨论话题相关的概念,话题产生的原因、过程、可能的结果等。扩大外延即将话题扯到有关的问题上去,使话题涉及面越来越大,可聊的东西也就越来越多。如对方说:"我最近开了家饭店。"接下来应就这件事询问下去,"在哪里开的呀?""生意怎么样呀?"等,引导对方继续说下去,可以就这个话题继续展开,与这个话题相关的都可以谈。要设法把话题引向对方的兴趣点,当对方说"我在山东老家开了个店"时,不要匆忙抢着说"啊,我在陕西也有两家店铺",而应该问"在山东的什么地方?"。

(3)适时切入。交谈是双方或者多方的事情,一方在阐述自己的观点时,另一方应当通过一些语气词、适当的眼神或动作激发对方的谈话兴趣,使彼此的交流更投入、更愉快。掌握反馈的时机,对创造良好的谈话氛围起着承前启后的作用。在提出问题或者做出其他反应之前,一定要有适当的过渡性话语。如可以对谈话者说:"对不起,我可以插句话吗?"也可以这么说:"请允许我补充一点。"然后,说出自己的想法或意见。在做出自己的反应之前,应当充分考虑自己的插话是否合适、是否合时。如果要提出问题,还应当考虑提出的问题有何价值,是否能够起到使交谈更加深入地进行下去的作用。一般说来,交谈过程中的反馈能够发挥因势利导、顺势牵引的作用。

(4)留有余地。既然是交谈,就不能只管自己说得痛快,让别人插不上嘴。相反,当自己谈了对某一问题的看法时,就要有意地"打住话头",留些空缺让对方接话,请对方谈谈有什么想法。这既是为了使谈话更为深入,也是对对方的尊重。与陌生人谈话要留有余地,不要把话说得太满,不要把观点讲死。太满了、讲死了,会造成双方都很窘迫的局面,有时还会发生争吵,交谈就无法继续下去,最后不欢而散。现实生活中,常常可以听到两个人为某个问题争得面红耳赤,主要原因就是把话说满了,把观点讲死了,没有留空间和余地。如一个说是"肯定如此",一个则说"肯定不是这样";一个说"绝对可靠",一个则说"绝对不可能"。碰到这种情况时,不妨用"可能""也许""多半"之类的词语。这样不把话说死,对方心理上就能接受,不仅可以给对方留一个说话的空间,使他继续说下去,而且还可以避免无谓的争论。

(5)巧妙跳转。话题的转变,在交谈中占有十分重要的位置。当大家对某事似乎已经详尽谈论,感到兴致索然时,就要立即转换话题。这有两种情况,一种是自己正在说话,当感觉对方不愿意交谈或不怎么说话时,可能是对方不熟悉话题或不愿意谈论,就必须进行转换,而不能继续侃侃而谈;一种是对方大谈特谈你不愿意参与的话题,你感觉纯粹是在浪费彼此的时间,那就要巧妙地将话题转换到自己手中,掌握"制话权"。话题转换在很多场合都可以使话语交际得以持续而不至于中断。转变的方式很多,让旧话题自然消失就是其一。另一种方式是重提此前议论的事情,然后迅速更换话题。改变话题,要注意火候,既不能太迟,又不宜过早。当话题仍然令人兴奋时,切忌因自己感到索然无味,就谈别的东西,并强迫对方跟着你转。

5. 善于缓解冷场

交谈过程中,由于话不投机或不善表达常出现冷场的情况,冷场无论对于交谈、聚会,还是议事、谈判,都是令人窘迫的局面。谈话的话题是否有趣、有益和冷场的出现有很大的关系。"曲高和寡""自命清高"会导致冷场,"淡而无味""没有重点"同样会引起冷场。避免冷场是谈话双方共同追求的,那么,应该如何快速打破冷场局面呢?

(1)善于观察。注意对方对哪些话题是感兴趣的,对哪些话题是不感兴趣,甚至是不愿意提起的,这是避免冷场最重要的一步。与他人谈话,在谈话开始的时候,就要一直把注意力集中在眼前正在交谈着的一切信息上,抓住每一个要点,思考每一句话的意义,从眼前开始去不断扩展谈话的题材。根据对方的年龄、性别、身份等讨论一些对方可能感兴趣的话题。在他最为熟悉的事情上寻找话题,以引起他的谈兴。千万不要因为怕冷场就乱说话,出现冷场也不要急着乱找话题,冷场备用话题要事先准备好。

(2)随机应变。人们都喜欢同机智风趣、谈吐幽默的人交往,而不愿同知识贫乏、夸夸其谈、正襟危坐、古板僵化的人打交道。碰到一些敏感的话题或不雅的内容,要巧妙避开;碰到使自己不利的话题,也要做机智的回答和灵活应对。在谈话中善于抓住对方的话题,机智巧妙地应答,可以使谈话变得风趣,从而使谈话活跃起来。

(3)自然引导。提出一个大多数人都感兴趣并有可能参与讨论、发表看法的问题,引导话题。比如谈论天气季节、谈论健康问题、谈论业余爱好、谈论社会新闻、谈论失败经历、谈论旅游景点、谈论地方小吃、谈论购房购物、谈论孩子教育等。提出引导性话题,可以给他人留下谈话时间和空间,特别是对于那些不善于当众讲话的人。这些话题可以根据对方的性格特点、兴趣爱好、职业性质等方面来设置。在提一些引导性话题的时候,也要注意方法和策略,不要让对方感到难以回答或者只有附和而已。

(4) 激发谈兴。注意提出开放式的问题,即对方无法用"是/否"或"对/错"来回答的问题。例如:同样是说天气,封闭式的问题是:"今天的天气好冷啊!"对方通常答声"是啊"就了结了。而开放式的问题是:"最近天气好冷,我们公司流感撂倒了一片人,你们公司情况怎么样?"对方无法用简单的一个字回答,一般都得说说公司的情况,对方回答后,就可以顺势聊聊工作压力、办公环境等发散性的话题,先说自己的现状,然后问问对方,对方通常都会被引导着说起自己的情况。了解到对方的一些兴趣点后,就将话题引向这些点,激发对方的兴趣。即使是一些众所周知的老问题,也可以从新的角度谈新的看法,或联系一些新的事例进行交谈,从而激发和引导对方的讲话兴趣。

(5) 适当插话。尽量创造让对方说的机会,不时赞同、随声附和,不会让交流者觉得在自言自语。当然,不要一味地附和应答,如果对对方的每句话都随声附和,不说一个"不"字,不发表自己的真实意见,人云亦云,会被看作无主见或玩滑头。交谈一定要适当地说出自己的想法,在一些细节问题上可以重复对方的语句,以表示重视、肯定,如"是的,只有当自己也处在这样的境地才能理解别人的难处",这样的重复会助长对方的谈兴;可以适当地给予赞美或者提出其他想法,对他人观点及时评论分析,会使别人认为你不是在敷衍,更能促进双方交流。

(6) 活跃气氛。或开一个无伤大雅的玩笑以活跃气氛,打破冷场局面;或讲一个生动幽默的故事以活跃气氛,促使交谈继续;或提一个荒谬可笑的问题以活跃气氛,挑起一场争论;或搞一个令人捧腹的恶作剧以活跃气氛,引起大家批评;或抛一个就地取材的话题以活跃气氛,引起纷纷议论;或谈一个不乏笑料的人物以活跃气氛,鼓励重新开口;或把两个不同事物或想法联系起来,拿自己开涮。活跃气氛要注意三点:一是善于察言观色,留意对方的表情,寻找最佳的谈话时机;二是语言生动活泼,增添宽松、平和、快乐的气氛;三是用语委婉,顾及对方的感情,不能锋芒毕露、咄咄逼人。

(四) 交谈的禁忌

1. 忌随意跑题

交谈中心要突出,不要偏离话题。有些人把别人的提问当成是让自己说话的信号,于是一听到提问,脑子里想着什么便说些什么,也不管回答与他人的问题有无关系,急速而离题的回答是毫无意义的。当听到别人提问时,应该首先弄清提问的内容和意图,再根据自己的知识和判断做出回答。交谈要密切关注谈话进行的情况,将注意力始终集中在正谈论的内容上。随意跑题有两个主要原因,其一是没有注意对方的谈话,所以该自己说话时便在茫然之中另寻话题;其二是在谈话中有情绪化倾向,或者想隐藏自己的观点,根本不会理会对方提出的问题。随意跑题,会严重地影响自己与他人的沟通。

2. 忌无谓争论

有些人喜欢抬杠,搭上话就针锋相对,无论别人说什么,他总要加以反驳,当对方说"是"时,他一定要说"否",到对方说"否"的时候,他又说"是"了,这是一种极坏的习惯。争论很容易伤害别人的自尊心,会引起别人的反感。一般说来,在没有必要的情况下,争论是不可取的。心理学家认为要争取别人赞同自己的观点,争论是毫无意义的,面对不同的意见时,要坦然接受、积极交流,而不是进行无谓的争吵。"你可能赢了辩论,可是你却输了人缘。"一个说话水平很高的人,是绝不会用争论的方式来解决问题的。如果想要他人同意你的意见,首先要做的事情就是避免争论。争论不但不能使双方分出谁对谁错,反倒会深深伤害双方之间的和气。

3. 忌口无遮拦

一不要揭人隐私。现代人极为强调隐私权。在闲聊时,哪怕感情再好,也不要去揭别人的短,把别人的隐私公布于众,更不能拿来当作笑料。一个毫无城府、喋喋不休、乱侃他人隐私、乱揭他人伤疤的人,会显得浅薄俗气、缺乏涵养而不受欢迎。二不谈敏感话题。在与对方交谈的过程中,要想谈得顺畅,还应注意对方的禁忌。若不避忌讳,就有可能给融洽的交谈增添周折。如宗教观念、政治是非、男士收入、履历、女性年龄、婚否等敏感话题,对方不愿回答的问题不要追问,更不要刨根问底。三不要伤人自尊。很多民意测验的结果都表明,人们不喜欢被人(即使是发小和闺蜜)取笑,逗弄和取笑会伤害别人的自尊。四不涉浅薄粗鄙。浅薄,是指不懂装懂,讲外行话,或者言不及义、言辞单调、词汇贫乏、语句不通、白字常吐。粗鄙,指内容荒诞离奇,语涉凶杀奸淫,满口粗话、丑话、脏话,上溯祖宗、旁及姐妹、下连子孙乃至两性,不堪入耳。

4. 忌自我中心

据心理学家的统计,口语中使用"我"频率最高的人群是精神病患者。说话者如果频繁地使用"我",也会引起对方的反感。语言中最次要的一个字是"我"字,但很多人在说话中总是"我"字挂帅。如果在说话中,不管听者的情绪或反应如何,只是一个劲地提到"我"如何如何,对陌生人夸耀个人生活的美满、个人成就的非凡、家庭财产的富有、子女后人的优秀,那么必然会引起对方的厌烦。交谈时要竭力忘记自己,不要老是啰啰唆唆地谈个人生活。朋友向人表露失落感,倾吐心腹事,本意是想得到同情和安慰,若听者无意中把自己的自满自得同朋友的倒霉失意相对比,无形中会刺激对方的自尊,他也许会认为听者是在嘲笑自己的无能,这样的误会很难消除,所以讲话千万要慎重。

5. 忌短话长说

在公众场合,有些人可以不管对方的反应如何,不管话题多么无趣,而能够滔滔不绝、侃侃而谈。喋喋不休有两种情形,一是无法将问题说清楚,不得已反复申说;二是本来已经说完了,又一遍一遍地重复。在很多情况下,话痨们的话让人不得要领、不知所云,或耳朵起茧、闻之心烦。切记:懂得闭嘴是教养,学会聊天是修养,如果用短短的几句话就能把意思说清楚,就不要用长篇大论来浪费听者的精力和时间。

第二节 提问与应答

一、提问的技巧

谈话的基本形式是问和答,问在谈话中占主导地位。提问是开启对方心灵、激发对方谈兴、引导对方谈话、打破冷场僵局、获得沟通成功的"金钥匙"。提问时,首先要考虑提什么问题;其次是如何表述问题。另外,还有至关重要的一点就是什么时候提出问题。只有把这三点有机地结合起来,提问时才能问得恰到好处,最终达到满意的结果。

(一) 提问的方式

1. 直白式提问

直白式提问以求知和解疑为目的,是交谈中应用最广泛的一种直接提问方法,多用于求教、调研、采访、谈判等场合。在与对方交谈中,有不明白的问题或想了解某一问题时,直截了当地向对方提问,要对方简洁明了地当场做出明确答复。这种提问开诚布公、干净利落,方向性强。这种提问方式适合于两类人:自己非常熟悉的人或文化层次高、社会经验丰富的人。直白式提问直来直去,运用时需要注意场合和时机,否则会显得生硬,结果会事与愿违;提问的难度一般不要太大,注意切题、到位,不可就同一问题反复提问;当对方对某些问题有所避讳时,就不宜直问。

2. 启发式提问

启发式提问的特点是按事件的时间顺序或事物的空间顺序或事理的逻辑顺序来提问,由近及远、由浅入深、由此及彼,循循善诱。这种提问方式能反映事物本身的过程,有条理,易为人们所接受。值得注意的是,启发式提问过程中,要尽量激发对方的积极思维,避免气氛的沉闷。

3. 启示式提问

启示式提问是想告诉对方一个道理,但又不能直说,通过提问引起对方思考,直到对方明白该道理的问话方式。运用启示式提问时,可采用声东击西、先虚后实、借古喻今等具体方法。

4. 选择式提问

选择式提问是给出两种或多种参考事项,让对方自主选择的问话方式。这种方式把主动权交给对方,体现了对对方的充分尊重,融洽了双方的关系。例如,客人来访,主人问客人:"你要喝什么?"客人则可根据自己的意愿做出选择。还有一种限选提问,这是一种目的性很强的提问技巧,它能减少被提问者拒绝的可能或提问者不愿接受的答语,帮助提问者获得较为理想的回答。比如,你想邀约顾客,并想让他按你设想的时间赴约,于是,在即将结束交谈时可说:"既然这样,那么,我们是明天晚上见,还是后天晚上见?"这里"明天晚上见,还是后天晚上见"就是限选提问。

5. 迂回式提问

有些问题当面不好直接发问,而应通过旁敲侧击,或间接婉转地进入正题,即不明说,但对方能意会到你想问什么,避免使对方过于难堪。这个时候,不妨借别人的口来问自己的问题。有些问题自己直接问,效果可能适得其反,但又无其他人的口可借时,就可以借一个与问题不直接相关的人的名义来问。这种迂回式提问的意图是避免对方拒绝而出现尴尬局面。

6. 圈套式提问

圈套式提问,即用预设圈套的方式来发问,最终使对方就范。比如,华盛顿年轻时就用这种办法智胜过一个偷马人。有人偷了华盛顿家的马,他同一位警官去讨还,但那人拒绝归还。华盛顿立刻用双手蒙住马的双眼说:"如果这马是你的,那么请你告诉我们,马的哪只眼睛是瞎的?""右眼。"偷马人说。华盛顿放开一只手,马的右眼是好的。那人改口说:"我说错了,左眼才是瞎的。"华盛顿放开另一只手,马的左眼也是好的。偷马人中了圈套,只好乖乖地还马。

7. 协商式提问

所谓协商式提问,是指用商讨的语气向对方发出的提问。以征求意见的形式提问,诱导对方进行合作性的回答,这种方式对方比较容易接受。即使对方没有接受你的意见,交谈的气氛依然可以保持融洽。比如,"你看咱们就这样定了好不好?""您看是否明天送货?"协商式提问应该保持平和的语气,要别人按照自己的意图去做事,应该用商量的口吻向对方提问。

(二)提问的要求

1. 针对性强,因人而异

提问应根据不同场合的具体情况,切合攀谈对象的实际情况有的放矢。对象的不同,提问的内容、方式也应有所不同。首先,人有男女老幼之分,该由老人回答的问题,向年轻人提出就不合适;该向男性提出的问题,也不能叫女性来回答。其次,每个人都有自己独立的性格色彩。对性格外向的人,尽管什么问题都可以提,但必须注意问得明白,问题不要提得不着边际,否则很容易使谈话"走题";对寡言好思的人,要开门见山、简洁明了,提问要富有逻辑性,尽量提那种"连锁式"问题;对那种敏感而又讷于言辞的人,要善于引导,不宜一开始就提冗长、棘手的问题。最后,人的知识水平和所处的社会环境是各不相同的,因此必须仔细观察、了解对方身份,把问题提得得体,不唐突、莽撞。提出的问题必须根据对方的知识水平、职业情况及社会地位等进行合理分配,该问甲的不要问乙,该问乙的不要问丙。

2. 问题具体,便于作答

提问的艺术,不仅体现在恰当的时候提恰当的问题,而且更体现为如何提问。提问能否得到满完的答复,在很大程度上取决于如何问。那种大而泛的问题,往往叫对方摸不着头脑,因而也就不可能回答好。问题具体了,则可以引导对方的思路,从而得到满意的回答。提问时问易不问难,也就是说提一些容易马上就回答的问题。例如,1980年8月,意大利女记者法拉奇采访邓小平时,她提出的第一个问题便是:"天安门上保留的毛泽东像,是否永远保留下去?"这个问题实际很有分量,涉及对毛泽东和毛泽东思想如何评价的实质性问题。这样化笼统为具体,口子虽然小,却便于对方回答。

3. 措辞得体,讲究礼貌

为了表达明确,避免造成麻烦和误解,提问时要仔细选词择句,寻求最佳的表达方式。如"你有什么理由可说?"很容易引起对方的不快,但如果换一种措辞:"你对此事有何感想?"就可以使谈话继续下去。所谓得体礼貌,就是问话不要伤害对方,让对方难堪甚至不好下台。这是与人交往沟通的前提和基础,只有学会尊重他人,表达出必要的善意,才可能与他人成功交流。一位顾客坐在一家高级餐馆的桌旁,把餐巾系在脖子上,这种不文雅的举动让其他顾客很反感。经理叫来一位侍者说:"你要让这位绅士懂得,在我们餐馆里,那样做是不允许的,但话要说得尽量含蓄。"怎么办呢?既要不得罪顾客,又要提醒他。侍者想了想,走过去很有礼貌地问:"先生,您是要刮胡子呢,还是理发?"话音刚落,这位顾客立即意识到自己的失礼,赶快取下了餐巾。

4. 依循顺序,易于展开

如果要就某一专题性问题去请教别人,则必须按事物的规律,先从最表面、最易回答的问题问起,或者先从对方熟悉的事问起,口子开得小些,然后逐渐由小到大、由表及里、由易到难提出问题,并注意前后问题间的逻辑性。这样才有助于问题的逐步深入,并便于对方回答,不至于一开口便为难卡壳。同时,也有助于自己理解对方的谈话,便于从中总结出规律性的东西。提问不仅仅是口才的问题,还是一个人的思维能力问题。提出一个问题后,要仔细聆听对方的谈话,并注意观察对方谈话中的一切细节,积极开动脑筋,去发现新的问题、新的疑点,并立即抓住,追问下去,弄个水落石出,但要避免查户口式的提问。

5. 掌握时机,亲切自然

提问并不像逛大街那样随时都可进行,有些问题时机掌握得好,提问的效果才会更佳。必须时刻记住:对任何人提任何问题都要努力制造一种亲切友好、轻松自然的气氛,绝对不可以用生硬的或审讯的语气和语调。否则,不但容易影响对方的情绪,还会破坏双方之间的关系,导致提问的失败。在与人交往的过程中,只有恰当的提问,才能达到顺利沟通的目的。

二、应答的技巧

应答是对提问的反馈。问是一门艺术,答也需要高超的技巧。真正巧妙的回答,绝不是对方问什么,你就答什么;他怎样问,你就怎样答。有经验的答问者在听到对方的提问后,会冷静思考并选择一个最佳的答案。在回答之前一定要认真分析对方问话,如果不加分析,随口即答,就可能被对方所控制,掉进"语言陷阱"。所以,在回答对方提问之前,分析提问是成功回答的关键。

(一)应答的方式

会话中,答话者自然希望对方听懂自己的话意,使自己的回答是"有效回答",表明自己的意见、态度。所以,答话要选择对方能够理解和接受的词句与表达方式,甚至不可不考虑音量的大小、语速的快慢乃至手势的配合。至于反馈的信息,应该充分而不过量,真实而不虚假、清楚而不含混,在数量、质量和反馈方式上,以合作态度为对方提供方便,才能收到良好的效果。

1. 直言相告

直言相告是指根据对方的提问,直接正面做出回答。如果含糊其词,则会出现令人不愉快的场面。出身于泥瓦匠的德国前国防部长舒尔茨,学历虽然不高,名言却留下不少,所以在德国几乎无人不晓。他在担任国防部长时,有位记者调侃地问:"部长先生,做国防部长与做泥瓦匠,两者有什么共性?"没料到部长轻松地回答:"两者都必须站在高处而头不晕。"做泥瓦匠居高不晕才能干好活,做政治家也要高瞻远瞩、头脑清醒才能控制时局。舒尔茨先生一语双关,语义中肯。他不仅巧妙地利用自己低微的出身,于调侃之间道出为人为事之真谛,使人感到做泥瓦匠和做政治家同样不易,还讽刺了那些以出身评价人的价值的世俗陈腐观念。

2. 错位曲解

对于一些敏感性问题,提问者一般不直接就问题的本质提出疑问,而是从其他貌似平常的事物着手,旁敲侧击地进行刁难性询问。回答这类问题,可以故意装作不懂对方的真正用意,站在非常表面的、肤浅的层次上曲解其问话,并将这种曲解强加给对方,使对方意识到你的有意误解实际上是在表达委婉的抗议和回避,从而识趣地放弃自己的追问。彼斯塔洛齐是瑞士大教育家。一天,有人故意刁难他:"你能不能从摇篮中就看出,小孩长大后会成为一个什么样的人?""这很简单,"彼斯塔洛齐胸有成竹地说,"如果在摇篮中是个小女孩,长大后一定会成为妇女;如果是个小男孩,长大后肯定会成为大男人。"彼斯塔洛齐对对方提问的用心假装糊涂,好像没有发现他的本意而故作曲解,体面地从困境中解脱出来。

3. 模糊设防

在我们的日常生活中,常会遇到一些难以回答、不便回答或不愿回答的问题。如果坦白地答一声"不知道""无可奉告",这不仅使对方难堪,破坏气氛,而且使自己显得无风度、没涵养、没水平。最常用的巧妙答法就是模糊回答,即在能够把话说得更确切一些的情况下,故意采取模糊表述打马虎眼,这样的回答既没有实质性的内容,又能保持沟通渠道的畅通。记者问球王贝利:"你踢得最好的一个球是哪一个?"这个问题本无从回答,贝利却轻松地回应道:"下一个。"仅仅三个字,就避免了记者可能无休无止的纠缠。

4. 以问代答

有时对提问难以回答,但又不得不回答,在这种情况下,以问代答——不正面回答对方的提问,用同样的问题反问对方——是最有效的方法,它能使对方陷入无法作答的境地而不得不闭嘴。例如,著名作家大仲马刚写完一本小说,大家都向他表示祝贺。一位贵妇人向来喜欢用尖刻的话贬低别人以抬高自己,她酸溜溜地对大仲马说:"我喜欢这本书,不过是谁帮你写的?"大仲马立刻回敬:"我很高兴你也喜欢,可是是谁帮你读的?"贵妇人碰了一鼻子灰,只好灰溜溜走人。

5. 反唇相讥

在交际中对一些恶意的提问,不便直接回答,通常会使用诙谐幽默的语言反唇相讥。据说,有一位商人见到诗人海涅(海涅是犹太人),对他说:"我最近去了塔希提岛,你知道在岛上最能引起我注意的是什么?"海涅说:"你说吧,是什么?"商人说:"在那个岛上呀,既没有犹太人,也没有驴子!"海涅回答说:"那好办,要是我们一起去塔希提岛,就可以弥补这个缺陷。"这里商人把"犹太人"与"驴子"相提并论,而海涅则听出了对方的侮辱和取笑,回答时话里有话,暗示这个商人是个驴子,使商人自讨没趣。

6. 迂回婉曲

交际中对不便据实直答的提问,可用委婉曲折的方式来回答。法国皇帝路易十四的御用画师雷布洪不仅多才多艺,而且聪明机警。有一次他为路易十四画像时,后者突然问他:"你看我是不是老了?"雷布洪不愿说谎,也不宜说直话,于是他婉转地说:"陛下额上不过多了几道胜利的痕迹而已。"敢讲真话是一种精神境界,而会讲真话则是一种智慧、一种艺术。会讲真话意味着要以巧妙的、委婉的方式恰到好处地表达真实的思想,从而让对方容易接受,甚至满意地接受。雷布洪用"胜利的痕迹"代表皱纹,表示"老了",显示了其高超的讲真话的艺术。

7. 答非所问

答非所问一般用于回答那些不便于肯定作答或否定作答的问题。沃尔特·列士敦刚刚宣告自己从市银行总裁岗位上退下来,就有记者向他发问:"如果保尔·伏尔克辞职的话,联邦储备银行的职位会使你感兴趣吗?"列士敦:"没人问过我。"记者:"现在我想问你。"列士敦:"过去教过我的一位历史学教授曾告诫我绝对不要回答那些虚拟的问题。"只用了精心挑选的寥寥数语,列士敦就得体、幽默又不无权威地对一个可能令人窘迫的问题做出了回应。

8. 以谬制谬

谈话中对方若故意设置"陷阱",以谬论相刁难,答则显示无知,不答则表明无能,这种情况用以谬制谬最为恰当。隋朝时,有人问一位善辩者:"腊月时,家人被蛇所伤,怎样医治?"他应声答道:"取五月五日南墙下雪涂之,即愈。"那人反驳说:"五月哪里得雪?"善辩者笑道:"腊月何处有蛇?"由于提问者的话本身是荒谬的,对于荒谬的回答,自然就丧失了指责的权利,刁难别人也就成了自我出丑,陷阱也不攻自破。最高超的应答方式就是:你问虚我就答虚,你问怪我就答怪。

9. 化大为小

对于范围过宽或比较抽象的问题,只用其中一个方面进行说明,既有利于回答难以回答的问题,又体现了幽默感。有一次,一名新闻记者问萧伯纳:"请问乐观主义者和悲观主义者的区别何在?"这是一个范围很大且很抽象的问题,从理论上做出一个准确的回答显然不易,即使费尽口舌也不一定能令对方满意。于是萧伯纳说:"假如这里有一瓶只剩下一半的酒,看到这瓶酒的人如果高喊'太好了,还有一半!'这就是乐观主义者;如果悲叹'糟糕,只剩下一半了!'那就是悲观主义者。"萧伯纳巧妙地选择了一个生动的事例,化大为小,回答得轻松自如,不仅颇有幽默感,而且令人回味无穷。这与爱因斯坦用一个小伙子坐在火炉旁和坐在一名少女旁的不同感受解释他的相对论有异曲同工之妙。

10. 设定条件

对方提问的内容,有时可能很模糊,有时很荒诞,甚至很愚蠢,以致使人们很难回答。这时,我们在分析清楚的前提下,可以用设定条件的方法。有这样一个故事。有一天,国王指着一条河问阿凡提:"阿凡提,这条河的水有多少桶?"阿凡提答:"如果桶有河那么大,那只有一桶水;如果这个桶有河的一半大,那么就有两桶水……"阿凡提的回答十分巧妙。因为这个问题很怪,国王故意想难倒阿凡提,阿凡提无法直接回答,只能先设一个条件,后说结果。条件不同,结果也就不一样了。由于答话预设了一个前提条件,所以十分得体到位,获得好评。

(二)应答的禁忌

1. 忌人云亦云

不能因袭别人答话的内容,要有自己的是非观念、善恶观念和美丑观念,要运用自己的逻辑思维进行实事求是的分析,做出此时此地、此情此景中正确的回答。别人彼时彼地急中生智的答语,不一定与你所面临的此情此景吻合,机械照搬往往牛头不对马嘴,会闹出笑话来。

2. 忌不愿合作

比如下面甲乙两人的对话。甲:"请问你今年几岁了?"乙:"比去年大一岁。"甲:"那你去年几岁啊?"乙:"比今年小一岁。"甲:"你家里有几口人?"乙:"和家里伞的数量一样多。"甲:"那你家里有几把伞?"乙:"每人一把。"甲:"你家在哪儿?"乙:"在马路南边。"甲:"是哪一条马路呢?"乙:"小区门口北面的那一条。"乙绕来绕去都没有真正回答甲的问题,没有实质性的内容。

3. 忌生硬反诘

威胁性的语言任何时候都不要用,责难性的语言也不会带来愉悦的合作;至于讽刺,虽然一般情况下也不失为一种手段,然而,使用不当容易伤人。美国19世纪油画家和版画家惠斯勒未成名前靠为人画像为生。他画像时往往把别人的缺点不加修饰地画出来。有一次他为一位客人画完像后,那人很不满意地对惠斯勒说:"你说你能把这幅画称为艺术品吗?"惠斯勒冷笑一声说:"你说你能把自己称为一个人吗?"虽然这个客人缺少自知之明,见惠斯勒把自己画得不美就横加责问,但惠斯勒不假思索地贬低对方也是极为不可取的,这种情况下一场争吵在所难免。

4. 忌自陷困境

对于那些难以回答、不便回答或不愿回答的问题若处理不慎,答话反会使自己陷入困境。有时,别有用心者还会精心设计"语言陷阱"诱人、误人。譬如,"你是否已经停止虐待你的父母了?"这就是一个著名的"语言陷阱",如果不加识别,无论怎么回答,都将把自己推到被动地位,背上一口"虐待父母"的黑锅。面对诸如此类的"语言陷阱"要慎而又慎。如果采用否定前提法,说"我从来没有虐待过父母"就可以避免掉入"语言陷阱"。

第三节 赞美与批评

一、赞美的技巧

海豚训练师都知道,他们不可能用训斥的做法来说服海豚完成精彩的表演,只有鼓励和表扬才能获得海豚的积极回应。其实人又何尝不是如此,多给别人一点鼓励和表扬,就会有积极的效果出现。美国机能主义心理学派创始人之一的威廉·詹姆斯说:"人性中最深切的禀赋,是被人赏识的渴望。"人最不应当吝啬的就是赞美,赞美别人是一个人有修养的表现。

(一)赞美的作用

世界上最华丽的语言就是对他人的赞美。没有人穷,穷到给不出一个赞美;没有人富,富到不需要一个赞美。对大多数人来说,社会的认可,比金钱、权力和其他任何事物都要重要。赞美的作用可以归纳为五点:

1. 利于他人光大德业

赞美可以使人奋发向上,促使一个人走向光明的路程。赞美一个人勇敢,会促使他继续发扬;赞美一个人勤劳,会促使他永不懈怠。世界上不知有多少人在热烈的掌声中奋发,又有多少人在责骂和抱怨声中沉沦。行为科学家曾把一群小学生分成三组,连续五天进行算数测验。一组学生自始至终总是得到老师对他们前次测验成绩的表扬,另一组一直受到批评,而第三组则不闻不问。实验结果表明,被忽略不理的学生成绩毫无长进,受到批评的学生有所改进但不大明显,唯有每次受到表扬的学生成绩大大提高,这正是赞美的神奇作用。在公关交谈中,真诚地赞扬和鼓励,能满足人的荣誉感,能使人终生难忘,精进不懈。

2. 利于自我品位升华

一个注意赞美他人的人,总是善于发现他人的长处,而这恰恰表明他胸襟开阔、人际关系和谐。善于发现别人的优点,要有两种优秀品质:一是仁爱豁达,二是独具慧眼。仁爱豁达使人对他人的优点不嫉妒、不忽略、不排斥;独具慧眼使人对别人的优点洞若观火、察微知著。有人说过,如果一个人总是从别人身上看到长处,他就会慢慢被各个长处所充满;如果一个人只看到别人的缺点,那么他就会慢慢地被缺点所占据。一个善于得体而适时赞美他人的人,必定是一个谦虚的人、上进的人,一个真正有出息的人,一个将来有所建树的人。为别人喝彩是一种智慧,因为你在欣赏别人的时候,也在不断提升和完善自我。

3. 利于架起沟通桥梁

赞美是沟通的润滑剂,在自己与陌生人刚刚见面,不知说什么好的时候,可以礼节性地赞美一下,那是无比好的开场白,它让双方后面的沟通更加顺畅。小李坐火车回家,对面坐了一位漂亮女士。可是她高傲冷漠,车行七八个小时,很少讲话,车厢里沉闷得让人透不过气来。无奈的小李正打算闭目养神时,一下子瞥见她手上带着的手镯,就顺口说了句:"你的手镯很少见,非常别致,恐怕市面上很难买到。"没想到她眼睛一亮,微笑着向小李介绍这只镯子的来历。然后,她又津津有味地给小李讲她外婆的故事、她家乡的故事。等到火车到站的时候,两人都为此趟旅程的相遇感到欣慰。火车上,小李予人以真诚的赞美,体现了对对方的尊重、期望与信任,他用赞美吹散了人与人之间冷漠的雾霭,增进了彼此间的了解与沟通。

4. 利于获得友情帮助

学会发自内心地赞美别人,就会有意想不到的收获,就会交到更多有趣的朋友,就会获得更为持久的友谊。真诚的赞美能使被赞美的人心存感激、情生热肠,从而为他人提供热情的帮助。美国有一个专门采访国际新闻的记者,她无论走到哪里,要学的第一个词是"漂亮"。她说:"你们要想在世界各地采访到最有价值的新闻,请首先学会用各国各民族的语言说出'漂亮'这个词。"她可以对抱着婴儿的母亲用这个词,可以对拥有豪华皇宫的国王用这个词,也可以对明星、巨贾用这个词,正是这个词使她赢得了遍及世界的朋友,使她的采访总是左右逢源。

5. 利于平息人际冲突

有时因为无意中侵犯或冲撞了他人,对方无疑会不满和愤怒,一场平地风波即将或正在掀起,此时如果能及时赞美对方一番,冲突就可能烟消云散。清代高官彭玉麟有一次路过一条狭窄的小巷。一个女子正在用竹竿晾晒衣服,一不小心竹竿掉了下来,正好打在他头上。彭玉麟勃然大怒。那女子一看,认出是当地武将彭玉麟,不禁冷汗直冒。但她急中生智,正色道:"你这副腔调,太蛮横无理了。你可知彭宫保就在我们此地!他清廉正直、爱民如子,如果我去告诉他老人家,怕要砍了你的脑袋呢!"彭玉麟一听这女子夸赞自己,不禁高兴起来,而且又意识到自己的失态,马上心平气和地走了。人们都希望自己在别人心目中能有好的名声,在一番恭维话面前,谁也没有心情去生气了。

(二)赞美的类型

1. 锦上添花式

锦上添花式的赞美就是好上加好,不过所添之"花"必须有特色。平日较为人知的优点,再称赞的效果并不大,要用心去发掘对方尚未为人知的优点来赞美。要发现他不为人知的优点是很不容易的,只有在平日里用心观察,才有机会发掘对方尚未为人知的优点。一次,在行营中,曾国藩用完晚饭后与几位幕僚闲谈,评论当今英雄。他说:"彭玉麟、李鸿章都是大才,为我所不及。我可自许者,只是生平不好谀耳。"一位幕僚说:"各有所长:彭公威猛,人不敢欺;李公精敏,人不能欺。"说到这里,他说不下去了。曾国藩问:"你们以为怎么样?"众人皆低首沉思,忽然走出一个管抄写的后生来,插话道:"曾帅仁德,人不忍欺。"人人听了齐拍手。曾国藩十分得意地说:"不敢当,不敢当。"后生告退后曾氏问:"此是何人?"幕僚告诉他:"此人是扬州人,入过学,秀才,家贫,为事还谨慎。"曾国藩听后就说:"此人有大才,不可埋没。"不久,曾国藩升任两江总督,就派这位后生去扬州任盐运使了。

2. 雪中送炭式

雪中送炭式的赞美是最具有功德性的赞美,在人们最需要他人鼓励的时候能够听到一声真诚的赞美,将有十分明显的激励作用,能够更加坚定他人奋发努力的信心。当一个人灰心的时候,一句鼓励的话,能令他绝处逢生;当一个人失望的时候,一句赞美的话,能使他重见光明。最需要赞美的不是那些早已功成名就的人,而是那些被埋没而产生自卑感或身处逆境的人。他们平时很难听到一声赞美的话语,一旦被人当众真诚地赞美,便有可能振作精神、大展宏图。卡耐基小时候是一个公认的坏男孩。在他9岁的时候,父亲把继母娶进家门,他向继母介绍卡耐基说他是"全郡最坏的男孩",继母微笑着托起卡耐基的头对丈夫说:"你错了,他不是全郡最坏的男孩,而是全郡最聪明最有创造力的男孩。只不过,他还没有找到发泄热情的地方。"继母的话说得卡耐基心里热乎乎的,眼泪几乎滚落下来,就是继母这一句话,成为激励他一生的动力,改变了他一生的命运,使他日后创造了成功的28项黄金法则,帮助千千万万的普通人走上成功和致富的道路。

3. 直接鼓励式

对他人进步给予鼓励,促使他人取得更大的进步,这是人们在生活中经常做的事情。意大利一位少年时代唱歌就很有天赋的少女,因为苛刻的音乐教师指教不得法,她的歌唱得越来越生硬,表现也越来越差,音乐厅很少请她去唱歌。一天,有位推销员来她家推销商品,她正好在家唱歌解闷。推销员夸奖说:"你的歌唱得真好!我很少听到这样美妙的歌声,你为什么不去音乐厅唱呢?""没人请啊。"她忧郁地回答。"怎么会呢?我可以推荐你去一间音乐厅。"推销员自告奋勇地说。后来,推销员真的帮她联系了一间音乐厅。演唱那天,他请一些熟人朋友坐在前排,她一唱完他们就拼命鼓掌欢呼,他又及时献上祝贺的鲜花。得到这么多人的鼓励,她决定继续唱下去。以后,每当她登台唱歌,推销员就必定坐在第一排,使劲鼓掌、献花祝贺。在推销员真诚的鼓励下,她恢复了自然清新的歌喉,歌唱得越来越好,终于成为意大利著名女歌唱家。一般说来,上级对下级、长辈对晚辈、年老的对年轻的,适于采用直接鼓励的方式。

4. 间接迂回式

人总是喜欢听好听的话,即使明白对方讲的是奉承话,心里还是免不了沾沾自喜,这是人性的弱点。一个人受到别人的赞美,绝不会觉得厌恶,除非对方说得太离谱了。间接迂回式的赞美就是借花献佛,即借"第三者"的话来赞美对方,这样往往比直接赞美对方的效果要好。比如"你看起来还那么年轻"这类的话,如果换个方法来说:"你真是年轻漂亮,难怪××总是夸你!"对方必然会很高兴。在一般人的观念里,"第三者"所说的话是比较客观公正的。间接赞美通过第三方传达佳话,能消除隔阂、增强团结、融洽气氛,创造和维系良好的上下级关系和同事关系。还可以通过赞美对方的职业、籍贯、民族,或家乡的习俗、地域特产、气候特点等，间接达到赞美他人的目的。一般说来，下级对上级、晚辈对长辈、年轻的对年老的，适于采用间接迂回的赞美方式。

（三）赞美的原则

赞美的话人人爱听，可并不是人人会说。赞美他人也是有讲究的，须注意如下几点。

1. 实事求是，情真意切

发自内心，出于真诚，是赞美与阿谀、奉承、谄媚的根本区别。并非任何赞美都能使人高兴，能引起对方好感的只能是那些基于事实、发自内心的赞美。如"这小孩说话真流利，长大了一定跟你爸爸一样口才好！""这菜味道真好，你的手艺不错！""这房间收拾得真清爽，一看就知道你是理家能手！"这些赞美的话语非常得体，使听者入耳入心。相反，若无根无据、虚情假意地赞美别人，人家会觉得你油嘴滑舌、诡诈虚伪。比如赞美女性，如果她明知自己不太漂亮，偏要夸她"美若天仙"，对方大半会认为这是挖苦讽刺。不妨从其他方面加以赞美，如身段苗条啦，性格活泼啦，聪明伶俐啦，富有才华啦，为人善良啦，教子有方啦，办事沉稳啦，或着眼于她的服饰、谈吐、举止，发现她这些方面的出众之处并真诚地赞美。真诚的赞美不但会使被赞美者产生心理上的愉悦，还可以使自己因为经常发现别人的优点而对人生持有乐观、欣赏的态度。

2. 恰如其分，适可而止

哥尔多尼说过："过分的赞美会变成阿谀。"所谓"过分"就是夸大其词、赞美离谱。假如有个朋友取得了某项成就，如夸他"真不容易"，他会感到由衷高兴，因为这种夸赞恰如其分；若说这是一项"划时代的伟大贡献""揭开了某某领域的新篇章""是一座里程碑"等，他肯定感到不舒服，甚至还会引起误解。要注意慎用"最好""第一""天下无双"之类的赞语，言语用得不当，会被人看成是讨好巴结，或被误解为别有用心。赞扬话不但要适当，还要适度，有的话赞扬一次两次、一句两句就足矣，恭维过多对方会不自在，觉得你是虚情假意、逢场作戏。恭维过多也不利于交谈，若甲频频夸乙如何如何，乙连连自谦哪里哪里，往往使谈话无法顺利进行。

3. 小处发挥，翔实具体

笼统地赞美他人会使赞美大打折扣。美国社会心理学家海伦·H. 克林纳德认为，正确的赞美方法是把赞美的内容具体化，其中需要明确三个基本因素：你喜欢的具体行为，这种行为对你的帮助，你对这种帮助的结果有良好感受。有了这三个基本因素，赞美语才不至于笼统空泛，才能使人产生深刻的印象。在日常交往中应从具体事件入手，善于发现别人哪怕是最微小的长处，并不失时机地予以赞美。赞美用语愈翔实具体，说明你对对方愈了解，对他的长处和成绩愈看重。每当称赞别人的时候，不可仅从大处着眼，要从小处发挥。如"你的衣服真漂亮"，光有这句话还不够，必须再具体说出这衣服怎么漂亮，如色彩配得好，图案很好看，款式很新颖等，或夸其上衣与裙子搭配巧妙，非常合适，整体效果好。夸赞女性"你的发型很美"，只不过是一句单纯的赞美，若是说"稍微剪短点，看起来会更可爱"，对方一定会感受到你对她真诚的欣赏。赞美的内容如果看得见、摸得着，对方自然能够感受到你的真诚、亲切与可信。

4. 抓住时机，因人制宜

赞美别人的方法很多，可以当面赞美，可以当众赞美，还可以背后赞美。赞美别人要注意选择好时间,不要事隔太久,及时地赞美别人才能取得最佳的赞美效果,时间拖得越长,赞美的效果就会越差。赞美他人要考虑对象的特征,如职业身份、文化水平、兴趣爱好、心情状况以及交际双方的亲密程度。对于男性可以更多地赞美他的事业、成就和人品,对于女性可以更多地赞美她的美貌、服饰和气质。老年人总希望别人不忘记他"想当年"的业绩与雄风,同其交谈时,可多称赞他引以为傲的过去;对年轻人不妨语气稍为夸张地赞美他的创造才能和开拓精神,并举出几点实例证明他的确会有灿烂的前程;对于经商的人,可称赞他头脑灵活、生财有道;对于有地位的干部,可称赞他为国为民、廉洁清正;对于知识分子,可称赞他知识渊博、宁静淡泊,赞美他们所取得的研究成果;对企业界人士,可赞美他们的业绩、组织管理能力……真诚的赞美只有切合了对象的特征,才会打动人。

5. 舍正就偏,侧面切入

如赞美著名科学家、著名演员或著名作家这类人,可以不提他们在各自领域里所取得的成就,不妨另辟蹊径,或赞美其和谐的家庭生活,或赞美其漂亮的衣着打扮,或赞美其亲切的微笑,或赞美其优秀的品格,这样肯定会使他们喜悦倍增。对一个名人,要赞赏他那些鲜为人知而又自以为得意的事情。如某金融巨子诗歌造诣不凡,那么赞美他在金融界的贡献,不如赞美他的诗作,因为他已成名的功业无须人家再恭维,而他的诗写得很好很可能无人关注。赞美一个普通人,可以赞美他工作中没人注意的那一部分,尤其是他足以自矜的工作和本领,恭维对方本身不如恭维他的成绩,恭维对方容貌不如恭维他的品位与能力。真心而独特地赞美别人,会给对方带来心理上的强烈满足和精神上的高度愉悦,自然也会为自己的人缘和事业打下坚实的基础。

二、批评的技巧

"金无足赤,人无完人。""人非圣贤,孰能无过?""土负水者平,木负绳者正。"都是古人的经验之谈。生活中离不开批评,工作上少不了批评。然而,面对批评,并非人人都能正确对待、坦然接受,人人都知道"良药苦口利于病",但"苦口"往往让人抵触、犯怵,如何进行批评大有讲究。相关研究表明,如果批评方式适当,对方就会心悦诚服;如果不讲方式方法,结果就会事与愿违。批评是交际中最难把握的一种表达方式,欲其"良药"而不"苦口"(不令他人难堪,不伤对方自尊),必须考虑时间、地点、对象等多种复杂因素。

(一)批评的方式

1. 恳切指正

站在朋友的立场,给予恳切的指正,而不是严厉的责问,使其知过而改。纠正对方时,最好用请教式的语气,注意保护或激励对方的自尊心。话要温婉和蔼,不可用刺激的,或使人听了不舒服的字眼。说话时先要表示同情对方所犯的错误,使对方减少害怕,同时也减少羞愤之心,然后再用温和的方法把错误指出来。

2. 巧用幽默

巧用幽默就是在批评过程中,使用含有哲理的故事、双关语、形象的比喻等,缓解受批评者的紧张情绪,启发、调动被批评对象积极思考。含而不露、令人警醒的幽默式批评,能使批评气氛变得轻松,使人心悦诚服地接受。在日常交往中,若遇到一些不宜正面回答的问题,不妨使用双关巧妙应对，既能让对方心领神会，又给对方留足面子。运用双关艺术一定要妥帖恰当，注意当时的语言环境。

3. 绵里藏针

绵里藏针的批评方式如同中国的太极拳，柔中有刚，柔的是谈话的语气和态度，刚的是语言形式所包括的强硬内涵。第二次世界大战期间，希特勒到一个精神病院视察。这里的病人大多数是持不同政见者。希特勒问他们是否知道他是谁，病人摇摇头。于是希特勒大声吼叫起来："我是阿·希特勒，你们的领袖。我的力量之大，可以与上帝相比！"病人们不理睬他，露出了鄙夷的微笑。有位病人拍拍希特勒的肩说道："是啊，是啊，我们开始得病时，也像你这个样子。"这句话有力地抨击了希特勒神经质般不可一世的气焰。同时，我们也可以看出幽默所显示出的说话人的智慧。使用绵里藏针的方法，关键在于"针"既要硬，又要扎得准，击中对方的要害，尽显幽默的智慧。

4. 欲抑先扬

欲抑先扬实际上也是一种平衡心理的方式。著名教育家陈鹤琴说过："无论什么人，受激励而改过是很容易的，受责骂而改过是不大容易的。"粗暴责备有时并不能解决问题，相反，利用委婉的批评来使他人改掉毛病，则能收到事半功倍的效果。一个善于交际的人会把忠言这服"良药"裹上糖衣，抛给对方，使对方有一种"忠言不逆耳"的惬意。"欲抑先扬"的意思是要批评一个人并让他接受，就要先表扬一番，肯定他的成绩和优点，然后再将其做得不好的地方指出来。批评与赞美相结合，就是"胡萝卜加大棒"的策略。

5. 先己后人

在指正别人的错误之前，先说出自己的错误，这样更加容易掌握谈话的主动权。这实际上也是一种平衡心理在起作用。卡耐基指出当秘书的侄女约瑟芬的错误时，总是说："约瑟芬，你犯了一个错误，但上帝知道，我所犯的许多错误比你犯的错误更糟糕。你当然不能天生就万事精通，成功只有从经验中才能获得，而且你比我年轻时强多了。我自己曾做过那么多的傻事，所以我根本不想批评你或任何人。但难道你不认为，如果你这样做的话，不是比较聪明一点吗？"卡耐基一边批评侄女一边自我批评，让约瑟芬感到他的责怪中也有信任，后来约瑟芬成为当时最棒的秘书之一。如果卡耐基一开始就指责约瑟芬的错误，结果可能就不会这样了。

6. 巧妙暗示

批评最好的方式就是进行暗示，或侧面暗示，通过列举分析历史或现实人物的是非，类比其错误；或比较暗示，通过分析正确的事物或做法，比较其错误；或故事暗示，通过讲述生动的故事感染对方，暗示其错误；或笑话暗示，通过讲述无伤大雅的笑话，点醒其错误；或轶闻暗示，通过陈述一段轶闻趣事，影射其错误。

7. 转弯抹角

在日常生活中，有时候直言的批评不但无法达到让他人知错改错的目的，而且有碍于人际关系，严重时甚至会毁掉一个人。转弯抹角就是不直接批评，而采用侧面点拨的方式批评。一开始说的话离想表达的意思相距十万八千里，让对方摸不着头脑，强烈地想知道下文，然后才转弯抹角地把话题拉近，最后将批评的意思完全表达出来。

8. 依葫画瓢

有些人言谈中犯错不认错，这时不妨依葫画瓢，制造一个更大的错误以促其反省。一天,法国思想家伏尔泰要出门,他令仆人把鞋子拿过来。鞋子拿来了,但布满泥污,伏尔泰问道:"你早晨怎么不把它擦干净呢?"仆人回答说:"用不着,先生。路上尽是泥污,两个小时以后,您的鞋子又要和现在的一样脏了。"伏尔泰没有讲话,微笑着走出门去。仆人赶忙追上说:"先生慢走!钥匙呢?食橱上的钥匙,我还要吃午饭呢。""我的朋友,还吃什么午饭?反正两小时以后你又将和现在一样饿了。"伏尔泰巧用幽默的话语,批评了仆人的懒惰。如果他厉声呵斥他、命令他,就不会有这么好的效果了。有些人喜欢吹牛,若不方便当面戳穿,最佳的办法也是"依葫画瓢",用荒唐来对荒唐,让吹牛者自己把牛皮吹破。

9. 含蓄委婉

含蓄委婉的批评一般采用借彼比此的方法,声东击西,让被批评者有一个思考的余地,其特点是含蓄蕴藉,不伤人自尊。汉武帝晚年很希望自己长生不老。一天,他对侍臣说:"相书上说,一个人鼻子下面的'人中'越长,命越长,'人中'长一寸能活百岁。不知是真是假?"汉武帝见在场的东方朔似有讥讽之意,就责问说:"你怎么敢笑话我?"东方朔脱下帽子,恭恭敬敬地说:"我怎么敢笑话皇上呢?我是笑彭祖的脸太难看了。"汉武帝不解,东方朔解释说:"据说彭祖活了800岁。如果真像皇上刚才说的,那彭祖的'人中'就有8寸长。那么,他的脸不是有丈把长吗?"汉武帝听后也笑了起来。东方朔没有直接批评汉武帝想法的荒谬,而是通过一个传说来推理,间接委婉地指出其错误,既照顾了皇帝的自尊心,又使他认识到自己的错误。

(二) 批评的原则

1. 时机适当

当人心平气和、较能以客观立场讲话时,就是批评的适当时机。在批评他人之前,务必把愤怒、埋怨、责怪、嫉妒等不良情绪清除掉,否则千万别开口,出去散散步,或听听音乐、看看电视,等冷静以后再说。有经验的批评家认为,未开口批评人之前,先检讨一下自己所持的是什么态度,是积极的还是消极的,如有敌意、存心找麻烦,言语中必然有所体现。情绪不好是难以掩饰的,而且有极强的感染力,一旦对方感觉到这一点,会激起同样的情绪,立刻抛开你的批评,计较起你的态度,这种互为影响的情绪会把批评带入僵局。批评还要掌握时效,要在人们对过错记忆犹新时提出,假如拖到事后几个月才提出,人们已经淡忘了过错,迟到的批评往往起不到良好的效果。

2. 友好诚恳

批评是一个敏感的话题,哪怕是轻微的批评,都不会如赞美那样使人感到心情舒畅,而且,批评对象总是用挑剔或敌对的态度来对待批评者。如果批评者态度不诚恳,或者居高临下、冷峻生硬,就会引发矛盾,产生对立情绪,使批评陷入僵局。而诚恳的态度、温和的语气、得体的语调、平静的表情可以有效避免被批评者可能的敌意,使对方心理上产生内疚感,从而愉快地接受批评。如"这份文件有这么多错字,发下去会产生什么结果?""今天的饭烧糊了,可没有以往好吃啊!""你作业上的字太难辨认,让我怎么准确地评定成绩呢?"这样表达,效果肯定会不一样。

3. 就事论事

在批评他人之前,先要明确是就哪件事或事情的哪个方面进行批评,以事实为基础,越具体明确越好。只能针对一个人的某些行为、行动和表现,而不能针对这个人,也就是平常所说的对事不对人。对事,也仅仅是对其缺点、错误,而不能抓住一点、不计其余,以致否定一个人的全部工作和整个历史。要深入分析动机与效果,切忌在情况尚未调查清楚之前就发脾气、乱指责,更不能挖苦、讽刺、嘲弄,不能揭老底、算总账、搞人身攻击。这种批评看起来火药味挺浓,其实际效果则微乎其微。

4. 设身处地

"心直口快"作为人的一种性格来说,在某些方面的确可体现出它的优点,但在批评他人时,"心直口快"者往往不能体谅对方的情绪,图一时"嘴快",随口而出,过后又把说过的话忘了,而被批评者的心理却蒙上了一层阴影。所以在批评他人时,不妨学会从别人的角度来看问题,设身处地地站在对方的立场考虑一下,自己是否能接受得了这种批评。如果所批评的话自己听来都有些生硬,有些愤愤不平,那么就该检讨一下措辞方面有何要修改之处。

5. 注意场合

某些批评本来是公正有理的,在某些情况下可能效果不错,但如果选的时间、地点不对,效果却截然相反。如果某人常常在同事面前被领导批评,他一定会感到羞辱窘迫,甚至是不满、愤怒。事后他最先想到的是同事们会有什么看法和想法,而不会注意到领导批评的内容,这样不但批评没有效果,反而会让他产生不良想法。所以,如果希望批评取得更大的效果,就应该注意说话的时间、地点,该一对一批评的就不能有第三者在场。当着不相干的第三者或众人之面直接批评某人,不仅使被批评者沮丧或气恼,还可能会使在场的每个人都感到尴尬,担心"下次会不会轮到我",从而在心理上与批评者产生疏远感,等于是批评一个,得罪一群。

(三)批评的禁忌

1. 忌挖苦讽刺

在批评他人时,切忌用讽刺、挖苦的言辞。因为这会给人一种轻视他人的态度,甚至给对方的人格尊严造成伤害,使人感到难为情、窘迫,甚至屈辱。挖苦讽刺严重地伤害了对方的自尊,批评者在损伤他人的同时,在他人的内心也埋下了怨恨的种子。奚落与嘲笑表现出一种对对方人格的蔑视,这已大大超出了积极批评的范畴。心理学认为,人在自尊心低落时,最容易与他人发生冲突,被批评者与批评者的对立和争吵多由不当的批评方式引起。

2. 忌没完没了

任何一个谈话高手都知道,批评的话最好不超过三四句。心理学研究表明,一种批评如果反复进行,就会失去作用。批评的话不宜反反复复,而应适可而止、见好就收,一经点明,对方已经听明白并表示考虑或有诚意接受,就不必再说下去了。如果只图"嘴巴快活",批评个没完没了,就可能得到相反的效果。批评时每次只可提及一两点,切勿"万箭齐发",让人难以招架,感觉难堪。指正的话越少越好,对方心领神会后,就可转到别的地方,不可啰唆不绝,引起对方反感。

3. 忌不留面子

俗话说:"人活脸,树活皮。"此话道出了人性的一大特点:爱面子。一个人被批评了都不希望被别人知道,因此,批评既要指出对方的错误,又要给对方面子。每个人都有一道最后的心理防线,一旦不给退路不让下台阶,只好使出最后一招——自卫。批评应谨记一条原则:别翻陈年老账,别让人下不了台阶。如果不是特别严重、不可饶恕的错误,就没有必要闹得满城风雨,让大家都知道。

4. 忌绝对抽象

话不要说得太绝。所谓"太绝",就是太抽象、太绝对。抽象也有程度之分,比如"你这人太差劲了",比起"你这个人老是不守约,真是太差劲了",显然前者抽象一些,如果猛然一句"你这人太差劲了",对方一定莫名其妙、无所适从;后者的说法不那么抽象,相对来说容易被对方接受。因此,向别人提意见时,应尽量具体点,对方才容易接受。话越抽象,越容易使对方糊涂,以致不知如何作答。反之,如果故意引起他人生气,抽象点容易奏效。

5. 忌死板单一

批评的目的是让对方接受自己的意见。光是理由充足不行,还要掌握对方的心理特点,对不同性格的人应使用不同的方法,因人而异。对年轻人语重心长,直接恳切;对中年人旁敲侧击,点到为止;对长辈、上级巧妙提醒,含蓄委婉;对个性倔强者以退为进,后归正传;对自觉性较高者,应采用启发对方做自我批评的方法;对于思想比较敏感的人,要采用暗喻批评法;对于性格耿直的人,适宜采取直接批评法;对问题严重、影响较大的人,则应当采取公开批评法;对思想麻痹的人应采用警示性批评法。在进行批评时忌方法单一、死板硬套,应灵活掌握多种方法。

6. 忌含糊不清

有的人因担心被视为刻薄尖酸的人,用一些很委婉的语言来表达批评,如将"赌钱"说成"研究信息不对称状态下的动态博弈";将"说谎"说成"难于区分幻想与实际";将"作弊"说成"有待进一步学习公平竞争的规则"……这样说虽让人听得不那么刺耳,但失去了批评的语气,显得像是在调侃。在决定批评内容前,先要知道自己的批评是针对哪一种行为表现的。确定了这一点,才不至于把话说得含含糊糊,也会使对方觉得人家是在负责任地批评他。含糊不清的批评,只会造成充满疑虑的情感隔阂。批评要清楚地举出你认为对方有所缺失的例子,并且提出你认为有助于改善的方法。

第四节　求助与拒绝

一、求助的技巧

现实生活中,有些事情仅仅依靠我们自己的力量去完成是不可能的,往往需要别人的帮助。开口求人的确是一门学问,别人肯不肯帮忙,一方面与自己平时的为人处世有很大关系,另一方面也与如何开口表达深有干系。日常交往中深得人缘的人,别人一般也乐意帮忙,而平日不注意交际、朋友少的人求人时若能深谙开口说话的技巧,也能获得别人的帮助。

(一) 求助的策略

1. 巧用称赞

在求人办事感到为难时,说一些让对方心里感到满足的话。对地位低的人谦虚,对方会感到满足;对敌意的人说他具有某某价值,对方也会感到满足。在办事之前,美言对方几句,事情并不难办。当一个人感到他受到尊重,有独特贡献的时候,往往更愿意承担责任去帮助别人。所以,向对方说"你懂得比我多""你可以做我做不到的事情""你的丰富经验(或才能)是我没有的"都是很好的表达。有一位外国杂志编辑,他对说服作家撰稿很有一套。不论作家如何繁忙,他都有办法使那些作家无法拒绝为他写稿。他常常这样说:"我当然知道您很忙,就是因为您很忙,我才无论如何请您帮个忙。那些过于空闲的作家写出来的作品,总不如您的好。"据他所说,这种说法从未失手过。

2. 渐次诱导

想请别人帮忙做一件重大事情时,不能够一步到位,最好能分步提出求助要求,先请求他做一件与大事相关而比较容易办到的事,使他获得一定的成就感,激发其渴望成功的意识,在此基础上再提出进一步接近终极目标的请求,对方就会很高兴地为了前次的愉快经验而继续尝试。美国《纽约日报》总编辑雷特身边缺少一位精明干练的助理,他将目光瞄准了年轻的约翰。而当时约翰刚从西班牙马德里卸掉外交官职,正准备回到家乡伊利诺伊州从事律师职业。雷特请他到联盟俱乐部吃饭,饭后他提议约翰到报社去玩玩。从许多电讯中间,他找到了一条重要消息,那时恰巧国外新闻的编辑不在,于是他对约翰说:"请帮一下忙,为明天的报纸写一段关于这消息的社论吧。"约翰自然无法拒绝,于是提起笔来就写。社论写得很棒,报社的董事长看后也很欣赏,于是雷特请他再帮忙顶缺一星期、一个月,渐渐地干脆让他担任这一职务。约翰就这样放弃了回家乡做律师的计划,留在纽约做新闻记者了。

3. 诱发同情

在求人办事的时候,能跳出自己狭小的圈子,从对方内心深处的角度去说话,才更容易引起对方共鸣,从而答应你的请求。美国经济大萧条时期,某个圣诞节前一天,一位衣衫褴褛、面黄肌瘦的流浪汉,走进了一家高级珠宝店。年轻的售货员姑娘正好要去接电话,一不小心把一个碟子碰翻,6枚精美绝伦的金戒指散落一地,她慌忙捡起其中的5枚,但第6枚怎么也找不着。这时,流浪汉正向门口走去,姑娘瞬间明白了一切。当流浪汉快要开门时,姑娘柔声叫道:"对不起,先生!"流浪汉转过身来,两人相视无言。"什么事?"他问,脸上肌肉在抽搐。"先生,这是我的第一份工作,现在找个事儿做很难,是不是?"姑娘神色黯然地说。流浪汉长久地审视着她,一丝柔和的微笑浮现在他脸上。"是的,的确如此。"他回答,"但是我能肯定,你在这里会干得不错。"停了一下,他向前一步,把手伸给姑娘:"我可以为你祝福吗?"随后转过身,慢慢走向门口。姑娘成功地索回了金戒指,得益于她那句真诚朴实的表白,它既饱含着惧怕失去工作的痛苦之情,也饱含着恳请对方怜悯的求助之意,诱发了流浪汉的同情心。

4. 激起共鸣

在对人有所求的时候,最好先避开对方的忌讳,从对方感兴趣的话题谈起,不要太早暴露自己的意图,让对方一步步地赞同你的想法。这种方法一般可分为以下四个阶段:①导入阶段,在抛出求助意图之前,先顾左右而言他,引起对方谈话的兴趣;②转接阶段,由此及彼,巧妙地将话题引到自己身上;③正题阶段,陈述自己目前的窘况,需要人帮助的紧迫性和得不到帮助的严重性,激起对方共鸣;④结束阶段,明确提出要求,为了使对方容易接受,还可以指出对方这样做的好处。在日常生活中,采用激起共鸣的方法求助别人,往往会带来让你满意的结果。

5. 激将请求

激将法,就是利用别人的自尊心和逆反心理积极的一面,以"刺激"的方式,激起不服输情绪,将其潜能发挥出来,从而得到不同寻常的说服效果。或用否定性的言辞刺激他、刺痛他、激怒他;或者故意对他人大加赞美,夸大第三者的优点,暗中贬低对方,激发其压倒或超过第三者的决心。运用激将法一定要因人而异,激将法最适合在那些经验较少、容易感情用事的对象身上使用。激将请求要掌握好火候,火候太小,语言不痛不痒,激发不起对方的情绪波动;火候太大,会造成过大的心理压力,诱发逆反心理,对方就会一味固守其本来的立场、观点。激将请求还要注意场合,如果在大庭广众之下激将,往往有挑衅的嫌疑,多半对象都会觉得丢了颜面而恼羞成怒。

6. 逆反请求

明朝时,四川的杨升庵才学出众,中过状元。一次他因嘲讽了皇帝,所以皇帝要把他充军到很远的地方去。朝中的奸臣更是趁机公报私仇,向皇帝说,把杨升庵充军海外,或是玉门关外。杨升庵想,充军还是离家乡近一些好,于是对皇帝说:"皇上要把我充军,我也没话说。不过,我有一个要求。""什么要求?""宁去国外三千里,不去云南碧鸡关。""为什么?""皇上不知,碧鸡关呀,蚊子有四两,跳蚤有半斤!切莫把我充军到碧鸡关呀!""唔……"皇帝不再说话。杨升庵刚出皇宫,皇帝马上下旨:杨升庵充军云南!杨升庵利用"对着干"的心理,打破了奸臣的奸计,达到了自己要去云南的目的。

7. 巧设圈套

巧设圈套就是针对对方的心理,提出某种合理的愿望或要求,求得对方的承诺。当对方进入圈套后亮明真相,对方也无法反悔。在波斯和阿拉伯发生战争期间,波斯帝国的太子被阿拉伯帝国的倭马亚王俘虏,倭马亚王下令将他斩首。太子请求倭马亚王说:"主宰一切的陛下,我现在口渴难当,您当以仁慈之心,让您的俘虏喝足了水再处斩也不迟啊!"倭马亚王答应了他的要求,让侍卫端给他一碗水。太子接过这碗水,却不敢喝下去,颤颤巍巍地说:"陛下,我担心正在喝这碗水的时候,会有人举刀杀死我。"国王说:"放心吧,不会这样的。"于是太子请求国王保证。国王庄重地说:"我以真主的名义发誓,在你喝下这碗水之前,没有人敢伤害你。"太子一听,立即将那碗水泼到地上。倭马亚王大怒,但身为国王他已发过誓言,不会在太子喝下这碗水之前伤害他。现在,水已被太子泼到地上,太子再也喝不到这碗水了,倭马亚王也就永远不能伤害太子了。倭马亚王知道上了太子的当,但也没法,只得放了太子。

(二)求助的要领

1. 出语真诚

真诚的语言虽然朴实无华,但却是最感人的。在美国南北战争期间,有位姑娘找到了林肯,请求总统开一张去南方的通行证。林肯说:"战争正在进行,你去南方干什么呢?"姑娘说:"去探亲。""那你一定是个北方派,你去劝说一下你的亲友们,让他们放下武器。"姑娘说:"不!我是个南方派,我要去鼓励他们,要他们坚持到底,绝不失望。"林肯很不高兴:"你来找我干吗?你以为我能给你通行证吗?"姑娘沉着地说:"总统先生,我在学校读书时,老师就给我们讲"诚实的林肯"的故事,从此,我便下决心要学习林肯,一辈子不说谎,我不能为了一张通行证而改变自己说话做事都要诚实的习惯。"林肯被姑娘诚挚的话语打动了,"好吧,我给你开一张。"说着,在一张卡片上写下了这样一行字:"请让这位姑娘通行,因为她是一位信得过的姑娘。"

2. 语气谦和

求人办事,自己的态度如何相当重要,一般说来,求人时一定要用商量的口吻,让对方觉得你尊重他,对他客气,有礼貌,这样他才乐意帮助你。如果态度傲慢、不讲礼貌,或者颐指气使、盛气凌人,是很难求助成功的。善于求人的人一定会注重礼貌,用词考究,不至于说出不合时宜的话、不得体的言辞。千万不能用命令口气向人求助,如"你必须帮我办""这个月底前必须处理""一定完成"等。千万不可用责问语气向人求助,如"怎么还不处理呀?""不是说今天就给我答复吗?为何讲话不算数?""你们到底什么时候解决?"等。

3. 因人而异

求人办事时的交谈语言,既要看对方性格,又要注意时机、场合。对性格外向、擅长交际的人,在办公室交谈,他也会畅所欲言;而性格内向、胆小敏感的人就应当换一个环境,在室外避人的地方才比较合适。面对死板笨拙的人,要观察其言谈举止,找出他的兴趣所在,可以和他闲聊一些中性话题,待他做出回答或产生反应后再说正题。面对傲慢的人,既不可以傲慢对傲慢,也不宜过于低首下心,举止应该不卑不亢,说话应该简洁明了。过分显示出哀求的神情,反而会引发对方藐视你的心理。面对深藏不露的人,首先不必喋喋不休地浪费口舌,将预先准备好的资料奉上,静静等待他阅后做出决断。面对自私自利的人,不要老想着是在与虎谋皮,而要有奇迹可能出现的自信,说话时要顺水推舟、投其所好。面对毫无表情的人,要特别注意他的眼睛和下巴,从中看出他对求助者的印象究竟如何,据此选择交谈的话题。

4. 勿犯禁忌

求人办事言语禁忌有如下几种:忌说令人沮丧的话,情绪沮丧的话容易给人造成一种压抑的气氛,引起对方的不快,也造成话不投机;忌说无端自贬的话,有个别求人者喜欢贬低自己抬高别人,这在对方看来不是虚伪就是窝囊,不会产生帮助的热心;忌说急于求成的话,求人办事的人往往意愿比较急切,因此容易说一些催促对方快办的话,这会给人以强人所难之意。求人办事不可能每次都有求必应,或每办必成,由于主客观方面的原因,求助者原来的期望值或许要打折扣,甚至希望完全落空,此时力戒出言不逊的抱怨。

二、拒绝的技巧

生活中需要拒绝的事情实在太多。但是,拒绝别人往往被认为是一件不好的事情,因为这往往会导致对方难堪,使人与人之间的关系降温或冻结,一个"不"字实在是不好意思说出口。拒绝的艺术是把由于拒绝满足对方要求而给对方造成的失望与不快控制在最小限度。这样,既可使自己从两难的困境中解脱出来,又使对方能够在和谐、理解的气氛中接受拒绝。

(一)拒绝的方式

1. 坦言相告

对一些不适宜、明显应该拒绝的事,在一开始就直截了当地拒绝。这种拒绝一定要明确坚定,不似是而非、模棱两可。但同时语气又一定要诚恳、含有歉意。要耐心解释你的处境,这样更能得到对方谅解。尽管说"不"是自己的权利,仍需先说"非常抱歉",或者说"实在对不起",然后再陈述自己不能从命的理由。这样,对方在感情上就能接受,从而避免一些负面影响。让对方在感情上体会到,你拒绝的是这件"事",而不是这个"人"。一位作家想同某教授交朋友。作家热情地说:"今晚我请你共进晚餐,你愿意吗?"不巧教授正忙于准备学术报告会的演讲稿,实在抽不出时间。于是,他亲切地笑了笑,带着歉意说:"对你的邀请,我感到非常荣幸,可是我正忙于准备演讲稿,实在无法脱身,十分抱歉。"他的拒绝礼貌而又温和,但又是那么干脆。

2. 陈述利害

当对方向你要求什么时,你如果感到很为难,不要轻易地拒绝对方,不妨将自己若不拒绝的后果告诉对方,请他从你的立场来考虑问题,让他理解你的拒绝合情合理。小陈夫妇下岗后自谋职业,利用政府的优惠贷款开了一家土杂日用品商店,两人起早摸黑把这个商店办得红红火火,收入颇丰,生活自然有了起色。小陈的舅舅是个游手好闲的赌棍,经常把钱扔在麻将台子上,一段时间手气不好老是输,想扳回本钱又苦于没钱,就打定主意找小陈借。他说:"我最近想买辆摩托车,差5000块钱,想在你这里借点周转一下,过段时间就还。"小陈了解舅舅的恶习,借去的钱有去无回,何况店里用钱也紧,就敷衍着说:"好!再过一段时间,等我有钱把银行到期的贷款支付了就给你,银行的钱可是拖不起的。"舅舅听外甥这么说,没有办法,就识相地走开了。

3. 反向诱导

如果认为对方要求不合理,又不便直接向对方提出来,不妨诱使对方意识到不应该这么做,从而使他进行自我否定。有时候拒绝不用说得特别直白,只要稍微暗示,别人就能明白你是答应还是拒绝。两个打工的老乡,找到城里工作的李某,诉说打工之艰难,一再说住店住不起,租房又没有合适的,言外之意是要借宿。李某听后马上暗示说:"是啊,城里比不了咱们乡下,住房可紧了。就拿我来说吧,这么两间耳朵眼大的房子,住着三代人。我那上高中的儿子,晚上只得睡沙发。你们大老远地来看我,不该留你们在我家好好地住上几天吗?可是做不到啊!"两位老乡听后,就知趣地告辞了。这就是反向诱导。

4. 幽默婉拒

有时我们会遇到一些自以为是或依仗权势而蛮不讲理地提出无理要求的人,如果直言拒绝,不仅不利于问题的解决,甚至还可能因惹恼了对方而引祸上身,这时候幽默更能显示出它的强大力量。有一次,一个贵妇人打扮的女人牵着一条狗登上公共汽车。妇女问售票员:"我可以给狗买一张票,让它也和人一样坐个座位吗?"售票员说:"可以,不过它也必须像人一样,把双脚放在地上。"售票员没有给否定答复,而是提出了一个附加的条件:像人一样把双脚放在地上。这个不可思议的要求,使对方败下阵来。用幽默的方式拒绝别人,有时可以故作神秘、深沉,然后突然点破,让对方在毫无准备的大笑中接受拒绝。

5. 避实就虚

有时,拒绝的语言表达虽然明白清楚,但是答非所问,避开实质性的问题,让对方不得要领,拒绝的效果是一样的。例如,第24届奥运会在韩国汉城(今首尔)举行,记者纷纷问中国代表团团长李梦华:"中国能拿几块金牌?""中国能超过韩国吗?"李梦华回答:"10月2日以后(奥运会结束之日),你们肯定能知道。"记者又问:"中国新华社曾预测能拿8~11枚金牌,你认为客观吗?"李梦华回答:"中国有充分的言论自由,记者怎么想,就可以怎么写。"大凡国际赛事,虽说自己队能拿多少奖牌,自己心里有底,但是赛场上变幻莫测,谁也没有十拿九稳的把握。能拿多少奖牌，关系到国家的荣誉，务必慎重，更不能授人以柄。因此，对记者提出的此类问题，一般是要拒绝的。但这又有别于正式严肃的外交场合，所以拒绝时不妨来点语言游戏，或避而不答，或避实就虚。

6. 先承后转

对对方的请求最好避免一开口就说"不行"，而是要表示理解、同情，然后再据实陈述无法接受的理由，由此获得对方的理解，使其自动放弃请求。这样做并不会给对方造成心理伤害，对方也会对你的拒绝表示理解。如："我知道你的困难，但是……""我明白你的意思，也赞成你的看法，不过……"等。先肯定对方，使对方觉得受到了尊重，即使再听到"不"字也不会太反感，相反，对方会觉得你理解他，而且富有同情心。比如，在故宫博物院，一批美国客人纷纷向导游提出摄像拍照的请求，导游诚恳地说："从感情上讲，我非常愿意帮助大家；但在严格的规章制度面前，我又实在无能为力。"虽然是拒绝，但游客在心理上还是容易接受的。

7. 岔开话题

截断对方的问话或请求，在他还没有说出，或者还没有说完某个意思时，即做出错答，也是一种很好的拒绝技巧。曾经有一个秃头的来访者对林肯纠缠不休，浪费了他不少时间。为了摆脱他的打扰和纠缠，在他第二次来访时，林肯故意打断对方的话，匆忙拿出一瓶生发药水送给对方，说："人们都说这种药水可以使脑袋长出头发来。现在你把它拿走吧，过几个月再来看我，告诉我效果如何。"来访者有点尴尬，但看林肯诚心诚意的样子，只得拿起药水走了。林肯不仅一下子把对方打发走了，还使对方不好意思在短期内再来打扰他。

8. 旁借名义

有的时候，根本不用绞尽脑汁去想那些拐弯抹角的拒绝方式，就能把"不"字直接说出口，并且切断所有后路，让对方无法采取别的方式再纠缠。不过，需要借用"别人的意思"。某造纸厂的推销员到一所大学推销纸张，他找到这所大学的总务处长，恳求他订货。总务处长彬彬有礼地说："实在对不起，我们学校已同某国营造纸厂签了长期购买合同，学校规定不再向其他任何单位购买纸张了，我也只能按照规定办事了。"总务处长把全部责任推到"学校"，学校的规定谁也无法违反。借故推脱式的拒绝，比简单地说"不"要让人好接受得多。

9. 自我贬低

有很多既没有什么实际意义又浪费时间与精力的活动，必须拒绝，可以采用自我贬低的方法，在玩笑的气氛中拒绝他人，使自己全身而退。有不少人会用"我不会呀！"或"我对这方面不擅长！"等理由，来把不想做的事巧妙地推掉。"自我贬低"不宜过度，如果使用过度，很容易给人留下"无能""不可靠"的印象，而当自己反过来想求人帮忙时，被拒绝的概率也会大幅提高。

拒绝还可以借助体态语暗示，对那些不好开口的拒绝，可用一些体态动作、表情来暗示拒绝的意图。

（二）拒绝的禁忌

1. 忌绵软无力

拒绝别人时，要坦诚明朗，不要优柔寡断，拒绝的理由单纯明快，不给对方以任何可乘之机,如"我实在没有办法帮这个忙,不好意思。""这件衣服的颜色我不喜欢,很抱歉。""我已经另约了舞伴,不能跟你跳,对不起。"若说话绵软无力,甚至哼哼叽叽半天讲不清楚,会使人认为你不是帮不了他,而是根本不想帮他,因为一般而言,只有心虚的人才会如此吞吞吐吐。

2. 忌过于生硬

对那些常来常往的身边人,或是跟自己工作有着千丝万缕联系的人,他们提出的要求,自己虽然无法照办,但也不能生硬拒绝,而需要委婉地说"不"。说"不"的态度必须是温和坚定的,情绪是具有渲染性的,严词拒绝会引发他人强烈的负面感受,所以,当必须要拒绝他人时,态度要温和委婉。

3. 忌亲密客套

一般说来,见一次面就能记住别人名字的人,常容易与人接近,在交谈中不断称呼别人名字,并冠之以"兄""先生"等以产生亲近感,进而提出强人所难的要求。此时如果想说"不",便应杜绝这种亲密的表示,即一概不提对方名字,以加大和对方的心理距离,在"敬而远之"的心态下容易说"不"。拒绝了对方要求后,不可一个劲地说"可惜可惜""下次下次""一定一定"等客套话。

4. 忌借口不当

既是拒绝别人,就要认真说出充足的理由。有些人不想直接说"不",便随便找些不值一驳的理由来暂时搪塞对方,以求得一时的解脱。这个方法并不好,因为对方仍可以找理由跟你纠缠下去,直到你答应为止。比如你不想答应帮某人做事,推说:"今天没有时间。"他就会说:"没关系,你明天再帮我做好了,事情就拜托你了。"对付这种情况,倒不如直截了当地用较单纯的理由明确地告诉对方:"你托办的这件事我办不到,请原谅。"

5. 忌不顾脸面

拒绝别人时,要顾及对方的尊严。因为自尊心人皆有之,无论一个人的地位、职务多高,成就多大,都是如此。通常的规律是:尊之则悦,不尊则哀。尊严是一个人活着的脸面,如果失去了尊严,就如同当众被扇了耳光一样,所以拒绝时不顾脸面,会让人记恨在心。相反,如果把拒绝的原因往自己身上揽,顾全了别人的脸面,那么,即使别人知道你是在拒绝,心里也不会怨恨你。对那些非原则性的要求,拒绝时不要把话说死,应适当给对方以希望、盼头,让他体会到你的热心肠,从而怀着殷切的期待,然后再慢慢做善后说服工作,给对方一个台阶,推迟或减轻其遗憾和失望的感受。

【实训练习】

1. 搜寻并学习致谢与道歉、圆场与安慰、摆脱尴尬的口语沟通技巧。
2. 假设今天是大学开学第一天,全班同学依次进行自我介绍,请介绍你自己。
3. 分析下列材料,请阐述案例中小王赞美他人失败的原因。

某公司小王,一次在街上见到自己的同事小张及其夫人,小张长得老相,而其夫人却保养得很好,显得十分年轻。因为是第一次见到小张的夫人,为了留下良好的印象,便想美言几句,于是小王对小张夫人赞美一番:"张夫人好年轻呀,看上去比小张小20岁,要是别人准认为你们是父女……"话未说完,小张就说:"你胡说什么呀!"随即顿足而去。

4. 学校征文大赛结束以后，需要请一位文学教授评点并确定名次，教授的工作相当繁忙，如果你是大赛的组织者，将如何开口求助？

5. 在英语四六级考试前夕，同学要求你替他一个在外校就读的老乡当枪手，并许以重金酬谢，你怎么回绝？

第二章

主持口语沟通

第一节 主持相关常识

一、主持的含义和类型

（一）主持的含义

什么叫"主持"？在《现代汉语词典》里，"主持"是"负责掌握或处理某事"的意思。"主持人"在英语里写作"host"即"主人"之意。主持人的概念有狭义和广义之分。从狭义上说，主持人是指广播、电台、电视台各栏目的主要负责人。从广义上说，是指各种活动的主持人，如大小会议、喜庆仪式、联谊活动、文艺演出、朗诵、演讲、辩论赛、广播、电视等的主持人。也就是说，主持人即负责节目、会议、活动的编排、组织、解说，以及对节目、会议、活动实施过程加以积极协调和有效推进的人。

（二）主持的类型

（1）根据主持内容划分，有社会活动主持，如主持会议、演讲、辩论、评比、典礼、面试等；有文化活动主持，如主持文艺演出、舞会、联欢会等；有广播电视主持，如主持各种综合性、专题性、专业性的有声板块节目等。

（2）根据所负职责划分，有报幕式主持和角色式主持。报幕式主持，如主持报告会，主持人的职责是把会议事项和报告人等介绍给与会者，宣布会议的开始与结束，其作用虽贯穿始终，但只在起始和终了两个时候表现。角色式主持担负着活动的角色，在活动的开始、中间、结尾都有"戏"，并且其"戏"不能从整个活动中剥离抽出。

（3）根据表达方式划分，有报道性主持、议论性主持和夹叙夹议性主持。例如主持大型会议多用报道性主持，主持演讲和竞赛多用议论性主持，主持文艺活动多用夹叙夹议性主持。

（4）根据主持人数目划分，有一人主持、双人主持和多人主持。政治性活动、短小的活动、严肃的场合,多用一人主持;一般的文化活动,多用双人主持,双人主持时一般是一男一女,男女声交叉,富有变化,具有艺术气氛;大型文艺晚会、大型联欢会等用多人主持,气势宏大,热烈欢快。

综上所述,主持的类型、内容不同,职责不同,要求不同。电视和广播主持人要求十分专业,一般人不经过专业学习难以实现。而会议主持、婚宴主持、庆典主持等日常生活中所常见的主持,则因其要求的宽泛和民间活动的随意性,距离普通人不是很远。只要对自己的说话能力加以训练,掌握一些相关的主持知识,便可登台一显身手。

二、主持人的作用和素养

（一）主持人的作用

主持人是节目、会议、活动主题的引导者,是计划的执行者、内容的串联者、气氛的营造者和场面的掌控者,其作用体现在三个方面。

1. 桥梁作用

主持人在整个主持活动中像一座桥梁沟通两岸,连接着受众(听众、观众)与节目(会议、活动),使受众更加了解节目意图。主持人将主观的强烈感受连同客观事实不露声色地展现给受众。主持人不但要与受众共同面对纷繁的世界,尽可能将所面临的客观事实"和盘"托给受众,而且要与受众分享由现实世界的相互关系所引发的茫然、困惑和犹豫。

2. 传递作用

主持人可以将丰富的信息传递给受众。主持的成功与否,主要靠主持词的好坏和传递信息量的多少,信息多才能吸引受众。所以,主持人在主持时,不要仅仅根据所设主题搜集材料,还要尽可能多地准备相关的辅助材料,并将之与主题恰当地融合,这样主持人不仅可以将主题传递给大家,还可以让受众了解到其他信息。

3. 感染作用

主持人可以用激动、热情的语言感染受众。主持人在主持的时候,要把握和控制现场的气氛,要让受众跟着主持人的感情走;要善于恰当地运用语言技巧,以引起人们的共鸣。

（二）主持人的素养

1. 过硬的政治素养

政治素养是主持人人格形象和社会形象的基础。主持人只有具备了良好的政治素养,才能深入社会生活,才能一心一意为受众排忧解难。一名节目主持人能否深受受众的欢迎,能否成为有素质、有魅力的主持人,在很大程度上取决于其能否以高度的社会责任感和政治思想水准为受众服务。所以,政治素质是前提,是根基,是一切工作的保证,也是做一名有魅力的节目主持人首先应该具备的素养。主持人要加强情操和气节的修养,要实事求是,光明磊落;言行一致,表里如一;严于律己,宽以待人;胸怀豁达,镇定自若;虚怀若谷,正直热情。

2. 深厚的文化素养

文化素养是主持人的知识水平、艺术修养、法律观念、行为准则等多方面的综合体现。主持人只有全面提高文化素养,才能在主持节目时做到底气十足、心中有话、一语中的、入木三分,才有可能自如地驾驭节目,保证节目播出质量。主持人应该是博学多才的有识之士,这样才能面对受众侃侃而谈。主持人的知识不仅要力求"专"与"深",还应求"广"与"博",做一个博古通今、名副其实的"杂家",天文地理、风土人情、轶事趣闻、生活常识无所不知,能道一二;一些常用的资料、数据、典故、趣事能够脱口而出,如数家珍。渊博的知识来自工作中的积累,也来自平时勤奋的学习。

3. 扎实的专业素养

主持人应具有敏锐的观察力、灵巧的应变力、强烈的亲和力和深刻的表现力。语言基本功和临场应变能力是最为重要的专业素养,"能言善辩""出口成章"是主持人必须具备的职业素养。语言基本功包括:嗓音圆润、气息运用自如,语气表达准确、流畅等;普通话标准,语音纯正,音色优美,音域宽广,有较强的表现力、穿透力、感染力,简洁,明了,生动,耐听。扎实的语言功底、准确的语言表达、自如的气息运用是主持人的看家本事。主持人应具备一定的临场应变和即兴发挥能力,在自己主持的各种活动中,面对各种复杂的情况,能随时准确观察并迅速做出判断。面对尴尬的场面、意外的事件,要有积极活跃的思维,具有快速反应的能力,只有这样,主持起来才能做到从容镇定、挥洒自如。敏捷的思维能力是一名主持人临场应变的重要法宝。

4. 良好的心理素养

主持是一种以己达人的社会活动,要与受众实现内在的心灵贯通,自己必须具备高尚的情操、完美的人格,必须首先做一个优秀的人。主持人必须具备良好的心理素养,在话筒前要从容不迫,声音形象"风采依旧"。这些都需要有稳定健康的心理素养作为支撑。良好的心理素养包括敏锐的现场感、机智的反应力和足够的自信心。杨澜从一名普通大学生一跃成为闻名全国的节目主持人,也正是得益于良好的心理素养。相反,主持人如不具备良好的心理素养,会导致事业和人生的失败,湖南经济电台《夜渡心河》著名夜话主持人,是一位具有相当高知名度的主持人,曾被誉为"长沙第一嘴"和"一代主持奇士",可是,由于心理素养不佳而自杀身亡。

三、主持的三项要求

(一)主持的口语要求

1. 通俗易懂

主持人面对的受众比较广泛,受众的年龄、兴趣、文化层次等都有所不同。要使更多的人能够接受主持人所传达的意思,就必须做到语言通俗、易于接受。主持人的语言,应该摒弃日常口语的随意性、冗长性,保留口语的通俗性、简洁性、生动性和灵活性,兼有书面语言的规范性、集中性和有序性。将口语的句式简短、通俗易懂和书面语的准确精练融为一体的精粹口语,是主持人追求的目标。主持人的语言,应当是强调规范性的大众口语,又是汲取书面语的精粹口语,更是讲究艺术、富于个性、应对得体的机智口语。

2. 流畅敏捷

主持的语言要通顺流畅,这是最基本的要求。主持人要口齿伶俐,表达清楚,尤其是较长篇幅的串场词更要如行云流水,一气呵成,才能让受众产生信服感。倘若吞吞吐吐、语流滞涩,前言不搭后语,受众势必难以明白主持人所要表达的意思,更谈不上能进一步了解编导的意图,也不可能同主持人一同融入节目的氛围中。主持人反应要快,迅速分析,迅速判断,迅速整理,迅速表达。

3. 简洁精练

简洁也是主持人口语表达的基本要求之一。崔永元说,三个老人或者三个普通老百姓表达 A 层面,要用 10 分钟时间,而一个对这个问题很有研究的专家表达它只用 30 秒。主持人口语的简洁应向专家看齐,要求像美女的超短裙,越短越好。主持人语言简洁的关键,是要对所表述的问题有深入的研究、深刻的理解,去粉饰,少做作,勿卖弄,把话说到点子上,充分利用有效时间给受众以更多的信息和文化上的启示。

4. 朴实自然

为了能够与受众有更好的交流与沟通,主持人的语言需要朴实得体、亲切自然。如一位主持人这样谈人生:"仔细想想,人生就是个饺子,岁月是皮,经历是馅,甜酸苦辣皆为滋味,毅力和信心正是饺子皮上的褶皱,要记住人生中难免被狠狠地挤一下,被汗水煮一下,被谁咬一下。更要记住,没有经历,硬装成熟,总会有露馅的时候。"这几句主持词用日常事物打比方,看得见、摸得着,既质朴,又真诚,语言充满感染力和亲和力。

5. 幽默风趣

有人说,智慧是主持人的秘密武器,幽默是主持人的救命稻草。幽默被誉为"语言中的盐",它使人发笑,引人深思,令人回味。主持人应当语言俏皮、妙语引趣,制造幽默、亦庄亦谐,巧说反话、妙趣横生,追求心理层次的愉悦的"笑"。这种幽默是智慧和灵感的闪光,是理趣、智趣、情趣的结晶,它含而不露地引发人们的联想,出神入化地推动受众对语意的领悟。

(二) 主持的体态语要求

由于体态语独特的有形性、可视性和直接性,对口才具有不可低估的特殊价值。体态语言丰富的主持人,是受众喜闻乐见的。主持体态语的内容和要求有如下几点。

(1) 服饰:整洁大方,和谐得体。

(2) 站姿:头、颈、躯干和脚的纵轴在一条垂直线上,挺胸、收腹、梗颈,两臂自然下垂,形成一种自然挺拔的姿态。

(3) 行姿:注意整个形体端庄有力,做到躯体移动正直、平稳,不僵硬、不呆板;两臂自然下垂,协调摆动;膝盖正对前方,脚尖略微外侧,落步时脚掌先支撑着地,两脚后跟几乎在一条直线上,两脚交替前移,腿的弯度不要太大,步伐要稳健均匀。

(4) 坐姿:要挺胸收腹,四肢的摆放要规矩端正,不能摆得太大太开,更不能跷二郎腿,或东倒西歪。

(5) 手势:要根据主持内容和现实场景的需要来决定适用手势。

(6) 眼神:根据不同的主持场合、内容及对象等,恰当地运用不同的眼神表情来传达和交流相应的信息和感情。

(三) 主持的临场要求

主持人不论主持哪种类型、哪种形式、哪种场面的活动,都跳不出开场、串联、结尾和应付突发事件这四种常规情景。

1. 工于开场，收放自如

良好的开场白，是主持一场节目的关键，它可以确定基调、营造气氛、表明主旨、沟通感情，使全场情绪高涨起来，注意力集中起来，造成一种和鸣共振的态势，从而保证节目的顺利开展。白岩松在专题片《中国之路》中这样结尾："海风吹来，龙的传人当然不会弱不禁风。中国引进资金，也在引进竞争；引进朋友，也在引进对手。当古老的大门终于对外开启的时候，它的含义，绝不仅仅是对门外的人说一声'欢迎你'，更重要的是，要对门外的世界说一声'我来了。'"这个富于哲理、饱含激情的结尾具有极强的感染力和震撼力。

2. 连接巧妙，随机应变

主持一场节目，一般都要在其间进行搭桥连接，起到承上启下的作用，便于主持的内容顺畅进行下去，使整个节目连接成一个有机的整体。这就要求主持人必须事先做好充分准备，了解并熟悉主持的内容，有序掌控节目的进行。一个成功的主持人最大的特点就是遇惊不乱、随机应变；能左右逢源、灵巧变通；能快捷思考、准确判断，巧妙地调整表达方式。比如在座谈讨论会上，与会者彼此意见相左、互不相让，甚至唇枪舌剑发生争吵。这时主持人就要出来圆场，或转移注意力，接过话题自己说，把争论双方的注意力转移到别的地方；或联络感情，帮助双方寻找共同点，缩小感情上、心理上的距离；或公正评价，将双方的意见进行梳理和归纳，进行合理评价，阐述双方都能接受的意见；或引导自省，使双方从事实中反省自己的观点和错误，消除误会，认同真理。

3. 反应灵敏，表达明快

快速地思考、准确地进行整合与判断，巧妙地根据所在场合的群众情绪、气氛和突发情况调整语言，这对主持人来说至关重要。因此，要在实际训练中，培养及时控场、当场应答受众提问、随时用几句话缓解因某种失误而造成的僵局的应变能力。主持人的脑子应当是贮存与所主持节目有关的大量信息的"材料仓库"，要将一些资料、数字、典故、趣事等记得毫无差错，这些内容若需要就能随时脱口而出。主持人说话要轻松洒脱、简洁明快，有时带点风趣与幽默，或作一点形象生动的描述，这样轻松、畅达、明晰的表达，方能统摄全场。冗词赘语、故弄玄虚是主持语言的大忌；啰唆唠叨、喧宾夺主只会令人反感。

4. 多元素质，富有个性

不同的节目内容，必须采用不同的主持语言形式和语言风格，这是节目内容本身的个性决定的。主持庆典、仪式等较严肃的内容，语言要平稳、庄重；主持体育方面的内容要激越铿锵，富有力度，速度要快一些，尤其是现场解说更要快；主持少儿方面的活动要亲切感人，声音可带有几分稚嫩；主持日常生活方面的内容要轻松自然，像聊家常那样亲切、热情。除了节目本身的内容限制了主持人的语言风格外，每个主持人由于个人的气质、性格、文化素养、兴趣爱好等各不相同，主持的风格和语言表述也有很大差异。豪放的主持人主持节目一般比较激荡，谦逊的主持人主持的节目比较含蓄，博学的主持人的节目喜欢旁征博引，活泼的主持人的节目轻松热烈，幽默的主持人的节目风趣诙谐。另外，主持人的音色、吐字习惯、表达方式的不同，也能客观地显示口语的个性。正是有了这些个性化的表现，才能塑造出与众不同、个性鲜明的主持人形象。

5. 姿态得体，自然亲切

灵活运用肢体语言，可以直接塑造主持人的形象，因为主持人的一言一行、一颦一笑都体现了他的文化修养和精神气质，体态语丰富的主持人，是受众喜闻乐见的。微笑，对主持人来说,是最好的非语言信号,是影响受众心理与情绪的主要因素。笑,要笑得真诚、朴实,不可做作。主持人是群众的忠实"服务员",只有热情诚恳、亲切自然的姿态,才是联结彼此的心理桥梁。主持人是活动的指挥者和组织者,是联系说话者、表演者与受众的纽带,与受众的关系,不是领导和下级,不是长辈和晚辈,也不是教师和学生之间的关系,而是知心朋友的关系。因此,主持人要以民主、平等的态度来主持节目,不但要口语化、大众化,而且要生活化,要像"拉家常"一样与受众亲切交谈。

第二节 文艺节目主持

一、文艺节目主持的语言特点

在所有类型的主持中,文艺节目主持的语言特点最鲜明,归纳起来有如下几点。

(一)讲求口语化

主持人的口语源于生活口语,但必须对生活口语进行筛选、提炼、加工,舍弃其中不规范、不纯洁的语言现象,使之准确精练、严谨规范、合乎逻辑、流畅连贯、富于动感、易于理解。这绝对不是靠"调子降下来,速度快上去,声音要减弱,中间加点错,常用语气词"能够奏效的。节目主持人的口语,是根据与受众交流的需要而形成的一种具有特殊语言结构方式和语感,有着交流功能的口头语言。口语化的通俗自然不是粗俗随意,它更具有逻辑性和说服力,在清新、自然、流畅中体现规范、纯洁、舒适,每句话的运用都在节目中有其目的性。

(二)语言规范化

节目主持人语言的规范性,是指语音、词汇、语法等应符合普通话的规范。①语音的规范。语音标准、吐字清晰,是节目主持人普通话发声的基本要求,不能出现读音错误或读音不准的情况。②词汇的规范。须以"北方话为基础方言"为标准,遣词恰当,简明清晰,表达准确。不能误用、生造词语,不能错用成语、古语,不能滥用方言词汇、外来词汇、港台词汇,不能滥用简称,不能使用粗俗词汇。③语法的规范。在主持节目中,做到语法规范、严谨完整、逻辑清楚,是对每个主持人的基本要求。不能犯词性误用、搭配不当、指代不明、成分残缺、成分赘余、句式杂糅、义有两歧等错误。

(三)凸显交流感

语言是节目主持人与受众交流与沟通的桥梁和纽带,并使信息得以传播和反馈。良好的语言交流性体现于两点:一是语言的组织运用,谈话体的语言吸收书面语和口头语言的优点,是生活化的语言,但又不是纯生活语言,让人听起来顺畅、自然、朗朗上口,富有交流感;二是内外部表达技巧的结合,主持人在心理上要时感受到受众的存在,"目中有人,心中有情",始终保持积极的心态,全身涌动着与受众交流的欲望。还要练就过硬的语言基本功,没有过硬的语言基本功、良好的普通话能力和科学的用气发声及外部语言表达技巧,就难以胜任此项工作。

（四）高度个性化

节目主持人的个性化语言不仅能够缩短与受众的心理距离，而且还能使传播更具亲切感、更有人情味，这也是主持人达到理想的主持效果、取得成功的重要因素。语言的个性化由主持人的有声语言和体态语言来体现。语言的个性化是指个人惯用的语言组织方式和特有的表达手段，它是主持人内在修养的外部表现，是思维与智慧的外化与延伸。如赵忠祥的主持特点是庄重平和、沉稳大气，语言老到，富有文采；白岩松的主持特点是机智警策，思维缜密，反应敏捷，流畅丰富；徐曼的主持特点是温文尔雅，轻柔甜美；元元的主持特点是自然朴实，简洁明快。在一个多元时代，人们的业余生活丰富多彩，欣赏的层次、角度也呈多元性，这就要求节目主持人的语言要有鲜明的个性特征，或机智诙谐，或儒雅大气，或稳重老练，或活泼清纯。只有彰显个性、异彩纷呈，才能满足受众对多元文化的需求。

（五）富于审美性

节目主持人语言的审美性，主要体现在声韵美、辞彩美和情感美上。①声韵美，汉语普通话的一个重要特点就是富有音乐性，有声语言悦耳动听的声音和起伏有致的语流往往能够唤起人们的美感，响亮的字音、和谐的声调、鲜明的节奏营造出起伏有致、抑扬顿挫、委婉动听的声韵美，让听众感到赏心悦目，从中得到美的愉悦。②辞彩美，主持人语言既要简洁精练，又要俗中见雅，让人听起来亲切自然，声韵和谐，顺口入耳。在词语选择、句式配搭、逻辑安排、修辞手法运用、典故诗文引用等方面，尽力呈现出动人的魅力。③情感美，这是主持人情感和语言表达高度融合的产物。情感是主持人语言表达的依托，充满深情的语言往往能撞击受众的心扉，引起情感的共鸣，从中得到审美的感受。情感的运用对体现主持人语言的审美性起了重要作用。

二、文艺节目主持的语言功力

（一）良好发声能力

良好发声能力在主持人的语言功力中处在基础地位。语音纯正、标准规范、吐字清晰是对节目主持人有声语言表达最基本的要求；更高的要求则是：圆润动听、朴实大方、富于变化、持久耐听。主持人的发声能力固然有先天条件的成分，但要很好地驾驭自己的声音、提高发声能力，则需要掌握科学的发声方法，熟知理论知识并能以此来分析解决实践中的问题，扎实而不懈地练习，方能够运用自如。赵忠祥在主持《人与自然》栏目时，以独具魅力的声音，惟妙惟肖、绘声绘色地讲述着广袤的大自然中的无穷奥妙，优美而跌宕起伏，动听而显示气势，规范而突出变化，表现了极高的声音驾驭水准。

（二）语言表达能力

节目主持人的语言要想吸引人、打动人，除了内容因素，还需要"怎么说"的技巧。要"说"得到位，就需要主持人在坚持理论联系实际的原则下，努力提高有声语言表达能力。有声语言表达能力的学习提高有一个从刻意雕琢到返璞归真的过程。主持人的语言样态有多种，如央视《感动中国》人物评选颁奖节目中，宣读颁奖词、串联主持词、采访获奖者就需要分别用宣读式、演说式、聊天式三种方式。敬一丹宣读颁奖词字正腔圆,语句规整,意义清晰;串联词简洁明快,真切感人,富有感召力;采访词亲切自然,引出得体,交流自如。正因为有着扎实的有声语言表达能力,才使得她在用三种表达方式主持的特殊晚会上表现得如此出色。

(三) 书面写作能力

写作能力对于主持人的语言功力而言,虽然处于隐性位置,但却是反映主持人能力的根本。主持人在台前精彩得体的话语不是凭空而来的,它反映了一个人的学识修养,是内涵的体现。锻炼写作能力是提高主持人语言功力的重要途径。写作能力和口语能力紧密相连,可以说是互为表里的关系。透过文字折射的是一个主持人知识、能力、生活积累和思想水平、文化修养、实践经验的综合体现。写作不仅检验主持人对语法知识、逻辑规则和修辞手法的运用水平,而且对主持人的洞察力、思辨力、文字表达能力等是一个全方位的锻炼,是丰富自我内涵的最好方法。对主持人写作能力的要求,不仅是表达的需要,也是岗位业务技能的要求。不同的节目、形式、分工常常需要主持人独立撰写主持词,与人合作完成或修改稿件,甚至是整个节目的总编导,主持人如果不具备相应的写作能力,就很难胜任这一职业。央视很多主持人都出版过创作集,如赵忠祥的《岁月随想》、杨澜的《凭海临风》、白岩松的《痛并快乐着》、敬一丹的《一丹随笔》、水均益的《益往直前》、崔永元的《不过如此》、倪萍的《日子》等。

(四) 即兴口语能力

主持人的口语表达是多种多样的,其中无文字依据的口语就是即兴口语。良好的即兴口语能力是反映节目主持人个性、才华的重要方面。主持人即兴口语的表达力和感染力,对调动受众情绪和参与程度,对整台节目的组织、串联以及场内与场外情感互动的共鸣,起着举足轻重的作用。即兴口语能力是对主持人语智水平、写作能力和有声语言表达能力的考验,是主持人必不可少的业务素质,是语言功力的重要组成部分。崔永元在《实话实说》中机智灵活地运用口语来主持节目,其话语平淡而另藏机锋,学识丰富,反应敏捷,应对得体,幽默和智慧得到了充分体现,无论是与嘉宾侃"教育子女",还是聊"喝酒"这样家常性的话题,都时时能使受众惊喜和叹服,让人感受到生活中的乐趣和智慧的力量。

三、文艺节目主持的前期准备

(一) 资料准备

在接到一项文艺节目主持任务后,主持人应迅速收集与文艺节目相关的各种信息和背景资料,充分了解文艺节目的主题、宣传宗旨、节目内容、节目形式、出席人物、受众对象等。其次,根据已掌握的信息,对文艺节目风格进行定位,是表演性文艺节目还是比赛性文艺节目,是颁奖性文艺节目还是联欢性文艺节目、游戏性文艺节目,并分析、明确与之相匹配的主持风格。再次,要编排好节目单,要根据节目的表现内容和形式,做科学而合理的安排,使编排的节目单给人一种浑然一体的流畅感。最后,围绕文艺节目主题初步拟定主持词,要有清晰的演出思路,不能一味地临场发挥,以防出现漏洞和破绽,要背熟台词,要感情饱满。

主持词写作的基本要求是:

1. 联系内容,切合主题

一套不从节目主题出发、七拼八凑、乱侃乱嚼的主持词,既不能引导受众把握演出的精神内涵,又会影响主持人的形象、节目的效果。所以,撰写主持词要有明确的主题意识,主持词的主题应像一根红线贯穿于节目的始终,与节目相辉映。有些表演的主题不够明朗,甚至与节目的主题联系牵强时,更需要从表演细微的内容中挖掘、延伸出体现节目宗旨的串联语来。

2. 整体设计,构思周密

重点环节为开场、高潮、结尾。开场要简洁明了,唠家常式的,使人感到温馨;中间,唱得好的和唱得不好的要分开,避免对比度太强,水平落差太大,让人感到不适,另外,通俗的和美声的、唱歌的和跳舞的要分开;结尾,要顺其自然,让人回味。

3. 真情实感,亲切动听

写主持词不是单纯的串联活动与节目,是要传递一种氛围、一种思想、一种感受,如果撰写人自己都不能被自己打动,那么受众听上去更会觉得味同嚼蜡。在完全吃透本次文艺节目实质的基础上,主持人要将真情实感写进去,拉近自己与受众的距离,让语言亲切动听。

4. 雅俗共赏,活跃气氛

很多小型的联欢会需要的是一种亲近、活跃、轻松的氛围。所以,语言上既要阳春白雪,又要下里巴人。可以在主持词的开头渲染华丽庄重的语言,随着活动与节目的展开,主持人用语可以加入诙谐幽默的成分,让受众更好地融入氛围。

5. 繁简相宜,一张一弛

因为时间是有限的,另外主持词是为活动和节目锦上添花的,如果主持词的段落都是长篇大论,那就有喧宾夺主的嫌疑了。所以,有的部分需要渲染,有的部分一句带过即可。

（二）着装造型

主持人的服饰语言也体现着某种宣传内容、节目风格、时代思潮,向受众传达某种思想意念,也左右着受众对于主持人的欣赏和评价。同时,主持人还能通过服饰来弥补自己身体上的某些缺憾,把最好的形象魅力呈现给受众。服饰也具有审美作用,主持人在节目中穿着得体的服饰,会给受众带来视觉上的享受,也会提高受众的审美水平。当然,主持人一味追求个性化的服饰而不考虑和节目内容是否贴合是不可取的。因为主持人的服饰不是个体服饰,而是和节目息息相关的复合体。主持人应根据自己的身材、气质、年龄,结合本地的民俗风情和文艺节目主题,选择简洁、大方、合体而不失光彩的服装。主持人要注重仪容仪表,宜化妆后上台,化妆以淡妆为主,发型和发色也都以自然大方为好。其总的原则是:符合节目内容,符合受众口味,妆容及配饰"相得益彰",绝不"喧宾夺主"。如果一个女主持人梳着当下最流行的发型,耳朵上垂着大大的耳环,穿着时下最流行的服饰,如模特一般像在走秀,那么受众一定会嗤之以鼻。

（三）心理调整

主持节目前要端正思想,要积极主动地和相关活动的组织领导协调好工作,做他们得力的助手,迅速调整状态,转换角色,以一个文艺节目"主导"者的身份出现。由于基层举办文艺节目的经验少,文艺节目现场各岗位常常分工不到位,衔接不紧凑。这样,主持人很容易陷入紧张状态,很难积极进入到节目中去,不但不能机敏应对、即兴发挥,甚至还可能表达不清楚已经准备好的内容。所以，文艺节目开始前要尽量排除杂念、理顺思路、放松心情，充满自信地走上台。在上场前如果感到紧张，可以多做几个深呼吸，让自己的心情趋于平静，不受外界干扰；也可适当地做气泡音，保证在主持时声线集中、声音圆润，避免破音的尴尬；再自然会心地微笑，给自己十足的信心。主持节目要提前一天或提前数天进行一次全场彩排，这样可使正式演出的效果更佳，但演出当天不宜彩排。

四、文艺节目主持的主题表达

能否将节目的主题和意义表达到位、传递给受众，是文艺节目主持是否成功的重要标准。如何做到这点，不妨从以下两点去尝试：

（一）突破"传话筒"模式

首先，主持人应从主观上认识到，文艺节目中的"我"不是"传话筒"，而是"主导者"。一般有经验的主持人在拿到稿件后，不会照搬照抄地机械性背诵主持词，往往会根据自己的思维方式重写或进行调整，把它化为带有个人习惯的语言。主持人必须对台词做二次创作。串联词作为节目主持人的语言，不少由节目编辑组稿，主持人现场表达，但这并不等于非要机械记诵。富有经验的主持人能依据串联词脚本，临场发挥，围绕主题即"兴"组词、随"意"联句，巧妙点缀。这样的主持才放得开、收得拢，自如洒脱。串联的过程并非呆板的报幕过程，有时插入与演员的交谈，有时进行节目的临场更换，有时打破意想不到的"冷场"情况，这时主持人的即兴串联最富有个性。其次，主持人要善于把多种艺术形式和现场表演组合成一个有机整体，做到承上启下、穿针引线、组织互动、引发共鸣，并准确地提炼出文艺节目的主题，在现场将其富有创造性地表达出来。

（二）用鲜活语言表达

针对当代人文化层次较高、个性较强、网络生活比较丰富的现状，主持人在传递信息时应尽可能地使用个性化与网络化语言，以便于受众接受。在语言表述上要符合节目的需要，话语并非越多越好，关键是要一语中的、切中肯綮。语言内容要言之有物、言之有理、言之有趣，不能只讲大话、空话、套话。主持人语言要平实自然，让受众听起来是主持人的肺腑之言。根据现场氛围的语言表达需要，可以适当运用夸张、含蓄等语言表达方式，同时还要注意掌握一些语言表达上的技巧，如分寸把握得体、节奏快慢适当、语气亲切自然、重音落位准确、停连恰到好处等，只有做到了这些，主持人才能对语言驾驭自如，使语言表达富有自己的特色，真正沟通节目与受众之间的联系，促成主持人与受众相互情绪的激发、感染、交流与共鸣。

五、文艺节目主持的环节把握

（一）先声夺人的开场

主持人要善于营造浓厚热烈的演出气氛，主持要突出主题，饱含激情，语言流畅，声调抑扬顿挫。开场白是一场文艺节目的"脸面"。一段好的开场白无疑会先声夺人，使受众耳目一新、为之一振,观赏情趣陡增,从而收到未曾开戏先有情的艺术效果。开场的方式可以不拘一格。常见的方式有:即景抒情式、简要介绍式、煽情鼓动式、借题发挥式、热情问候式、相互对白式等。主持人可因人而异、因事而异,选择灵活多样、引人入胜的开场白。

（二）摇曳多姿的过渡

串联是一种动态的过渡,它衔接前后节目,调动受众感官,控制现场气氛,给受众创造一种观看节目的心境。节目不同,过渡的方法也各有千秋。①诗化抒情式。语言的意象美、形式美、音乐美使得众多的串联词呈现出诗化的韵味。②节目嵌入式。将节目名称自然嵌入在串联语言里,含而不露,一语双关。③悬念启发式。启迪节目内容的悬念,可以使观众了解节目的特点,激起探求观赏的欲望。④镜头切换式。镜头切换式的过渡,为观众创设了新的情境。⑤托物起兴式。⑥首尾照应式。有时候,主持人的串联不是在节目之前,而是等节目演完之后,再不失时机地插上一段话。

（三）完美收束的结尾

成功的结束语,或是在火爆动情中将文艺节目推上高潮,或是营造出一种余音绕梁的艺术氛围,给受众以回味无穷的心理感受。谢幕词要简短有力,并嘱咐受众有序退场,常用的结尾方式有继往开来式、深情赞美式和希冀憧憬式等。

六、单双主持的基本策略

（一）单人主持,力求出彩

单人主持时一定要有处变不惊的心态,轻松幽默、谈吐大方、仪表得体,人们常说,没有不漂亮的主持人,只有状态不好的主持人。主持人应根据自己的个性特点,有意识地培养适合自己、能彰显个人魅力的主持风格,或是端庄稳重,或是亲切自然,或是青春热情……在这种个人风格特点的基础上,再根据节目的特点进行适度的调整,找到一种最能与现场相融合的主持风格。如:新年文艺节目是红火热闹的,主持人应是情绪饱满,洋溢着对春的希望、对未来的无限憧憬之情;联欢文艺节目是轻松欢快的,主持风格应凸显亲切、自然、轻松、随意;国庆文艺节目是盛大隆重的,主持人应呈现出端庄、大气之美。

（二）多人主持,配合默契

一般的大型演出的主持人以两人为宜,特大型的演出可增至四人,主持人要男女搭配。节目开始,主持人上场。女主持先上,如四人以上搭档,男主持在女主持上场后再上场并插空站好,报完幕下台时,男主持应先向后退一步,让女主持先走,男主持要走在后面。双人乃至多人搭档时最重要的就是默契。有的搭档属于同一类型,有的搭档是为了形成更好的互补。当男女主持人都属于活泼外向型时,切忌抢话。搭档主持人在主持节目时,都要保持"共说一个主题"的有机交流状态,当有词者在主持时,无词者不能漠不关心,而要用心听,点头微笑示意也是很好的交流。两者的语言内容都必须围绕一个主题,切忌跑题,掌握了这一基本要领,搭档主持才能配合默契。除此之外,还要注意主持人之间距感的把握,当冲着受众说时就要看镜头,当冲着搭档说时就要看搭档,在上句与下句间对口接词时,主持人可以有眼神的交流;两个主持人同时看镜头时,可以用余光感受,侧目对视也可以交流。

不管是单人主持,还是多人搭档主持,都是"共说一个主题""对谁交流就冲谁看",不能自顾自说,不顾对方的存在。

七、突发情况的临场应变

主持人还是处理节目突发事件的救场者。随着节目的进行,常常会出现意料之外的情况,特别是在基层和学校,由于各种硬件设施不够完善,人员分工不够科学,节目统筹安排不够细致,给主持人的工作带来许多不便和干扰,更容易频发意外情况。一般做法是即兴发挥、幽默救场、自我解嘲。

(一)即兴发挥

主持人是否善于依据现场动态,做出生动得体的即兴发挥,对于文艺节目的成败优劣,有着重要影响。节目主持人即兴表达恰到好处,不仅能调节气氛、抛砖引玉、紧急救场,确保节目顺利进行,更会抓住切入点升华主题,使听众从中得到启发并体会到相应的节目意图。即兴发挥其实包含了两个部分:一个是针对嘉宾和采访对象的即兴采访,一个是主持人个人的"脱口秀"。纵观中外的优秀主持人,无一不是即兴发挥的高手。白岩松在主持香港回归直播中的一段即兴口头表达堪称经典。即兴口语表达应坚持以下几条原则。①真实准确。真实、准确、恰当的即兴口语表达是对节目主持人最基本的要求。②有理有据。有理有据的表述才值得参考,才能使听众信服。③张弛有度。根据节目内容随时调整节奏,做到张弛有度,只有这样,才能在即兴表达时收放自如。④把握尺度。即兴口语表达要围绕节目主题展开,所以必须把握好尺度。

(二)幽默救场

在节目进程中经常出现意外,尤其是技术故障和表演者的意外很常见,这就需要主持人头脑灵活、反应机敏。有一次,一位女主持人在主持一个少儿节目时,突然出现了一个意外,节目还没有开始,那只准备给受众看的鹅就叫了起来。这可怎么办?谁知她若无其事地即兴发挥道:"小朋友们,你们听见了吗?咱们今天请的客人已经等得不耐烦了,那么,节目就开始吧!"受众哈哈大笑起来。原本是一件很尴尬的事情,她这么诙谐的一句话,竟使得节目更加幽默风趣,受众更爱看了。

(三)自我解嘲

杨澜在担任《正大综艺》节目主持人时,曾被邀请到广州市天河体育中心担任第九届大众电视"金鹰奖"颁奖文艺晚会的主持人。演出晚会中,在报幕退场时,她不小心被台阶绊了一下,"扑通"一声滚倒在地,出这种洋相确实令人难堪。但杨澜非常沉着地爬了起来,凭着她主持人特有的口才,笑容可掬地对台下的受众说:"真是人有失足,马有失蹄呀。我刚才的狮子滚绣球的节目滚得还不熟练吧?看来这次演出的台阶不那么好下哩!但台上的节目会很精彩的,不信,你们瞧他们。"她话音刚落,全场受众们为她机敏的反应报以热烈掌声。杨澜这段自我解嘲式的即兴说辞非常成功,不但为自己摆脱了难堪,还让广州人民领略了她的出众才智和非凡口才。她的高明之处就在于用自嘲的话对自己的失误进行了巧妙的渲染，又借着"晚会"这个主题进行了发挥，然后，迅速将受众的注意力转移到下一个节目中去。这样短短的几句话，天衣无缝地为自己搭好了台阶。

（四）其他方式

其他应变方式还有将错就错、邀请互动等。一般说来，如果出现冷场或突发状况，主持人必须通过邀请受众参与现场互动，吸引他们的注意力，重新煽起受众和演员的热情，化解已经出现的不利局面。为此，主持人除了熟记事先拟好的台词外，还应事先准备一些诸如谜语、笑话、对联、智力游戏等小点缀。一旦场上出现冷场、演员失误，或音响、灯光等出问题，便能临急不慌，有条不紊地搞一些小穿插。这样，既能保证节目自始至终不断线，又能活跃现场的气氛，增强节目的魅力。

第三节　重要会议主持

会议主持是门学问，也是门艺术，一个会议召开的成功与否，是与主持人密不可分的。会议主持人是会议的核心人物，他要鼓动听众，使气氛热烈；他要组织群众，使会议集中；他要推波助澜，使感情交融。这就需要一定的说话技巧。

一、会议主持的准备

主持人会前的准备工作主要包括：明确会议目的，确定议题、程序和开会的方法方式，准备好一份会议议程表；确认好会议的时间、地点、主题、参加的领导和与会人员，并一个不漏地通知到人；收集意见，准备必要的有关资料，了解好领导的背景资料，以便介绍领导基本情况时抓住主要的亮点，安排会议谈论发言顺序（一般由低到高，级别或资历最高的领导最后讲）；设计出色的会议主持词，这项准备最重要。

会议主持词有以下几个特点：

（一）地位附属，篇幅短小

主持词是会议的"附件"，是为会议的"主件"——领导（或专家、来宾、主题发言人）讲话服务的，其附属性表现在两个方面：从形式上看，结构决定于会议议程，必须严格按照会议议程谋篇布局，不能随意发挥，不能"另起炉灶"；从内容上看，内容决定于会议内容，不能脱离会议内容，不能"自由发挥"。主持词的附属性地位，决定了它只能起陪衬作用，不能喧宾夺主。因此，在撰写主持词的过程中，从结构到内容乃至遣词造句、语言风格、讲话口气等，都要服从并服务于整个会议，与会议相协调、相一致。主持词的篇幅一般不宜过长，要短小精悍，抓住重点，提纲挈领。宣布程序、布置任务要简洁明了；说明背景、概括内容要提纲挈领；介绍人物、点评报告要言简意丰。

（二）结构独立，重在头尾

会议主持词分为开头、中间和结尾三个部分，每部分相对独立，重点在开头和结尾，呈现为"哑铃型"的外在结构。开头部分主要介绍会议召开的背景、会议的主要任务和目的,以说明会议的必要性和重要性。可分为五个方面的内容:①宣布会议开始;②强调会议规格;③说明会议规模;④介绍会议背景;⑤介绍会议内容。明确会议主旨是开头部分的"重头戏",也是主持词的关键所在,写作时掌握两个原则:一是要有针对性,强调会议的紧迫性和必要性;二是要有概括性,全面而不琐碎,具体而不啰唆。中间部分可以用最简练的语言,按照会议的安排,依次介绍会议的每项议程,只要过渡自然、顺畅,能够使整个会议连为一体即可。结尾部分,一是宣布会议结束,二是简要评价会议,三是整体概括总结,四是提出落实要求。写好结尾要注意:第一,语言简洁精要,不做解释说明;第二,要求明确具体,不能含糊其词;第三,任务布置全面,不能漏项缺项;第四,写作方式灵活,归纳、启下、展望皆可。结尾的内容要有号召性,语言要有鼓动性,最大限度地赢得听众,引起听众强烈的共鸣。

(三)语言平实,简明扼要

会议主持词"立片言以居要",语言应该平实、庄重、简明、确切。贵在开门见山,直笔揭示主题,勿用修饰曲笔。说明什么,强调什么,提倡什么,反对什么,有什么要求、建议和意见,都要一清二楚、一目了然,切忌含糊其词、模棱两可。

二、会议过程的主持

会议过程的主持在具体操作上,应把握好三个环节:会前介绍、会中串联和会后小结。

(一)会前介绍:实说巧说,不吹不拍

开场白有两项任务:一是建立说者与听者的同感;二是要打开场面引入正题。这就要求会议主持人根据演讲人讲话的内容、特点、会议要求、听众情绪、会场情况等,灵活地表述,要求出语精要,语速适度,语感清晰,直奔主题,不可过长,喧宾夺主。精彩的开场白往往具有三条标准:一是直入点题,概括会议主旨,端出主要议程;二是借题发挥,调动全场情绪,营造会议气氛;三是出口成章,长于启示诱导,引入会议境界。要尽量避免那种陈旧死板、千篇一律的格套(如"现在开会了,请××同志作报告,大家欢迎……"),而要根据会议的实际,或说内容,或讲形式,或道特点,或提要求,或谈历史上的今天,或讲别处的此时此刻,总之应该因境制宜,别具一格。

一个大型会议或论坛的嘉宾出场,按照惯例主持人通常都要介绍嘉宾背景,为避免念错人名和职务,应在会议开始前几天通读嘉宾名单,看看有没有生僻字,对于重要嘉宾要简单地"百度"一下他们的简历和大概事迹,如果"百度"不到,就向主办方申请查看嘉宾资料。这样在介绍嘉宾和总结发言的时候,才能做到言之有物,而不是泛泛而谈。介绍嘉宾一般以职务由高到低或由低到高为序。如果仅仅是像介绍生平简历一样进行年份、事件、职务的叠加,则会显得平淡无味。如果能够有效地进行"说文解字",则会显得风趣诙谐并给人留下深刻的印象。有时候,主持人还兼有活跃会场气氛、调动听众积极性的重任,尤其是针对与会者不太熟悉的主讲人,对大家普遍关心的热点问题,主持人若能巧妙地开个好头,为主讲人出场创造出良好的气氛,就能倍增会议效果。

会前介绍还有一个值得注意的问题,就是主持人口中很容易冒出"吹拍"的语言,如介绍领导人喜用"非常非常荣幸""重要指示"等字眼,介绍专家喜欢用"最最著名""国际大师"等字眼,而介绍先进人物则往往把他们说成似乎是不食人间烟火的圣人。当然,主持人对主讲人的身份地位、成就事迹做一些实事求是的介绍,对他们的光临表示感谢和欢迎是完全必要的,关键是要真心诚意、把握分寸、言之有度,绝不要吹吹拍拍、刻意拔高、言过其实。

(二)会中串联:随机应变,幽默风趣

会议主持人扮演着报幕员的角色,负责牵线搭桥、巧妙连接,用最简练的语言,按照会议的安排,顺次介绍会议的每项议程(大都是"下面,请……发言,大家欢迎""请……发言,请……做准备""下一个议程是……"之类的话),把整个会议编缀成一个有机的整体。这个连接过程也是主持人发挥机智和口才的过程,它将显示主持人的组织能力和概括能力。

主持人所用的连接语言旨在承上启下。首先对前面的发言或讲话中最精华的东西给予概括和肯定,画龙点睛,做好铺垫;然后根据后面议题的特点,渲染蓄势,呼之欲出,让听众感到贴切自然、顺理成章。设计连接词应注意几点。一要了解情况,巧妙安排。会前弄清各个发言者的情况、特点、发言内容,精当地安排发言顺序,把各个发言组织成"起、承、转、合"的有机整体,使大会在听众心中留下层次清楚、中心明确、重点突出的完整印象。二要随机应变,灵活串联。或根据会场变化着的情况,或挑选某个发言者某句精辟的话,临场发挥,使连接词妙趣横生。三要词汇丰富,即兴发挥,信手拈来。当然,由于会议类型不同,语境不一,是否这样连接,连接话语长还是短,要根据具体情况而定,不能生搬硬套。若用连接语,既可顺带,也可反推;可以借言,可以直说;可以设疑,也可回答。总之要别开生面,恰到好处。

幽默生动的连接词,对于活跃会议气氛、打破沉默局面、调动与会者的情绪具有重要作用。幽默型的主持人主持会议,会议气氛一般比较活跃,与会者参与的积极性较高;缺乏幽默感的主持人主持会议,会议气氛一般比较严肃、沉闷,与会者参与的积极性较差。在主持会议时,适当插入幽默语言,能增强讲话的生动性、趣味性,使与会人员在紧张的会议中获得放松,在会心的笑声中消除疲劳,促使大家在轻松愉快的氛围中完成会议任务。

(三)会后小结:紧扣主题,提纲挈领

会后小结比会前介绍难度更大,出问题也多在这一环节,主要有三个原因:一是听众坐了很长时间,身心比较疲倦,加之主报告已毕,注意力难再集中,人心思走,盼望的是早点散会;二是"主角"退场,让出了"舞台"和"受众",很容易刺激起"配角"的"表现欲";三是主报告已确定了会议的主旋律,主持人的小结要扣紧主题,但他们往往准备不够充分,常常是说得越多,失误越多。此时此刻,主持人一定要明了会场形势,善于控制自己。小结旨在说明这次会议所取得的成果:解决了什么问题,明确了什么方向,提出了什么思想,采取了哪些措施等。概括总结要有高度,要准确精练、恰如其分,它是对会议主要内容的一种提炼,对会议精神实质的一种升华。总结会议,但不是对会议内容的简单重复,而是突出重点;概括会议,但不是对会议内容的泛泛而谈,而是提升会议的主旨。这样,就使与会者对整个会议的主要内容和精神实质有一个更为清晰的了解和把握。小结时一般不宜做过多评价,且评价宜粗不宜细,尤其是下级对上级、外行对内行的报告做评价更应慎重。无论是点评还是小结,最好使用概括性强、提纲挈领式的语言,既节省时间,又便于巩固或升华会议内容。

还有一点应引起主持人足够重视：要就事论事，千万不要跑题。有些主持人小结时大谈形势，大谈个人感受，信马由缰，越走越远，时间也越拖越长，结果自己都不知道该如何收场，这是必须引以为戒的。

三、驾驭会议的要求

会议的进程是否顺利，会议的气氛是否融洽，与会议主持人角色扮演得好坏有很大的关系。主持会议并能控制会议的进程是一门重要的管理艺术，主持人应注意如下几个方面。

（一）思维敏捷，应答如流

所有言谈都要服从会议的内容和气氛的要求，或庄重，或幽默。口齿清楚，思维敏捷，积极启发，活跃气氛。主持人一定要明确开会的目的，比如，主持记者招待会，主持人、发言人要对记者提出的问题反应敏锐、流利回答，不能支支吾吾；开座谈会、讨论会等，要阐明会议宗旨和要解决的问题，切实把握会议进程和会议主题，勿使讨论或发言离题太远，而应引导大家就问题的焦点畅所欲言；同时，要切实掌握会议的时间，不使会议拖得太长。

（二）态度诚恳，尊重他人

会议进行过程中，应明确介绍所有来宾及参与开会的人士；请人发言时，态度要诚恳，用语应有礼貌，有人发言时，应看着发言人，仔细聆听；对持不同观点、认识的人，应允许其做充分解释，不可在发言人尚未发言完毕时随便插话，会议出现僵局时要善于引导。要处处尊重别人的发言和提问，不能以任何动作、表情或语言来阻止别人，或表示不满。要用平静的语言、缓和的口气、准确的事实来阐述正确的主张，使人心服口服。

（三）因势利导，掌握进程

主持人的表态、发言、插话等，是会议进程的调节器，也是影响会议成败的重要因素。出现空场、冷场时应及时补白，要善于启发，或选择思想敏锐、外向型的同志率先发言。有时可以提出有趣的话题或事例，活跃一下气氛，以引起与会者的兴趣，使之乐于发言。遇到有离题的情况，可根据具体情况，接过议论中的某一句话，或插上一句话做转接，巧妙柔和地使议论顺势回到议题上来。主持人要善于观察与会者的性格、气质、素质和特点，并根据各类人员特点区别对待，因势利导，牢牢掌握会议进程。发现节奏过慢，应设法采取措施调动与会人员的注意力，主动提问，多加启发引导；必要时也可提醒大家抓紧时间，围绕中心议题，发表不同意见，相同意见从简或不再重复。如果节奏过快，就要提醒大家沉住气，时间充足，认真思考；也可多提几个细节性的问题，研究深，研究透。当发生争执时，如果因事实不清，可让与会者补充事实，如事实仍不甚清，可暂停该问题的争执，应设法缓和冲突，而不能激化矛盾，更不能直接参与无休止的争吵。

主持会议有几点禁忌：一是准备不周，会前准备工作做不好，势必降低会议的成功系数；二是照本宣科，照本宣科既在语言上显得呆板，又影响了会议气氛；三是插话太多，插话不看时机，突兀生硬，无关痛痒，不合时宜，冲击正常发言，引起听众反感；四是呆板呆滞，主持人不注意运用无声的语言艺术和与会者建立起融洽的关系。

第四节　现场活动主持

一、现场活动与主持

（一）现场活动的类别

现场活动的内容很广泛，有宣教活动，如法制宣教、环保宣教、健康宣教、科普宣教、道德讲堂等；有文化活动，如读书月、沙龙、书展、经典诵读、采风等；有竞赛活动，如演讲比赛、辩论比赛、技能比赛、体操比赛、球类比赛、田径比赛等；有庆典活动，如开业、剪彩、社庆、厂庆、校庆、婚庆等；有公益活动，如学雷锋、植树节、敬老院、爱心募捐、助残等；有商业活动，如开盘、车展、抽奖、酬宾等；有娱乐活动，如联欢、联谊、聚会、游园、游艺、踏青、亲子活动等。

（二）活动主持的选择

任何活动的最终目的都是一样的，那就是形象展示，不论展示的是什么内容，都要尽力做到有品位、有档次。活动为什么一定要安排主持人呢？美国哥伦比亚广播公司制作人唐·休伊特说："如果把节目比作是一盘好菜的话，主持人的魅力好比调料，节目的内容则是主料。"也可以这样说，如果整场活动是由多个闪光点组成的，那么主持人的行为就可以理解为将这些闪光点连接起来的"线"。通过主持人的工作，可以让整个活动显得完整有序，紧凑精彩。

根据活动内容、性质的不同，对主持人的要求也不同。政务类活动一般应该选择男性中年主持人，商务类活动要选择相对沉稳风格的主持人，晚宴加演出的活动应该选择男女搭配、风格活泼的主持人。专业的主持人大概可以分为如下几个类型。①老成持重风格：拥有多年的主持经验，气场很足，压得住场，语速较慢，标准化操作模式从不出错，应有的流程一个都不会少，对于严格要求活动内容流程的现场活动非常适合。②幽默搞笑风格：类似于都市夜场的主持人，他们知识面宽，见多识广，妙语连珠，掌握着最新的娱乐新鲜词汇，他们主持的活动现场总会笑声不断，非常适合婚宴、生日宴类型的活动主持。③帅哥美女型：所谓爱美之心人皆有之，不论主持水平如何，看到帅气、漂亮的人主持节目总会让每一位参加活动的嘉宾感觉舒服，即使主持人在活动进行中出现一些小小的失误也会被受众忽略，帅哥美女较为适合企业年会、客户答谢会的活动主持。

二、活动主持要求

对一般活动主持人的要求如下：

（一）口语表达清晰流畅

想说什么、怎么说得有艺术性，把信息正确而巧妙地表达出来，才能达到预期的效果。主持人不但普通话要好，而且能够根据不同的活动主题、形式、场合来确定和运用相符合的语气、节奏,来组织表达语言,传播活动的内容和信息。

(二)熟悉活动主旨流程

熟悉各类活动的礼仪程序,熟悉各类活动主持的特点和技巧,理解策划者的意图。活动最注重的是程序,前后顺序不可颠倒,若相反就会出笑话。活动主持人要紧紧把握活动主脉,环环相扣,有序推进,不可出现丝毫差错。

(三)善于现场组织协调

主持人是整场活动的指挥者,要有较强的组织能力和协调能力,能通过语言、行为、思想来影响和感染受众,掌控整个活动的进程和质量。主持人的组织协调首先要立足于活动的最高点,总揽活动全局,使活动紧凑、自然地进行下去。

(四)妥善应对突发事故

活动主持的特点是现场直接表达,现场的情况是不可预见的,会有很多特殊情况出现,主持人必须具有良好的心理素质,能安之若素,泰然处之,处变不惊,力挽狂澜。若是节目编导或嘉宾出现问题,要学会为其"圆场"和引导、解释,若是主持人自身问题应真诚对待,切不可狡辩或运用现场要素文过饰非、错上加错。

(五)具有广博知识才艺

活动的内容涉及面广,作为主持人就要懂得各层面、各领域的知识。主持人的大脑里必须有个"杂货铺",要什么能来什么,说学逗唱、唱念做打,出口精彩,模仿要好,而且知识面宽广,脑袋瓜灵活,临场发挥到位;主持人还要深谙历史、地理、人文、政治、经济、艺术、民俗生活习惯等,以广博的知识才艺牢牢吸引受众观赏活动,参与活动。

(六)擅长人际交往沟通

活动主持内容形式多样,面对的传播对象形形色色。如何做到迅速地与三教九流、不同层次的人沟通、交流、配合,交际能力显得尤为重要。主持人必须了解受众的共性和个性特点,平等对待每个受众,用真心真情打动他们,使每个人都乐于接受活动所传播的信息。

三、活动主持准备

(一)准备的基本内容

1. 信息准备

有关活动的主旨、参加活动的人员(受众构成、嘉宾或演职人员)、活动场地、活动具体的流程,都需要充分理解,并与工作人员沟通以再三确认。如果是主持企业活动,则要熟知企业文化,牢记活动政策,了解产品知识。

2. 资料准备

收集相关信息资料;确定思路和主持风格;勾画现场场景,确立主持风格(或庄重式、或调侃式、或对话式、或提问式、或激情式);撰写台词。另外,准备几个故事(搞笑型、引导型、哲理型)、名言警句、脑筋急转弯题目、游戏、舞蹈,万一有突发状况或要撑场面的时候就可以用得上。

3. 心理准备

主持人要克服恐惧心理,避免患得患失,展示真实自我,在心理上视"紧张"为正常现象,不断为自己打气,努力让自己兴奋;有处理冷场、激烈、冲突、扫兴、混乱等的精神准备和消除的办法准备;制作提示卡片,默念并熟记台词。

(二)主持词写作套路

主持词应根据所确定的整体风格来撰写,原则是衔接顺畅、简明扼要、紧扣主题、首尾呼应。首先要突出活动主旨并贯穿始终,了解了活动主题以后,通过主持词的写作将主题贯穿于所有的节目之中,从而使活动主题步步深化,丝丝入扣,不断将活动推向高潮。

1. 开场白

开场白的篇幅可长可短,但要把握好吸引受众、创设情境、导入主题三个环节。一要先声夺人,通过对所有来宾的问候,将受众的注意力全部吸引过来。二要对现场和当时情景加以描述,让受众感到熟悉、感到亲切自然,让受众身临其境,引起感情上的共鸣。三是受众被吸引之后,应迅速导入主题,进入活动程序。

2. 串词

串词是贯穿于活动整体的语言脉络,穿插在活动项目之间,可以承上启下、调节气氛、增加氛围,为活动增添活力和色彩。好的串词与主题及中心思想环环相扣,并在活动项目的名称和内容上发挥出语言特有的渲染之势,可以使活动项目更加生动,活动趋于完美。

3. 结束语

一场活动的结束,必须有精彩动人的结束语,与主持人的开场白遥相呼应,才算画上完美的句号。结尾有四种方法:重申主题法,深情祝福法,故事比喻法,名言佐证法。

(三)主持词写作要求

1. 注意现场对象

到什么山上唱什么歌,看菜吃饭,量体裁衣,场合不同、受众不同,语言风格也应该不同。比如为少儿活动写作的主持词,在语言的表述中应尽量采用具有少年儿童特征的语言。具有少儿特点的语言容易拉近受众的距离,很容易被少儿所接受;而过分成人化的语言,则忽视了少儿天真的特性。

2. 注入文化内涵

在不增加篇幅的情况下,应尽量增加主持词的文化内涵,将与特定时地、特定场合、特定行业、特定活动类型相关的历史文化常识,巧妙地糅进主持词里,以提升主持词的文化品位,使其以高雅的情调感染人。

3. 借鉴诗文手法

在主持词写作中,运用诗词写作中的对仗、押韵技巧,可以让主持人读起来朗朗上口,听起来具有音乐的节奏美;在大段的抒情性的描述中,则可以借鉴散文诗的写作特点,可以分行,也可以不分行,以段落形式出现。

4. 下笔带有激情

一项活动的开展,要想获得圆满成功,必须充分调动活动参与者的热情,要调动热情首先要打动人心。古人说,感人心者莫先乎情,主持词欲以情感人,下笔须带创作的激情,有激情才能文思泉涌,才能写出煽情、感人的绝妙好词。

四、活动全程掌控

只有控制自己,才能控制别人。是掌声响起来,还是嘘声一片,全看主持人自己。

(一)出场的方式

可根据不同的活动内容、不同的活动目的和不同的活动场景采用不同的出场方式,或同时走上场,站定后开场;或同时走上场,边走边讲;或逐个走上场,边走边讲;或逐个跑上场,边跑边讲。

(二)位置的选择

(1) 圆形空间:主持人位于圈内 2/3 处,不可立于圆心,要音量大、动作夸张,目光回转绕着圆周慢慢移动。

(2) 马蹄形空间:主持人位于缺口前方中央、目光扫视全场。

(3) 其他空间:位于队伍中央或全场目光、音声均能集中的地方。注意不要随时更换队形或坐姿、立姿,以免引起群众疲乏感而降低活动热度。

(三)形象的打理

形象要富于个性,但也不能怪里怪气、流里流气、妖里妖气、痞里痞气。注意肢体语言大方得体、优雅洒脱,走姿沉稳,站姿得体,手势适量;面部表情丰富、自然、温善、和蔼;眼神交流亲切、活泼、及时、普遍;微笑真诚、欢快、甜美,主持人微笑频率越高,人们就越亲近主持人。说主持词时,话筒不要离嘴太远,以免声音效果不佳;但也不要过近,太近会影响声音质量。主持活动前尽量检测好话筒,切忌到了台上之后再做一些吹话筒和拍打话筒等小动作。

(四)开场的造势

开场一定要和活动的主题相契合,活动介绍简单明确有创意,客套话适可而止。如果是挑战、跨越,展现雄心壮志之类的主题,就用气势磅礴的语言去激起受众澎湃的热情。如果是携手、团结,突出团队精神之类的主题,就用深沉动人的语调,触动受众心里某些柔软且温暖的回忆。将受众的情绪调动起来以后,应迅速切入第一个节目的欣赏,拉开现场活动的帷幕。

(五)换场的技巧

换场前必须让前面的成果继续延续下去,以歌曲、鼓励("请你跟我这样说""请你跟我这样做")或其他方式换场,转移大家的注意力,使另一位主持人在不经意中出现。换场时需要对之前活动项目(可能是一首歌曲或一位嘉宾的演讲)做出总结,讲笑话介绍下一位,并引入下一个活动项目。

（六）氛围的调度

主持人是控制台上台下情绪的把握者，要注意时间、场地、音调与情绪变化，把握台上台下情绪的起伏，高压低提，善于调动。

1. 调控氛围的时机

发生冷场状况时，受众感到疲倦时，受众对主题理解有困难时，受众对主题理解有抵触时……活动项目之间的空档要短，可穿插通俗歌曲或易学动作，讲一则小笑话，不可让冷场持续，但高潮要有延伸，以免受众有失落感。

2. 穿插的基本原则

穿插的基本原则：要侃，莫侃过头；要乐，莫乐过头；可滑，莫滑过头；可抢，莫抢过头。

3. 引发掌声的话术

引发掌声的话术有"据说成功者从不吝啬掌声！""现在为别人鼓掌，待会人家才为我们鼓掌！""把内心的欢呼、兴奋……都用掌声表现出来吧！""每个人都像渴望阳光、空气、水一样渴望别人的爱，也同样渴望掌声！"等。

（七）现场的互动

活动前多思考一些预设或即兴的环节，明确活动项目和各自的时间比例。活动进行中要善于捕捉亮点，加入即兴元素，多多达成互动。

1. 互动方式

互动方式：做游戏，跳舞蹈，讲故事，说名言警句，有效提问，巧妙测试等。

2. 激励方式

激励方式：自我激励、奖品激励、语言激励、活动激励。互动要注意参与成员的兴趣与需要、反应和建议；活动要由简而繁，由易而难，以便大家参与；活动要活泼、新奇、有趣，注意教育性、娱乐性并重；互动安排还需考虑成员能力、社会禁忌、人身安全等因素。

（八）临场的反应

活动前多想一些现场突发事件的对策，以便随时救场。或恰当自嘲，或"说文解字"，或利用谐音，或即兴赋诗，或援引现场。忘了台词且实在不能即兴做串词的话，可以直接说"好啦，下面是……的时间啦"，这样直接过渡到下一环节。如果话筒突然出现问题，冷静大方地对着镜头笑一下，换好麦克风之后，可以说"看来我们的节目太精彩了，连麦克风都忍不住兴奋过度歇菜了，好吧，现在让我们继续！"如果台下有嘘声，可以说"有些朋友好像童年不太愉快，想要勾起我童年的回忆。"如在主持毕业联欢活动过程中，遇到停电的状况，主持人可以上台说："感谢老天为我们制造这次机会，现在让我们一起闭上眼睛，回想一下我们这四年的大学生活。我们之后将现场抽取几位同学上台来说一说你的大学生活。说得精彩的，我们还有奖品赠送。"

（九）结尾的安排

活动见好就收，不要随意延长活动项目，把活动的最高潮有意识地放在结束时，在大家意犹未尽时收场。在活动结束后,要及时整理会场,借用物品及时物归原处。同时,主要的活动负责人还应及时总结,使自己在今后的工作中进一步提高组织能力。

五、活动主持须知

(一)场内切勿分心

主持人若在主持间隙与台下的熟人挥手或用目光、表情打招呼,是极为不明智、不谨慎的举动。其一,主持人的天职是尽善尽美地主持活动,这样做是失职的表现;其二,这样做无疑会分散自己的注意力,降低活动应该达到的水准;其三,主持人是全场的焦点,在众目睽睽之中这样做,无形中损害了自己的形象,给受众参与活动带来消极影响。从活动成功的角度考虑,主持人的分心和不专业的表现将很难使活动达到预期效果。

(二)控场切勿无能

主持现场活动时,下述情况应极力避免:或无视受众情绪变化,只顾死板地按照既定程序背台词;或明知准备的台词与现场气氛不相符,而不能做出丝毫的改变;或现场出现骚乱、众人情绪各异和情绪不稳定情形,却如坐漆桶视而不见。主持人如果不注意受众情绪的变化,及时采取有效措施控驭现场氛围,自然会诱发受众对主持人的厌恶心理、对现场活动的对抗情绪,最终导致整个活动质量的降低。

(三)互动切勿强请

强请不擅长表演的人上台表演,会产生严重的负面效应。第一,阻滞活动的顺利开展,不擅长表演的人被强请,不是再三拒绝,就是磨磨蹭蹭,这一"拒"一"磨"会耽误许多时间。第二,降低活动的整体水准,不擅长表演的人被强请,即使迫于情势上台,勉为其难表演,绝对不会为活动的成功加分,只能是相反。第三,激起当事人的反感情绪,不擅长表演的人被推上舞台中心,处境相当狼狈尴尬,他会认为这是让他出丑,是对他的无端折磨,对主持人的厌恶感会油然而生。

【实训练习】

1. 在文艺节目主持中出现如下特殊情况怎么处理?
①在受众参与的"露一手绝活"的环节,小伙子几次做"空手劈椰子"都失败了。②在文艺节目上采访一位见义勇为者,他很紧张。③一位从未登台的京剧票友,突然忘词了。④在中秋赏月节目中,天上并没有月亮。

2. 在一个演唱比赛中出现如下问题,主持人应如何处理?
①选手上场后音乐久未响起。②选手唱歌至一半话筒无声。③主持人介绍选手上场后未见选手上场。④后台出现情况,不能立即进入下一环节,需要主持人在台上控制拖延时间一分钟左右。⑤一位歌手在唱《奔跑》时,因为突然忘记歌词而羞恼地跑下台。

3. 组织一场以"大学生就业难的思考"为主题的班会活动,但现场气氛沉闷,发言不积极,如果你是活动主持人,将如何应对这种局面?

4. 你的班级将于元旦举办迎新年联欢会,请按照演出节目设计联欢会的节目程序,并设计开场白、节目与节目之间的串词和结束语。

5. 在社会生活中,"减肥"成了时尚话题,假如你正在生活频道主持节目,将怎样开始谈论这个话题?

第三章
演讲口语沟通

演讲,又叫演说或讲演。广义上说,凡是以多数人为对象的讲话都可叫演讲。一般说,是指就某个问题面对听众发表意见的一种口语交际活动。演讲的基本含义可以这样界定:演讲者在特定的时境中,借助有声语言和体态语言的艺术手段,针对社会的现实和未来,面对广大听众发表意见、抒发情感,感召听众并促使其行动的一种现实的信息交流活动。

第一节　演讲的准备

俗话说,台上一分钟,台下十年功。优秀的演讲都是精心准备的结果,都要付出巨量的心血和劳动,不能寄希望于偶然产生的灵感。演讲的准备包括很多内容:演讲素养的准备,材料内容的准备,演讲稿的准备,演讲精神的准备,解读听众的准备,辅助工具的准备,调整情绪的准备,了解会场的准备等,这里主要谈三种。

一、演讲素养的准备

古人说:"器大者声必闳,志高者意必远。"演讲能否成功取决于演讲者自身的素养。怎样才能"器大"以致"声闳"呢? 必须努力具备如下条件。

(一)优雅的气质

气质,在演讲学中指演讲者的表情、态度、姿势、举止以及服饰、发型等留给人的综合印象。有的演讲者以活泼热情的气质风度映入观众的眼帘,有的演讲者以优雅娴静的气质风度而赢得观众的青睐,有的则以洒脱豪迈而见长,有的以慷慨激昂著称,有的则深邃典雅,有的轻松幽默,有的潇洒飘逸……不管哪一种气质风度,只要自然、真诚且流露出自信的心态,只要内在的神韵与外在的美和谐交融,就一定能留给观众美的感受。每个人有每个人的气质风度。在演讲中,演讲者要善于扬长避短。怎样才能修炼成适合于自己的高雅而自然的气质风度呢? 首先,高雅自然的气质风度来自取人之长后足够的自信。其次,"腹有诗书气自华",饱读诗书能够提升每一位预备上台的未来演说家的高雅气质,信口胡诌几句"时髦禅",并不能增进气质修炼。最后,欲练就高雅自然的气质风度,须不断地固本,不断地增长自己的专业才能,以此锻炼自己的谈锋和利落的举止风度。这三个方面厚积薄发,循序渐进,则可以达到我们的目的。

（二）渊博的知识

丰富而渊博的知识是演讲取得成功的必不可少的条件。演讲者要有丰富的学识,不仅是"传道、授业、解惑"的需要,也是演讲成功的基本条件。演讲者最好是具有"T"型知识结构的人才。所谓"T"型知识结构就是说,在横的方面,具有广博的文化知识(如政治、法制、军事、经济、外交、天文地理、风土人情、文学艺术、科学技术等),广泛涉猎文化知识,不仅可以从中获得丰富而有益的营养,而且可以从整体上提高演讲者的文化素养;在纵的方面要有精深的专门学问,专业知识是一个人的立身之本,对一个人智力结构的完善、气质风度的养成都有重要作用。专业能手和门外汉谈论同一个问题,总是前者占优势,前者能将问题阐释得入木三分而又深入浅出,而后者的阐释则空洞而又生涩。古今中外的演讲家无一不是学识渊博的,他们之所以能旁征博引、妙语惊人,之所以能把生动、具体、精彩的事例自如地组织到演讲中,是因为他们博览群书,知识宏富。在当今科技发展时代,各种科学高度分化和高度综合,演讲者如果不了解新知识,跟不上现代科学文化发展的步伐,就无法使演讲充实、新鲜、生动。有人把一场演讲所需要的知识准备归纳为"五个一工程",即"一首歌、一首诗、一个故事、一个笑话、一副对联",这是最起码的知识准备。

（三）出色的思维

1. 缜密的逻辑思维

演讲中,我们免不了要根据一定的材料阐述自己的观点,即在自觉或不自觉中运用逻辑思维。所有有深度的演讲都含有缜密的逻辑推理,即便是偏重于抒情、叙述一类的演讲,也有其内在理路,否则,它会因"语无伦次"而遭到拒绝。怎样在演讲中充分地显示逻辑力量呢？首先要对论题进行周密剖析,其次将历史与逻辑紧密结合起来,以辩证法统帅丰富而典型的材料,在此基础上,针对实际进行条分缕析和综合判断。当然,强调演讲中要注意思维的缜密性,绝不意味着摒弃形象思维。

2. 生动的形象思维

演讲中,形象思维多用于叙事和抒情部分;但在抽象理论的部分,恰当灵活地运用形象思维,可以有声有色、具体形象地展示所要阐述的道理,增强演讲的感染力。文学在某种程度上是以形象思维为生命的,演讲也同样依赖于"形象"这一传达思想与情感的载体。

3. 迅捷的灵感思维

灵感可以激发我们的演讲欲望,可以调整我们的思路,促成题材的选择等,也就是说,灵感对演讲的浸润,可以延伸到演讲全过程。灵感不会光顾没有准备的头脑,所以,平日我们得多思索、多涉猎、多积累,锻炼演讲的心性,这样,在适当的场合,思维的触角自然会左右逢源。

（四）全面的能力

1. 敏锐的观察力

敏锐的观察力体现在三个方面:准备演讲时,有了敏锐的观察力,就能从普普通通的生活中获取大量素材,通过分析和判断,从中发现能反映生活的本质和社会主流;在演讲中,有了敏锐的观察力,可以了解听众的表情、心理及场上的气氛变化,及时调整演讲的内容、方式、节奏;在演讲后,有了敏锐的观察力,可以从受众的反映中综合分析自己演讲的成败得失,以使自己的演讲臻于成熟。

2. 丰富的想象力

在演讲中,想象力如同"点金术",有了它就可以"思接千载,视通万里",才能使演讲内容充实、新颖而多彩,才能将各种各样的事物与演讲主题巧妙地组合起来,演讲起来才能文思泉涌,增强演讲的深度、广度和感染力。这需要演讲者努力培养自己的好奇心和探究力,对任何问题都拿出认真钻研的热情,对任何事物都要有一种兴趣和求知欲望,并逐步增加生活经验,这是想象力的基础。

3. 较强的记忆力

演讲前的准备主要考验人的记忆能力。人们总是称赞那些出口成章、旁征博引的演讲者,这主要是因为他们有内容可讲。演讲水平的提高是一个不断积累的过程,演讲者博览群书,吸取丰富的知识,储存了大量的材料,耳濡目染了生活的方方面面,一旦需要写演讲稿时,凭着记忆力,才可以如囊中取物一样,迅速、准确地组织到内容稿中。当演讲者登上演讲台时,则需要极强的记忆力,具备过硬的记忆能力才能将演讲稿的主要材料、观点、事例等牢记于心。这样讲起来才能口若悬河、滔滔不绝。否则若经常忘词,就会影响演讲效果。

4. 良好的表达力

口语是运用最多,也是最便捷、最重要的一种表达方式,没有这种表达能力,演讲就会变得不可思议。演讲稿写得再好,表达不出来,同样做不了演讲家。当然,口语表达能力不是天生的,它可以经过后天培养、训练而成。演讲口才并非天生,后天的历练至关重要。一般通过读讲法的训练,都可以使口语表达流利顺畅、抑扬顿挫。所谓读,就是默读、朗读、快读;所谓讲,就是在任何场合、时间、机会都勇于去讲去练,久而久之口语表达能力定会提高。

二、演讲稿的准备

（一）演讲稿的基本特征

演讲稿相比一般文稿有以下不同的特征:

1. 针对性

演讲稿的写作有着自己的特殊对象和特殊目的,内容应当有针对性。在动手写作之前,必须明确演讲的主题是什么,是讲给什么人听的,听众的思想状态、文化程度、职业特点以及听众的心理、愿望和要求是什么。只有加强针对性,才能取得预期效果。

2. 有声性

演讲稿是口头传播的文稿,是讲给听众听的,要求运用口语化的表达,说者顺畅上口,听者清楚明白,短时间内能明了演讲者的意图。演讲稿要将无声的文字转变为有声的语言,这是由演讲"口传耳闻"的特点所决定的。

3. 动作性

演讲除了主要依靠有声语言外,经常还要借助态势说话。演讲者为了更好地显示语意、表明感情态度,或者做个手势,或者露个表情。因此,在撰写演讲稿的时候,应当充分考虑到演讲时可能出现的表情动作,这自然使得演讲稿具有动作性的特点。

4. 临场性

写演讲稿时,要充分考虑它的临场性,在保证内容完整的前提下,注意内容的伸缩性。既要有简单的提纲,又要有详细的内容。在说明主要问题或疑难问题时,要储备几个能说明问题的例子,以便必要时使用。运用幽默和笑话时,不要过于随便,要事先计划好插在什么地方适当。

5. 综合性

演讲稿是自身的完整性与诸种演讲客观要素的综合,它除了具备主题、材料、语言、结构等要素外,还要把演讲的时间、空间和听众对象纳入考虑范围内。演讲稿是口头语言和书面语言的综合,其口头语言是以口语为基础但吸收了书面语言的长处。演讲稿综合了许多文体的表达方式,如议论文、记叙文、说明文等。

(二)演讲稿的撰拟要求

演讲稿的撰写要牢记十六字原则:深入实际,内容具体,适合听众,有的放矢。

1. 下笔有的放矢

演讲稿的种类很多,例如介绍事迹型、阐发事理型、抒发感情型及各类致辞等,由于它们的目的、要求、对象各不相同,撰稿的内容和形式也就不同。演讲稿首先要针对演讲的目的要求,其次还要针对不同年龄、不同文化程度、不同职业、不同场合的对象,做到有的放矢,"见着先生说书,见着屠夫说猪。""到什么山上唱什么歌,见什么山神烧什么香。"这样才能适合不同类型听众的口味,达到荡人心魄、鼓舞人心的效果。否则,不看对象,话未出口演讲就已陷于失败境地,演讲稿写得再花功夫,说得再天花乱坠,听众也会感到索然无味,无动于衷,也就达不到宣传、鼓动、教育和欣赏的目的。

2. 主题明确突出

主题体现着演讲者对所阐述问题的总体性看法,是整个演讲的"灵魂"和"统帅"。为了使演讲真正起到宣传群众、教育群众、鼓舞群众的作用,要求演讲的主题必须正确、鲜明、集中、深刻。有一位演讲家曾经说过这样的话:在演讲中你要告诉大家你将要告诉他们什么,你正在告诉他们什么,你已经告诉他们什么。这句话其实是说在演讲过程中主题需要反复强调,这样才能给受众留下深刻的印象。演讲稿观点鲜明,显示着演讲者对一种理性认识的肯定,显示着演讲者对客观事物的见解程度,能给人以可信性和可靠感。演讲稿观点不鲜明,就缺乏说服力,就失去了演讲的作用。

3. 感情真挚强烈

演讲稿还要有真挚的感情,才能打动人、感染人,有鼓动性。因此,它要求在表达上注意感情色彩,把说理和抒情结合起来,既有冷静的分析,又有热情的鼓动;既有所怒,又有所喜;既有所憎,又有所爱。当然这种深厚动人的感情不应是"挤"出来的,而要发自肺腑,就像泉水喷涌而出。

4. 材料真实可信

演讲稿的材料包括事实、故事、名言警句、数字统计等,无论哪一则材料,都离不开"真实"。写文章要求选择的材料要围绕主旨、典型真实,演讲稿的写作也不例外。但演讲作为一种特殊的语言活动,要求其材料要符合演讲的鼓动性、针对性、情感性等特征。此外,演讲选择材料要多准备几套,有备无患,以便临场应变,留有增减的余地。

5. 语言生动活泼

美的语言,"诵之如行云流水,听之如金声玉振,观之如明霞散绮,讲之如独茧抽丝"。由于演讲作为信息传播活动这一性质的规定,而且由于演讲需要面对的是听众而不是读者,这些决定了演讲必须以大众语言作为媒介。

（1）它必须口语化。演讲者进行演讲,主要靠有声语言来表达思想感情,它要求讲起来顺口,听起来入耳,便于听众理解和记忆。为了使演讲稿口语化,就要对那些不适合口头表达的词句做修改,一是将单音词换成双音词（如"曾"—"曾经"、"已"—"已经"、"因"—"因为"、"若"—"倘若"、"应"—"应该"）,单音词声音短促,不容易听清楚,双音词声音存在的时间长,留给听众的印象深。二是将文言词变成白话词,凡是听不大明白的文言词语和不常用的成语都应予以替换或删除。三是将长句改为短句、倒装句改为正装句。演讲稿写完后,要念一念、听一听,看看是不是"上口""入耳",如果不那么"上口""入耳",就需要进一步修改。

（2）它必须通俗化。口头语言应该是朴素的,用普普通通的语言,明晰、通畅地表达演讲的思想内容,而不刻意在形式上追求辞藻的华丽。如果过分地追求文辞的华美,胡乱堆砌,故意雕琢,既不符合口头表达习惯,又会给听众哗众取宠、滑稽可笑之感。

（3）它必须艺术化。一要生动形象,心理学认为形象生动的词语可以唤起人们丰富的联想和想象,从而对客观事物获得真切的感受。如果演讲语言干瘪、枯燥、抽象,是不会打动听众的。演讲要善用比喻、比拟、夸张等手法增强语言的形象色彩,把抽象化为具体,深奥讲得浅显,枯燥变成有趣。二要气盛言宜,多用气势磅礴的排比句、情绪饱满的设问句、直抒胸臆的感叹句等,使语言铿锵有力、气势逼人,把听众拉入语言所塑造的氛围中,跟随演讲者亦悲亦喜、亦痛亦怒。三要幽默风趣,运用幽默、风趣的语言以增强演讲稿的表现力,这样,既可深化演讲的主题,又能使演讲气氛轻松和谐;既可调整演讲的节奏,又有利于听众消除疲劳。四要悦耳动听,汉语是富于音乐性的语言,构成音乐性的因素有很多,如押韵、协调平仄、运用联绵词等,但节奏的和谐匀称是基本要求,要发挥语言音乐性的特点,注意声调的和谐和节奏的变化,讲究抑扬顿挫的节奏感和朗朗上口的韵律美。

6. 篇幅短小精悍

能把一句话说成十句话的人是语言的庸才,能把十句话说成一句话的人是语言的天才。演讲稿不宜过长,要适当控制时间。德国著名的演讲学家海茵兹·雷德曼在《演讲内容的要素》一文中指出:"在一次演讲中不要期望得到太多。宁可只有一个给人印象深刻的思想,也不要有五十个让人前听后忘的思想。宁可牢牢地敲进一根钉子,也不要松松地按上几十个一拔即出的图钉。"演讲稿不在乎长而在乎精。林肯的葛底斯堡讲话在美国历史上被誉为"最优美的一篇不朽的演说词",这篇演说词只有十句话,"这块土地我们不能够奉献,不能够圣化,不能够神化。那些曾在这里战斗过的勇士们,活着的和去世的,已经把这块土地神圣化了,这远不是我们微薄的力量所能增减的。我们今天在这里所说的话,全世界不大会注意,也不会长久地记住,但勇士们在这里所做过的事,全世界都永远不会忘记。"演讲时间仅用两分钟,如此简短的演说词成为林肯一生不朽的经典。林肯这次出色的演讲的手稿被收藏于图书馆,演讲词被铸成金文存放在牛津大学,作为英语演讲的最高典范。

（三）演讲稿的结构安排

如何安排演讲的结构？美国公共关系问题专家理查德普提出一个"四步骤"结构模式，即：①开场白，引起注意与兴趣；②引入正题，摆出论点；③举出事例，阐发主题；④建议或结论，指出解决问题的办法，使听众得到某种启示。一篇完整的演讲稿都可以分作开场白（引言）、主体和结尾三部分。三者所占的分量一般是开场白占10%，主体占85%，结尾占5%。在整个演讲过程中要体现思想性，体现知识性，还要体现幽默感。

议论型演讲用来阐述演讲者本人的观点、看法；或者通过反驳某种观点来确立自己的观点，并以使听众信服和接受为目的。它的结构的连续性、完整性是依靠各部分内容之间的内在逻辑联系来体现的。议论型演讲以"理结"为重心，结构顺序一般为绪论（提出问题）—本论（分析问题）—结论（解决问题）。这一逻辑模式的具体表现形式是多种多样的，常见的结构方式有总分式、并列式、递进式和对比式。总分式或先提出总的观点，后从各个角度对其加以论述，或在综合几个方面的分析论述的基础上得出一个总的观点或主张。

叙事型演讲是指通过对人物、事件的描绘和叙述来表现演讲者的思想感情、是非观念和爱憎立场。最主要的特点是通过对客观事物真实的记叙，打动听众的情感，寓宣传教育于形象感染之中。叙事型演讲以"事结"为重心，多采用串联式、并列式、交叉式结构。串联式就是按照时间的自然顺序和客观事物、事件发生发展的先后顺序来安排结构。凡是那些介绍个人的奋斗历史、讲述亲身经历的演讲，一般都采用串联式。串联式的优点在于可以将人物、事件的发展过程分阶段、分层次，有头有尾地讲述出来。有些内容丰富、容量较大、时间较长的演讲，常采用此种结构。串联式以时间顺序为主线，穿插横向组合材料；或者以横向组合为主，其间穿插纵向组合材料，先按纵向组合容易看出事物发展的全过程，先按横向组合则易于分析事物各部分之间的联系和区别。采用这种结构，不宜搞得太复杂；否则，听众难以理解。

抒情型演讲以抒情为主要表达方式，在演讲中抒发演讲者的爱恨、悲喜等强烈的感情，对听众动之以情，以"情"这把钥匙来开启听众的心灵。它既可以直抒胸臆，又可以借助叙述、描写、议论来间接抒发感情，以激起听众的共鸣。抒情型演讲稿与抒情散文有所不同，抒情散文是以"情"寓"理"，主要目的是"抒情"，而抒情型演讲稿则是以"理"驭"情"，"抒情"是手段，"说理"才是目的，使听众在浓烈的情感作用下明辨是非、认识真理。抒情型演讲以"情结"为重心，演讲内容按演讲感情的自然发展顺序来表述，结构手法与散文类似，不拘一格。

演讲稿讲述的问题由总到分或由分到总需要过渡，由一层意思转到另一层意思时需要过渡，由议论转为叙述或由叙述转为议论时需要过渡。运用过渡段或过渡句是演讲稿结构衔接的主要方法。美国著名黑人运动领袖马丁·路德·金1963年的演讲《我有一个梦想》，在回顾了100年前林肯的《解放黑人奴隶宣言》后，连用三个"一百年后的今天"起头的句子表明"黑人仍无自由可言"；在提出这次黑人运动的目的后，又连用三个"现在是"起头的句子阐明现在是实现"自由和正义"的时刻；在演讲即将结束时，演讲者又激情满怀地倾诉了他的几个"梦"，每段都用"我梦想着"起头构成一组排比句，诗一般的语言，描绘出一幅幅令人神往和憧憬的画面。要灵活运用"就像……""例如……""设想一下……"三个富于魔力的短语。这三个短语能立竿见影地引起听众的关注，并引导他们顺着演讲者提供的思路思考。每次在演讲中谈起"例如"时，听众的兴趣都全然被吸引了过来，他们知道演讲者将要以某种不同的或者更好的方式来阐释自己的理念，或者解释他们不了解的事物。

三、演讲精神的准备

要使演讲具有吸引力,能打动大众的心,达到良好的效果,演说前必须做好心理准备。

(一)怯场现象种种

怯场是每位演讲者都会出现的情况。据调查,99%的人,包括著名的演说家在登台时都会有一定程度的恐惧和紧张。20世纪80年代,美国曾进行过一次有趣的测验,题目是"你最害怕的是什么",结果居然是"当众演讲"位居第一,而"死亡"名列第二,可见在绝大多数人心目中,当众演讲是件多么可怕的事情。古罗马演说家西塞罗第一次演讲就脸色发白、四肢颤抖。他说:"演说一开始,我就感到面色苍白,四肢和整个心灵都在颤抖。"英国前首相狄斯瑞黎承认:"我宁愿带一队骑兵去冲锋战死,也不愿意首次在国会发表演说。"以擅长演说著称的丘吉尔,在描述他第一次演说时说:"心里似乎塞着一块几寸厚的冰疙瘩。"美国作家马克·吐温说:"我的第一次演说,好像嘴里塞满了棉花,脉搏在激烈地跳动,像在争夺赛跑的奖杯。"美国雄辩家查理士初次登台时两个膝盖不停地颤抖碰撞。就连最负盛名的林肯也曾这样说:"我在演说时,也有一种畏惧、惶恐和忙乱。"印度前总理英·甘地首次演讲不敢看听众,脸孔朝天。1969年,两位从事演讲学研究的教授在纽约开会,当他们向大会报告论文时,因为怯场而晕倒。由上可见,怯场不是哪一个人的专利。卡耐基说过:"世界上没有天生的演说家,任何成功的讲演者都是一步一步地锻炼出来的……千万要记住,要有自信,要敢讲,你能才会讲!"

(二)克服怯场方法

充分的准备和大量的演讲实践是消除怯场心理的重要途径。可以采用不同的技巧调节心理,采用不同的方法记忆讲稿,使自己满怀信心地走上讲台。

1. 心境调节法

在临场前,应注意创造良好的外部环境,听听轻音乐,读读小画册,听些幽默故事,与人开个玩笑,以调节自己的心境;或者闭目养神,静思自己曾经生活过的某个静谧、优雅的环境,以及在那种环境中的舒适感受,这样把大脑兴奋中枢从上台演讲这件令人紧张不已的事情转移到与此不相干的另一件事上,心绪就会平缓许多。另外,适度的深呼吸有助于缓解紧张、焦躁、烦闷的情绪。上场前找一个相对安静的地方坐下来,闭上眼睛,反复深呼吸,只关注自己的呼吸或心跳的频率,只需片刻情绪就会放松下来,这种办法简便可行。

2. 分散注意法

为了消除演讲前大脑的紧张程度,可以有意识地把注意力转移在某个具体的物件上,比如,可以欣赏会场的环境布置,将注意力分散到其他事物上如现场的杯子、扩音器等,想想与这些物品相关的信息。有时甚至可以把下面的听众想成某种具体的物体,如丘吉尔喜欢把每位听众假设为裸体的,罗斯福则会假设所有人的袜子上都有破洞,卡罗·内贝特会假设听众都坐在抽水马桶上。如果可能,在上台前先和前面几排的听众聊聊天,可以让局面更友善,帮助演讲者减轻压力,使演讲更轻松。

3. 自信暗示法

克服紧张最根本的是要树立自信,演讲者要对演讲题材和演讲效果充满自信,要运用

"精神胜利法"作心理暗示,想自己曾经获得过的成功,想自己的优势所在。演讲者可以用如下语言反复暗示、刺激自己:"我能行!""我的演讲题材对听众具有极大价值,听众听到后一定会喜欢。""我非常熟悉这类演讲题材,因为它来自我的经验。""我准备得非常充分,比任何一个演讲者都适合做这样的演讲,我一定会成功!"好好地"自我肯定、自我欣赏"一番以后,稳住"我比你们强"的心理定势。演讲者上台演讲前不应想可能导致失败的因素,如我忘了演讲词怎么办,听众嘲笑我怎么办,这种负面的自我暗示往往会产生失败的结局。实验心理学表明,由自我启发、自我暗示而产生的学习、行为动机,即使这动机是伴装的,也是导致学习、工作取得良好效果的有力手段。

4. 朗读记忆法

一次成功的演讲,在演讲稿写成之后,最重要的就是必须把演讲词烂熟于心。朗读记忆演讲词,一般地说可分为三步。第一步是识读,大体了解整体与细节,既有概观,又有微观,包括引述的事实、名人名言等,其中最有说服力的是准确无误的数字。第二步是响读,读得字字响亮,不可误一字,不可牵强暗记,只有如此,演讲词才能从有理有据、有情有感、有声有色的响读中加以体会和记忆。第三步是情读,即理解感受演讲词情调,注意适度和真实,切忌漫无节制的感情宣泄。朗诵能够使视觉器官和听觉器官同时活动,增加了对大脑的刺激效果。高声朗诵还可以排除其他杂念对大脑的干扰,使思维及相关器官高度紧张集中,使人能专心致志地记忆,同时也使演讲得到事先的训练,更有利于演讲时语言流畅。

5. 提纲记忆法

提纲记忆法的一般程序是:首先,就有关演讲的主题、论点、事例和数据等做好演讲笔记,再整理成翻阅方便的卡片;然后,对笔记或卡片上的材料进行深思、比较和补充,整理出一份粗略的演讲提纲,提纲注明各段的小标题;最后,在各段小标题下面按序补充那些重要的概念、定义、数据、人名、地名和关键性词句。至此,一番演讲提纲基本完成。在整理演讲材料和编排纲目的过程中,演讲者反复思考和熟悉了解自己的演讲内容,演讲时仅仅将演讲提纲作为揭示记忆的依据。李燕杰老师说,上台前一定要有个纲目,所谓"纲举目张",要做到心中有大一二三、小一二三。

6. 其他记忆法

(1) 结构记忆法,牢牢把握讲稿的章法结构,就可以有效地帮助记忆。

(2) 意义记忆法,记忆演讲稿,先从意义入手,把握主题和中心思想,找出各部分"意义的要点",在此基础上记忆全篇讲稿内容就容易得多了。寻找关键词,用关键词提醒自己,也属于意义记忆法。

(3) 连锁记忆法,即把要记住的各个事物(词)用联想连接起来。联想越是古怪,记忆就越清楚。

(4) 情感记忆法,情感记忆就像演员背台词一样,让自己在记忆演讲稿时进入"角色",在什么地方表现什么样的情感,使讲稿内容和感情方式建立起稳定的一一对应关系,这样可以使讲稿内容和感情方式互相促进,达到记忆深刻的效果。

(5) 画图记忆法,每次演讲稿的内容都可以用图画表示,画好后,仔细看看,记住顺序。演讲时,这些图画就会依次清晰地浮现在脑海里了。

(6) 机械记忆法,并非只能死记硬背,它也有灵活办法可寻,例如,用对照法来记忆历史事件,另外,还可以运用谐声、会意等手法,缩小记忆对象的信息量,来达到巧妙记忆的目的。

凭印象记忆,印象对人的记忆帮助非常大。如果对要记的事物有个深刻且生动的印象,往往很容易就记住了。记忆很多时候不必拘泥于具体的字词句,记住主要的观点材料就行。

(7)预讲练习法。一是自练,为了纠正语音、锻炼遣词造句能力、训练形体语言,演讲者可以自撰一个演讲题,或模仿名家的演讲,在僻静处独自演练。二是试讲,最好邀请一些亲朋好友充当听众,一则可增加现场气氛,二则可听取意见建议。事实证明,这种方法能够很好地帮助演讲者发现可能的遗漏和不足之处。大量的预讲练习可以帮助演讲者建立充分的自信,避免因准备不充分或不适应演讲环境而惊慌失措。

第二节 演讲的实施

演讲者要熟悉讲稿,而又不拘泥于讲稿,真正"入戏";要能在演讲中自然地调动听众的情绪,组织几次演讲高潮,像磁石般地牢牢地吸引住听众。在演讲过程中要让听众开心、开眼、开悟。首先应让听众开心,听演讲是件开心的事,而不是痛苦的事。演讲时应该强化幽默感和趣味性,听众只有在开心放松的情况下,才能更好地吸收演讲的内容。其次应让听众开眼,在演讲过程中只是让听众开心,而没有让听众开眼,没有学到东西增长见识,听众就会觉得空洞无聊。最后应让听众开悟,在演讲过程中让听众很开心,又很开眼地学到东西、增长见识,两者结合在一起,就很容易让人打开思路有所领悟。如何达到"三开"境界?要注意如下几个方面。

一、有声语言的表达

声音是人的第二张脸,它可以使人产生极美好的幻觉,也可以使人产生最恶劣的错觉,演讲无论讲什么内容,声音都可以占优势。说话准确、清晰、流畅、通俗与否,是衡量演讲者思维能力和表达能力的基本标准,也是考核演讲者是否具备演讲能力的重要标志。演讲要字正腔圆、清新流畅、生动感人、活灵活现地阐述真理和抒发感情。如果演讲者口齿清楚、音调洪亮悦耳,使听众得到一种美的享受,那么我们就能预期演讲的成功;反之,如果演讲者口齿含糊、音调呆板,使人昏昏欲睡,那么即使演讲内容再好,效果也是不佳的。

有声语言表达的基本要求:

(一)准确清晰

所谓准确,是指口语表达的科学性。只有语言准确,才能使传达的信息准确,听众才能准确无误地理解、掌握演讲内容,演讲才能达到宣传、教育、影响听众的目的,恰当准确的语言能使演讲生辉,能给演讲增加美的魅力。不是特殊情况的需要,最好不要使用"大致""大概""应该是""如果我没有说错的话"等模糊词句。要注意声音和语调对语义的影响,以提高表达效果。所谓清晰,是指演讲时吐字发音清清楚楚,让听众听得明明白白。如果发音含糊不清或飘忽不定,听众即使竖起耳朵也只能断断续续地捕捉到演讲者的声音,那么他们就会烦不胜烦,甚至干脆放弃倾听。因此,演讲者演讲时应该注意吐字清楚、语气得当、节奏分明,同时声音要有一定的响度和力度,这样才能具有传达力和渗透力,使全场观众都能听真切、听明白。这就是所谓"咬字千斤重,听者自动容"。

（二）自然流畅

所谓自然，是指口语表达毫不做作、韵味天然，没有官僚腔，没有学者腔，没有痞子腔，没有娘娘腔。所谓流畅，是指口头表达流利通畅、一气呵成。语言流畅归根结底是由思维的流畅所决定的，所以首先必须加强思维的训练，同时，多用一些结构简单、简练精短的句子，克服一些不好的口头禅，能够使语言表达顺利流畅。

（三）平易通俗

所谓平易，是指口语表达深入浅出、化繁为简、化曲为直；所谓通俗，是指口语表达贴近生活、平实质朴、明白易懂。因为演讲者主要是通过口头语言来与听众交流的，要使自己的思想、感情被听众理解和认同，就必须使用浅显、平易、朴实的语言，尽量少用专业术语，更不可咬文嚼字、故作高深，否则别人不易接受。

（四）充满活力

充满活力的声音，有一种生机勃勃而富有朝气的感觉。演讲者在演讲中要想得到听众的认同，声音必须充满活力。演讲者要使自己的声音充满活力，其重点就是要注意重音，即根据演讲内容及表情达意的需要，把重要的音、句或语意用强调的方式说出，这样演讲者的思想感情就能清楚明晰地传达给听众，并加深他们的印象。哪些内容需要演讲者重音强调呢？一是感情上的重音，在演讲中轻重抑扬、紧密结合，它的作用在于帮助演讲者突出某种情绪，使整个说话充满活力与激情。二是强调重音，强调重音表示特殊意义，用来强调和突出说话中的某一方面。它一般用在一句话上，如何用法，重音的位置在哪里，原则上以演讲者的意图为主。声音的轻重是相对而言的，运用重音时要考虑整个演讲内容，通篇高亢的声音也会使人感到厌烦，所以重音的运用要考虑整个演讲的内容和主题。

（五）富有激情

有声语言的表达是以声达意、以声传情。民国学者杨炳乾在《演讲学大纲》中说："文学重在抒发自我情感，演说重在诱动他人情感。"演讲贵在打动人心，而要打动人心离不开演讲者的情感注入，即演讲者的感情流露和情绪表现。无论在演讲的起始、中段、推向高潮还是结束，演讲者的神形都应随着演讲情节的变化而变化，富有情感。美国有个小说家说得好："热情是每个艺术家的秘诀，而每位演说家都应当是一位艺术家。这是一个公开的秘密。这如同英雄的本领一样，是不能拿假武器去冒充的。"在演说中，唯有真诚的情感，才能产生巨大的影响，才能唤起群众的热诚，才有震撼人心的力量。要充满激情、有底气，即讲自己深信不疑的东西，讲自己深受其益的东西，讲自己能够践行的东西，有了这三点做基础，自然会声情并茂。

（六）诙谐幽默

幽默不是滑稽，也不是尖酸刻薄，它应该包含智慧、亲切、诚恳，并带有丰富的人情味。在 2000 年 8 月举行的南部非洲发展共同体首脑会议上，曼德拉一连串妙语连珠的幽默话语征服了上千名与会者。曼德拉作为南非前总统出席了开幕式，在笑声后开始正式发言。讲到一半，他把讲稿的页次弄乱了，不得不来回翻看。他脱口而出："我把讲稿页次弄乱了，你们要原谅一位老人。不过,我知道在座的一位总统,在一次发言时也把讲稿页次弄乱了,而他自己却不知道,照样往下念。"这时,整个会场哄堂大笑。"其实,讲稿不是我弄乱的,秘书是不应该犯这样一个错误的。"结束讲话前,他说:"感谢你们把用一位博茨瓦纳老人名字(博茨瓦纳开国总统卡马)命名的勋章授予我这位老人。我现在退休在家,如果哪一天没钱花了,我就把这个勋章拿到大街上去卖。我肯定在座的一个人会出高价收购的,他就是我们的总统姆贝基。"这时,姆贝基情不自禁地笑出声来,连连拍手鼓掌,会场里掌声一片。

二、体态语言的配合

演讲中除了"讲"和"听"之外,还要注重"演"和"看"。如演讲者的目光、表情、手中的动作、身体的姿势等,只有充分调动了身体语言,才能使演讲真正成为"演讲"。所以在视觉上也要给听众以感染力,增强演讲的效果。美国学者研究表明,在表达感情和态度时,有声语言只占交际行为的7%,而声调和面部表情所传递的信息却多达93%。非语言交际行为主要包括体态语和副语言等。体态语是指通过人体器官的动作或某一部分形态的变化来进行思想和情感交流的方式。在演讲中,体态语的恰当运用可以表现一个人的成熟、自信、涵养、气质和风度。

(一) 身体语言

幽默戏剧大师萨米·莫尔修曾说过:"身体是灵魂的手套,肢体语言是心灵的话语。"演讲中的肢体语言能表达出丰富的含义。如果演说者站在台上英姿勃发,行动稳健潇洒,就会给听众一种赏心悦目的感觉,增强演讲的效果;反之,如果演讲者随随便便地站在台上,就会使听众感到不舒服,进而对他的演讲也失去兴趣。

一个演讲者的身体姿势,是他内在与外在形象的双重反映。演讲时应该让身体放松,就是不要过度紧张。过度的紧张不但会表现出笨拙僵硬的姿势,而且对于舌头的动作也会造成不良的影响。演讲者上下台步子轻捷从容,面对观众务必大方自然,亮相得体,挺胸收腹,两肩放松,双臂沿着身体两侧下垂,胸略向前上方提起。身体的重心平稳,双脚略微分开并排站立(脚尖夹角45°或60°),成"八"字步,重心落在脚掌上——而非脚跟,站姿挺拔、舒展、自然,既要让观众感觉到演讲者优良的精神状态,又要避免给人僵硬之感。这种站姿运用广泛,说理、达意、传知性的演讲一般都用此式,可以根据具体演讲内容和主题变换站姿。"丁"字步(最适宜于女性),即两脚略微分开,前后略有交叉(两脚之间夹角呈90°),身体重心放在一条腿上,另一条腿则起平衡作用,这样显得不呆板,既便于站稳,也便于移动。这种站姿多用于表达强烈感情类型的演讲。演讲时应该有一个基本的立足点,根据演讲内容的需要,可前后左右地进行一些小范围的移动,要避免一些细小的动作,诸如摇头、搓脸、抖动、拂弄头发、摆弄领带、左右摇晃、脚打拍子等,这会分散听众注意力,从而影响演讲效果。亚里士多德曾认为,一个人的身体姿势中,一切过多的无意义的举动,皆足以表现一个人的浅薄、轻浮、胆怯或者狂妄。

(二) 表情语言

有人曾问古希腊最伟大的演说家德摩斯梯尼:"对于一个演讲家,最重要的才能是什么?"德摩斯梯尼回答:"表情。"又问:"其次呢?""表情。""再次呢?""还是表情。"法国作家罗曼·罗兰说:"面部表情是多少个世纪培养成功的语言,比嘴里讲的更复杂到千倍的语言。"由此可见,表情在演讲中的重要作用。

头为仪容的主体,它应当平正,而不要倾斜,应当与表情和手势相对应,头部的动作不能过多。头部表情达意的方法多种多样:点头表示肯定、同意,摇头表示否定、反对,昂头表示勇敢或高傲,低头表示谦逊或屈从,垂头表示沮丧,侧头表示不服,后仰表示软弱或失望,倾斜表示得意或愉快,左右微微摇动表示怀疑或不忍,前突表示惊讶或逗趣,直立表示庄严或坚强。

面部表情的每一个细微变化,无一不在表达演讲者的思想和内心变化,面部肌肉绷紧表现的多是严肃、愤怒、疑问、不高兴的情感;相反,面部舒松则表现和蔼可亲、取信于人、理解、友善、感激等情感。面部表情主要集中于眉眼和嘴巴。眉飞色舞是喜,切齿圆睁是怒,蹙额锁眉是哀,笑逐颜开是乐,嘴角向上表示愉快,嘴角向下表示忧烦,冷漠轻蔑时嘴紧闭,诧异惊讶时口大张。展眉表示欢快,皱眉表示愁苦,扬眉表示满意,竖眉表示愤怒,低眉表示悲怨,弯眉表示欢乐,噘嘴表示不快,抿嘴表示害羞,努嘴表示暗示或指示,撇嘴表示不愿或蔑视,歪嘴表示不服,咧嘴表示高兴,闭嘴表示生气……在演讲时,运用什么样的表情取决于演讲的内容、演讲当时的具体情况、听众与演讲者本人的情绪及当时充溢着的演讲者的情感等。

面部表情中眼睛是关键,"一身精神,具乎两目",内心世界的各种活动都能通过眼睛表现出来。在演讲过程中,眼神几乎是演讲者唯一与听众交流的平台。演讲者登台要学会用眼神与听众做目光交流,一般说,运用眼神接触的方法主要有以下几种:一是前视法,指演讲者的视线平直向前移动;二是环视法,即目光有节奏或周期性地环视全场,使所有听众都感到被演讲者的目光所注意,形成一种气氛;三是点视法,即有目的、有针对性地注视会场的某一处、某个角落,或某些人、某个人身上(目光含义要明确,同时要适可而止,避免与听众的目光长时间直接接触);四是虚视法,在台上眼望听众,不聚焦看某一点,似看非看,"视而不见",即"眼中无听众,心中有听众",使用不可频繁,以免给人傲慢的感觉。演讲者上台后即要采用环视法,使自己的情绪稳定下来,也使听众安静下来。演讲时视线要依据演讲内容做调整,交替使用前视法、环视法、点视法和虚视法。眼神内容要丰富,如讲到高兴处,可以睁大双眼,散发出兴奋的光芒;讲到哀伤处,可眼皮下垂,或呆滞片刻;讲到愤怒处,可瞪大眼睛,眼珠固定,让眼睛射出逼人的光芒;讲到愉快处,则可放松眉眼,从内心深处散发出喜悦之感。演讲中,尽可能所有时间都面对听众,眼神接触多多益善。

(三)手势语言

手势语是演讲者运用手掌、手指、拳和手臂的动作变化来表达思想感情的一种态势语言。手势在演讲中的作用和类型有:第一是用来表达演讲者的情感,使之形象化、具体化,即所谓"情意手势";第二是用来指示具体对象的,即"指示手势";第三是用来模拟状物,比画大小的,即"象形手势"。手势语按含义分有指示性手势语、情绪性手势语、象形性手势语和象征性手势语。指示性手势语用以指明演讲中涉及的人或事物及其所在位置,从而增强真实感和亲切感,指示有实指、虚指之分,实指涉及的对象是在场听众视线所能达到的;虚指涉及的对象远离会场,是听众无法看到的。情绪性手势语用以表达感情,使抽象的感情具体化、形象化,使听众易于领悟演讲者的思想感情。如挥拳表示义愤,推掌表示拒绝等。象形性手势语用来比画事物的形态,模拟人或物的形状、体积、高度等,给听众以明确具体的印象,这种手势常略带夸张,只求神似,不可过分机械模仿。如讲到一群鸟儿飞起,可以双手手指舞动。象征性手势语表明一些抽象的概念,以生动具体的手势和有声语言构成一种易于理解的意境。如双手做捧物上举姿势,自然构成一种虔诚奉献的意境。

演讲时常用四种手势。一是仰手式,即掌心向上,拇指张开,其余几指微曲。手部抬高表示欢欣、赞美、申请祈求;手部放平是表示诚恳地征求听众的意见,取得支持;手部降低表示无可奈何。二是覆手式,即掌心向下,手指状态同上,这是审慎的提醒手势,演讲者有必要抑制听众的情绪,进而达到控制场面的目的,也可表示否认、反对等。三是切手式,即手掌挺直全部展开,手指并拢,像一把斧子迅速地劈下,表示果断、坚决、快刀斩乱麻等。四是啄手式,即手指并拢呈簸箕形,指尖向着听众,这种手势具有强烈的针对性、指示性,但也容易形成挑衅、威胁的感觉,一般是对相识的听众或是与演讲者有某种关联时才使用。演讲中有时需要与听众做互动交流,如请某位听众站起来发言,演讲者的手指应该并拢,手心朝上做抬起状;请听众坐下,手指应并拢,手心朝下,做下压状。另外,手臂的动作也是一种语言暗示。手臂交叉表防御,手臂交叉握拳表敌对,手臂交叉放掌表示有点紧张并在努力控制情绪,一手握另一只手上臂,另外一只手下垂表示缺乏自信等。

用适当的手势可使演讲更有说服力。手势语言由演讲者的气质、演讲的主题和演讲的内容决定,演讲中应该根据不同的内容做出恰当的手势,符合演讲需要和听众文化心理的需要,符合演讲者的身份和性格特征。演讲者在使用体态语言时,要把握好度,要大方而准确。手势要雅观、自然、协调、简洁、有力、完整,不要粗俗、生硬、杂乱、繁复、单调、琐碎。简洁易懂,协调合拍,富于变化,有所节制,为手势语运用的基本要求。

三、副语言的运用

副语言也称为辅助语言,有狭义、广义之分,狭义的副语言指有声现象,包括发声系统的各个要素:音质、音幅、音调、音色等,还包括语速快慢、停顿、沉默、叹息、咳嗽等。这类语言现象是人际沟通的重要工具,不仅能辅助语言沟通,在表达感情方面,它的意义甚至超过语言本身,能够传达出暗示、制止、号召、鼓励、赞扬、申诉、警告、祝愿、怀疑、讽刺、惊讶、坚决、自信、庄重、悲痛、冷漠、喜悦、热情、自豪等各种情感。据说,意大利有一位演员,在台上用悲切的语调"朗诵"阿拉伯数字时,台下的听众居然潸然泪下。在演讲中,恰到好处的副语言可以突出演讲的魅力,使演讲达到一种出其不意的效果。

(一)控制语速的快慢和音调的高低

说话时声音的高低、轻重、快慢、停顿的变化,就是所谓语调。这种变化对于表情达意来说,具有非常重要的作用。无论高兴、喜悦、难过、悲哀、愁苦、犹豫、轻松、坚定、豪迈等复杂情感,都能通过语调的变化表现出来。同时,这种变化还可以造成声音的多样化,产生类似音乐的效应,从而使听众乐于接受,并赋予听觉上的美感。亚里士多德在《修辞学》中说:"什么时候说得响亮,什么时候说得柔和,或者介于两者之间;什么时候说得高,什么时候说得低,或者不高不低;什么时候说得快,什么时候说得慢,或者不快不慢……这都是关系到演讲成败的关键问题。"高昂激越之声,使听众振作奋发;柔和清婉之声,使听众舒畅愉悦;低沉忧郁之声,使听众沉思悲戚。因此,演讲者应该掌握自己的音调及语速,根据演讲场所的大小、听众的多少以及内容需要,把自己的音调及语速活用到最佳程度(一般说来,演讲者在一分钟内说120~180个字为宜)。在演讲高潮时,音色应明亮些、圆润些;

在低潮时,音色应深沉些、平稳些。

(二)使用正确无误清晰优美的语音

声音和腔调乃是与生俱来的,不可能一朝一夕彻底改善,但演讲中重要的是让自己的声音清楚地传达给听众。即使是音质不好的人,如果能够坚持自己的主张与信念,并把它们清晰而流畅地表达出来,依旧可以吸引听众的热切关注。这就需要演讲者平时下足功夫学好普通话,把所有的语音语调读正确、读清晰。

发音要清晰,不能含混。声音含混不清往往是演说效果不佳的根本原因,表明演说者还没有具备合格的心理素质,自信心强、思路明确的人,咬字、发音也往往是清晰的。当他具有使听众接受某一观点的强烈愿望时,就会准确、有力量地支配自己的发音器官。有人说话时嘴里像含了块萝卜,声音自然含混不清。说话含混不清会让听众感到迷惑伤神,从而逐渐丧失对演讲的兴趣。

汉语中一字多音、多字同音的现象非常普遍,演讲者一定要考虑这些因素,不能"先入为主",更不能"秀才读字读半边",对于自己把握不准的语音语调,一定要提前查证并反复演练。"揣度"的"度"不要读成 dù,"家畜"的"畜"不要读成 xù,"押解"的"解"不要读成 jiě,"畸形"的"畸"不要读成 qí,"棘手"的"棘"不要读成 là,"参差"不要读成 cānchā,"病入膏肓"的"肓"不要读成 máng,"自怨自艾"的"艾"不要读成 ài,"绿林好汉"的"绿"不要读成 lǜ,"茅塞顿开"的"塞"不要读成 sāi,"自给自足"的"给"不要读成 gěi,"仁者乐山"的"乐"不要读成 lè等。汉字里有为数不少的异读字。如"六安"不要读成 liùān,"吴会"不要读成 wúhuì,"东莞"不要读成 dōngwǎn,"番禺"不要读成 fānyǔ,"蚌埠"不要读成 bàngbù,"大宛"不要读成 dàwǎn,"龟兹"不要读成 guīzí。

第三节 演讲的控场

控场,就是演讲者在整个演讲过程中都能把握主动,对现场情况实施有效控制。无论发生什么事,都能措置裕如,使演讲得以顺利进行并收到预期效果。只会演讲而不懂控场技巧的,不是合格的演讲者。演讲中要实施有效的控场,就必须明确控场涉及的范围及其策略。

一、冷场控制技巧

冷场是指在演讲过程中,听众对演讲者所讲内容毫无兴趣、反应冷淡,打瞌睡、看书报、玩手机、织毛衣、想心事。他们本来不愿听,之所以还要"听",要么是由于纪律的约束,要么是出于起码的礼貌,要么是借此轻松轻松。冷场是演讲失败的表现,演讲变为无效行为,没有任何意义。有人观察得出这样的结论:在演说过程中冷场 15 秒以上,听众群中就会有零星笑声;冷场 30 秒以上,就有少数听众的笑声;冷场时间再长一点,听众就会普遍不耐烦了。如果会场沉闷,要尽快调节,巧妙穿插,活跃气氛。对冷场的控制,有如下策略:

(一)变换话题

变换话题是指把握住听众的心理变化、兴趣要求,及时修正自己的演讲内容,将原准备的演讲内容弃置一旁,针对现场听众的需要作即兴演讲。比如在讲一个自己认为非常重要,而又需要详细讲述的问题时,突然一个自己认为不需要详细讲的小问题却引起听众的兴趣和关注。这时千万不要按计划讲,否则听众就会不满意,就会不愿意听,必然影响演讲效果。正确的做法是不回避听众感兴趣的问题,继续讲下去,然后再讲到原来的问题,听众也会感兴趣。

(二)穿插佐料

演讲者使用穿插的方法,或讲个笑话,或讲个故事,或谈点趣闻,或唱首歌等,活跃现场气氛,增加听众兴趣。待听众注意力被吸引住,产生活跃的气氛后,再接着原有思路讲下去,很自然地言归正传,重续中心话题。

(三)压缩内容

演讲时间过长,听众出现疲倦神色或不耐烦情绪时,演讲者切不可一意孤行地讲下去,要当机立断压缩这部分内容,尽量缩短演讲时间。只拣要害、关键之处讲,那些客套、应景话或人人皆知的大道理尽量不要讲。在文艺晚会、体育比赛、开业庆典、工程落成、庆功表彰等类型的活动中,应景式的演讲更要越短越好,有经验的演讲家是这样应变的:快速缩讲的应变公式=结合场景+用一句话概括未完内容+谢谢大家。

(四)多法并举

多法并举包括悬念法、提问法、暂停法、变调法、赞美法。悬念法:在演讲中制造悬念,可以有效地吸引听众的注意力,使演讲内含的信息和情感得以准确传达,如果演讲者能在出现冷场的情况下,适时地设置一两个悬念,确实是重新吸引听众注意力、激发听众兴趣、调动听众情绪的有效办法。提问法:向听众提出富有针对性和启发性的问题,可以调动听众参与演讲活动的热情,如"这是为什么呢?""这个问题得怎么解决呢?"直接发出询问,这种语势的强烈刺激,能够激发听众的理性思考,引起思想反省,达到控场的目的。暂停法:暂停激奋的演讲,并利用听众瞬间注意演讲者的机会,迅速调整演讲内容,这种语流的短暂间歇,可引起听众的心理注意,从而改变听觉意向,产生控场的效果。变调法:可以迅速变化语调,或由低沉而高亢,或由缓慢而急促,这种语调的鲜明对比,能够造成听众的心理反差,从而集中注意指向,达到控场的目的。赞美法:发自内心地赞美听众,以现场中具有代表性的某一类人为话题进行赞美,用入情入理的话语拨动听众的心弦,使他们重新对演讲产生浓厚兴趣,从而化解冷场的尴尬局面。

二、侵场控制技巧

侵场是指在演讲过程中,突然有某种外在因素侵入现场,给演讲的顺利进行造成不良影响。如停电扩音器突然坏了,照明灯突然灭了,或麦克风发出刺耳的怪叫,或天花板掉下一小块石灰,或场外雷声闪电大作,或露天演讲时洒起雨点,或听众中突然有人晕倒、有人不小心跌倒等。侵场是演讲者意料不到且无法抗拒的,它的发生,会引起听众情绪的浮躁以及现场秩序的混乱。侵场发生时,演讲者应该不慌不乱、冷静处理,对其实施有效控制。控制的技巧主要有如下几种:

（一）自我调侃

2010年10月5日，奥巴马在华盛顿的最具权力女性峰会上演讲时，讲台前的总统徽章突然掉到地上，奥巴马探了探身子观察了一下后，故作惊讶地说："那是不是我的徽章，我的天！"他随即又接着说："不过，那不要紧，你们所有人都知道我是谁。但我肯定在后面的人现在非常紧张，你们是否认同？他们在后面坐立难安！"总统演讲时，讲台前的徽章掉落，这很容易落人笑柄，奥巴马首先来一句"你们都认识我"，用来说明这个徽章其实可有可无，他又很快话锋一转说到后面的工作人员身上去，"他们在后面坐立难安"，轻松幽默而且无比形象，既化解了自己的尴尬，又显示了自己并不打算"追究"的广阔胸襟，赢得了满堂喝彩。

（二）幽默化解

当麦克风发出噪声时，可以说："它的意思是说我们应该休息一下了。""麦克风也提出抗议了。""音响师里是不是有人不同意我刚才的说法呀。"投影仪出现故障时，可以说："实在抱歉，这家伙不愿跟我配合（合作）。""事实上，这些幻灯片更能说明问题，只是它存心不让大家现在看到。"2013年6月29日，前韩国总统朴槿惠应邀在清华大学作主题演讲。在回答学生提问的环节，翻译的话筒突然没了声音，面对现场出现的尴尬，朴槿惠显得十分温和，她开玩笑道："清华大学的理工科很厉害，这里的话筒会坏掉，说出去都不会有人信，这就更说明清华大学的理工科很强。"这句幽默机智的化解引来台下阵阵掌声。

（三）借景发挥

听众受到外界干扰时，演讲者不妨借景发挥，即景讲话，将意外发生之景与演讲内容有机地结合起来，这个方法可以有效地把听众注意力重新吸引到演讲上。有位老师走上讲台刚要演讲，这时外面隐约传来音乐系的练歌声，很多同学伸长了脖子，支起了耳朵，甚至有人小声议论。面对这种情况，她马上调整了开场白，大声问："谁是张明敏的崇拜者？"这意想不到的提问一下子把同学们的注意力吸引过来了，很多人大声回答道："我！"。她接着又问："最喜欢他的哪首歌？"很多人回答：《我的中国心》！"老师微笑说："那我和你们一样！我最喜欢'洋装虽然穿在身，我心依然是中国心'这两句。可是前几天，我在同学家里看到她身着日本和服的照片，谈话间她还流露出只要能出国干什么都行的意愿。我真不知道，这位同学的中国心哪里去了，她的自尊心、自信心哪里去了，所以，我今天演讲的题目是《人啊，不能失掉自尊心和自信》。"话音刚落，同学们便报以热烈的掌声。这位老师之所以能成功地将同学们的注意力重新吸引过来，关键在于她善于将眼前意外发生的情景与演讲主题有机地结合起来，且结合得自然巧妙、天衣无缝。

（四）适当活动

因外部环境引起听众困倦或烦躁时，演讲者不妨让听众休息片刻，做些活动。人在温暖的春天和炎热的夏天，最容易困倦和瞌睡。有位演讲者正在台上侃侃而谈，只见一缕初春的阳光从会场后侧的玻璃窗照射进来，照在少数人的背部上，这些人就不知不觉昏昏欲睡了，这种情况还有蔓延之势。演讲者见状暂停了演讲，对听众说："请诸位抬起头看看天花板。"大家以为天花板上真有什么看的，个个都抬起头来看着天花板。"现在再看一看左边。"大家果然又向左边张望。"那么诸位不妨看一看右边。好了，这就是头部运动。疲倦的时候，不妨做头部运动。如仍觉疲倦,亦可以做体操活动。现在,请诸位举起手来。"大家便跟着他举起了手。这一方法果然奏效,听众做了上述活动之后,不再困倦了,又开始专心听他演讲。

三、搅场控制技巧

搅场就是在演讲过程中,听众故意搅乱现场,如开小会、串座位、喧哗、嘲笑、起哄、喝倒彩、吹口哨、学鸡叫、学狗叫、学鸟叫、瞎鼓掌等。搅场产生的原因有三种:一是听众本就对演讲者有成见,是反对派,之所以来听讲,就是想来找岔子;不管你说啥,他都要搅;二是演讲者思想、学术、业务等水平不高,听众觉得他不配在台上对自己演讲;三是演讲者所讲,在内容和形式上都不合听众的口味。对演讲者来说,搅场的出现,只能自己去控制。那种依靠与听众有利害关系的他人出面干预、压制,或者自己愤而退场之举,都是不明智的,其产生的负面影响可能会更大。因此演讲者必须面对不同的搅场者采取不同的措施。

(一) 及时还击

及时还击是对第一种搅场原因的控制。由于发出怪声者多是调皮捣蛋之人,这种人喜欢挑衅他人,如果严厉批评,他可能会跟你对着干,多叫几声给你听,结果更糟。不妨用幽默去批评,让笑声挫败他的锐气和顽气,效果会更好。例如,英国文学家查尔斯·兰姆有一次正在演讲,忽然有人故意发出"嘘嘘"的怪声捣乱。兰姆说:"据我所知,只有三种东西会发出嘘嘘声——蛇、鹅鸟和傻子。你们几位能到台前来,让我认识一下吗?"他的批评幽默而礼貌,几个捣乱分子乖乖地低下头来,不敢再作声了。又如,亨利·比彻尔在一次演讲上正滔滔不绝地讲着,突然,一个喝得醉醺醺的人在下面学公鸡叫,引得听众大笑,搅断了比彻尔的演讲。比彻尔有意看了一下表,然后说道:"怎么回事?难道天要亮了吗?我简直不敢相信。然而低级动物的本能是不会错的。"比彻尔的幽默也逗得听众哄堂大笑起来。在笑声中,那个学鸡叫的人似乎清醒了一些,不好意思叫了。可见,用幽默批评捣乱分子是很有效的。

(二) 以诚动人

以诚动人是对第二种搅场原因的控制。某校教学经验交流大会上,当一位平时不怎么出色的年轻教师走上讲台时,台下响起阵阵轻蔑的嘘声。这位教师开口便说:"各位老师,我不是来介绍什么经验的。比起老师们来,我还只是个学步的小孩,跌了不少跤,还走得东倒西歪。我今天之所以扶着讲台站在这里,是我在学步过程中还有一些疑难,想提出来向各位老师请教。希望大家能够帮扶我站稳,走好。"他一脸的真挚与坦诚,台下顿时安静下来。

(三) 突发奇语

突发奇语是对第三种搅场原因的控制。某厂宣传部部长按厂的宣传工作计划到某分厂宣讲时事政策。分厂的一些工人正为下岗问题忧虑,但在这节骨眼儿上,又不敢不来听。当分厂厂长讲了部长要宣讲的时事政策内容后,台下一下炸开了锅,吵吵嚷嚷,不可开交。部长扯开喉咙大喊道:"报告大家一个好消息!"台下霎时静了下来。部长故意顿了顿才说:"我爱人,下——岗——了——!"台下先是一愣,随即响起一片热烈的掌声。部长就从自己爱人如何主动要求下岗讲起,将夫妻间的对话、孩子反对的言辞惟妙惟肖地描述一番。待听众情绪完全被调动起来后,才简要地讲为什么要下岗,当前下岗的形势等问题。听众全都凝神静气地倾听。

四、难场控制技巧

难场就是在演讲过程中,有人责备非难。这有两种表现形式:一种是善意的,因对演讲者所说有疑问或不同意,而提出问题和反对意见;另一种是恶意的,故意刁难,以达到让演讲者出乖露丑、受窘难堪的目的。控制的策略也要区别对待:

(一)有问必答

有问必答是对善意难场的控制。无论听众提出什么问题,演讲者都要尽己所知,认真、负责地阐述自己的观点或解答对方的问题。只要不是涉及国家、组织机密和有伤风化、隐私等内容的,都要有问必答。首先应该肯定听众的问题(不一定肯定内容,也可以肯定思考),然后将话题尽量引到与演讲内容有关的方面来。如说"这位先生提的问题很有意思,但今天我讲的内容是……""这位先生提的问题很有创意,不过我的意思是……";对于确实不知道答案的问题,可以给予一个模糊的回答:"这是一个非常有趣的问题。我们正在就这个问题搜集相关信息,很快就会给出一个令人满意的答案。""我不想随便告诉你一个不准确的信息,必须仔细核查一下相关数据后,再给你明确的回答。"如果知道在场的某位听众恰好是某方面的专家,则可以将问题交给他,比如说:"这是一个很好的问题,但它超出了我的研究领域。或许这方面的专家××先生可以给你解答。"某些难缠的听众喋喋不休地提出一些问题,在这种情况下,演讲者一定要及时打断提问者:"非常感谢,好了,下一个问题。"或说"现在让我们给其他人提问的机会。""我得在规定的时间内演讲完,所以我得将发言继续下去,希望以后能有机会讨论更多的问题。"

(二)针锋相对

针锋相对是对恶意难场的控制。演讲者面对恶意难场,不予理睬、拒绝回答、发火、生气、令其离开或自己离开,都是不恰当的。这样做一是会助长其气焰,二是混淆其他听众的视听,三是有损自己的形象。因此必须巧妙痛击,令其难堪。手法上可以多样化,或反唇相讥,或以牙还牙,或影射嘲讽,或借题发挥。当有人向演讲者提出侮辱性问题的时候,最好的应对方案就是避免与提问者发生正面冲突,可以使用"装聋作傻"的办法,打击对方说辩的兴致,不战而屈人之兵。美国前总统布什在一次演说时,有人从台下递上一张纸条。布什打开一看,上面写的是"傻瓜"。他并没有动怒,而是若无其事地笑道:"以往别人递纸条都是提出问题,而不落姓名,而这张只落了姓名却没有提问题。"如此幽默机智的话语,巧妙地将冲他而来的恶语转移到辱骂者身上。

五、误场控制技巧

演讲现场的情况很难控制,误场主要有两种情况:一是忘词,二是口误。原因来自演讲者自身,或演讲前准备不周,以至于卡壳;或演讲中受到刺激,无意中走神。

(一)忘词的处理

忘词的情况时有发生,遇到这种情况,大可不必惊慌,应沉着冷静、从容应对,可采用以下几种方法救急：

1. 跳跃衔接

跳跃衔接法，就是忽略掉忘记的那几句话或那一层意思，把后面的话或意思迅速接上。通常情况下，演讲者忘词，并不是把后面的所有内容都忘记了，而是忘记了其中某个词、某句话或某段话。这时，可以临时选用一个同义词，或跳过遗忘的内容，想到哪里就从哪里接着讲。如果在后续的演讲过程中，又想起了遗忘的内容，可以根据情况采取不同的措施：如果这些内容对于演讲的整体影响不大，可以不必再提它；如果这些内容对于演讲的内容影响较大，属于非讲不可的内容，就应在结束演讲之前采用"在此，我再次强调一点……"或者"最后，尤其应该注意……"的方式来进行补充。

2. 暂停话题

通过演讲的短暂停顿，创造思索、回忆的机会，从而想起遗忘的内容。或插入一两句与演讲内容关系不大的话，利用短暂的时间加速回忆下面要讲的内容，如可以问："女士们，先生们，我刚才所讲的是否听清了？"边说边扫视全场，看看听众反应，积极思考下面的内容；或把刚才说过的话放慢语速加重语气再重复一遍，利用中断的那句话的最后一个字、一个成语或一个概念，作为下一句话的开端；或用疑问句的形式重复前面的话，借疑问后的短暂间歇，回想起要讲的内容，如刚讲过"我理解了他们的爱吗？我懂得他们的爱吗？"后面不知如何接续，可以有意加重语气重复末句："我懂得他们的爱吗？"往往在重复的瞬间，便记起了后面的内容。如果实在是大脑一片空白，就应该临时编一段较完整的结束语，有礼貌地结束。

3. 临场发挥

一旦忘词，可以采用临场发挥的方式，扣住主题自由发挥。只要符合演讲的大意和主题，可以抛开已经写好的但又记忆不全的讲稿或提纲，巧妙发挥，重新迅速地组织语言，以达到摆脱困境的目的。当然，临场发挥需要承接前文，切不可肆意发挥、不着边际，与前文或主题相脱离。

（二）口误的处理

有时因记忆不准或一时激动或无端紧张而导致偶尔的口误，遇到这种情况，绝不要提及这个口误，切不可道歉说"对不起，我刚才说错了"，否则，会破坏演讲的完整性和连贯性。应根据口误的性质、程度分别采取相应措施进行补救。

1. 借错为靶

借错为靶就是紧接着刚才的错话，再添一个设问句，将错话当作反面论题进行批驳，自然而然地将话题引到正确的内容上来。有一次，一位演讲家在一所大学演讲，情急之中出现口误，他把"中国人民的生活一年比一年好"误说成"一年比一年差"。要改口已来不及了，怎么办？就在举座惊愕之际，他不紧不慢地反问："难道真是这样的吗？不！大量铁的事实已经批驳了这种谬论！"一句简单的反问化腐朽为神奇，使他摆脱了窘境，且不留任何破绽。

2. 巧用停顿

用停顿技巧，使语义产生逆转。当演讲者意识到自己说错了话之后，稍加停顿，然后再添一个反问句，如"这难道是对的吗？""朋友们，难道你们认为是这样吗？"从而使语义恢复正常。一位年轻的经理在开业典礼上发表了一通即兴演讲，在强调纪律的重要性时说："上班迟到、早退、闲聊、乱逛,办事拖沓、消极、懈怠,都是违反纪律的行为。我们允许这些违反纪律的现象存在。"他意识到话讲反了以后,稍作停顿,话锋一转:"就等于允许有人拆公司的台,我们能够这样做吗?"

3. 将错就错

有时因演讲者考虑不周而讲错话,可采用将错就错、就错分析的办法,可以达到为自己圆场的目的。著名演讲家邵守义在某大学演讲,当他讲到"我们有些领导是没有口才的,他们在台上哼哼哈哈,讲得汗流浃背,下面听众却如坐针毡,难熬难耐"时,台下顿时爆发出掌声、嘘声。当时,邵守义不能向在场的校领导解释致歉,也绝不能批评学生。掌声尚未全落的时候,邵守义马上接着讲:"是的,我们有些领导确实没有口才,但这能全怪他们吗?……"下面以时为序,历数极"左"路线对他们的影响和压制,道出他们口才渐失的历史原因,最后又说:"现在好了,人们思想解放了,敢于畅所欲言了。我衷心地祈望我们的领导干部,努力发挥自己的口才,用自己的悬河之口为四化大业呐喊助威!"话音刚落,台下响起一阵善意的掌声。

在演讲中,失误出现往往是意想不到的,挽回失误的办法也是多种多样的。敏锐及时地发现,巧妙果断地处理,真正做到随机应变、反掌如神,是一位演讲家成熟的标志。

第四节　演讲的禁忌

一、忌背诵讲稿

背诵讲稿是许多演讲者极有可能犯的严重错误,往往因害怕在大众面前演讲时大脑空荡荡而陷入背诵的陷阱,这在很大程度上破坏了演讲的效果,因为在台上机械地背诵演讲稿,就失去了演讲的自然性和人情味。丘吉尔年轻时曾经写讲稿、背讲稿。有一天,当他在英国国会上背诵演讲词的时候,思路突然中断,脑海一片空白。他十分尴尬,十分困窘。接着他把上一句重新背了一遍,还是记不起接下来要说什么,于是脸变得通红,不得不颓然坐下。从那以后,丘吉尔演讲时不再在台上背演讲稿了。

二、忌拖沓冗长

美国心理学研究表明,在 45 分钟的演讲中,听众注意力最专注的时间是前面的 15 分钟,而之后的 30 分钟则收益较浅。可见,演讲的时间应控制在 15 分钟到 20 分钟之间。有些演讲,因为题材范围不确定,导致包含了太多的内容和观点,就像一部包罗万象的年鉴,没有一个问题能够讲清讲透,听众在这样的演讲中感到迷惑痛苦,因为他们无法从滔滔不绝的演讲中明白任何东西。更要命的是演讲者常常节外生枝、画蛇添足,尤其是在结尾,不停地添加"还有一个问题……""还有一个问题……"致使整个演讲拖沓冗长,彻底败坏了听众听演讲的兴味。"浓绿万枝红一点,动人春色不须多",真正有演讲口才的人,并不一定是说得多的人,而是能说到点子上的人,即能够触及问题实质、提出解决办法的人。

三、忌酸文假醋

有的演讲者喜欢卖弄学问、炫耀才华、咬文嚼字、故作高深,不考虑听众的文化素养和接受能力,放着简单明了、群众易懂的口语不用,偏偏大量使用文绉绉、酸溜溜的书面用语,甚至使用已逐步淘汰、弃之不用的文言词语,毫无必要地来几句外语,文中夹白,中外杂糅,不伦不类,晦涩难懂。

四、忌缠夹不清

缠夹不清有几种情况:在层次安排上杂乱无章,想到哪里说到哪里,像一团乱麻,令人理不出头绪,或不善于把握演讲的轻重缓急,急于宣泄,缺少停顿,吐词不清,令人摸不着头脑;说话吞吞吐吐、结结巴巴、颠三倒四,令人不知所云;夹带诸如"嗯""啊""是吧""怎么样""这个""那么"之类的口头禅,在话语中间插入一些"你知道不知道""我对你说"这些多余的话,无端打断话语的连贯性,令人大倒胃口。一个句子还没说完,突然萌生了另外一个念头转而再去重新组织语言,这是演说时最忌讳的。

五、忌粗俗不堪

某位领导的演讲中有这样一段话:"今天,我给大家吹吹形势问题。形势怎么样?那是秃子头上的虱子——明摆着的事情,哪个瞎了狗眼的敢说不好?可是,有些家伙就说不好。他成天屁事不想干,想吃个蛇啊、鱼啊、王八一类的东西,抽烟抽的是带屁股的,还要什么'三个五'呀(三五牌)、'万个宝'(万宝路牌)呀,喝茶是龙井、虎井的,那狗井、猫井就不能喝呀?还成天骂娘,真是些端着碗吃肉、放下筷子骂娘的没有良心的家伙。"这位领导的演讲,其主旨没错,也引起了听众的极大兴趣和阵阵哄笑。但这种笑是对粗俗的嘲笑,这种幽默只能让听众撇嘴,只会在演讲中起相反的效果,既损害了演讲的主题,又贬低了演讲者自己的形象。

西方有一句格言:"诗人是先天的,演说家是后天的。"有人问一位演说家:"学习演讲的诀窍是什么?"演说家回答说:"练习,练习,再练习!"只有反复不断地实践,演说者才能提高技巧,提高水平。伟大的钢琴演奏家亚瑟·鲁宾斯坦曾经说过:"如果我一天不练,只有我自己知道;如果我两天不练,我的批评家们知道;可是如果我错过了三天的练习,那么观众就全都知道了。"演讲也是一样的,没有诀窍,只有苦练!

【实训练习】

1. 阅读如下著名演讲:

恩格斯《在燕妮·马克思墓前的讲话》、林肯《葛底斯堡演说》、尼克松《人类历史上最珍贵的一刻》、孙中山《以固有道德"济弱扶倾"》、闻一多《最后一次演讲》。

2. 学校关于价值观的主题演讲日益临近,你已经确定了演讲的主题,并且收集了很多的材料以准备演讲稿。但是演练的时候,你的同学还是听得难免走神。你认为不是主题,也不是内容和结构的问题,那会是什么环节出了错?

3. 假如你被选为学院学生会主席,请针对全院同学或学生会的同学做限时 5 分钟的就职演讲。

4. 有一个日本中学生代表团到南京访问,由于访问期间正赶上南京市举行"南京大屠杀"的纪念活动,所以日本代表团受到冷遇。临行前一天,南京某中学为两国的中学生举行了联谊活动,就在联谊活动上许多中国学生不愿意和日本学生坐在一起,日本的中学生非常不满。事后,某大学教授受邀做一场题为《历史·现在·未来》的演讲,如果你是这位教授,该怎样开始和结束这次演讲?

5. 仔细阅读下面的演讲稿,充分发挥演讲的表达技巧做一次演讲。

年轻人能为世界做什么

北京大学法学院　刘媛媛

我是一名法学院的学生,我的每一门课的教授都曾经在他的课堂上讲过这么一句话,他们常常说"法律是这么规定的,但是现实生活中……"现实生活是一种很神奇的生活,在现实生活中那些尊重规则的老实人往往一辈子都默默无闻,反倒是那些弄虚作假的人到最后会名利双收,于是乎,像我这样的年轻人就经常有那些看着很有经验的前辈过来拍拍你的肩膀,跟你说"年轻人你还不懂"。我想问的是,我们年轻人,你能为这个世界做什么?总有一天银行行长会是90后,企业家会是90后,甚至国家主席都会是90后,当全社会都被90后占领的时候,我想问你们90后们,大家想把这个社会变成什么样。

我知道不是每一个人他都能够成为那种站在风口浪尖上去把握国家命运的人物,你我都是再普通不过的升斗小民,是这个庞大的社会机器上一颗小小的螺丝钉,读书的时候每天都被父母耳提面命说你干啥都不要耽误学习;毕业的时候到处投简历,凄凄惶惶地等一家企业收留自己;逢年过节被逼婚,买了房子要花自己年轻时候最好的二十年来偿还贷款,每一个年轻人都忙着生存,却没有梦想,没有时间关心政治,没有时间关心环境,没有时间关心国家的命运,还哪有什么精力去为社会做什么。但是后来我发现还是有一件事情你我都可以做到,这件事情就是在我们这一代人老去的路上,一定一定不要变坏,不要变成你年轻的时候最痛恨、最厌恶的那种成年人。如果将来你去路边摆摊,就不要卖地沟油小吃,不要缺斤短两;你将来开了工厂当老板,不要偷工减料,生产一些次品。每一个普通人在自己普通的岗位上做一个好人是有非常非常重要的意义的,因为我们每一个人生下来都注定会改变世界。

我是一个学法律的,如果我将来是一个公正严明的法官,那么这个社会就因为多了一个好法官而变好了一点点,我希望大家都记住即使给了你十万个理由让你去作恶,你都要保持自己的操守和底线,仅仅就因为一个理由,这个理由就是:你不是一个禽兽,你是一个人。我更希望我们所有的90后,你们都能成为那种难能可贵的年轻人,一辈子都疾恶如仇,绝不随波逐流,你绝不摧眉折腰,你绝不放弃自己的原则,你绝不绝不绝不失望于人性。所以我亲爱的90后们,如果将来再有人跟你说"年轻人你不要看不惯,你要适应这个社会"。这时候你就应该像一个真正的勇士一样直面他,你告诉他"我跟你不一样,我不是来适应社会的,我是来改变社会的"。

第四章
求职口语沟通

求职是一门艺术,也是人生目标的选择。求职不仅需要具备较强的个人竞争能力,也需要有特殊的口才应对策略和技巧。求职过程中最重要的环节是面试,面试分为三个程序:首先是面试的序幕,求职者自我介绍,求职者留给主考者的第一印象很可能决定着录取还是落选。德国基尔大学的研究表明,绝大部分的主考者在面试的初期,心中就已形成录用或淘汰的决定。接着是面试的交谈,在交谈过程中,主考者要了解以下信息:一是求职者的性格是否适合这项工作;二是假若求职者被录用是否能较好地完成这项工作;三是如果决定录用,求职者将来的工作是否会证明主考者在面试中判断的正确。求职者最重要事情的是要传达四个讯息:自己能充分胜任这份工作,有强烈工作的意愿,有明确的生涯目标,是公司未来的有利资产。最后是面试的结束,求职者郑重表示对招聘单位的兴趣,对主考者及单位表示感谢,在适当的时机离开面试场地。

第一节 自我介绍技巧

求职面试时,主考者手中往往有许多求职履历表,求职者个个实力雄厚,所以主考者想知道某人和别人相比有什么独到之处。在能力相当的情况下,一些求职者之所以能够成功,关键在于面试时自我介绍得恰如其分。这是一个两分钟的世界,求职者只有一分钟展示自己是何人,另一分钟让主考者赏识自己。良好的第一印象至关重要,在和别人初次见面时,展现最好的自己,能让自己快速得到信任,获得别人的好感,从而把握住机会。自我介绍不仅是口才的较量,更是智慧的较量,这是求职者综合能力的体现。在面试中,有60%以上的人失败都是因为自我介绍不当。

一、自我介绍的内容

简而言之,自我介绍要说的是:"我是谁?""我做过什么?""我能做什么?""我将怎么做?"

(一)个人情况

自我介绍时,基础内容必不可少,即姓名、年龄、籍贯、身份、政治面貌、健康状况等个人情况,这是最基本的要素,必须介绍到位。自报家门也是礼貌的需要,可以加深主考者对应聘者的印象。

（二）基本情况

简单介绍学历、工作经历等个人基本情况,并提供给主考者关于个人情况基本的、完整的信息,如学历、工作经历、家庭概况、兴趣爱好、理想抱负等。这部分的陈述务必简明扼要、抓住要点（内容一定要和面试及应聘职位有关）。要注意口述的内容应与简历、报名材料上的有关内容相一致,不要有出入。在介绍这些内容时,应避免书面语言的严肃与拘束,要用口头语言进行组织。

（三）竞聘优势

紧紧围绕所应聘的职业岗位对人才的条件要求和该单位的用人标准,强调自己的专业优势、职业技能优势以及与岗位相契合的各项能力和个人素养。例如,若应聘教师,则应着重介绍自己的职业道德、知识结构、语言表达能力、人际关系能力和问题处理能力等；若招聘单位对人才的工作能力和工作经验比较重视,那么在介绍时就应该从这几个方面入手,做详细、突出的叙述,使之成为重点内容。要选择一两个具体例子形象明晰地说明自己的经验与能力,如在校担任学生干部时成功组织的活动,或者如何投入社会实践中,利用自己的专长为社会公众服务,或在专业上取得的重要成绩和出色的学术成就。

（四）应聘原因

关于应聘原因,应着重介绍本人的职业理想,说明应聘这个职位的原因,可以谈对应聘单位或职位的认识与了解,说明选择这个单位或职位的强烈愿望。原先有工作单位的应聘者应解释清楚自己放弃原来的工作而做出新的职业选择的原因,还可以谈如果被录取,那么将怎样尽职尽责地工作,并不断根据需要发展和完善自己。

二、自我介绍的方式

（一）直白式

直白式就是有什么说什么,原原本本、直截了当地表露出来。如"××先生,您好！很高兴能来参加贵公司的招聘考试,请允许我做一个简单的自我介绍。我叫××,毕业于一所名不见经传的师范院校,是学中文的。我并非不喜爱当老师,只是我更喜欢投身电视事业……""我叫唐××,湖南人,今年22岁,我是2014年来深圳的,先在一家快速消费品公司做分销业务,后又转到一家化工公司做销售代表。因为我非常看好互联网行业,所以决定改做网络,希望公司能够给我一次机会。谢谢！"直白式介绍轻松洒脱,简洁紧凑。

（二）文雅式

文雅式就是把话说得很规范而且有文采,显示出丰厚的涵养。如:"您好！我叫××,×
×学院××专业专科学生。我从小就渴望翱翔蓝天,能够为世界各地的朋友做好热情周到的服务是我的荣幸。我知道作为一名空中乘务员,不仅要有服务他人的满腔热忱,还要有隐忍、宽容、海纳百川的胸襟。这是关系国家形象的光荣而又神圣的事业,我会关心别人的感受,学会沟通,学会微笑,学会享受飞翔带给自己和他人的快乐。也许,我还很稚嫩,离那个梦想还缺少很多条件,但是我会努力,去学习更多的东西来充实自己,也渴望从评委老师这里得到一次让梦想飞翔的机会。谢谢!"文雅式介绍要把握好度,不能像念散文诗一般。

(三)成果式

成果式就是着重展示自己的成果,用成果去抓住并打动招聘方的心。如:张某、杨某都是刚毕业的学生,学的都是英语专业,学习成绩都很突出,二人同时应聘一家独资公司的高级秘书职位。人事经理看了简历以后难以取舍。于是通知两人面试,主考者让她们分别做一个自我介绍。张某说:"我今年22岁,刚从某大学毕业,所学专业是英语。浙江人。父母均是高级工程师。我爱好音乐和旅游。我性格开朗,做事一丝不苟。很希望到贵公司工作。"杨某介绍说:"关于我的情况简历上都介绍得比较详细了。在这我强调两点:我的英语口语不错,曾利用假期在旅行社做过导游,带过欧美团。再者,我的文笔较好,曾在报刊上发表过6篇文章。如果您有兴趣可以过目。"最后,人事经理录用了杨某。成果式自我介绍具有竞聘优势,但如果实力不强,容易陷入窘迫境地。

(四)幽默式

幽默式就是说得生动、说得风趣,从平淡中说出了新意,给人耳目一新的感觉,令人产生较强烈的第一印象,能在短期内迅速引起招聘方的注意,拉近应聘者与主考者的心理距离。如果应聘者的名字很特别,可以简单介绍一下名字的来历,这样不仅满足了主考者的好奇心,而且可以使面试的氛围变得轻松起来。如"我叫杨婉君,很多人都以为这个名字是抄袭琼瑶的,不过,的确是先有我这个'婉君',然后才有了琼瑶的那个'婉君'。但是,同学们觉得叫我'婉君'有点别扭,所以都叫我'杨万君'(慢而重地读出),您瞧,在这儿(顺便指着简历上的名字)。"杨婉君把自己的名字巧妙地跟琼瑶小说联系起来,并且指了指简历,与主考者进行了互动和沟通,拉近了彼此的距离。

(五)职务式

职务式就是借助职务的列举来显示自己的学识水平与技术或组织能力来。如:"各位好!我叫张军,现年28岁,陕西西安人,汉族,共产党员,已婚,1995年毕业于西安交通大学船舶工程系,获工学学士学位。现在北京首钢船务公司任助理工程师,已工作3年。其间,曾去阿根廷工作1年。本人除精通专业外,还掌握了英语、日语,懂电脑,会驾驶汽车和船只。曾在国内正式刊物上发表过6篇论文,并拥有一项技术专利。"这样介绍很容易一下子抓住招聘方的注意力,应聘者也往往成为用人单位的首选对象。

三、自我介绍的要求

(一)彬彬有礼

企业很重视一个人的礼貌。在面试时,要充满自信地进门,彬彬有礼地问候("上午好"或"下午好"),端庄稳重地就座,落落大方地回答。表情要尽量放松,态度要自然、友善、亲切、随和,最好能略带微笑。在正式自我介绍时,求职者首先要向主考者道声"谢",如"经理,您好!非常感谢您给我这个面试的机会,现在,我向您做一个简单的自我介绍,我叫……""非常感谢您二位为我提供这个应聘的机会,并在百忙之中抽出时间来面试,能与二位经理交谈我感到非常荣幸!"介绍完毕,要注意向主考者致谢,如"感谢贵公司给了我一次面试的机会,感谢您给了我一次与您交谈的愉快经历!"还要注意向在场的其他面试人员(包括秘书)点头致谢。

(二)称呼恰当

据心理学家研究,对别人怎样称呼十分重要,称呼恰当,能使对方产生相容心理,感情就较融洽;称呼不当,可能会招致对方的不满或反感。所以,毕业生在面试时,首先应称呼恰当,这对于第一次参加面试的毕业生来说很重要。由于他们的社会经验较少,除了"老师""先生""女士"等几个简单的称呼外,对社会上一些通常称呼就显得很陌生。这里不妨对各行业进行分类,如对企事业单位主考者可以称呼"×经理""×总监""×主任"等;对外企主考者可以称呼"×先生""×小姐""×女士"等;对党政机关部门主考者可以称呼"×同志""×处长""×局长"等。千万不要大呼小叫别人的名字。

(三)主题明确

企业最希望知道的是求职者能否胜任工作,需要了解求职者最强的技能、最深入研究的知识领域、个性中最积极的部分、做过最成功的事、主要的成就等。自我介绍时应层次分明、重点突出,把最有价值的信息传达给面试官,使自己的优势很自然地逐步显露,不要急于罗列自己的优点。重要的不是告诉主考者你是多么优秀的人,而是要告诉主考者你是如何适合这个工作岗位的。按照招聘单位的要求来组织介绍材料,围绕中心说话。介绍自己简历时可以从参加工作时讲起,不要拉得太远;经历中重点介绍自己从事什么工种,有何特长,凡与此无关的都可以省略;能够显示自己优势的,可以讲详细些,而且要与招聘内容联系起来。

(四)彰显个性

现代人普遍认为:有特色的东西,最具吸引力,谋职也是一样。"独特"在众多应聘者中第一分钟就会凸显出来,在自我介绍中务必要把自己独特的、与众不同的经历或特长说出来。"个性鲜明"的回答往往容易给主考官留下深刻的印象。例如,某公司主要是经营有地方特色或民族特色的工艺品,如北京景泰蓝、景德镇陶瓷、杭州纸伞、潮州抽纱等。招聘的对象主要是能开拓海内外业务、推销潮州抽纱的两级业务员。一位应聘者这样做自我介绍:"我叫陈明,今年24岁,是潮州人,今年毕业于潮州市商业学校,读市场营销专业。我一直生活在潮州,小时候就经常帮妈妈和奶奶做抽纱活,对于传统的抽纱工作比较了解。在商校学习的两年中,我掌握了营销方面的专业知识,这是我将来搞好业务的资本。我的口才较好,曾参加省属中专学校的求职口才竞赛,得了二等奖,并且还具备一定的英语口语能力。我的特点是头脑灵活、反应快,平时喜欢看报纸,对国内外的经济发展动态很感兴趣,喜欢从事具有挑战性的工作。"这位求职者从招聘单位对人才录用的标准出发,有针对性地叙述了自己的优势、特长和工作能力。

（五）沉稳客观

自我介绍时应保持情绪的平稳，如果在自我介绍中情绪起伏波动，往往会产生负面影响。例如，在介绍自己基本情况时面无表情、语调生硬，在谈及自己的优点时眉飞色舞、兴奋不已，而在谈自己的缺点时又无精打采、萎靡不振，这些都是不妥的。谈优点时，要尽量避免做过多的夸张，避免用那些具有夸张意义的词语，不宜用"很""第一""最"等表极端意义的词，尽可能保持低调，用实际事例证明自己所言不虚。千万不要捏造事实上并不存在的优点。有些人为了让主考者对他留下深刻的印象，往往喜欢进行过多的自我夸耀，喜欢带着优越的语气说话，言过其实地表现自己，这很容易惹人反感。谈缺点时，一定要强调自己克服这些缺点的愿望和努力。

（六）乐观自信

充满激情的自我介绍会给主考者留下一个充满自信、积极向上的好印象，自我介绍既不能胡乱吹嘘，也不能过于谦虚，谦虚是美德，但过于谦虚就是自卑，就显得不自信。一家报社正在招聘编辑和记者，中文系毕业的小陈前去参加面试。在众多新闻专业出身的求职者中，小陈并没有什么优势。对此小陈早有准备，她乐观自信地说："先生，您好！很高兴能来参加贵报的招聘面试，请允许我做一个简单的自我介绍。我叫陈丽，毕业于××大学中文系。虽然在大学我主修的不是新闻专业，但我喜欢投身于新闻事业，对记者这个行业十分感兴趣，在大学期间我是学校校报的记者。四年间，进行了大量的校内、外采访，积累了一定的采访经验，再加上我的中文功底，我相信我可以胜任贵报的工作。这是我在大学期间发表过的采访报道，请各位编辑领导批评指正。"主考者看了小陈的采访报道材料后，觉得其眼光独到、语言深刻，都很满意。最终小陈击败了众多的竞争者，面试成功。

（七）言简意赅

自我介绍要在最短的时间内，将自己最美好的一面，毫无保留地表现出来，给对方留下深刻的印象。自我介绍的内容、用词、叙述方式等都要简洁干脆。首先最多用20秒钟介绍自己的姓名、学校、专业，然后便要引出自己的优势或强项，一定要在最短的时间内激发主考者的好感。如"我今年刚刚从××大学毕业，所学专业是工商管理，我的基本情况简历上都介绍得比较详细了，在这里我想强调三个方面的内容。一是在大学期间，我合理地利用了寒暑假参加了一些社会实践，因此有机会接触到几种不同的行业，也有机会与各种各样的人相处。与陌生人在一起时，我很容易就能打破僵局，找出彼此都感兴趣的话题。二是我的英语口语不错，曾利用业余时间在旅行社做过兼职导游，工作和学习两者兼顾的经历使我掌握了分清主次、合理安排时间的技巧。三是我的文笔也不错，曾在报纸上发表过5篇文章，若您有兴趣，可以过目。最后我想补充的是我喜欢这份工作，在工作经验上，我可能会稍有欠缺，但我很勤奋，相信在短时间内就可以胜任工作。"

（八）留有余地

自我介绍最忌吹嘘、大夸海口。大话一旦被拆穿，面试很难再进行下去。小张去面试一家国际旅游公司导游，他自我介绍说："我这个人喜欢旅游，熟悉名胜古迹，全国的大城市几乎都去过。"主考者很感兴趣，就问："你去过杭州吗？"因为主考者是杭州人，很熟悉自己的家乡。可惜小张偏偏没有去过杭州，心想若说没有去过这么有名的城市，刚才那句话不是瞎吹吗？于是硬着头皮说："去过！"主考者又问："你住在哪家宾馆？"小张答不上来，只好支吾说："那时没有钱，只好住小旅馆。"主考者又说："杭州的名小吃你一定品尝过？"小张照样说："那时没有钱，就一心看风景，没有去吃小吃。"主考者偏偏只问关于杭州的事，小张语无伦次、东扯西拉、答非所问，最终不能自圆其说，谎言被当场识破，面试一败涂地。

（九）少用"我"字

千万不要以为自我介绍最容易用上的字是"我"字。当主考者说："谈谈你自己吧！"一名应聘者十分巧妙地回答："您想知道我的个人生活，还是与这份工作有关的问题？"他把应该用"我"字打头的话，变成"您"字打头。老把"我"挂在嘴边的人，易使人反感，受人轻视，被认为是强迫性的自我推销。所以，要经常注意把"我"字变成"您"字。"您以为如何呢？""您可能会惊讶吧？""您一定觉得好笑。""您说呢？"把自我介绍变成一场与主考者之间沟通的谈话。回答时少用"我不能""我无法""我不想"等负面字眼。

第二节　常规问题应答

自我介绍过后，面试一般以主考者问、求职者答的形式进行。这是双方进行深层交流、双向沟通的阶段，求职者在这个阶段回答得如何，将直接影响求职结果，所以在回答时，要注意掌握语言技巧，巧妙地接主考者的招。面试问题虽然林林总总、五花八门，但总结起来看，测试目的有二：测试求职者的综合素质，测试求职者的专业素质。在综合素质测试中，招聘方通过提问主要了解求职者以下一些综合素质：表达能力、概括能力、逻辑性、责任心、组织协调能力、自我认识能力、自信心、分析能力、心理承受能力和应变能力等。对于不同岗位的求职者，对上述各能力的具体要求也不同。比如对于销售人员，要侧重强调表达能力、自信心、心理承受能力和应变能力；对于技术开发人员要强调其创新思维、责任心、分析能力；而对于职能部门的员工，则要强调工作责任心、组织协调能力、心理承受能力和应变能力等。

一、常规问题的类型

每个公司面试的程序和模式都不尽相同，主考者的风格各异，面试时所提的问题根据各公司的情况也有所不同。但是有些类型的问题是主考者比较喜欢问的，如求职动机类、能力特长类、实践经验类、职业素养类、家境人品类问题。

（一）求职动机类

求职动机类问题："你为什么要离开原来的公司/你为何辞去现有的工作？""既然你在原公司工作出色，为什么不继续干下去呢？""你为什么想来我们公司工作/你为什么来应聘这份工作？""你对于我们公司了解多少？""现在这份工作你最不喜欢的是哪一点？""你真正想在哪里工作？""你理想的工作是什么？""你对这份工作有哪些期望与目标？""你找工作时最在乎的是什么？""你期望获得的最重要的回报是什么？""你来我们公司最希望得到什么？""你对这份工作有哪些期望与目标？""你对薪资有什么要求？""除了本公司外，你还应聘了哪些公司?""相对于你申请的其他公司,我们公司的这个职位对你来说有什么不同?""如果同时被两家公司录用,你会如何选择?""如果世界上的公司任你挑,你想在哪儿工作?"……

求职动机类问题提问的目的是:了解求职者的职业价值观及其性格特征和知识结构是否符合该职位的要求,了解求职者个人愿望、求职意向与公司运作方式、工作职责、工作地点的吻合程度,从而得出该求职者是否胜任工作岗位的结论。了解求职者过去和现在对工作的态度、更换工作和求职的原因、对未来的追求和理想抱负,考虑本单位所提供的职位和工作条件是否能满足求职者的要求和期望,从而判定该求职者稳定从事该工作的可能性的大小。求职者在回答该类问题时,口气要平和,说话要婉转。首先,应该明确地表达自己对该工作的认识与兴趣,也可以结合自己的职业理想或人生价值观加以佐证。其次,要重点说明自己具备该职位所要求的素质与能力。最后,要适当地对自己被录取、将来岗位上能干出优异的成绩表明信心。

(二) 能力特长类

能力特长类问题:"你在单位(学校)经常组织活动吗? 如果是的,请具体描述一下你是怎样组织一次活动的,你在其中的职责是什么?""在你主管的部门中,你是如何给每个人分派工作的,怎样协调他们之间的关系?""你能为我们公司带来什么呢?""你认为你对我们公司有什么价值?""我们为什么要录用你?""你认为你适合干什么?""你认为自己在这个岗位上的竞争优势是什么?""除了专业知识外,你还有什么特长?""你有何业余爱好?"……

能力特长类问题提问的目的是:了解求职者的组织协调能力、自我认识能力、团队合作精神和实际才干专长,考察求职者对自己能力的认同程度以及对自己的期望。求职者回答这类问题时,要以实例提供有力的证据,自信地陈述自己的专业特长和能力以及将来为该公司效力的态度。注意两点:一要委婉谦虚,留有余地,不可夸大事实,故弄玄虚;二要简洁精要,言之有据,不可泛泛罗列,毫无重点。

(三) 实践经验类

实践经验类问题:"你在这类工作上有何种经历?""请讲述一下自己的主要工作业绩。""你在以往工作中遇到过什么困难,是如何解决这些问题的?""在以前的公司都从事什么样的工作?""工作上受过哪些专业培训? 效果如何?""为何转换职业的次数这么多?""你为什么这么久没有工作?""为什么你的简历上有三年职业空白期?""说说你对行业、技术发展趋势的看法。""你认为这个行业的现状怎样?""对准备应聘的岗位,你自我感觉如何?""你认为该工作岗位应具备哪些素质?""就你申请的这个职位,你认为自己还欠缺什么?"……

实践经验类问题提问的目的是:了解求职者有无相关工作经历或实践经验,摸清求职者在原工作单位的实际表现,考察求职者的能力是否真正能胜任特定职位的工作。求职者回答此类问题时,要注意突出以下信息点:过往实践经历与所申请工作岗位的吻合度,自己的实践经验和专业操作技能,曾经取得的工作业绩和潜在的诸多优势。年龄较小、工作经验较少的应聘者,可以突出如下优势:思维活跃,喜爱钻研,可塑性较强;个性单纯,充满热情,能勤奋工作;家境不错,负担较轻,能加班加点;薪酬福利,期值有限,不过分计较。年龄较大、工作经验较多的应聘者,可以突出如下优势:实践经验丰富,可以直接上岗;为人成熟稳重,工作踏实可靠;处世比较现实,不会轻易跳槽。

（四）职业素养类

职业素养类问题："谁一直对你的职业生涯有重要影响，为什么？""你奉行的格言是什么？""在你的职业生涯中最令你骄傲的事是什么？""你是怎样处理工作与生活的关系的？""你是否愿意向上级提出合理化建议吗？""从现在开始算，未来的五年，你想自己成为什么样子？""你打算继续学习或深造吗？""如果录用后，安排一个与你应聘职位不同的工作，你能接受吗？""如果录用了你，你将怎样开展工作？准备在本公司工作多长时间？""你如何看待企业的规章制度、劳动纪律？""你如何看待我公司界定成功的尺度？""谈谈你对加班、出差和跳槽的看法。""假如分配给你的一项任务，眼看期限已到，难以完成，你怎么办？"……

职业素养类问题提问的目的是：考察求职者的职业观、专业素养、工作业绩、工作习惯、从业态度、敬业精神、处事能力、综合素质等，了解求职者到岗后是否能服从调配、安心工作，测试求职者是否愿意长期为公司尽力奉献。求职者回答此类问题时，一要全面周到，客观辩证，不可以偏概全，偏执一端；二要实事求是，褒贬有度，不可牵强附会，言过其实；三要持重审慎，入情入理，不可随心所欲，胡言乱语。

（五）家境人品类

家境人品类问题："说说你的家庭／谈谈你的家庭情况。""介绍一下你的家庭成员及其工作情况。""请谈谈你的家庭经济来源及收入情况。""来本单位应聘是自己决定还是父母、爱人的意见？""请你简单地进行一下自我评价。""请用三个词概括一下你自己。""请对你的优点和缺点做一个评价。""请对你的个性特征做一个评价。""你的同事会用哪五个词来评价你？""你认为自己最大的弱点是什么？""你如何评价你工作过的公司？""你最愉快的经历和最不愉快的经历是什么？""你希望与什么样的上级（老板）共事？""与上级意见不一时，你将怎么办？""工作中难以和同事、上司相处，你该怎么办？""谈谈你的人际沟通经验？"……

家境人品类问题提问的目的是：了解家庭背景对求职者的塑造和影响，了解求职者为人处世的态度及其性格特征，考察求职者的人际交往能力以及适应能力，弄清求职者是否能正确看待别人的评价，是否具备职位所需的品质和技能，是否具有感恩心态及职业道德。关于家庭背景，求职者回答可强调几点：简单地罗列家庭成员，强调温馨和谐的家庭氛围，强调父母对自己教育的重视，强调各位家庭成员的良好状况，强调家庭成员对自己工作的支持，强调自己对家庭的责任感。关于为人处世，求职者回答要注意几点：评价自己，论"长"则有的放矢地强调对应聘职位有利的优点；论"短"则切勿涉及自己负面的人格特征。评价他人，不要掺杂主观的负面感受，不要抱怨境遇的不堪回首，避免对原单位的尖刻批评，不谈对新雇主的具体企望。

二、现场应答的策略

（一）诚信为本，坚守底线

成功的求职建立在应聘者对自己的能力、知识水平、资历等均有正确认识的基础上，面试应答的根本原则是不能逾越诚信为本的底线。在面试中，有时应聘者会被问到一些超出自己的知识水平的问题，遇到不懂的问题，坦然承认是最好的办法。如果硬要装懂，说一些一知半解或道听途说的话，主考者一问，局面就会越来越糟糕。假若直接诚实地回答说不会，并做出合理的解释，反倒会留下诚实、坦率的好印象，变不利为有利。有时主考者提出的问题纯粹是想验证一下求职者是否诚实，如果后者坦率承认自己不懂，就正好通过了主考者对他这方面的测评。测评求职者是否讲诚信，有时不一定问专业问题。面试最糟糕的做法是打肿脸充胖子，根本不懂偏要装懂，知之甚少偏要装多，这样做没有不露出马脚的。

（二）听清题意，靠船下篙

面试者必须要有解读题意的能力。主考者所提的每个问题背后都有其意义，而非漫无目的地随口询问，因此要了解主考者真正想问的是什么。如果不确定是否正确掌握了题意，应该请对方将问题重复一遍，或者向对方求证："如果我没有听错的话，您的问题是……?"以免文不对题，做出不适当的回答。应聘者要针对所问的题目靠船下篙地回答，不要偏离中心。

（三）以实为主，虚实并用

为了向招聘单位展示一个真实不虚的自己而获得成功，必须记住：不要概述，要展示——用事实来说明自己所具有的能力、素质和技能。比如，求职者说自己"接管了一个问题成堆的地区，开发出新的客户服务及市场营销技巧"，这样的陈述说服力不够强，如果在后面枚举具体数据："并于两年内将市场占有率从 4.8% 提高至 6.5%"，这样就会给主考者更加深刻的印象。有的时候无法"实"，那就必须"虚"，比如，一位主考者这样问一位求职者："为什么你要选择教师这一职业?"求职者回答说："我小时候曾立志长大后要做伟人的妻子。但现在，我知道我能做伟人妻子的机会实在渺茫，所以又改变主意，决定做伟人的老师。"这位求职者的回答博得在场人员的一片掌声，最终她被录取了。

（四）发散思维，灵活应变

面试中，如果主考者提出近似于游戏或笑话式的过于简单化的问题，就应该多想一想，主考者是否另有所指，是否在考察你的 EQ 或 IQ；如果是，那就得跳出常规思维的束缚，采用一种非常规思维或发散式思维的方式去应答问题，切不可机械地作就事论事的回答，以求收到"歪打正着"的奇效。那种能够调动创造性思维灵活应答，产生意外效果的，会给主考者留下非同一般的印象。江苏电视台有一次招聘，主考者向一位应聘者提出这样一个题目："假如你向观众介绍演员时，头脑里一时记不起这位演员的名字了，怎么办?"这位应聘者机灵地说："如果这位演员很出名，在观众中已有影响，我就对观众说'你们大家都知道他的大名吧?'观众中很可能有脱口而出的，我正好顺着报出来；如果这位演员不太出名，我就把话筒递给这位演员，取巧地说'请你向观众做自我介绍吧。'用这样的变通办法逃出一时的尴尬境地。"主考者对她的灵活应变能力表示赞赏。

（五）考虑周全，不留破绽

在面试中，有时主考者所提的一些问题并不一定有什么标准答案，只是要求求职者能回答得滴水不漏、自圆其说而已。求职者答题之前要尽可能考虑得周到一些，以免使自己陷于被动。一位商场采购经理参加一次面试，当主考者提出"请你举一个实例说明你的工作规范和流程"时，他回答："这有可能涉及我们的商业秘密。"主考者说："那么好吧，请你把那些不属于商业秘密的内容告诉我。"这样一来，问题的难度更大了，他先得分清楚哪些是商业秘密,哪些不是,一旦说漏了嘴,则更显出其专业水平不够。不能自圆其说,很可能会被逼入"死角"。面试中,对那些需要从几个方面来加以阐述,或者"圈套"式的问题,求职者要注意灵活表达,不要一开始就把话讲死。否则,很容易将自己置于尴尬境地或陷入"圈套"之中。

（六）先承后转,以退为进

对于有些问题如果正面回答等于是否定自己,因此要设法将可能否定自己的话转化成肯定自己的话。已婚的刘女士到一家中外合资企业面试,公司经理对她很满意,只是担心她已婚且孩子还小会影响工作。总经理说:"刘女士,你的各方面素质都不错,只是……你的孩子还小,这一点公司方面还得考虑一下。"刘女士回答说:"我认为总经理的意见有一定的道理。如果我是总经理,可能也会这么想。"总经理听到这里,有点意外,微微点头。"公司的任务重,工作忙,谁也不愿意职工拖儿带女、东牵西挂地来上班。"总经理听到这里哈哈大笑。"但是,"刘女士话锋一转,"我想,事情还有另外一面,虽然我的想法不一定对,不过,还是想说出来请总经理指正。因为从公司来说,最重要的是要求职工有责任心。但是不当家不知柴米贵,不养儿不知父母恩,在生活中都没有经过责任心训练的人,在工作中能有很强的责任心吗？我想,这就是一个母亲与一个未婚女子的最大区别,她们对生活、工作和责任心的理解是不会相同的。"总经理听到这里开始沉思了。"况且,"刘女士趁热打铁说道,"我家里还有老人退休照料家务,我绝不会因家庭琐事而影响工作的,这一点总经理有什么不放心的？"总经理最终拍板录用了刘女士。

（七）大题小做,突出亮点

主考者有时会问一些"很大"的题目,比如"请谈谈你自己",至于说"你自己"什么,并没有限定,但他要的答案并不是"你自己"事无巨细的全部,因此,求职者必须"小"做,不要没有选择、没有目的地说起来。一般说来,"大"题"小"做的技巧是,围绕应聘的职位来谈,"小"在与应聘岗位相关的知识、技能、经验方面即可,主考者如果有兴趣再了解求职者的其他情况,他会发问的。这样的问题往往出现在面试开始时,主考者等于不提任何问题,而让求职者先打开话匣子,因此,求职者必须有意识地将话题拉到自己的能力、性格优点、学识、经验等方面来,不能错过这样的好机会。

（八）多谈对方,巧谈自己

求职面试免不了要谈自己的基本情况和所长所短,但交谈时不可一味地只谈自己,而应该时时不忘谈到对方,或是站在对方的立场上来谈自己。比如说,主考者问:"你为什么要来我们公司呀？"一般人多半是从自己入题,要么诉说自己的愿望:"我是学电子的,我到这里才是专业对口。"要么诉说自己的经历:"我在原单位待不下去了,哪里的领导压抑人才。"要么诉说自己的困难:"我原来上班的地方离家太远了。"面对类似的回答,主考者心里会想:你们想的都是自己的利益,是为了解决自己的困难才来这里求职的。善于求职的人会说:"我觉得贵公司力量雄厚,领导得力,上下同心,适于一切有才干的人发展。"这样从对方入题,一定会引起对方好感。

（九）简明质朴,悦耳动听

面试时间一般为15～30分钟,甚至更短,这就要求求职者的谈话和应答要做到简洁明了;力戒啰唆,举例要精要,措辞要精练,思路要清晰,不说套话、空话与口头禅;紧扣题旨,力戒答非所问,言不及义,离题万里;开门见山,开口就要说出自己的主要观点,突出重点地宣传、推销自己。同时,谈话和应答要做到质朴实在:力戒言过其实,一是一、二是二,陈述恰如其分;力戒华而不实,不用花里胡哨的书面语,不用新奇时髦的流行语;力戒死板枯燥,为了取得良好的交谈效果,不妨多套语言综合运用。在谈到特长时,多用通俗语言,少用专业术语,可以避免给人一种莫名其妙的感觉。相反,对于将要从事的专业,主考官多少懂一些,在回答时适当地用点十分准确的专业术语,可以起到暗示自己比较懂行的作用。在分析问题时,可以适当引用一些名人名言、典故、成语,为自己的口才增色,使人感觉求职者是一个知识渊博、有文学修养的人。说话的声音和语调代表着人的性格、态度、修养和内涵。求职者务必使自己的口齿清楚、语言流利,力戒含糊不清,吞吞吐吐;要保持适当的音量、语调和语速。如果平时声音非常小,那么面试时则应尽量提高说话的音量,声音小给人一种懦弱、不自信的感觉;但也不要使音量过高,只需要让对方听清楚即可,否则会给对方粗鲁的感觉;语调正确才能给人一种亲切、沉稳的印象,会在无形中拉近双方的距离。语速过快往往容易出错,难免张口结舌,强化紧张情绪,导致思维混乱;当然,语速过慢,缺乏激情,气氛沉闷,也会使人生厌。

第三节　特殊问题应答

求职面试时,主考者经常设下圈套,以判断求职者的心理素质、反应能力等,稍有不慎,就会落入圈套,以致全盘皆输,常见的特殊问题如下。

一、特殊问题的类型

（一）压力性问题

在求职面试时,有些主考者会从求职者最薄弱的地方入手,故意提出一些十分尖锐的问题或在问题中对求职者的个人能力做出否定性评价,以激怒对方。比如"你经历太单纯,而我们需要的是社会经验丰富的人。""你的相关工作经验比较欠缺,你怎么看？/没有工作经验,你认为自己适合我们的要求吗？"（对应届男大学生）"女性常常会对自己的能力缺乏自信,你怎么看？"（对应届女大学生）"从你的年龄看,我们认为你担任经理这个职务太年轻了,你怎么看？"（对年轻的求职者）"我们觉得你的年龄稍大了点,恐怕在精力方面不如年轻人,你怎么看？"（对年纪稍大的求职者）"你性格过于内向,这恐怕与我们的职业不合适。""我们需要名牌院校的应聘者,你并非毕业于名牌院校。""你的专业怎么与所申请的职位不对口？"……提问者关心的并不是求职者的答案,而是在观察求职者遭遇压力问题时的种种反应,看求职者能否重新控制局面,能否摆脱被动的局面,能否保持冷静的头脑。若求职者结结巴巴、无言以对,抑或怒形于色、据理力争、异常激动,那就掉进了对方所设的圈套。

（二）迷惑性问题

为了获取求职者性格、脾气秉性、抗压能力、工作能力等多方面的信息,主考者常常会用一系列具有迷惑性的问题来考验求职者,这些问题有着双重意义或潜藏的目的。如"你是怎么准备这次面试的?"(了解求职者对这份职位到底有多在乎,是否只是走个过场或临时应付一下。)"如果有工作,你如何把握面试时间?""你是如何腾出时间来参加面试的?你的老板觉得你现在在哪?"(真正的问题是,在找工作的同时你是否在欺骗或背叛自己的现任雇主。)"谈谈你为什么被解雇了?"(了解求职者是否存在一些前雇主已经发现了的问题。)"同事或上司的什么问题会令你烦扰?"(了解求职者是否难以和他人共事,或是否会拖累公司士气和生产力。)"描述一下你是如何解决工作或学习问题的?"(了解求职者的思考方式。)"可以描述一下你在工作或学习中把事情搞砸了的情况吗?"(了解求职者是否太自以为是或不够有自知之明来为自己的失败负责。)……一个意想不到的问题也可能套出求职者的真实答案,从而暴露潜藏的问题。

（三）刁钻性问题

不管哪一类的刁钻问题,不管有多少变化,都是想了解求职者的真实情况。一类属于脑筋急转弯的智力题,借以考察求职者的思维方式和应变能力。如"龟兔赛跑时,如果兔子没有睡觉,乌龟怎么赢得比赛?""为什么下水道的盖子是圆形的?""请估计北京有多少加油站?""两条不规则的绳子,每条绳子的燃烧时间为1小时,请在45分钟内烧完两条绳子。""给你两个8,两个3,只运用加减乘除和括号运算,如何得出24?"更多的刁钻性问题是虚构一种情况,答案一般都具有不确定性和随意性,然后让求职者做出回答。如"如果此时外面有一艘宇宙飞船着陆,你会走进去吗?如果它可以去任何一个地方,你会要求它把你带到哪里?"(旨在考察求职者有多大冒险精神。)"如果我们公司这次没有录取你,但过一段时间被录取的人中有没能度过试用期的,腾出位置来,再通知你,你还会再来吗?"(旨在了解求职者对公司的认可程度,并考察其性格。)"如果公司给你的工资标准,没有达到你简历上的工资要求,你还会来我们公司吗?""你在公司里工作,如果同一办公室里的一个人;能力没有你强,但工资却高于你,你会不会有想法?心里能平衡吗?""打电话约见潜在客户,人家不耐烦地说'正在开会'!你会怎么处理?"求职者若循规蹈矩、一板一眼地回答,势必陷入狼狈不堪的境地。

（四）两难性问题

主考者时常会设置一些无论求职者做肯定的回答还是做否定的回答都不讨好的问题。如"你对琐碎的工作是喜欢还是讨厌,为什么?""依你现在的水平,恐怕能找到比我们公司更好的单位吧?""如果录用你,你能否长期干,不跳槽吗?""一笔钱,只能用来先修敬老院或者学校,你会怎么做?""公司与家庭有冲突时你该如何选择?""假如你晚上要送一个出国的朋友去机场,可单位临时有事非你处理不可,你怎么办?""你是愿意做大池塘里的一条小鱼,还是愿意做小池塘里的一条大鱼?"……对这些两难性问题,如果求职者只简单地答"是"或"不是",强调一方面的话,很难让自己顺利通过面试。

（五）敏感性问题

女性求职时常会遇到职业歧视,直接的表现就是在面试中,主考者会毫不客气地问女性应聘者一些敏感话题,在招聘诸如公关小姐、秘书、演员等特殊岗位的面试时更是如此。如"你认为家庭与事业之间存在着难以调和的矛盾吗?"(隐含问题:当工作和生活出现矛盾时,你如何解决?)"你结婚了吗?最近打算要孩子吗?"(隐含问题:你是否马上要休婚假、产假?你是否婚后无法集中在工作上?)"你喜欢出差吗?"(了解求职者的家人或恋人对应聘者的工作持何种态度。)"你打算什么时候生育?""你如何看待晚婚、晚育?"(考察求职者在工作与家庭、工作与生育的关系问题上持一种什么态度。)"这个职位会遇到一些特殊情况,你能胜任吗?"(隐含问题:有时候会遇到客户提出非分要求,你能处理吗?)"面对上司的非分之想,你会怎么办?"(招聘女秘书,往往会问及这类话题。)"如果在将来的工作中,你接待的客人要你陪他跳舞,你不想跳,但不跳又不行,你会怎么办?""如果你被录用了,遇到这样一个剧本,其中有裸体的镜头,你该如何对待,是接还是不接?"主考者的用意主要在于测试应聘者的应变能力或情商,如果应聘者难于启齿或恼羞成怒,则会被淘汰。

(六)测试性问题

有些问题,看似让求职者回答,实际是测试求职者是否讲诚信、讲信用、讲原则,测试求职者的商业判断能力、商业道德、胸襟气度等。如"你们的老板是不是很难相处啊,要不然,你为什么跳槽?"(旨在考察求职者是否不宽容、心胸狭隘。)"作为财务经理,如果总经理要求你一年之内逃税100万元,你会怎么做?""有一天假如你和领导拜访客户,会谈完毕后客户送给你们两张歌剧演出票,每张价值800元,你先是非常惊喜,后来想到公司规定不许收取客户价值700元以上的礼品,就想拒收。但是你的领导非常喜欢歌剧,面对这种情况,你是按照公司的规定拒收演出票呢,还是顺了领导的意去看演出?""你单位严令禁止打电脑游戏,并明文规定违者开除。一天你无意中闯进领导办公室时,发现领导正在打游戏,你怎么办?""你陪同领导出差,领导买了一款高级皮包并开了发票,回来财务人员询问款项支出的相关问题,请问你怎么办?"上述问题旨在考察求职者的价值观和个人秉性。

(七)诱导性问题

诱导性问题的特点是,主考官往往设定一个特定的背景条件,诱导对方做出错误的回答,因为也许任何一种回答都不能让对方满意。如"今天参加面试的有近10位候选人,如何证明你是最优秀的?""某件事情你能否独立完成?"有时主考者的提问似乎是一道单项选择题,如果你选了,就会掉进陷阱。如"你认为金钱、名誉和事业哪个更重要?""工作和家庭哪个更重要?""单位有很多留人的方法,感情留人、待遇留人、事业留人,你认为那种最重要,为什么?"主考者还可能提出一些"圈套"式的问题,诱导求职者做出错误的回答,如果后者中了圈套,也就与应聘岗位无缘了。如"关于……,你认为应抓住几个要点?""据说你对××问题很有研究,不妨谈些你的看法。""××行业在社会上的负面信息,你如何评判?"上述问题旨在考察求职者随机应变的能力。

二、现场应答的策略

(一)应答压力性问题——心平气和,从容辩白

压力面试的目的不仅仅看求职者回答的内容,更多的是考察求职者面对压力表现出来的态度。因此,主考者在提出很有挑战性的问题时更留意求职者当时是否自信,而不是求职者的回答是否完美。无论碰到什么问题,首先要做到的就是不要被"激怒",如果被"激怒"

了,那就已经输掉了。应该在不违背尊严的情况下,有理有据从容作答。陈述的一般过程为:认同—转换—反驳。如:

主考者:我觉得你的笔试成绩很差啊。

求职者:谢谢您对我成绩的关注(认同个人:对提问者进行称赞和感谢),的确,如您所说,这次我的笔试成绩不太理想(认同事实:认可提问者提及的事实,但认同中有转换:转换了提问者所提事实的关键词,将"成绩很差"换成"成绩不太理想")。我个人认为,一次考试的成绩并不能完全说明一个人的能力……(反驳对方的潜在观点:成绩=能力)。

有的反驳则省去了转换环节,这样陈述:认同—反驳。如以"这样的说法是有一定的道理,但我恐怕不能完全接受……"为开场白,然后婉转地表达自己的不同意见。在表述自己的观点后,可用很友好的口气说一句"您不这样认为吗?"或者"您觉得呢?"都会让主考者觉得求职者很有自信,而且很沉着。

(二)应答迷惑性问题——头脑冷静,成功解套

迷惑性问题如前所述,有着双重意义或是潜藏的目的,往往言在此而意在彼,带有略施小计套出真情的味道。应聘者务必提高警惕,冷静分析,尽可能在最短的时间内走出"雷区"或拆解"圈套"。一般可先向主考者表示自己需要考虑一下这个问题,稍后再回过头来回答,从而转移话题;或者诚实地表示自己不知道答案。

有些迷惑性问题同压力性问题有些类似,但往往带有某种程度的欺骗性,主考者问题中所谈的情形纯属子虚乌有,所谓问题其实是精心设计的"圈套",因此在回答时先退一步,假设这种情形出现了应该如何处理,然后再釜底抽薪,暗示假设情形存在的虚无性。

案例:某电视台招聘记者,小魏前去面试,主考者指出:"你说你爱好写作,可是我看了你填的报考表,在'自我评价'栏中居然出现了三处语法错误,现在既没有多余的表格,也不准涂改,你怎么办?"小魏听完吃了一惊,心想填表时是字斟句酌的,怎么会有三处错误呢?但时间不允许多想,他当机立断,回答说:"为弥补失误,我可以在表后附一张更正说明,上面写上:'某某地方出现了三处语法错误,实属填表人的粗心,特此更正,并向各位致歉。'不过……"他停顿一下说:"在发出这份更正说明之前,我想知道是哪些错误。"他的机智应对令主考者笑了。他的报考表并没有错误,这不过是主考者设了一个圈套,以考察他的自信心和反应力。主考者并非真的不满意,如果不满意是不可能再向应聘者提出问题的。因此,要沉着应付,不要中了圈套而暴露自己的弱点,回答时可以虚一点,把重点放在弥补弱点上,显示积极进取的品质。另外,要诚恳地向主考者讨教,以博取他们的好感。

(三)应答刁钻性问题——以刁对刁,以怪对怪

凡是刁钻性问题都不能按常规思维来回答。有些知识性问题带有脑筋急转弯的性质,应聘者要很快地离开习惯的思路,充分利用自己的知识积累,从别的方面来思考问题,以不同寻常的思路做出机智的回答。若主考者所提问题根本不可能有答案,这时不妨倒打一耙,反问对方一个类似无法作答的问题,或发挥想象的空间,大胆地以"假设"对"假设"。

案例:一位华裔小姐到一家美国公司应试,在"微软"众多稀奇古怪的问题中,她遇到了这样一道怪题:"在没有天平的情况下,你该如何称出一架飞机的重量?"这是一个假设性的问题,刁钻怪异得近乎天方夜谭。这位华裔小姐来了个"以牙还牙",也用假设法作了应答:"这要看你用中国式还是美国式的方法了。假如是中国人,可以从古老的'曹冲称象'中得到

启迪;假若是美国人,或许现实一些,拆下零件来分别过磅就是,也可以浪漫一些,发明一种特大型吊秤也并非不可能。"这种颇有想象力且极富创意的应答,令主考者不得不为之惊叹,于是她顺理成章地通过了面试关。

（四）应答两难性问题——避实就虚,折中模糊

对于两难的问题,一般情况下不要从正面回答,而应想一想对方的用意何在,或避实就虚,多角度分析回答;或折中模糊,在两者兼顾的基础上强调重点;或预设前提,委婉得体地应对。

比如,主考者问:"依你现在的水平,恐怕能找到比我们公司更好的单位吧?"如果应聘者的回答是肯定的,则说明他这个人心高气傲,或者"身在曹营心在汉";如果他的回答是否定的,不是说明他的能力有问题,就是自信心不足;如果他回答"我不知道"或"我不清楚",则又有拒绝回答之嫌。当遇到任何一种答案都不是很理想的问题时,应聘者就要善于用模糊语言来应答。可以先用"不可一概而论"作为开头,接着从正反两方面来解释自己的观点。不妨这样回答这个问题:"或许我能找到比贵公司更好一点的企业,但别的企业在对人才培养方面或许不如贵公司重视,机会或许也不如贵公司多。我想,珍惜已有的是最为现实的。"这样回答,不仅能使自己处于一个有利的位置,而且会让主考者领略到应聘者的高明和"厉害"。

（五）应答敏感性问题——假设情境,模棱两可

面对敏感性问题,常常很难给出一个确切的答案,一般来说,应聘者可以采取较为模糊含混而又大度的方式予以回答。因为这种情形下,模糊含混一些非但无伤大雅,反能起到证实应聘者智力和应变力的作用,既不违反自己的原则,又符合主考者的要求。

案例:一位少女到某影视传播公司应聘,主考者提出这样一个匪夷所思的问题:"如果你被录用了,遇到这样一个剧本,其中有裸体的镜头,你该如何对待,是接还是不接?"面对这令人难于启齿的问题,少女脸一红,旋即答道:"这要看哪种情形了。如果与剧情关系不大,仅仅是为了招徕和取悦观众,我是不会主动接它的。当然,如果确实是剧情需要,我也会要求导演用其他方式来处理,比如,画面的朦胧感、镜头的调整,等等。"这种既不肯定又不否定的应答,看似模棱两可,却在捍卫自己人格的同时,又巧妙地避开了问题的实质。主考者们被她的聪明所打动,少女顺利踏进了演艺圈。

（六）应答测试性问题——坚持原则,旗帜鲜明

面对测试性问题,一定要考虑到"情"与"理"孰轻孰重,诚信、原则、规制、道德等永远是占主位的,不要试图给出一个"两全其美"的答案。

案例:谢元在应聘某家公司财务经理一职时,被问道:"作为财务经理,如果总经理要求你一年之内逃税 100 万元,你会怎么做?"因做过多年财务工作,谢元深知财务工作的要求规则,于是很快地回答:"我想您的问题只能是一个'如果',我确信像贵公司这样的大企业是不会干违法乱纪的事情。当然,如果您非要求我那么做的话,我也只有一种选择:辞职。虽然能够在贵公司工作是我一心向往的,但是无论什么时候,诚信都是我做人的第一原则。我不能为了留在公司工作而违背良知、违背工作准则。"面对这类问题,如果应聘者抓耳挠腮思考逃税计谋,或者思如泉涌地立即列举一大堆方案,都会中了主考者的圈套。实际上,主考

者在这个时候真正考核的不是应聘者的业务能力,而是他的商业判断能力及商业道德方面的素养,遵纪守法是员工最基本的要求。谢元的回答非常精彩,既遵循了原则,又突出了威信。

(七)应答诱导性问题——阐述全面,措辞机智

面对主考者设定的特定背景条件的诱导性问题,正面回答毫无意义,可从正面绕开,从侧面用模糊语言来回答。回答模式为:"对于这一点,可能要根据具体情况而论,比如……,虽然……,但是……。"面对似乎是一道单项选择题的诱导性问题,需要从几个方面来加以阐述,尽可能做到无懈可击。面对"圈套"式的问题,不要一开始就把话讲死。否则,很容易将自己置于尴尬境地。

案例:王飞是一名大学毕业生,在一次公务员面试中,主考者问道:"你认为金钱、名誉和事业哪个更重要?"王飞面对这种诱导式的语言陷阱,回答道:"我认为这三者之间并不矛盾。作为一名受过高等教育的大学生,追求事业成功当然是自己人生的主旋律。而社会对我们事业的肯定方式,有时表现为金钱,有时表现为名誉,有时二者均有。因此,我认为,我们应该在追求事业的过程中去获取金钱和名誉,三者对我们都重要。"这个问题好像是一道单项选择题,它似乎蕴含了一个逻辑前提,即"这三者是互相矛盾的,只能选其一"。实则不然,切不可中了对方的圈套,必须冷静分析,可以明确指出这种逻辑的前提条件不存在,再解释三者的重要性及其统一性。对于这种诱导性问题,不能依随主考者的意图说下去,以讨好主考者,这样做的结果只能给主考者"此人无主见,缺乏创新精神"的感觉。

第四节 面试语言禁忌

求职面试时,一定要注意说话方式,否则会使你与工作失之交臂。一般而言,求职面试有如下禁忌。

一、狂妄自大,好为人师

在面试时,求职者必须谈谈自己,将过去的成绩与现在的信心表现出来,但千万不能变成"如果哪家公司没聘自己准保倒闭"的自我吹嘘。自高自大、目中无人,只能碰得头破血流。某科技有限公司急需招聘高级软、硬件工程师各一名,刚毕业于北方某名牌大学计算机专业的杨某看到招聘启事后前去应聘。他拿出烫金的毕业文凭,颇为自信地对主考者说:"我是名牌学府本科生,英语六级。读大学期间,对数字通讯产品的软硬件开发有特别的研究,尤其是有较强的数字逻辑学电路设计能力,能熟练地运用汇编语言和C语言编写软硬件驱动程序,只需要用我一个人,就能解决贵公司的一切难题,确保科研项目上水平、升台阶。其他的人在我到后一周内,全部可以辞去……"主考者认为:杨某的文凭虽然有一定优势,但出言锋芒毕露,情绪偏激,不具备一名科研工作者所必需的涵养和风度;他连一点实践经验都没有就夸夸其谈,目中无人,缺乏现代企业所需要的团队合作精神,故而决定不予录用。在面试中,最忌讳提些带忠告性质的建议,不管你的建议多么中肯、多么优秀,最好留到录用后再说,不要在求职时急于卖弄。有些求职者喜欢在主考者面前说这个想法、提那个建议,

自以为是,好为人师,令主考者讨厌。

二、缺乏自信,谦虚过度

求职者的一些提问会显得缺乏自信,"你们要几个?"这种问法显得求职者信心不足。对用人单位来讲,招聘一个是招,招聘十个也是招,问题不在于招聘几个,而是你有没有这百里挑一(或二里挑一或独一无二)的实力和竞争力。"你们要不要女的?"这样询问的女性,首先给自己打了"折扣",是一种缺乏自信心的表现。面对已露怯意的女性,用人单位正好"顺水推舟"予以回绝。应该选择一个适当的角度来问,如"女大学生到你们单位工作的多吗?"如果用人单位说"多",那正好,既然"多"就不在乎再增加一个;如果"不多",那也可以争取机会,既然"不多",增加一个岂不更好?面试同样不能过度谦虚。小王毕业于某名牌大学工业自动化专业,应聘一家美资企业的某部门经理助理时,主考者问他:"你觉得你能胜任这个岗位吗?"小王谦虚地说:"我没干过这个,经验肯定不够,也不一定能做好,试试看吧。"主考者见他简历上写着获过大学生创业设计大赛的二等奖,就问他有什么收获,小王又很谦虚地回答:"那都是同学的功劳,我只不过帮点忙,没做什么大贡献。"结果,主考者认为小王能力不够,自信心不够,拒绝了他。

三、反应木讷,唯唯诺诺

求职者适度得体地恭维主考者可以拉近双方的心理距离,让主考者对其谈话产生一定兴趣,但这并非意味着求职者不能独抒己见、表露自我。有些求职者面对正襟危坐的主考者,想到山外有山、天外有天,不敢谈想法、说主张,面试一味地唯唯诺诺,完全把自己置于一种被动受审的境地。如此表现只能让主考者觉得此人缺乏主见,奴性十足。没有任何一家公司愿意录用反应迟钝的人,尽管木讷、迟钝者和那些夸夸其谈者的反差明显,但同样也不可能成为一个称职的员工。有些求职者一旦置身应聘现场,早先设计好的答问词荡然无存,陷入"白纸瘫痪",应答起来词不达意、语无伦次,这都是反应迟钝的表现。一旦自卑迟钝,不敢正眼看主考者,以致消极、冷漠、烦闷,这些足以摧毁主考者招聘的热忱和录用求职者的信心。

四、言语粗野,抢话争辩

有些求职者缺乏起码的文化修养,出口成"脏",其语言纯系粗话、脏话的混合物,让人耳不忍闻。如主考者问:"你为什么离开你原来那家公司?"求职者答:"原来那家公司的老板是一个昧良心的狗杂种,一个彻头彻尾的虐待狂,我不想再给他卖命了!"有些求职者缺乏起码的公关礼仪,面试过程中频频插话、抢话,甚至与主考者争得脸红脖子粗。有些主考者为测试求职者的性格,故意出一些带有争议性的问题,而求职者不知就里,一个劲地插话、抢话、争辩,如同在市井上与人吵架。这些有辱斯文的话语、毫无修养的言谈,无疑使求职者在主考者眼中掉价。从大局考虑,为了单位员工的整体素质,为了保持单位既往的安宁,主考者势必放弃对这类人的录用。你明明答对了,主考者说你错了,这时仍要冷静,避免争论。如对方怀疑你的学历是假的,也应该微笑着解释。

五、急问待遇,问题低级

求职面试时,求职者可以问一些与所学的专业相关的问题或关于企业工作制度的问题。询问企业的问题要准确且有针对性,如"这份工作最重要的工作项目有哪些?""这个岗位的主要责任是什么?""如果我受聘于这个职位,我会接受何种培训?""贵公司的考核方式、标准有哪些?"求职者在发问之前,必须好好想想所提的问题是否惹人反感,是否低级幼稚。诸如"你们的待遇怎样?""你们管吃住吗?""电话费、车费报不报销?"这样的问题会让主考者产生"工作还没干就先提条件"的想法,是不合时宜的。"单位里是否 24 小时供热水?""办公室内是否有卫生间?""单位平常是否组织大家旅游?"这些没有现实意义的低级问题,千万不要出口。

六、轻浮作态,拿腔拿调

面试语言以质朴自然为要,不可矫揉造作、忸怩作态。有些年轻的求职者,平常说话总喜欢使用时尚用语,面试时也用时髦的网络时尚用语和主考者"兜话题";有些人学外语学了"半桶水",在面试时便喜欢时不时地夹杂一两个英语单词,以显摆自己的英语能力;有些人在国外待了一段时间,说母语时故意带一点洋味儿腔调,以显示自己的不同寻常。这样说话,不是出于无知,就是出于卖弄,是很让人讨厌的。有一位从新加坡回国求职的机电工程师,由于在新加坡待了两年,"新加坡腔"比新加坡人还厉害,每句话后面都长长地拖上一个"啦"字,诸如"那是肯定的啦……",半个小时面试下来,主考者被他"啦"得晕头转向,临别时也回敬了他一句:"请回去等消息啦……"。

七、言不及义,空泛无物

有些求职者为了回避正题,便故意顾左右而言他,大谈理想抱负或过去的工作所学,不着边际,东拉西扯,言不及义。更有甚者拉大旗做虎皮,自鸣得意地吹嘘"关系网",自作聪明地搬出要人、名人来壮大声势,这很容易引起主考者的反感。有些求职者急于介绍、推销自己,往往习惯认无作有,讲话空泛无物,不能不引起主考者的怀疑。

八、没完没了,画蛇添足

面试场上,主考者们经常采用的一个基本策略就是尽量让求职者多讲话,目的在于多了解一些求职者在书面材料中尚未反映的情况。俗话说"言多必失",在面试时一定要注意把紧自己的嘴巴,如果认为已经回答完了,就不要再讲。不要为了自我推销而试图采用多讲话的策略来谋求在较短的时间内让招聘方多了解自己,事实上这种方式对大多数人来讲并不可取。有两名刚毕业的大学生同到一家公司应聘。从外表来看,甲西装革履,颇有点风度;乙则相貌平平,穿着朴素,按理说来甲在面试中应占有优势。但结果恰恰相反:乙被录取了。原来甲恃自己口才好,不等主考者说完,便滔滔不绝地发表意见,中间不让人插话,似乎着意让别人感到他才华横溢、见解不凡。而乙在交谈时语速平稳,平静而又十分得体地叙述了自己的见解和想法。主考者说,他从乙的叙述中,看到他的礼貌、自信和稳重的品质,看到了他潜在的创造力;而甲语速过快,感觉有些轻浮,不扎实,也许不会有实干精神。该讲的讲,不该讲的绝不要多讲,更不要采取主动出击的办法,以免画蛇添足、无事生非。

俗话说"水无常形,话无定格。"不同的求职面试碰到的具体情况也不同,言谈应对也没有一套固定的格式。关键是,求职者面试时在恪守诚信的前提下,要有健康的心态、足够的自信和灵活的策略。

【实训练习】

1. 假设你去面试,主考者让你谈一下自己的优缺点,请根据你设想的单位的用人要求,运用求职面试的语言技巧,回答他的问题。

2. 假设你是一位长相很普通的女生,前去应聘某机构的经理秘书,而该机构招聘要求中有一条是"貌美"。经理问:"既然看了我们的招聘要求,为什么还要来应聘?"你应该如何作答?

3. 假如你去某公司应聘销售员职位,主考者说你目前从事销售工作,在能力上还远远不够,你该怎样回答才能令主考者满意?

4. 在面试过程中,当主考者提出:"据说你对××问题很有研究,不妨谈谈你的看法。"你也的确有所研究,这时应该怎样应答才比较合适?

5. 你去一家传媒公司应聘,一位主考者突然问你:"假设你开车过一个公交站,发现站台上有三个人,第一个是曾经救过你命的医生,第二个是快要病死的老太太,第三个是你的大学舍友,你会选择载谁?"遇到这个似乎容易的怪问题,该怎样回答?

下编　书面沟通——实用写作

第五章 公务文书写作

"办理公务的文书",这是"公文"一词的基本含义。党政机关、社会团体、企事业单位在行使管理职权、处理日常工作时,都必须以公文为基本工具。

公文还具有两个基本性质:一是直接效用性,务实而非务虚,指向实事,办理实务;二是体式规范性,在长期的应用实践中,公文形成了规范化的体式。

公文具有广义和狭义之分。广义的公文包括党政公文、通用机关事务文书和行业公文。狭义的公文一般指党政机关、社会团体、企事业单位以及其他社会组织行使法定职权、处理日常事务时经常使用的、具有直接管理效能和严格规范体式的文书。

第一节 通知与通报

一、通知的写作

(一)文体概述

通知是用于批转下级机关的公文、转发上级机关和不相隶属机关的公文,是发布规章、传达要求下级机关办理和有关单位需要周知或共同执行的事项、任免和聘用干部的一种公文。

通知具有三个特点。①适用的广泛性。在所有的公文中,通知的使用范围最广泛,制发通知不像命令、公告等文种那样受级别方面的严格限定,从国家最高行政机关到基层单位,从宣布重大安排到告知一般事项,都可以用通知行文。②功能的多样性。通知有指示工作、知照事项以及批转、转发文件等多种功能,既可用于布置工作、传达重要指标,也可以用于知照一般事项。③知办的时效性。通知多用于下行文,告知事项或要求办理事情往往都有很强的时间要求,不像其他文件那样具有较长的时效。通知已成为现行公文种类中使用频率最高的一种公文,约占各级行政机关收发文总数的半数以上,故有"公文轻骑兵"之称。

根据适用范围和作用,通知可以分为以下几类。①发布性通知,有关行政法规和规章、办法、措施,不宜用命令(令)发布的,可使用这种通知行文。②批示性通知,包括批转性和转发性两种。批转性通知,适用于上级机关对下级部门的文件加批语下发;转发性通知是"转发"上级、同级或不相隶属机关有关文件的通知。③部署性通知,也可称为工作通知。要求下级机关办理某些事项,除交代任务外,通常还提出工作原则和要求,让受文单位贯彻执行,具有强制性和行政约束力;不宜采用命令和意见行文的,可用这种通知。④知照性通知,用于告知某一事项或某些信息的通知,如庆祝节日,成立、调整、合并、撤销机构,启用新印章,更改电话号码,更正文件差错等。⑤会议通知,用于向有关人员或单位告知某一会议时间、地点及要求。⑥任免通知,即上级机关用于任免或聘用人员的通知。

(二)行文格式

通知一般由标题、主送机关、正文和落款四个部分组成。

1. 标题

标题通常有三种形式:一是由发文机关名称、事由和文种构成;二是由事由和文种构成(凡已有文头的通知,标题一般不再写发文机关名称);三是由文种"通知"作标题(用于非正式文件处理的一般性通知)。如果事情紧急或重要,就在通知的标题前加上"紧急""重要",以引起被通知者的注意。如果在通知发出后,又发现有新的情况需要补充说明或更改的,可发"补充通知"或"更正通知"。有时,由于情况需要,必须由两个以上的机关、单位向所属下级机关单位发通知,以便协同配合办理事务,在通知的标题前须加上"联合"二字。

拟订发布性和批示性通知的标题时,要注意以下几点:

(1)在事由中,出现"发布""转发""批转"等显示其性质的字样,其中发布本机关法规性文件或计划、总结类文书,应该用"发布""颁发"或"印发"(法规性文件一般用"发布""颁发",非法规性文件如计划、方案、工作要点、总结、调查报告之类的一般用"印发");转发上级机关、平级机关或不相隶属机关的公文,应该用"转发";转发下级机关的公文(不包括"请示")时,应该用"批转"。写法为:发文机关+"发布"("转发""批转")+被发布(转发、批转)文件标题+文种。

(2)如果被转发的公文标题本身有"关于"二字,则新拟的公文标题不再加"关于",以免重复不通。当被转发的公文标题有"通知"时,只保留一个"通知",其他的"通知"一律去掉。这类通知标题的写法是:(现发文机关)"转发"或"批转"+(原发文机关)原通知标题。如"海南省教育厅关于转发教育部关于加强中小学网络道德教育抵制不良信息的通知的通知",应该去掉"转发"前的"关于"和最后的"的通知"。

(3)如果是多层转发的公文,可以省去中间过渡的机关,直接写本机关转发始发机关及其原通知标题,在正文中再说明转发情况。如果被转发的公文是几个单位联合行文,标题可以保留主发单位名称,后再加"等单位"或"等部门"字样。如人力资源和社会保障部、教育部、财政部联合颁发了《关于开展高校毕业生就业推进行动的通知》,省人力资源和社会保障厅、教育厅、财政厅转发,某大学在转发这份文件的时候,必须省去中间的过渡机关,原联合发文机关也只能保留人力资源和社会保障部一家,否则标题叠床架屋,扞格不通。可简化为"××大学转发人力资源和社会保障部等部门关于开展高校毕业生就业推进行动的通知"。

2. 主送机关

通知的主送机关,下行通知和平行通知稍有不同。下行通知一般有多个主送机关,而且常用统称,如国务院下发的通知多用"各省、自治区、直辖市人民政府,国务院各部委、各直属机关";平行通知一般写出具体的主送机关。一般在标题之下、正文之上顶格写出被通知对象的名称,在名称后加冒号;或在正文之后用"此致"过渡,再换行顶格写被通知对象的名称;

或将被通知对象的名称以"抄送"形式写于最后一页的最下方。有的被通知对象已在正文中写了,正文首、尾可不再重复。

3. 正文

通知正文的结构比较灵活,可根据内容多少合理安排,或篇段合一,或分条分项(总分、并列),但无论其结构形式如何变化,一般须包括缘由、事项和结尾三个部分。

(1) 通知缘由。发文原因一般来自两个方面:一是上级或本单位领导部门的指示或决定,如"根据××文件精神""经××会议研究决定"等,二是工作中出现的情况,如"目前,许多地方普遍出现了……""近据反映……"等。这两个方面,既可以单独构成发文原因,也可以结合构成发文原因。发文目的一般只有一句话"为此""为了"转入下文。多数通知的发文缘由部分,都先写发文原因,再写发文目的,然后用一句过渡语(如"现通知如下""特作如下通知"等)转入下面的具体事项。如果文字不多,不需分条分项写时,也可不用过渡语。少数内容单纯、文字不多的通知,开头有时可不写发文原因,直接写发文目的。批转、转发、发布性通知有时可以不写缘由,直接写具体事项和执行要求。

(2) 通知事项。如目的、任务、要求、时间、地点等。这一部分要求有针对性和指导性,内容概括,原则明确,文字简洁,使知照单位一目了然,切实可行。结构安排根据内容需要来确定,如果内容简单,可紧承发文缘由而写,不必另起段。如果事项较多,内容较复杂,一般多用条款式行文,用数字标明条款,注意必须按事项的性质、特点来划分条项,事项必须紧扣缘由,做到事由贯一。

(3) 通知结尾。提出执行要求,语气要严肃庄重,措辞要注意分寸,做到明确具体。除了篇段合一结构的通知外,一般均需另起一行写出,或作为具体事项中最后一项单独列项写出。有时可根据情况需要,将执行要求分别写进具体事项的每一项结尾,不再在正文结尾另写。有些通知没有执行要求(如一些周知性通知),具体事项写完便可自然结尾。或用"特此通知""本通知自发布之日起实行""以上通知,望遵照执行"等习惯语结尾。"特此通知"必须另起一行写出。

因通知种类不同,正文写法也不完全一样。

发布性通知的正文,一般先写发文的缘由、背景、依据。在事项部分,或写发布行政法规、规章制度、办法、措施等,或写带有强制性、指挥性、决策性的原则(或指示性意见、具体工作要求等)。发布性通知的事项,一般影响面较大、比较紧急或有一定的政策性。发布的内容不按附件处理,在公文正文中不加附件说明,直接另一页编排,附件中首页也不标注"附件"二字。

批示性通知的正文部分较简短。转发性通知一般包括两方面的内容。一是写明转发对象,句式表述为:被转发的文件名称及文号+"已经……,现转发……"。二是提出转发要求,此项内容通常使用的习惯性语句有"请认真贯彻执行""请照此执行"等,旨在强调通知的内容关系重大,必须令行禁止、照章办事,以充分体现其指挥的效力。批转性通知正文结构大体与转发性通知相同,不同点是转发性通知的转发语中一般不需要"同意"之类的表态语,批转性通知的批转语中要有"同意"或"批准"等批示性意见。批示性通知正文在结构安排上一般采用篇段合一式,极其简练明快。转发、批转的文件也同发布性通知一样不按附件处理。

部署性通知正文在结构安排上,一般采用分条列项式写法,用序号标明层次;也可采用分列小标题式写法,将通知内容分为几个方面,分别进行阐述。主要将通知事项(布置的工作、需周知的事项)逐条列出,讲清要求、措施、办法等。文中多使用"不得""要""不要""必须"等模态词语,强调无条件地、不折不扣地照办。一般不单独结尾,以正文的完结而收束,正文后用"以上通知,请认真研究执行""以上通知,希望遵照办理"等习惯结尾语。也有的用结尾段,重申通知的意义,提请下级重视,或提出办理的时限要求。

知照性通知(包括任免通知)一般都很简短,正文结构由通知缘由和通知事项两部分组成。通知缘由直陈根据或原委,不必像部署性通知那样进行说理分析,因此更为简约。通知事项只讲决定怎么办,不提出执行要求,直截了当,简练明快,充分显示其关照、告知的作用。知照性通知正文只要求写行文的依据、目的和事项,要求文字明白简洁。任免通知类似知照性通知,任免通知的正文只要写清决定任免的时间、机关、会议或依据文件以及任免人员的姓名和具体职务就可以了。

会议通知正文分两种情况。如果是一般的会议通知,缘由部分写明召开会议的原因、目的、会议名称、主要议题,事项部分写明会议的时间(要精确到分钟)、地点(要精确到楼室)、内容(如果缘由部分已经说明则此处可省略)、参加人员(写明出席对象、职务、人数等)即可。如果是大型会议,正文则应明确以下几项内容:会议目的、指导思想、会议名称、主要议题、主持单位、起止时间、具体地址;参加人员(数量、条件、要否提前报送名单)、入场凭证、与会要求(如携带的文件、材料、证件、经费及其他物品);联系方式、报到时间、迎接方式、交通线路、返程票的预订以及其他需要交代的事项。

4. 落款

落款主要包括发文机关名称和发文时间,写在通知末尾的右下方,有的也可以提前,置于标题之下。

(三)撰拟要求

1. 主旨鲜明,内容集中

通知最主要的任务是将事项交代清楚,主旨要鲜明,重点要突出,以便受文单位把握重心,正确理解并准确执行。每份通知最好只明确说明一种事情、布置一项工作,不宜在一份通知中表述多项事情。

2. 事项具体,条理清楚

通知的内容必须符合国家的方针政策、上级文件精神,还要合乎本地区、本部门的实际情况。对有关情况的介绍和评价,对有关单位和人员的要求,都要明确、清楚,切忌含混不清。通知事项的排列要注意内在逻辑,做到条理清晰、一目了然。

3. 措辞严谨,用语得体

通知应注意表述的准确性,让受文单位感到发文机关行文的完整严密、无懈可击,不使下级出现误解或找出漏洞,否则,就会减弱甚至失去文件的效用。用语简要通畅,语气庄重恳切,既要体现出发文机关的权威性和严肃性,又要突出协调性与尊重性。

●例文 5-1

四川外国语大学重庆南方翻译学院
关于印发 2015 年迎新工作方案的通知

各二级学院(部)、处(室)、后勤服务公司:

经 2015 年 6 月 16 日第 3 次院务会研究,现将《2015 年迎新工作方案》印发给你们,请认真贯彻,遵照执行。

四川外国语大学重庆南方翻译学院(印章)
2015 年 6 月 16 日

● 例文 5-2

国务院批转发展改革委关于 2015 年
深化经济体制改革重点工作意见的通知

国发〔2015〕26 号

各省、自治区、直辖市人民政府,国务院各部委、各直属机构:

  国务院同意发展改革委《关于 2015 年深化经济体制改革重点工作的意见》,现转发给你们,请认真贯彻执行。

国务院(印章)
2015 年 5 月 8 日
(此件公开发布)

● 例文 5-3

关于召开 2015 年科研工作会议的通知

各单位:

  学校决定在近日召开科研工作会议,现将有关事宜通知如下。

  一、时间、地点

  9 月 2 日上午 8:30,长安校区图书馆二层报告厅。会期一天。

  二、参加人员

  1. 校领导、校党委委员、校长助理、学术委员会委员。

  2. 全校正高职称教师、处级干部。

  3. 重点研究基地、校级实体性研究机构、青年学术创新团队负责人,受表彰的先进集体及先进个人。

  4. 各学院教师代表。

  三、有关注意事项

  1. 请参会人员提前 10 分钟进会场,受表彰的先进集体代表、先进个人请提前 15 分钟入场并在指定区域就座。

  2. 当天 7:50,雁塔校区乘车点安排有发往长安校区的班车。

  3. 会议期间请将手机关闭或调至静音状态。

西北政法大学党政办公室(印章)
2015 年 8 月 28 日

二、通报的写作

（一）文体概述

通报是国家机关、社会团体、企事业单位表彰先进、批评错误、传达重要精神和告知重要情况所使用的一种下行公文。

与其他公文文种相比，通报有自己的特性。①材料的典型性，通报的人和事应能够反映、揭示事物的本质规律，具有广泛的代表性和鲜明的个性。②目的的引导性，通报的目的在于通过典型的人和事引导人们辨别是非、总结经验、吸取教训、弘扬正气、树立新风。③内容的严肃性，通报是正式公文，是领导机关为了指导工作，针对真人、真事和真实情况制发的，无论是表扬、批评或通报情况，都代表着一级组织的意见，具有表彰、鼓励或惩戒、警示的作用，因而其使用十分慎重、严肃。④发文的时效性，通报针对当前工作中出现的情况和问题而发，因此，通报需抓住时机适时通报。

通报与通知都可以用来周知事项、沟通信息，这是它们的相似之处，二者又有诸多区别。

（1）适用范围不同。通知可以发布法规和规章、批转和转发公文，告知的主要是需办理周知和共同遵守执行的事项；通报则用于表扬先进、批评错误、传达和交流重要情况，可以用来奖惩有关单位或人员，通知一般无此作用。

（2）目的作用不同。通知主要是通过具体事项的安排，要求受文单位在工作中遵照执行或办理，有着较强的、直接的和具体的约束力；通报目的不在于贯彻执行，而重在精神的倡导，主要是通过对典型事例或重要情况的传达，向全体下属进行宣传教育或沟通信息，以指导、推动今后的工作，没有具体工作部署安排。

（3）表达方式不同。通知主要运用叙述表达，告知人们做什么、怎样做，要求简明扼要、条理清楚、语言平实；通报则兼用叙述（先进事迹、错误事实、基本情况）、说明（通报决定或意见）、议论（评论事迹、分析错误、提出希望）等表达方式，带有一定的感情色彩，并能以事实服人，以理服人。

（4）受文单位有别。通知一般有抬头（受文单位），可主送隶属或不隶属单位；通报一般可以不抬头（无受文单位），受文单位则一般为全体下属。

（5）制作时间有别。通知是在事前发文，通报则是在事后发文，即事前通知，事后通报。另外，在公开性方面，通报大于通知。

根据不同的内容性质和写作目的，通报可以分为三类。①表彰通报。用于表彰先进单位和个人，介绍先进经验或事迹，树立典型，号召大家学习，改进与推动工作。②批评通报。用于批评错误、揭露问题、纠正不良倾向、处理责任事故，以示警诫。可针对个人所犯错误制发，可针对单位不良现象制发，可针对普遍存在的问题制发。③情况通报。多用于传达上级指示或会议精神，通报工作与活动的进展情况及动向、问题，引起人们的警觉与注意。情况通报多作下行文，也兼作平行文。

（二）行文格式

通报的结构分为标题、成文日期、主送机关、正文、落款五个部分。由于通报的行文格式比较自由，主送机关可有可无，成文日期的位置是变动的。

1. 标题

通报标题常用的有四种：①由发文机关的名称、事由和文种组成，此种形式的标题最为多见，如"国务院办公厅关于对少数地方和单位违反国家规定集资问题的通报"；②由事由和文种组成，如"关于人大建议、政协提案办理情况的通报"；③由发文机关和文种组成，如"中共××市纪律检查委员会通报"；④只由文种作标题，用于内容单一，发文范围或对象狭窄的通报。

2. 成文日期

成文日期有两种标注方式：一是不标注主送机关、正文之后不署发文机关名称、不需加盖发文机关印章的，成文日期加圆括号居中标注在标题之下；二是标注主送机关、正文之后必须加盖发文机关印章的，成文日期标注在正文之后或发文机关署名之下。

3. 主送机关

主送机关即主要受理通报的机关。普发性通报用统称，专指性通报用特称，均顶格标注在标题之下、正文之前。在党政机关的通报中，普发性通报有的在正文之前不标注主送机关，而在印发传达范围处标注。

4. 正文

正文是通报的主体部分，一般由四个部分组成。

（1）通报缘由。用简明扼要的语言概述通报的核心内容，说明通报的原因或目的，勾勒出一个总体轮廓，并表明通报机关给予肯定或否定的态度，以便使受文单位和人员准确地了解和把握发文机关的行文意图以及通报内容的精神实质。这部分的文字要精，篇幅要短，尽量避免和下文重复。结尾处通常用过渡语"特通报如下""为此，特予通报表扬，望认真组织学习""因此，特通报全市，望从中吸取教训，引以为戒"等开启下文，转入通报事项部分的写作。

（2）通报事项。通报事项是通报的主要部分，要从时间、地点、人或单位、事或问题、原因、结果等六个方面记叙事实，特别注意选择具有典型性、代表性的材料，要特别注意反映事物的本质，抓住实质性的问题，准确而集中地揭示通报的主题，使人们受到直观的感染与教育，从而悟出其中的经验与教训。在结构安排上，可采取纵式和横式两种方式。所谓纵式结构，就是指按时间先后顺序或事件发生、发展的进程顺序来安排层次；所谓横式结构，就是按照事物的逻辑顺序来安排层次。

（3）分析评议。对通报事项进行分析评议，要分析事情或问题的前因后果，并对其性质、意义、影响做出要言不烦、一语中的的评论，指出应从中吸取哪些经验和教训。

（4）处理决定。通报事项为"因"，由此做出的处理决定为"果"，前后顺承具有内在的必然联系。撰写时要特别注意与通报缘由部分的表态语相呼应，严禁"各行其是"，以维护通报的严肃性。用语要简明精练，文字不宜过多，寥寥几笔即说明问题。要求或希望是制发通报的目的和归宿所在，因此要紧密结合被表彰或被批评的事件行为，以及传达的某一重要精神或情况，透过表面现象挖掘其深层含义，进而提出具有普遍指导和教育意义的要求或希望，内容要切合实际，用语要讲究分寸。

由于不同类别的通报在作用方面存在差异，因而撰写正文的要求也就有所不同。

表彰通报正文可按这样的顺序来写：首先叙述典型事实（事迹、成绩、功德），介绍要清楚，详略要得当，重点要突出；其次，揭示典型意义（挖掘精神实质），将笔墨集中在表彰对象事迹的肯定性评价上，突出事迹中的"闪光点"——最能体现人物精神和道德的地方；再次，宣布表彰决定，即对先进对象进行表彰的意见与办法（荣誉称号或物质奖励），或书面表扬，或记功授奖,或提升晋级等;最后,提出希望要求,对表彰对象的希望与对其他相关单位和人员的要求,要有针对性和指导意义,能引起全社会的共鸣,起到激励和鼓舞作用。

批评通报可以按照如下脉络撰写:首先,陈述基本情况,即真实、准确、简要地介绍错误事实或事故的基本情况,包括起因、经过、情节;其次,分析错误性质,这是对事件的认定,要指出错误的性质,对人对事做出客观评价,指出问题发生的主客观原因,分析错误带来或可能带来的恶劣后果;再次,宣布处分决定,即对责任者做出的处分或处理。要说明做出这样处分的根据,主要说明处分所依据的有关政策、规定,使当事者和群众都知道处分是有理由的、成立的;最后,提出要求警诫,要着眼于两个方面,被批评的单位和个人如何吸取教训,迅速改正错误;其他单位和个人如何引以为戒,不犯类似错误。

情况通报的正文部分先写背景,介绍情况(通报事项的情况或精神的主要内容);再分析原因,指出意义或者危害;最后提出希望和要求。情况通报往往重视整体情况的介绍,表扬(或报喜)和批评(或报忧)都可能有,这一点不同于表彰通报和批评通报。

5. 落款

落款有两种形式,一种是既落款又写成文日期;一种是只写成文日期(但标题中已经省略发文机关名称的则必须写发文机关名称)。下发或张贴的通报要加盖公章。

(三)撰拟要求

1. 事实真实准确

通报的事实、所引材料都必须真实无误。动笔前要调查研究,对有关情况和事例要认真核对。陈述事实要注意区别模范和先进、重大贡献和突出贡献、严重违纪和一般过失,做到切合实际,既不夸大,又不缩小。表彰事实如果失真,则会令人不服;批评事实如果不准,则会引起反感;反映情况如果偏差,则会失去通报权威。

2. 分析中肯允当

无论哪一种通报,都要做到态度鲜明、分析中肯,评价实事求是,结论公正准确,用语把握分寸。对被表彰的人、事,不要人为拔高,对被批评的人、事,不要无限上纲。通报中的评议必须是通报中典型事实的延伸,褒贬的尺度、结论的分寸、今后的工作意见都是典型事实的引发,不能牵强附会。

3. 语言简洁庄重

因为通报的内容、性质特殊,行文不可能全然排斥感情色彩,但必须掌握好表述分寸,对褒奖性事项要赞美而不失庄重,对惩戒性事项要严厉而不失劝诫,对重要情况要叙述明晰而不耸人听闻,要做到语言色彩与客观事实相协调。

4. 制发迅速及时

通报的内容都是新近发生的事件,与推动当前中心工作密切相关,因此,要注重时效性,抓准时机,发当其时,不能时过境迁才发布。否则,拣陈芝麻和放马后炮,通报就失去了时效性和新鲜感,也就失去了它的指导和教育作用。

●例文 5-4

关于表彰 2015 年上半年稳增长工作先进企业的通报

今年以来,面对错综复杂的宏观经济环境和经济下行压力持续加大的不利局面,各监管企业认真贯彻落实省委、省政府的决策部署,变压力为动力,低调务实不张扬,凝心聚力,攻坚克难,大力开拓市场,紧推项目建设,狠抓降本增效,优化资源配置,提高运行效率,全力以赴稳增长,较好地完成了各项预定目标任务,全系统实现了营业收入、固定资产投资、工业总产值"双过半",其中实现营业收入3698亿元,同比增长3.4%,增速超过全国省级监管企业1~5月份平均增速8.8个百分点,总额超过半年考核目标任务2.7个百分点;利润总额降幅连续三个月收窄,在全国位次相比上一季度明显上升。在当前错综复杂的国际国内环境下,取得这样的成绩实属不易。

上半年,省能源集团、陕建工集团、医药控股集团、西部机场集团、省物产集团、金融控股集团、陕西广电集团、陕西新华出版传媒集团、省地矿总公司、省外经贸集团、省高速集团、陕国投、土地工程建设集团、省地电集团、燃气集团等15家企业较好地完成了省国资委下达的上半年各项目标任务,在全系统稳增长工作中做出了突出贡献;延长石油集团、陕煤化集团、陕有色集团、省电子信息集团、陕汽控股集团、法士特集团、榆林能源集团等企业也通过不懈努力,下滑势头得到有效遏制,巩固了主要产品的市场份额,部分产品市场占有率逆势上涨,有效发挥了国有企业稳增长主力军和排头兵作用。

为了表彰先进、增强信心,在省国资委系统营造追赶超越、争先进位、努力稳增长的良好氛围,确保全面完成省委、省政府下达的年度目标任务,省国资委决定,对上半年稳增长工作先进企业予以通报表彰。希望受表彰的企业珍惜荣誉、再接再厉,在2015年的发展中再立新功。省国资委系统各企业要向受到表彰的企业学习,进一步坚定信心,迎难而上,为全省稳增长做出新的更大的贡献!

陕西省国资委(印章)
2015年7月13日

● 例文 5-5

关于期末考试学生作弊情况通报

在2015年1月5日"概率论与数理统计A"的重修考试过程中,××学院大四学生考试前建立了QQ群,谋划群体作弊。学生先利用手机软件拍摄考试试题并将照片发送给考场外同学,考场外同学将做好的试题答案通过QQ群传到考场内,其中群内一名学生在抄袭群内提供的答案过程中被监考老师发现,群内所有学生构成协同作弊事实。

在2015年1月7日"高等数学"的重修考试过程中,××学院大四学生通过微信群将试题传至考场外,考场外同学将做好的答案传回考场,微信圈内所有学生构成协同作弊事实。

以上同学通过通讯工具进行群体舞弊,性质恶劣,无论是场外发送答案的,还是场内接收答案的,将均按《济南大学学生违纪处分条例》给予处分,按照学校学位管理相关规定,所有涉事学生将无法获得学士学位,特此通报。

希望广大同学引以为戒,牢固树立诚信考试意识,不要心存侥幸心理,坚决杜绝作弊事件发生。

××学院学生工作部(处) 教务处
2015年1月7日

【实训练习】

1.武汉市教育局收到湖北省教育厅转发的教育部《关于切实减轻中小学生过重课业负担的通知》,如果你是武汉市教育局办公室秘书,请拟一份通知,将此通知转发给各区教育局。

2.××省教育委员会准备召开一个全省教改研讨会,与会代表为大专院校的有关专家、学者,院校负责人。会议地点是该省省委培训中心,会期5天,即12月3日至7日,每位代表提交一篇相关论文,打印150份交会务组。报到时间为12月2日,报到地点为省委培训中心三楼4号房间。与会人员乘火车、汽车或乘飞机到达后,可与李××先生联系,联系电话:1330987××。市区火车南站、公共汽车120路总站和机场都有专车接。会务费500元,食宿自理。请拟写一份会议通知。

3.请以校团委的名义写一份布置某项活动(演讲、征文、广告设计、舞蹈、校园歌曲比赛等)的通知,要求布置明确、内容完善、安排细致合理、可操作性强,以正式公文的格式写出。

4.2018年8月15日,××市商业银行遭到一伙歹徒袭击抢劫。在国家财产受到严重威胁时,银行职工赵××、钱××、××区公安分局孙××、李××奋勇当先,临危不惧,与歹徒进行了殊死搏斗。孙××、李××在与歹徒的搏斗中受伤,最后赵××、钱××协助公安干警将歹徒全部制伏。为了表彰他们的英雄行为,××市人民政府决定给予××区公安分局孙××、李××各记大功一次,授予××市商业银行职工赵××、钱××"英勇斗争先进个人"称号,并给予奖励各5000元。根据上述材料,以××市人民政府的名义写一份通报。

5.冷××是发达公司的供销科长,因为公司货物销路不畅,他被扣除当月奖金而心中郁闷,于5月13日,找到下属推销员于××、刘××在公司对面的餐饮部聚饮,喝得酩酊大醉,借酒发泄不满,砸坏了餐饮部柜台的花瓶一只,还辱骂了服务人员。餐饮部将情况反映给发达公司,公司领导经过研究,认为冷××作为公司的中层干部,应该严格自律、端正态度,但是他却酗酒闹事,影响恶劣。决定下发一份批评通报,对此事件进行严肃批评,给供销科长冷××记过处分,照价赔偿餐饮部被损毁的物品,向服务员赔礼道歉。对于推销员于××、刘××进行当众批评。请根据上面所给材料拟定一份通报。

6.春回大地,到处一派勃勃生机。许多单位都在组织外出春游。然而,4月25日上午9:00发生了一场车祸。一辆满载着××公司35名员工外出参观游览的大客车,在前往××景区的路上不幸翻入××湖中,造成1人死亡,9人重伤的交通事故。目前事故原因正在调查之中。××市人民政府要求吸取教训,高度重视安全工作,增强安全意识,并准备就此事故发一份通报。请根据上述情况代拟通报。

第二节 报告与请示

一、报告的写作

(一)文体概述

报告是向上级机关汇报工作、反映情况,回复上级机关询问的公文。报告属于陈述性的上行公文,它是下级机关向上级机关反馈信息、沟通上下级纵向联系的重要形式。下级机关利用报告向上级机关反映情况,可以取得上级机关的指导、帮助。同时,上级机关也可以通过报告及时了解下级机关情况,以便制定正确的方针、政策,实行科学的领导,从而切实指导下级机关的工作。

报告具有四个特点。①反映的实践性。向上级所提交的报告,其实是对本单位以往工作的回顾与总结,是以往工作成绩和存在问题的反映,没有工作实践就没有报告。②行文的概括性。报告对内容的表达只需粗线条的勾勒,它不需要对人和事及现象做详细的叙述和描写,更不必过多地发表议论。③内容的确凿性。报告以下情上达为主要任务,以便上级机关准确掌握下级机关工作的进程和情况,及时了解下级的意见和建议,从而做出正确的判断和科学的决策,报告中的事实与数据要真实、准确、具体。④功用的备案性。报告是单向性行文,属于备案性质,不需要任何相对应的文件,不需要上级批复。

根据不同的内容和作用,报告可以分为四类。①工作报告,用于汇报工作的报告,即下级向上级机关汇报某一阶段工作的进展、成绩、经验、存在问题及打算,汇报上级交办事项的结果,汇报对某一指示传达贯彻的情况等。一般有综合报告和专题报告两种。②情况报告,指向上级机关反映情况的报告,即及时汇报本地区、本单位发生的重大事件,或在一定范围内带有倾向性的情况。③答复报告,是答复上级询问事项的报告,即上级领导对群众来信来访中反映的问题或文件材料中反映的问题,批示下级机关查办;或询问有关情况,下级机关办理完毕,须用书面形式答复上级机关。④报送报告,指向上级机关报送物件或材料的报告。

(二)行文格式

报告的结构分首部、正文和落款三部分。

1. 首部

报告的首部包括标题和主送机关。报告的标题一般用多项式,常见的有两种形式:一种是由事由和文种组成,如"关于治理水质污染问题的报告";另一种是由发文机关、事由、文种组成,如"××市政府关于××重大火灾事故的报告"。标题要写清报告的问题,点明报告的性质。有的报告内容紧急,则在标题中的"报告"前冠以"紧急"字样。报告写作切忌只写文种"报告"两字,否则上级不能马上了解报告的内容,而阅读全部报告正文又需不少时间,不便于分类了解情况、解决问题。主送机关,顶格写上受文单位全称,一般是上级机关或业务主管部门。

2. 正文

报告的正文一般由引据、主体、结语三部分构成。

(1)引据。也称缘由部分,主要说明报告的根据、原因、目的、背景或总情况,给上级一个总印象。报告的引据有以下几种类型。①背景式,即交代报告产生的现实背景,如"前不久,中央纪委召开了部分省市清理党员干部违纪建私房座谈会,总结交流了各地清房工作的情况和经验……"。②根据式,即交代报告产生的根据,如"根据省委、省政府领导同志的指示,我厅于去冬派人到涪陵市和渠县,与市、县的同志一道,对城镇贫困户的情况作了一些调查……"。③叙事式,即简略叙述一个事件的概况,如"2015年2月20日上午9时40分,我省××市百货大楼发生重大火灾事故,市消防队出动15辆消防车,经四个小时的扑救,大火才被扑灭……"。④目的式,即将发文目的明确阐述出来,如"为认真贯彻落实《国务院批转林业部关于进一步加强森林防火工作报告的通知》(国发〔19××〕42号),切实做好我市防火工作,保护和发展森林资源……"从引据转向主体部分,一般要用"现将……报告如下""现将……汇报如后"等过渡语。

(2) 主体。主体是报告最重要的部分,是报告中最重要的内容,正文主体最主要的写作方法是叙述,它要将措施步骤、主要成绩、经验体会三部分内容叙述清楚,并加以扼要分析,以便给人以全面、深刻的了解。不同类型的报告,其正文主体在写法上稍有差异。

工作报告,一般采用总结式写法。首先写明工作的基本情况;其次写明主要做法和成绩,包括采取的办法、措施以及由此带来的直接效果等;最后写明还存在什么问题以及今后的大体工作设想。在叙述基本情况的同时,有所分析、归纳,找出规律性认识,按照总结出来的几条规律性认识来组织材料、安排层次。在内容布局上,一般将第二层次详写,第三层次略写,不做过多铺陈。

情况报告,多采用"情况—原因—教训—措施"四步写法。首先对所要反映的问题或情况作一概述;其次集中分析产生问题的原因(包括主客观两方面的原因);接着总结经验教训;最后提出下一步的行动措施。情况报告不能写成工作报告,两者有一些区别。①适用情况不同:工作报告反映的是经常性的常规工作情况,而情况报告汇报的是偶发性的特殊情况;②内容确定性不同:工作报告的内容相对确定,而情况报告的内容多不确定,因时因事而异;③写法不同:工作报告的写法基本稳定,而情况报告的写法灵活多样;有的工作报告还有不同程度的说理,而情况报告重在叙述、说明有关情况。

答复报告,应首先扼要叙述上级机关交办的事项或任务;其次写明处理的大致过程,包括采取的办法或措施,处理中遇到的问题及需要进一步陈述的事项等;最后交代处理结果,同时征询上级机关对处理结果的意见。

报送报告的写法较为简单,写清楚报送材料(文件、物件)的名称、数量,结尾用"请审阅""请收阅"收束。

在结构安排上,如果报告的内容较为简单,则采用篇段合一的形式;如果内容复杂,则分层分段或分几个部分进行叙写,既可按工作的进程顺序或事件发生发展的时间顺序阐述,也可按所提出问题的主次或按所取得成绩和经验的主次顺序阐述,用序号标明,并概括段旨,置于段首构成撮要。

(3) 结语。结语一般都用程式性用语,应另起一段来写。采用哪种结语,应与报告的内容和行文意图相符,与引据、主体相呼应,构成一个有机的整体。上复性、汇报性报告,结尾多写"特此报告""专此报告""特将情况报告如上""以上报告,请审阅"等作结语。

3. 落款

报告的落款包括署名和时间两项内容。在右下方署上单位名称或主要负责人姓名,并于其下写明日期,然后加盖单位公章或主要负责人印章。

(三) 撰拟要求

1. 材料要真实,数据要可靠

报告的材料来源,必须是实践的结果,有喜报喜,有忧报忧,成绩不可夸大,缺点不可缩小,问题不可掩盖,不张冠李戴,不添枝加叶,不胡编乱造;既有概括性材料数据,又有典型的具体事例。切忌在报告中使用"据说""可能""估计"之类未经核实的、不确切的材料和数据。不然,就会出现以假乱真的严重后果,导致工作的巨大失误。

2. 观点要明确，分析要中肯

有了可靠的材料、确凿的数据，就要树立起明确的观点；然后根据观点进行客观冷静的分析归纳，去伪存真，摸到工作的规律，抓住问题的实质，提炼出反映本质的、带有规律性的主题，以便上级领导根据报告做出正确的判断和处理意见。

3. 篇幅要简短，用语要精练

报告篇幅以一千字左右为宜。动笔撰写时按"纲"行文，抓住几个问题写，保留主要内容，避免罗列事实，杜绝套话废话，无关紧要的事一笔带过。即使是综合报告，也要重点突出几个问题，其他问题简略带过，绝不能漫无边际、不得要领。要善于用敏锐的眼光观察事物，力图发现工作中的"闪光点"，捕捉新的东西，切忌千篇一律。

4. 文体要鲜明，内容要新鲜

文种不能混淆，就外部而言，不能与请示相混淆。在报告中，不能有请求指示、批准的内容，也不要运用请示的过渡语和结语，更不能为了取得上级的重视，把报告当请示来写，或者把请示与报告合为一个文种——"请示报告"。

5. 格式要正确，名称要规范

按照公文处理工作有关规定，向上级机关报告事项，应用上行文格式，须有主送单位，注明签发人姓名。但有些单位用下行文格式印制报告，则报告无主送单位，无签发人。应按照党和国家公文法规规定的文种使用，决不能乱起"名称"，生造文种。

●例文 5-6

××县志愿者协会工作报告

市文明办：

我县志愿者协会成立于 2013 年，现设十余个专业志愿者服务站，并且建立了直属志愿者服务队三支，协会目前共有注册志愿者 6538 人。协会日常办公设在××县文明办，具体负责全县志愿服务工作。协会成立以来，结合省市文明办志愿服务工作相关工作要求，稳步推进全县志愿服务活动开展。在具体工作中，××县志愿服务主体工作围绕"青年热心行动"志愿服务，以及劳动节、国庆节、中秋节、重阳节、端午节、春节、元宵节等节日开展志愿服务活动；内容主要涉及捐资助学、关爱空巢老人、帮助弱势群体、环境卫生整治、交通劝阻等方面。通过志愿服务活动的开展，引领了社会新风，推进了良好社会风气的形成。现将有关情况报告如下。

一、组建服务队伍，构建组织体系

1. 强化志愿者队伍建设

××县志愿者协会 2013 年经过县民政局批准注册成立。协会下设十余个专业志愿者服务站，三支直属学雷锋志愿者服务队。协会成立以来，县志愿者协会组织了多次集中的志愿者招募与注册活动。在县电视台和××报上发出了志愿者招募启事，青年、妇女等志愿者服务站多次组织集中现场注册活动。目前，全县共有现场注册的志愿者 1072 人，网上注册志愿者 5466 人。通过社区志愿者服务站、文明单位学雷锋志愿者服务队等志愿者机构的设置，越来越多的志愿者加入社会志愿服务活动当中，为全县各项志愿服务工作的开展形成了良好的组织保障。通过广大社会志愿者的努力，更多的社会爱心人士加入志愿者队伍中来，全县社会风气进一步的优化。

2. 整合社会志愿服务资源

在县委宣传部、县文明办的正确领导下，××县志愿者协会加强社会志愿服务工作，强化志愿者的管理，青年、妇女、社区等重点单位，把工作触角延伸到全社会的各个层面。通过志愿者协会指导，各志愿者服务站具体落实，全县的社会志愿服务力量得到优化组合，更多的社会志愿人员充实到志愿者队伍当中。县文明办定期开展志愿服务协调会，就志愿者招募工作和服务方式进行指导、督促和检查，努力形成志愿服务联合协调、齐抓共管、整体推进的良好态势。

3. 慎重确定帮扶对象

在选择关爱对象时，协会结合社会需要，围绕群众关心的焦点问题，以"坚持自愿、量力而行、讲求实效、持之以恒"为原则，以社会中最迫切需要帮助的人为服务对象，有针对性地组织开展志愿服务活动。社区内残疾人、鳏寡孤独等重点人群成为服务对象。重点组织社区、卫生、青年志愿者采取入户上门志愿服务，社区集中服务等模式，进行合理的志愿服务资源安排，保障每个需要帮助的社会弱势群众得到社会帮助。

二、创新服务载体，营造浓厚氛围

××县志愿者协会在组织志愿服务活动中，突出结合全县工作实际，结合"青年热心行动"、三优文明城市创建、全国文明县城创建和"我们的节日"系列活动，突出服务特色，创新服务项目，通过载体创建工作，使社会志愿服务工作收到了良好的社会效果。

1. 围绕弱势群体需求，开展志愿服务活动

通过社区志愿者服务站、青年志愿者服务站、妇女志愿者服务站等志愿服务主体，对县城内空巢老人等弱势群众开展社会帮扶活动。积极延伸志愿服务领域，组织志愿者进社区助老助残帮扶结对，组织为孤寡老人过生日、为空巢老人送节日物资、为敬老院老人文艺演出等多项志愿服务活动。切实为社区弱势群众做实事、好事。在春节、元宵节，组织志愿者深入社区走访慰问贫困户，发放节日物资。每年3月份，组织学雷锋主题志愿服务月活动。各学校、各省市级文明单位组织学雷锋志愿服务队，经常深入各社区组织开展活动，在活动中，青年、社区志愿者到社区孤寡老人家中，帮助老人打扫卫生、陪老人聊天，并为老人购买生日礼物；2014年、2015年重阳节期间组织志愿者深入社会空巢老人家中，开展了重阳节助老活动，为社区出行不便的老人入户理发；县社区志愿者服务站的志愿者深入社区空巢老人家中，送去月饼、鸡蛋等节日物品。县妇女志愿者服务站的志愿者到空巢老人家中，为老人打扫卫生、处理家务。建设社区老年志愿者文艺小分队在中秋、重阳、国庆等节日为老人们进行了多场文化演出。在元旦、春节、元宵节期间组织志愿者开展送温暖志愿服务活动。县医疗卫生志愿者深入到县中心敬老院、县光荣院为老人提供了健康知识讲座、义诊等爱心志愿服务。县社区志愿者服务站与县义工联盟合作，举行迎新春——"包饺子、送温暖"为主题的志愿活动，一大批饺子在志愿者们的努力下制作出来，志愿者们将带着关爱的饺子送到孤寡老人家中，给他们送去来自社会的一份祝福、一份关爱。

2. 围绕公益活动，开展志愿服务

近年来，县志愿者协会组织志愿者围绕全县环境卫生整治、"青年热心行动"、三优文明城市创建和创建全国文明县城工作，组织多次大型的志愿服务活动。县志愿者协会组织全县十个志愿者服务站，各省市级文明单位志愿者服务队深入县城主次干路、县城居民小区，组织开展捡拾垃圾、清除小广告、交通志愿劝阻、社区包保共建等主题志愿服务活动。县青

年志愿者服务站组建志愿服务小分队,定期对"共青团路、红领巾街"进行维护。志愿者开展"青春携手,共建美好家园;从我做起,共创文明××"主题长卷签名活动,号召全县青少年从爱护公物、保护环境、宣传文明等力所能及的身边小事做起。县实验高中和第六中学的学生志愿者开展了进社区彻底清理楼道卫生等美化环境活动;在春季,积极组织志愿者参加植树造林、绿化美化和环境保护活动。志愿者们开展的爱城护城、环保、节约用水、捡拾白色垃圾、清洁城市等主题实践活动,营造了良好的氛围。县志愿者协会组织志愿者参与文明交通志愿活动,志愿者们深入县城主要街道进行交通劝阻,引导群众按灯停行、行走斑马线。

三、建立规范机制,扎实推进志愿服务

1. 健全指导机制

健全指导机制,一是建立健全社会志愿者联系协调机制,协会定期组织召开联席会议,听取工作情况汇报,指导志愿工作,扎实推进志愿服务活动的深入开展。二是加大对志愿服务的宣传和推介力度,树立正确的舆论导向,在全社会形成投身志愿服务的崭新局面。

2. 完善管理机制

健全完善志愿者招募制度,明确招募主体、范围和方法。坚持助人与育人相结合,将工作需要和志愿者自身愿望结合起来,将志愿者服务站培育成志愿者之间相互学习交流、共同提高的开放型、学习型平台,提高志愿者队伍的综合素质和开展志愿服务的能力;建立登记和档案管理制度,按照志愿者登记的专业特长、服务意向、服务区域等进行分类,对志愿服务进展情况进行详实记录,做到信息真实、分类合理、便于组织。

3. 实行奖励机制

为更好地发挥志愿者参与社会事业的带动作用,县文明委将志愿者表彰列入精神文明建设表彰奖励范围之内,同各级文明单位表彰奖励同步进行,在2014年、2015年对县级优秀志愿者进行了表彰;并将优秀志愿者向市文明办进行了推荐,充分带动了志愿者积极性。

以上报告,请审阅。

××县志愿者协会(印章)
2015年12月3日

二、请示的写作

(一) 文体概述

请示是下级机关请求上级机关指示工作、解释问题或批准某种要求时使用的上行公文。它是下级机关争取上级机关的指导与支持,从而保证部门各层次的管理工作步调统一并获得高效能的重要途径,也是党的方针、政策正确贯彻实施的重要保障,这样可以维护政令的一致性。

请示的特点非常明显。①祈请性。请示所涉及的事宜或问题,都是本单位当前工作中出现的情况和问题,都是发文机关无力、无法、无权自行决定的,只经过上级机关审批核准、明确指示之后,才能采取相应措施付诸行动。②单一性。请示是一文一事,一般只写一个受文领导机关,即使需要同时呈送其他领导机关,也只用抄送形式。如果一文数事,就很容易造成公文旅行、互相推诿、延时误事。③超前性。请示反映的问题往往具有解决的迫切性,而在上级机关给予指示、决断或答复、批准之前,再迫切也无法解决,因此,提交请示的时间必须提前,越早越有利于问题的尽快解决。

请示与报告的不同点甚多。①行文目的不同。报告是汇报工作、反映情况、回答问询时使用的,其目的是让上级机关了解情况,掌握动态,为决策部署提供依据,无须批复;请示是请求上级机关指示、批准时使用,其行文目的是要求审核、批准事项,帮助解决困难,答复有关问题,必求批复。②内容构成不同。报告着重于汇报工作,是陈述性文体,不写请示事项,可"一文多事";请示着重于请求批准,是请求性文体,没有综合性,只能"一文一事"。③行文时限不同。报告行文不受时间限制,大多为事后,也有事项中进行报告的,所报告的事项属"已然";而请示则必须事前行文,不能"先斩后奏",请示的事项属"未然"。④主送单位不同。报告向上级主管部门、上级领导人或非主管部门报告均可,结尾用语不具有期复性;请示必须向上级直接主管部门行文,不能向上级领导行文,结尾用语具有期复性或期准性。⑤语言风格不同。报告的核心是汇报,在表达上以叙述事实为主,语言及结语有明显的陈述、谦恭特点;请示的核心是请求,在表达上以阐明请示的原因,叙述请示的内容为主,其语言及结语带有征询、请求的特点。⑥结尾格式不同。请示的结尾还要写明附注,即联系人和联系电话,而报告没有附注内容。

就行文目的和请示要求看,请示主要有三种类型:①求准性请示,即请求上级批准、允许的请示,请求上级解决本单位无权解决的问题。这类大多是明文规定必须请示的事项,如机构设置、人事安排、重要决定、重大决策、重要规划等。②求助性请示,即请求上级予以支持、帮助的请示,请求上级解决本单位无力解决的问题。如增加人员编制、审批基建项目、解决基建材料、增拨项目经费、添购设备物资、改善基础设施等。③求示性请示,即请求上级给予指示、裁决的请示,请求上级解决本单位无法解决的问题;或无法执行政策,发文者在执行政策时遇到困难或出现新的情况和问题,找不到相应的处理依据,需要上级机关给予指示;或无法明确政策,对上级文件的政策界限、指示精神等领会不透,或有不同的理解,请求上级给予明确的指示、答复;或无法处理分歧,与友邻机关或协作单位在较重要的问题上出现意见分歧,需要上级机关裁决。

(二) 行文格式

请示的结构分首部、正文和落款三部分。

1. 首部

请示的首部包括标题和主送机关。

拟写请示标题,必须着力写好"事由"(事由不能省略),要明确、简括地表示请示的中心意向,以便上级机关准确了解和把握。请示的标题一般有两种形式:一种是由发文机关、事由、文种构成,如"××省人民政府关于增拨防汛抢险救灾用油的请示";另一种是省略发文单位,由事由和文种构成,如"关于重庆市城市总体规划调整方案的请示"。标题在文字表达上要注意:请示事由前可以加介词"关于"和请示事由构成介词结构作"请示"的定语;标题中使用动词时,不能与文种词语"请示"重复(不能再出现"请求""申请"等词语);在表达事由时,一般只能用一个动词。

请示的主送机关是指负责管理和答复该文件的单位。关于主送机关有几点注意事项。①只写一个主送机关,即制发主体的直接上级机关。请示内容涉及的其他机关单位,通常用抄送的形式,但不可抄送下级机关。②不能多头请示,如果是受双重机关领导的单位,或请示涉及的不止一个上级机关,应根据请示的事项,以主管此项请示的上级机关为主送单位,其他为抄送单位。③不能请示个人，一般不能向领导个人写请示，更不应向有关领导多头分送，只能呈给主管的上级机关。④不得越级请示，如果因特殊情况或紧急事项必须越级请示时，要说明原因并同时抄送越过的直接上级机关。⑤不能横向请示，向无隶属关系的平级或高级别的职能部门请求批准事项，不能采用请示行文。

2. 正文

请示的正文要求写得实际、合理、明确、简要。请示写作的思维模式是"五步棋"：第一步，因为什么请示——说明请示的原因和理由；第二步，请示什么问题——提出请示的主要内容；第三步，怎样解决问题——提出解决问题的意见或方案；第四步，请求上级回复——规范地使用结尾用语；第五步，有无附件说明——根据需要决定是否使用附件。请示正文一般由缘由、事项和结语三部分组成。

（1）请示缘由，是上级机关批复的根据，事由部分绝对不能省略。它一般采取叙事和说理相结合的表达方式，把请示的原因和背景情况或者请示问题的依据、出发点及思想基础交代清楚，尽可能联系全局来说明请示事项的迫切性、重要性和必要性。这部分要求写得言简意赅，集中概括（如以上级政策依据或背景情况作为请示缘由，上级领导机关比较了解的，就可以扼要一些），为请示事项作好铺垫、打下基础，与请示事项构成鲜明的因果关系。若以现实情况为请示缘由，而且情况比较复杂，是上级机关未知的新情况、新问题，这一部分中也可作较为详细的陈述。

陈述请示缘由，不同种类的请示有不同的写作方式和写作要求。写求助性请示，要紧紧围绕"依靠本单位的力量难以解决和克服，根据工作的需要又必须解决和克服"这个基本意思来写，要抓主要矛盾，突出"无力"二字，以显示出请示事项的合理性。写求准性请示，陈述缘由时通常以"阐释相关请示事项的意义、目的、根据和开展这一事项已具备的主、客观条件"等为主要写作内容，着重突出开展某项工作的必要性、可行性。写求示性请示，如果是对方针、政策或法规条文等在理解上存在问题，陈述缘由时就要详细引述条文并讲清疑问之所在；如果是工作中对某一问题的处理有不同意见，而又缺乏处理的依据，则要把这一问题及对这一问题处理的不同意见及请示者自身的倾向性意见都要分别写清；如果是工作中遇到新情况、新问题处理起来没有把握，陈述缘由时就要以新情况、新问题是如何出现的，有何具体表现等作为主要写作内容。请示过渡语主要有"特请示如下""现将我们的意见陈述如下"等。

（2）请示事项，是正文的主体，应对需上级审批的问题、对情况的性质和严重程度做出具体分析，把问题摆得明白、清楚些，把意见讲得明确、具体些，把要求提得恰当、中肯些，并提出要求上级机关批准的依据。①请示事项要遵循"一文一事"的原则，紧紧围绕要请示的问题谈情况、讲根据、说要求，力求理由充分、主旨鲜明。如果一项工作中涉及若干方面的问题需要上级批准解决，"一揽子"请示件中应注明"上述问题将另行专题请示"，与"一揽子"请示的同时，根据一文一事的原则，将专题分解，分别行文请示。②请示不能只摆困难、情况，不提具体要求，依赖上级决定，还可以根据需要提供多种方案供上级参考，在请示中应明确本部门的意见。向上级转呈下属单位的请示时，也应签署本机关倾向性意见，不得原文转报上级机关。当请示的问题涉及某方针、政策或文件依据时，应摘录依据的条文一起附送，便于上级处理。③注意词语的选择，把握好下级对上级的尊重语气，以利于请求事项的批准。陈述办事意见时用好"拟"字，避免先斩后奏之嫌。

（3）请示结语。结语中具体提出对上级的要求。一般是另起一行空两格书写，写"请指示""请审核""当否,请批示""妥否,请批复""特此请示"等。不宜用"请即从速批复""请尽快拨款,以救燃眉之急"等语句。避免使用"望批准""望批复"之类的词语,"望"是希望的意思,是上级对下级的语气,在请示中最好不用,将"望"换作"请"以显示下级对上级的充分尊重。凡向上级要求拨款,必须有附件说明(经费预算表或明细表)。

3. 落款

请示的落款一般包括署名和时间两项内容。标题未写明发文机关的,在结束语的右下方署发文机关全称,加盖公章,并在下一行写明成文日期。按照公文处理有关规定,"请示"应当在附注处注明联系人的姓名和电话,用3号仿宋字体,居左空2个字符,加圆括号标识在成文日期的下一行。

请示常见的错误:有些单位用下行文格式印制请示,未标识签发人姓名;有些没有在落款左下方用附注注明联系人姓名及电话。

(三)撰拟要求

1. 明确行文目的

该请示的不请示,自作主张先做了再说,属于越权行为,这不仅影响上下级关系,更会给工作带来难以预测的隐患。下级单位一定要消除侥幸心理,坚持事前请示。属本机关职权范围内的事项,应自行决策加以解决,确属本机关无权、无力、无法解决的问题,才需要用"请示"行文。但不能事事请示、"每斩必奏",要严格控制请示行文,明确行文目的,防止矛盾上交。

2. 明确受文对象

请示行文时要确定主送机关,原则是"谁主管向谁请示"。不多头请示,不请示个人,不横向请示(即不能向没有隶属关系的业务主管部门写请示),不越级请示(上级机关对越级行文原则上不予受理)。几个平行机关联合请示工作,要认真会签,主办单位在前,会办单位在后。请示文件属未决定事项,除主送、抄报上级机关和有关业务部门外,不抄送下级机关。

3. 突出请示缘由

突出请示缘由可从四个方面着手:一是要写出客观需要,使上级机关感到请示事项有尽快解决的必要性;二是写出已具备一定的条件,使上级感到请示事项有解决的可能性;三是写出亟待解决的程度,使上级机关有尽快解决请示问题的紧迫感;四是写出恳切的语气,使上级机关能够同意并尽快批复。

4. 明确请示事项

始终坚持"一文一请"的原则,不能怕麻烦、图省事而把几项内容安排在同一请示中,更不能在一篇请示中请示好几个属于不同单位职权范围内的事情。向上级请示想达到什么目的,一定要明白道出,不能吞吞吐吐、含糊其词。

5. 明确文体特性

请示必须严格与报告分开,不能只把一些需上级机关知道的情况写入请示中,而忽略请求指示和批准的内容,形成了名义上是请示而实际上是报告的文件;更不能以"请示报告"作为文种,把请示和报告的内容合写在一份文件中。请示结语在实际写作中用词尤其讲究,求助性请示、求准性请示可以用"妥(当)否,请批复""妥(当)否,请审批"这样的结语，但这些结语用在求示性请示中就显得不适合，求示性请示往往用"以上，请指（批）示"作结语。

● 例文 5-7

关于丹霞山风景名胜区列为国家重点风景名胜区的请示

国务院：

丹霞山风景名胜区位于广东省韶关市仁化、曲江两县境内面积 186 平方公里，分丹霞山、韶石山、大石山三个景区。距韶关市区最近处 10 公里，最远处 50 公里，柏油公路直达主峰景区，观光旅游的交通十分方便。

据地质考证，6500 万年前丹霞山所在地是一个大湖泊，由于造山运动形成红岩峭壁和嶙峋洞穴，构成奇异自然风景。在全世界同类地形中，以丹霞山最为典型，"丹霞地貌"已成为国际地质学名词。现丹霞山景区已开发接待游人的范围为 12 平方公里，主要景点有 87 处，山、瀑、江、湖兼备，绿化良好，兼之摩崖石刻、寺庵、亭台楼阁点缀其间，自然人文景观丰富。丹霞山南侧的韶石山景区傍地滇水，是历史上舜帝南巡奏乐之处，内有"三十六石"的奇景；丹霞山西侧的大石山景区，类似丹霞山的奇山异峰，有丹寨幽洞、岩柱等自然景观。

在丹霞山风景名胜区附近，有"金鸡岭""九龙十八滩""古佛岩""南华寺""马坝人遗址"等风景及名胜古迹，总面积约 4 万平方公里。目前，粤北地区以丹霞山风景名胜区为中心形成我省一条重要的旅游线。

根据国务院《风景名胜区管理条例》，我们对丹霞山风景名胜区进行了资源调查、评价，编制了总体规划。现申请把丹霞山风景名胜区列为国家重点名胜区，请审批。

广东省人民政府（印章）

2008 年 2 月 11 日

（联系人：××；联系电话：××）

● 例文 5-8

关于交通肇事是否给予被害者家属抚恤问题的请示

最高人民法院：

根据我省××县人民法院报告，他们对交通肇事致被害人死亡是否给予被害者家属抚恤的问题，有不同意见。一种意见认为，被害者是有劳动能力的人，并遗有家属要抚养的，就给予抚恤；被害者若是没有劳动能力的老人或儿童，就不给予抚恤。另一种意见认为，只要不是由被害者自己的过失所引起的死亡事故，不管被害者有无劳动能力，都应酌情给予抚恤，我们同意后一种意见。几年来实践经验证明，这样做有利于安抚死者家属。

是否妥当，请批复。

××省高级人民法院（印章）

××年××月××日

（联系人：××；联系电话：××）

【实训练习】

1. 2018年6月5日,××市一餐馆爆炸发生一起火灾事故。事故发生后,消防人员迅速赶到现场,附近的不少居民也自动赶来救火。经过几个小时的奋战,大火被扑灭。此次火灾造成2人死亡,多人受伤,烧毁财物若干。××医院克服种种困难,组织人员和药品抢救伤者,有3人因抢救及时而免于死亡。事发后,社会各界自发或组织向受灾家庭伸出援助之手,捐钱捐物。请根据上述情况,向市政府写一份事故报告。

2. ××大学工会委员会接到××市总工会××月××日《关于××的函》,来函询问该校工会干部有关待遇情况。该校的工会干部待遇情况如下:基层工会主席由教师兼任,每年减免工作量40学时;部门工会主席任职期间享受本单位行政副职待遇,由教师担任的每年减免工作量30学时;校工会委员任职期间减免工作量30学时;部门工会委员每年减免工作量15学时。请代××大学工会委员会写一份答复报告。

3. 为认真贯彻落实公安部、工信部、文化和旅游部、国家市场监督管理总局《关于开展无照经营网吧整治工作的通知》(公信安〔2013〕2042号)精神,福建省工商局联合省公安厅、通信管理局、文化厅联合转发该文件,要求各级工商部门认真贯彻落实,并于2013年11月21日至2014年1月20日组织全省工商系统开展无照经营网吧整治工作,共出动执法人员6727人次;主动停业无照经营网吧20家;查处取缔拒不停业或屡关屡开的无照经营网吧43家。他们的工作成绩来源于四点:第一,高度重视,切实加强组织领导;第二,认真履行职责,扎实开展整治工作;第三,加强协调配合,整合执法力量;第四,广泛开展宣传,动员社会力量参与。请代福建省工商局向国家市场监督管理总局写一份工作报告。

4. ××市水务局拟于2018年12月1日派团(李××副局长等3人)到德国KSB总厂进行总装和检测KSB大型潜水泵设备,此事需向市政府请示。该局曾于2017年5月10日与德国KSB泵阀集团有限公司签订了引进设备的合同,合同中商定在引进设备前可去该公司检验引进设备;最近对方又来电邀请该局前去检验设备。在德考察时间需20天,所需外汇由市水务局自筹解决。各项费用预算可列详表。请根据上述材料拟写一份请示。

5. ××市一些机关及企事业单位的人事部门,纷纷来电询问关于职工出境期间要求办理退休手续的事,市人事和社会保障局因没有现成文件可查,无法回答这些问题,所以必须向省人事和社会保障厅提出请示,希望得到明确的指示。请示的具体问题是:第一,国家机关、事业单位的职工获准出境探亲,在探亲期间可否办理退休手续,如何办理?第二,国家对于这些人员的退休费的发放标准是否另有规定?请代××市人事和社会保障局起草一份请示。

6. ××派出所地处城乡结合部,是通往××市、××县、××县的交通要道,随着行政区划的调整,辖区面积扩大,流动人口增多,案发率较高,社会治安情况复杂。原有干警10人,现干警增至15人。配备有摩托车5辆,其中有3辆摩托车已不能使用,现有装备条件已不适应工作的需要,故急需县公安局拨款××万元购置××牌××型汽车一辆。请根据上述情况代派出所拟一份请示。

第三节 批复与函

一、批复的写作

（一）文体概述

批复是上级机关答复下级"请示"事项时所用的公文。它的内容涉及面比较窄，除了直接回答所请示的事项外，无须涉及其他问题。

作为答复性下行公文，批复具有以下特点。①行文的被动性，必须是以下级部门的请示作为行文条件，没有请示，就没有批复，先有请示，后有批复。②回复的针对性，是针对请示的问题来答复，请示什么，就答复什么，不涉及别的问题。③内容的明确性，是针对请示的问题做出明确的回答，同意或不同意，批准或不批准，表意准确，态度鲜明。④效用的权威性，批复代表上级机关的权力，反映了上级机关的意志，请示的部门必须按批复的内容执行。

根据内容、性质的不同，批复可分为三类。①审批性批复，主要是针对下级机关请示的公务事宜，经审核后所作的指示性答复（对请示对象表态——或同意，或部分同意，或不同意）。比如关于机构设置、人事安排、项目设立、资金划拨等事项的审批。②决定性批复，是针对所请求的内容经认真分析研究所做出的决策性答复。如对下级机关在工作中产生分歧意见做出仲裁性答复，对下级机关没有预见到的困难或因特殊情况难以执行统一规定等做出的决策性答复，明确表明对某一事项的态度。③指示性批复，主要是针对方针、政策性问题进行答复。这类批复除了明确答复请示事项之外，还对有关问题进行原则性的概括和提示，即针对请示事项如何执行提出指示性意见，要求请示的机关贯彻执行，在其管辖范围内，具有普遍的指导和规范作用。另外，授权政府职能部门发布或修改行政法规和规章的批复，也属于指示性批复。

（二）行文格式

批复分为首部、正文、落款三部分。

1. 首部

批复的首部包括标题和主送机关。批复的标题不能引用原请示的标题，它有多种构成形式。批复标题的拟定有三点要求：①发文机关、事由和文种三要素要齐全；②发文机关必须用全称或法定的简称；③事由必须精练地提出具体事项及批复意见，句式可用"关于……问题的批复""关于同意……的批复"，如"国务院关于珠江流域防洪和规划的批复"。若正文内容为"同意"，"同意"字样可在标题中出现；若正文内容为"不同意"，则"不同意"字样不可在标题中出现。如请示的标题过长，也可引用其发文字号入题。批复的主送机关是与批复相对应的请示发文机关。如果所请示的问题具有普遍性，或需告知其他一些机关，可用如下办法处理：一是除批复原请示单位外，还转发有关单位；二是将批复抄送有关单位；三是将有关意见另用"通知"行文，将本机关对一些普遍性问题的意见及时传达下去。批复不能越级行文，当所请示的机关不能答复下级机关的问题而需要向更上一级机关转报"请示"时，更上一级机关所作批复的主送机关不应是原请示机关,而是"转报机关"。

2. 正文

批复的正文主要包括引语、主体和结语等项内容。

(1) 引语(告知情况),即批复开始的第一段和第一句话。通常要写清楚两方面的问题:一是下级机关请示的文题或文号;二是简要引叙来文所请示的事项,以说明批复的根据,点出批复的对象,使请示机关一看批复的开头,就明确批复的针对性。一般情况下,引语只要说明下级有关请示已经"收到""收悉"即可。如"你县关于××的请示收悉""你局××年××月××日请示悉""你部××字〔2015〕35号文悉"等。引叙来文正规的做法是先引请示的标题,后引发文字号(有的在标题前加请示的日期),如"你局2015年××月××日《关于××的请示》(××办〔2015〕××号文)收悉"。要注意尽量避免批复引语与批复标题的重复。在引叙来文的事项之后,用"经研究,同意……"或"经研究,答复如下",过渡到批复主体。主体一般紧接引语写出,也可单独列行。

(2) 主体(表明态度),包括两个方面,一是根据国家的方针、政令、法规和实际情况,针对"请示"的内容给予明确肯定的答复或具体指示;二是概括提出希望或要求,进一步点明、深化主旨。凡有补充意见、执行要求,或需提出希望时,如果内容文字较多,应分段一一写清。答复内容简单的,只表明同意或不同意、应该或不应该;如果完全同意的,就写上肯定性意见。一般要求复述原请示主要内容后才表态,不能只笼统写上"同意你们的意见"。如果有的同意,有的不同意,就要分别写明同意与否的内容。如果不予批准,一定要在否定性意见后面写明不同意的理由,不要简单地予以否定,以便下级机关理解和接受;对于同意的事项,也可同时指出如何才能保证批复事项的完成,或如何防止某些问题的出现。如果批复的意见不成熟,亦可写上"将另行研究"字样。注意行文技巧:若为同意,则在复述请示内容后明确表态,再提出相关要求;若为不同意,则在复述请示内容后先讲清原因,最后表明态度。

(3) 结语,一般在正文之后或另起一行,用"此批""此复""特此批复""专此批复"等习惯用语作结语即可;也可视行文需要,不加结束语,自然终结,"秃尾"使用的频率越来越高。

3. 落款

批复的落款一般包括署名和时间两项内容。在批复的右下方写明发文单位名称和发文时间,加盖公章。

(三) 撰拟要求

1. 批复要及时

上级机关对于下级机关的请示要做到慎重、迅速、及时,不能拖延。请示的单位往往是由于重大问题才向上级进行请示,如果回复的时间太长,就会影响到下级机关工作的开展,甚至会造成重大损失。因此不管是同意还是不同意,都要尽快给予回复。

2. 针对性要强

凡批复都是针对下级机关请示的表态性文体,因此,撰写批复之前要作调查研究,考虑请示事项是否合理,了解有关的政策依据。批复的内容、语言必然与请示的内容紧紧相扣,直接回答下级请示的事项,来文有什么请示事项,就对什么请示事项做出回答。切忌离开请示内容、说明其他问题,文不对题,避而不答。

3. 考虑要全面

在批复及时的前提下,对请示中所有有关问题,都要一一交代答复,要考虑全面,不要顾此失彼、自相矛盾,或粗枝大叶,遗漏重要问题。尤其重要的是要寻找政策依据,做到有理有据。

4. 态度要明确

批复是对下级机关的请示表明态度,是可办,还是不可办;是好,还是不好,应直接予以说明,当行则行,当止则止。表达准确无误,不要含糊其词,不要隔靴搔痒,更不要自相矛盾,以免使下级机关无所遵循。

5. 语言要简练

批复的篇幅一般都较短小,因而要求语言高度浓缩,言简意明,以三言两语引叙来文表明态度就行了。除给予具体指示可适当说理外,一般不要发议论,即使是要做说明或提要求,也只是点到为止。做到言尽意止,庄重周严,以充分体现批复的权威性。

6. 使用要恰当

只有具有行政隶属关系的上级机关对下级机关的请示才可以使用"批复"文种。如果批复下级机关的"请示"由本级机关的办公厅(室)代行文,应用"函"代"批复"。

● 例文 5-9

国务院关于同意将江西省瑞金市列为国家历史文化名城的批复

国函〔2015〕132 号

江西省人民政府:

你省关于申报瑞金市为国家历史文化名城的请示收悉。现批复如下:

一、同意将瑞金市列为国家历史文化名城。瑞金市历史悠久,红色文化特色突出,革命历史遗存丰富,是人民共和国的摇篮和苏区精神的主要发源地,城市传统格局保存较好,具有重要的历史文化价值。

二、你省及瑞金市人民政府要根据本批复精神,按照《历史文化名城名镇名村保护条例》的要求,正确处理城市建设与保护历史文化遗产的关系,深入研究发掘历史文化遗产的内涵与价值,明确保护的原则和重点。编制好历史文化名城保护规划,并将其纳入城市总体规划,划定历史文化街区、文物保护单位、历史建筑的保护范围及建设控制地带,制定严格的保护措施。在历史文化名城保护规划的指导下,编制好重要保护地段的详细规划。在规划和建设中,要重视保护城市格局,注重城区环境整治和历史建筑修缮,不得进行任何与名城环境和风貌不相协调的建设活动。

三、你省和住房城乡建设部、国家文物局要加强对瑞金市国家历史文化名城规划、保护工作的指导、监督和检查。

国务院(印章)

2015 年 8 月 11 日

(此件公开发布)

● 例文 5-10

国务院关于同意建立国务院自由贸易试验区工作部际联席会议制度的批复

国函〔2015〕18 号

商务部：

你部关于建立国务院自由贸易试验区工作部际联席会议制度的请示收悉。现批复如下：

同意建立由国务院领导同志牵头负责的国务院自由贸易试验区工作部际联席会议制度。联席会议不刻制印章，不正式行文，请按照国务院有关文件精神认真组织开展工作。

附件：国务院自由贸易试验区工作部际联席会议制度

国务院（印章）

2015 年 2 月 7 日

（此件公开发布）

二、函的写作

（一）文体概述

函是平行机关或不相隶属机关之间用来商洽工作、询问和答复问题、请求批准和答复审批事项时使用的一种公文。

函具有四个特点。①行文的多向性。函的适用范围较广，无论是上行文、平行文或下行文均可使用。平行文，主要是平级或不相隶属的机关之间商洽工作、周知事项、询问和答复有关问题。②写作的灵活性。函不像其他文种那样有严格的特殊行文关系的限制，写作上简便轻捷，根据不同情况，可采用公函形式，亦可采用便函形式。③功能的实用性。函在公务往来中，实际是对各类公文起一种补充作用，甚至代行某些公文职责解决具体事务，成为一种使用方便、快捷的公文。④语言的质朴性。函的语言大多是陈述性、说明性的，质朴无华，简明晓畅，语气恳切平和，不像法规性、指挥性公文那样带有强制性。

函根据内容性质分类，有商洽函、请批函、询问函、答复函、知照函等多种类型。

（1）商洽函，即平级机关之间或不相隶属机关之间商洽工作时使用的函，主要为了请求协助、商洽工作、讨论问题。商洽函重在商洽，通常由一方提出初步意见，和另一方进行商洽。商洽的内容一般业务性比较强，如联系参观学习、商洽干部调动、希望信息交流、请求物资供给等。

（2）请批函，即向有关主管部门（即对请批的事项有决定权和批准权的部门，多是职能部门）请求批准事项的函。请批函和请示，两者都可用于"请求批准"，在实际工作中很容易混淆，向业务主管部门请求批准某个事项时，本应该用函，而有的单位误用了请示。如《××县××局关于追加2015年度办公经费的请示》（给县财政局）、《××高校关于2015年职称评聘问题的请示》（给某市人事局）均不妥当。请批函与请示的区别在于以下几点。①行文对象不同：请示有隶属关系（主送机关是具有垂直领导关系的上级），属上行文；请批函无隶属关系（主送机关一般是没有隶属关系的业务方面的主管部门），属平行文。②行文内容不同：请示的内容不限于机关业务（内容一般比较重要）；请批函的内容限于机关业务方面的问题。③行文语气不同：请示的语气敬重、恳切；请批函的语气谦逊、委婉、不卑不亢、彬彬有礼。④结尾用语不同:请示用"当否,请批复"等结尾;请批函用"请予审批"等结尾。

(3)询问函,亦即上下级之间或平级机关之间或不相隶属机关之间相互询问,如疑难询问、调查询问等。询问函不是商洽工作,而是提出某一问题,希望对方给予答复。询问函主要用于不相隶属机关之间,上下级或同级之间亦可使用,上级向下级询问工作情况或某一具体事情,下级向上级机关及主管部门询问有关方针、政策和工作中遇到界限不明确的问题,均可用询问函。此函为"因问作答,有问必答,被动回答",不是主动报告,更不可夹带任何请示内容。

(4)答复函,主要用于向对方(平行机关或不相隶属机关)答复某一事项;也可用于上级机关回答下级机关的问题或请示,下级机关请示的问题是一般事务性问题,或上级意见带有参考性。答复函和批复都是回复来文的一种文体,很容易混淆,要注意分辨。①从行文关系看,批复是上级机关对下级机关答复用文,属下行文;答复函虽是上行、平行或下行均可,但主要作为平行文用于向不相隶属机关答复。②从回复内容看,批复用于对较重大的原则、政策性问题做出决定、批复;答复函多用于对一般事项、具体内容的答复。③从使用情况看,批复为上级机关使用,中、下层机关少用,基层单位不用;答复函则没有这个限制,上下级机关之间、平级机关之间、不相隶属机关之间都可以使用(注:上级向下级发询问函,下级一般用答复报告代替答复函回复)。④从文种特性来看,批复是专门针对请示的答复,往往具有通知和指示性质;答复函即使是上级对下级答复问题的行文,也很少具有通知和指示的性质。

(5)知照函,平级或不相隶属机关位之间相互通知事情时使用的函;用于把某一事项、活动函告对方,或者使对方知晓,或者请对方参加会议、活动,或者请对方帮忙等。知照函和答复函很接近,但两者的区别在于:答复函是答复对方所询问的问题,属被动行文;知照函则是主动告知对方需要了解的有关情况。知照函的作用类似于"通知",但不具备"通知"的上下级关系。

函按格式可分为公函和便函。公函,即内容均为较重要的正式公务事项,属正式公文,有完整的公文格式,使用公文稿纸,有文件名称、发文字号、机关印章等。便函,即内容为不太重要的一般事务性工作。它不属于正式公文,格式较随意,类似一般信件,但绝不是私人函件。根据行文方向,函可分为去函和复函。去函,又叫来函,即主动发函询问,商洽或通知有关事项的函。复函,即答复对方来函中有关事项的函。

(二)行文格式

函虽也按一定的行文程式,但又不受公文规定的严格限制。不管是哪一种类型的函,其格式一般都由首部、正文、结语、落款几个部分组成。

1. 首部

函的首部包括标题、发文字号、主送机关。去函的标题与一般公文的写法相同,复函的标题写法与批复相同。标题通常由发文单位、事由和文种组成,如"××关于联系临时借房问题的函";也可以由事由和文种组成,如"关于商洽代培统计人员的函"。联系重要事项的函,还要编发文字号(机关代字的最末字为"函")。便函不编号,标题也比较自由,一般可写可不写。有时答复问题需用标题时,也不一定注明"复函"二字(如可写作"关于××的答复")。主送机关名称和一般书信写法一样,单独占一行,顶格写全称;函的主送机关只有一个,需要送有关单位或个人时,用抄送的形式。

2. 正文

正文是函的主体部分,内容包括函请(复)缘由(制发函的根据与理由)、函请(复)事项两部分。去函先写发函缘由,复函先引叙来函。函的开头应开门见山、直接入题,不宜像私人信函那样,开头讲一些客套话(如"您好""久未通信"等)。事项指商洽、问问、答复、请求的内容,这是函的重点,要求中心明确、内容具体,方便对方办理或答复。不同类型的函,内容结构和写作要求有所不同。

(1) 商洽函正文:由发函缘由、商洽事项、解决办法构成。①发函缘由,主要写明为什么要提出商洽,一般都是以一定的事实作为原因,有的可根据上级指示精神作为商洽的原因,有时也可不写原因,直接提出商洽意见;②商洽事项,这是商洽函的主体,要写清楚商洽的具体事项,特别要写清对对方有什么要求,如果是几方面的内容,可以在"特商洽如下"等承启惯用语后分条列出,内容简单的也可直接入题,以便对方掌握来函意图;③解决办法,提出两三个供对方选择的方案,以便对方做出妥当回复。商洽函行文观点要明确,意见要具体,态度要谦和,语言要恳切。

(2) 请批函正文:与请示的写法类似,重点写清请批缘由和请批事项。①请批缘由,说明请求的理由与依据,陈述要求简洁而充分,材料可以是事实,也可以是引用的政策法规等;②请批事项,事项部分要明确、具体、合理地提出请求帮助、解决的事项,一份公函集中请求批准一件事情,切忌含糊和不切实际。因请批函属于平行文,所以在语气处理上应和请示有所不同;用语应简明得体,力求征得对方的支持。

(3) 询问函正文:主要写清询问起因和询问事项即可。①询问起因,即说明为什么要询问,也就是发函的理由;②询问事项,要求集中询问一个问题,明确而又具体,使对方一看便懂,尽快依题回答。所询内容应属本机关职责范围内应当予以解决或回答的但又确实无据可查难以解决(回答)的问题,不要把本属自己可以解决(回答)的问题不经认真调查或思考随意询问对方,徒增对方负担。

(4) 答复函正文:要求针对来函内容给予确切答复,由引叙来文和答复意见构成。①引叙来文,告知情况,说明对方来函收悉,平行复函的开头一般应引叙对方来函的发文日期、发文标题(或主要事项)、发文字号,下行复函的开头可不引,用"经……研究,现答复如下"作为承上启下的过渡;②答复意见,针对来函的内容,一一给予明确具体的答复(类似批复的写法,但平行函不宜提出执行要求)。首先要表明是否同意的明确意见,然后说明理由或提出具体的处理办法,切忌发表无针对性的空说议论。要求用语准确,对策明确可行。如因不了解情况,一时难以回答的,应做出说明,便于对方了解情况。

(5) 知照函正文:只要交代清楚知照事项的有关要素即可。①知照缘由,说明制发本函的原因,简要说明即可,无须长篇大论;②知照事项,是全文的主体部分,简明扼要地告知对方有关事项的具体内容及应注意的问题。

3. 结语

不同类型的函其结语有所不同。去函惯用结语,对下级机关一般用"……为要""……为盼";对平级或不相隶属机关一般用"……为荷""……是荷";对上级机关一般用"……为盼"。商洽函可用"请予支持,切盼函复""是否可行,敬祈复函""上述要求,敬请答复"等惯用语句作结语。请批函一般都用请求语"请予核准""请予批准""请予协调解决""可否,请函复""请予研究函复"作结语。询问函的结束惯用语与商洽函相似,多用"请予函复"作结语。答复函的惯用结语多为"特此函复""谨此函答复""专此函达"等,"此复"只用于下行公函;如果告知情况部分用了"现答复如下",则可不写结尾。知照函可用"特此函告""特此知照"作结语。公函一般不用"此致""敬礼"等祝颂语。便函中,无论去函、复函均有惯用结语,即"此致""敬礼",这属于礼貌用语,不需加感叹号。

4. 落款

函的落款以实际发文的日期写上年、月、日,并盖上单位印章。如果标题已标明了发文机关名称,文末只盖上印章即可。

(三)撰拟要求

1. 分辨文种,使用恰当

商洽事项的函相当于意见,请求批准的函相当于请示,答复请求的函相当于批复,告知事宜的函相当于通知或报告。它们之间的功能是如此类似,因此,常常发生错用文种的情况。只有互相之间有隶属关系的机关商洽工作、询问和答复问题、请求批准和答复审批事项时,才能使用请示、批复、报告、通知等,若相互之间为不相隶属机关,则只能用函行文。不相隶属的平级机关商洽工作,只有在对方征求意见时,应对方要求提出供对方参考的见解或办法,才使用意见,否则也只能用函行文。

2. 叙事清楚,说理有节

去函,事项要明确具体,提出要求应给对方留有余地,不要强人所难,有时可写出自己的看法、打算,以供对方抉择参考;复函,要针对来函提出的问题,明朗恳切作答,不能模棱两可、答非所问。发函要使用平和、礼貌、诚恳的语言。上行函,要表现出诚恳尊重,可多用谦敬语,但不能恭维逢迎;下行函,要表现出谦逊平和,可多用强调语,但不可自傲训人;平行函,要表现出礼貌友善,可多用商洽语,但不可庸俗客套。复函不能以"此复"作结语。

3. 短小精悍,注意技法

函的撰拟不必详叙过程,不必大发议论,要求简短明快、字约意丰、郑重其事、一文一事。公函撰写应根据具体内容,推断对方见函后的心理反应,采取不同的写法。比如,答复函假如属于肯定性的,开头就可以将答复的内容提出,后面再叙述其他有关事宜;假若属于否定性的,开头就不宜将否定内容提出,而是先简明恳切地说明理由,最后表明否定态度,这样能使对方谅解,感到否定是正常的、合理的,不致产生误解和反感。

4. 讲究时效,发挥优长

函也有时效性的问题,特别是复函更应该迅速、及时。函的作用是协议、意见、通知、请示、批复等文书所不能替代的,商洽函的内容范围远比协议书、意见广泛,知照函的适用范围远比通知宽泛,询问函、请批函的适用范围远比请示宽泛,答复函的适用范围远比批复宽泛。因而,凡是那些不必要或不能用协议书、通知、请示、批复的行文事项,都应该用函来行文。

●例文 5-11

中国科学院××研究所关于建立全面协作关系的函

××大学:

近年来,我所与你校双方在一些科学研究项目上互相支持,取得了一定的成绩,建立了良好的协作基础。为了巩固成果,建议我们双方今后能进一步在学术思想、科学研究、人员培训、仪器设备等方面建立全面的交流协作关系,特提出如下意见:

一、定期举行所、校之间学术讨论与学术交流。(略)

二、根据所、校各自的科研发展方向和特点,对双方共同感兴趣的课题进行协作。(略)

三、根据所、校各自人员配备情况,校方在可能的条件下对所方研究生、科研人员的培训予以帮助。(略)

四、双方科研教学所需要的高、精、尖仪器设备,在可能的条件下,予对方提供利用。(略)

五、加强图书资料和情报的交流。

以上各项,如蒙同意,建议互派科研主管人员就有关内容进一步磋商,达成协议,以利工作。

特此函达,务希研究见复。

中国科学院××研究所(印章)
××年××月××日

● 例文 5-12

清流县民政局关于申请审批
清流县革命烈士纪念园建设项目可行性研究报告的函

清流县发展和改革局:

为更好地开展爱国主义教育与革命传统传承活动,加强革命烈士纪念园基础设施建设,我局拟建设清流县革命烈士纪念园。项目建成后,可展现清流县光辉革命历史,彰显原中央苏区县的政治地位,满足清流县当前及今后烈士公祭活动的需求,方便清流县当地乃至周边地区群众瞻仰革命烈士事迹,传承爱国主义精神。该项目具体情况如下:

一、项目名称:清流县革命烈士纪念园建设项目。

二、项目地点:清流县龙津镇龙津路裴家山铁炉坑。

三、项目建设单位:清流县民政局。

四、建设规模及内容:该项目占地面积9468平方米,主要建设内容包括入口牌坊1道,入口广场5245平方米;纪念堂面积240平方米;服务用房面积240平方米;台阶宽9米、面积1026.61平方米;绿化带两侧各3米、面积3097平方米;纪念碑广场面积2387平方米;纪念碑高19.3米;另有配套建设排水、供电、道路、消防等相关附属设施。

五、总投资及资金来源:项目估算总投资1750万元,资金来源包括争取上级补助和自筹解决。

六、项目建设工期:8个月。

为尽快组织实施该项目,请贵局给予批复为盼!

附件:1. 可研报告文本及相关材料
   2. 固定资产投资项目节能登记表
   3. 招标事项核准申报表
   4. 社会稳定风险评估报告

清流县民政局(印章)
2015年2月15日

●例文 5-13

山东省物价局、山东省财政厅关于高等教育自学考试收费有关问题的复函
鲁价费函〔2015〕45 号

省教育厅：

你厅《关于申请继续执行我省高等教育自学考试考务费收费标准的函》（鲁教财函〔2015〕8 号）收悉。现函复如下：

一、我省高等教育自学考试收费继续执行以下标准：报名考务费 45 元/科次；实践课程考核费 65 元/科次；毕业论文指导、答辩费（本科）文科类 230 元/人次，理科类 260 元/人次；毕业生审定费 50 元/人，含毕业证书工本费、材料费；转考手续费 20 元/人次，由转出单位一次性收取。

二、收费单位应使用山东省非税收入票据，通过"山东省非税收入征收管理系统"征收，全额纳入财政，实行"收支两条线"管理，专项用于考试报名、试卷、租赁考场、监考、审核等相关费用支出，不得挪作它用。并按规定做好收费公示工作，自觉接受物价、财政部门和社会的监督。

三、上述规定自 2015 年 6 月 18 日起执行，有效期至 2018 年 6 月 17 日。

      山东省物价局（印章）   山东省财政厅（印章）

            2015 年 6 月 17 日

【实训练习】

1. 海盐县联创办 2018 年 2 月 25 日向海盐县发展和改革局递交了《关于 2018 年度巩固国家卫生县城建设项目立项的请示》（盐五联创办〔2017〕3 号），海盐县发展和改革局经研究，同意该项目立项，于 2018 年 3 月 7 日向海盐县联创办做出批复。请代拟批复文稿。

2. ××市广播电视局为妥善解决干部职工的住房问题，拟用××镇土地 1350 m²，经协商，双方皆同意按照国家规定办理有关事宜。为此，2018 年 4 月份特向××市人民政府递交征用土地的请示。××市人民政府经研究，同意该局征地建房，于 5 月 6 日做出批复。请以市人民政府名义草拟批复。

3. ××社区内楼道消防栓老化现象严重，多数消防栓无法正常使用，为保障小区居民生命财产安全，××城建局决定对××社区内的消防栓进行集中整修。经统计测算，××社区内共有 210 只消防栓需要整修及管道改造，整个整修安装工程约需经费 24 万元，拟从零星项目建设经费中支出。该局已向××区人民政府递交了请示，区政府经研究同意工程实施，请以××区人民政府名义草拟批复。

4. ××省××经销公司与北京××营销公司在一次商品交易会上表示互通有无。2018 年 10 月，××省××经销公司接到一批货物，由于数量较大，在短期内完成经销任务有一定困难，请求北京××营销公司协助；并答应经销完成后，双方协议分配利润。要求对方尽快派人来洽谈此事。请代××省××经销公司拟一份商洽函。

5. 东风机械厂缺乏得力的企业管理干部，拟从现有的技术人员中抽出四人送去培

训。据悉,省经委举办了一个短期企业管理干部培训班,于是该厂向省经委办公室写了一则询问是否同意代培本厂管理干部的函,省经委办公室收到函后立即给东风机械厂回了函,同意代培该厂管理干部。请按上述的材料替东风机械厂和省经委办公室各写一份询问函和复函。

6. ××市××路公共汽车将于2018年5月1日前,在全线实现更换新车(新车车型为××型宇通客车),实行无人售票服务;另外新增同型号公交车10台,延长路线5千米。新车上线后,××客运集团公司要将2013年制定的票价1.50元调至2.00元。为此,该公司向上级主管部门——××市交通局上报了一份有关要求调整票价问题的材料。××市交通局又与市物价局协商,市物价局同意了市交通局的调价意见,××路公共汽车票价如期调整。请代××客运集团公司、××市交通局和××市物价局各拟一份公文。

第四节 计划与总结

一、工作计划的写作

(一) 文体概述

计划是党政机关、企事业单位、社会团体对今后一段时间的工作、活动做出预想和安排的一种事务性文书。计划是提高工作效率的有效手段,计划能力是各级干部管理水平的体现。

计划是管理工作的先导,是管理过程的设计,它具有指导作用、推动作用和督促作用。很强的预见性、明确的指导性和措施的可行性是计划的三个突出特点。①预见性。计划是先于实践活动而制定的,必须尽可能准确地预测出事物发展的趋势、方向和程度,提出科学的、切实可行的方案。②指导性。计划一经制定,就要对完成任务的实际活动起到指导和约束作用。③可行性。为了实现预期目标,计划必须具有切实可行的措施和方法,必须切合实际情况,保证目标的实现。有了计划,才能胸中有全局,行动有目标,工作有程序;有了计划,才能够增强自觉性,减少盲目性,调动积极性;有了计划,才能够人尽其才,物尽其用,财尽其力;有了计划,才能够预见困难,及早防范,避免失误。一份好的工作计划,必须具有正确的指导思想、科学的分析方法、合理的工作安排和简明合宜的表现形式。

实用性最广的"计划"是计划类文书的统称,常见的"规划""纲要""要点""方案""安排""打算""预案""设想"等,都属于计划一类。它们之间因情况的不同而有不同的称谓。"规划"带有全局性、长远性和方向性,内容比较概括,提出在若干年内的全局性战略部署,如《××厂经济发展十年规划》。"纲要"比规划更概括,是一种带有思想性、政策性、指导性的提纲挈领式的规划,如《中国教育改革和发展纲要》。"要点"是计划摘要,对工作重点的概括,内容简明扼要,旨在反映工作计划的主要方面和重点,如《国家土地管理局××年土地管理工作要点》。"方案"是对某项工作做出全面部署与周密安排,内容细化且具有可行性,如《水利部清产核资试点工作实施方案》。"安排"是短期性、局部性、临时性的计划,适用于范围较小、内容单一的工作,如《××科五月份工作安排》。"打算"是短期性、预备性、粗线条的非正式计划,涉及时间不太长、范围也不太广,措施考虑还很不周全。"预案"是为了完成某项工作任务而制定的预备方案,时间跨度短而内容十分具体。"设想"是计划中最粗略的一种,是一种具有较强的远景性、理想性、可变性的非正式计划。

(二)行文格式

计划的行文结构主要包括标题、正文、落款三部分。

1. 标题

计划的标题,即计划名称,分为全称式标题、简称式标题和文章式标题三种。全称式标题由机关或单位名称、适用时间、事由和文种四种要素组成,如"××公司2015年新产品研制开发计划"。简称式标题有三种情况:一是省略机关或单位名称(将其置于文尾),由适用时间、事由、文种三要素组成,如"第三季度安全工作要点";二是省去事由,由机关或单位名称、适用时间、文种三要素组成,如"××建筑安装公司2015年工作计划";三是省去机关或单位名称、适用时间,由事由和文种组成,如"科研工作计划"。文章式标题可由一行或两行标题构成,一般按计划内容或主题拟订,常用于政府及主管部门的工作报告之中,如"团结奋进,再创辉煌,为实现我市经济腾飞而努力奋斗——××市'十三五'经济与社会发展计划"。如果是"征求意见稿""讨论稿""未定稿""草案"或"送审稿",则应在标题之下用括号加以标注,以表明计划内容的成熟程度;除标题和正文外,往往还要在题下或文后标明"××年××月××日制定"字样,以示郑重。如果是机关单位上报或下达的文件性计划,则还应在标题下写明发文字号。

标题(包括大标题和小标题)在各类公文的写作中都占有特别重要的地位,因为标题既是材料的框架,又是文章的点睛之笔,而且领导审视文章也首先看标题。因此,在写标题上多花些功夫常会起到事半功倍的效果。一组好的标题既要准确概括和支撑所要反映的内容,又要照应总题、言约意丰、简洁有力,在此基础上,标题还应兼顾逻辑得体、醒目美观。标题的拟订主要有三种形式:一是对仗式,讲求字数的对称整齐;二是排比式,通过使用介词作提示语来统领语势,增强标题表现力;三是提取式,就是用段落中概括性的"原句"。

2. 正文

由于计划是对一个单位的全面工作或某一项重要工作的具体要求,因此正文写作比其他文种都要具体、详细得多;一般包括前言(指导思想)、主体(计划事项)和结尾(执行希望)三个部分。

(1) 前言。前言是计划的总括、全文的统率,主要阐述"为什么做",交代制定计划的背景、依据、目的、意义、指导思想,使人们了解执行计划的必要性和可能性。通常用"为了""根据""按照""鉴于""由于"等介词表示目的、依据、缘由来引起全文。前言的详略长短,要根据工作的重要程度、内容多少来确定,总体上以精练简洁为原则,长则两个自然段,短则三五句话。前言和主体之间常用"为此,特制定本计划""为了……,要做好以下几项工作""特拟订……计划如下""对……工作作如下安排"等过渡。

(2) 主体。计划的主体,即计划的核心内容,目标、措施、步骤是计划的三要素。"三要素"繁简可以不同,但是缺一不可。

目标。这是计划的主旨,解决"做什么"(工作内容)的问题。根据前言部分说的需要和可能、目的和条件,提出在一定时期内要完成的任务指标。这部分要求明确具体地写出目的、要求、计划指标(总任务和分任务及具体指标)和完成时限,指标必须是先进的,同时又是切实可行的,既高标准严要求,又要留有充分余地,严禁"假、大、空"。因此,在制定计划时,必须胸有全局,统筹安排,突出重点,兼顾一般,任务明确,要求具体;有些计划不但要提出任务,而且要提出精确的数字指标(质量标准和数量界限),使执行者能够充分发挥积极性和创造性,按时或超额完成任务。如果内容较多,可设小标题,也可用序号分条列项写出。

措施。计划的措施,即实施计划的具体做法,包括采取的手段、现有的条件、需要注意的问题及分工协作等方面的内容,必要时还需明确有关奖惩及具体的限制性规定。措施是计划的关键内容,解决"怎样做"(工作方法、工作分工)的问题,它是如期完成计划的重要保证。常言道,"十分计划,十二分措施"。这部分要求条理清晰地说明如何完成任务项目,如怎样利用优势,依靠哪些力量,采取何种办法,创造什么条件,克服哪些困难,怎样分工协作(由谁负责,由谁配合,如何调动各方面的积极因素),怎样有效管理,怎样考核奖惩等,要求各方职责分明,措施得当有力,安排具体周密,便于操作落实和监督检查。措施部分还包括在执行过程中对计划如何修改的内容。

步骤。计划的步骤就是执行计划的具体时间安排,说明完成任务、达到目标分几步走,解决"何时做"(工作进度)的问题。这部分要求以系统方法统筹安排时间,详细列出计划目标的各个阶段和环节,明确行动的先后次序以及完成任务的时间限定等。要求分清主次,突出重点,搞好各个环节的衔接、协调与配合,以保证工作任务按计划、分步骤顺利进行。如果是专项计划,一般划分为准备阶段(包括传达、动员、学习、成立组织、物质准备等)、实施阶段(具体工作的开展落实)、总结阶段(检查、评比、小结、表彰)。在写法上,措施、步骤可以分项写,也可以合在一起写。如果是多项任务,计划的任务项目、措施方法和步骤安排这三部分也可以采用分项说明和集中叙述两种写法;可以先写第一项任务的目的、要求、完成时限、方法步骤等,再写第二项任务、第三项任务。

计划主体的思路有两种。一种是纵向运思,它着眼于管理的全过程,着力于管理的重点环节,如征兵工作计划,可分调查摸底、思想发动、报名体检、组织欢送、工作总结五个阶段表述。另一种是横向运思,它着眼于管理的内外联系,着力于管理的条件分析,如学校管理综合计划,可分为思想政治工作、教学管理工作、后勤保证工作三大方面表述。计划主体的结构有展开式、阶段式和分列式。展开式即"任务(做什么)—措施(怎么做)—步骤(何时做)",如同"三段锦",专题计划多采用此式。阶段式即"起始阶段—后续阶段—终结阶段",如同"切甘蔗",单项计划多采用此式。分列式即"A. 任务/措施/安排;B. 任务/措施/安排;C. 任务/措施/安排",如同"切蛋糕",综合计划多采用此式。

计划主体的外在形式除了条文式,还有图表式和综合式。图表式计划,即采用绘图制表的方式将计划写成一目了然的图画表格形式,计划一般不加文字说明,最多只有作为附注的简单说明,如制定计划依据、实施方法、具体要求、不能列入表格的材料和其他事宜。文字说明应分条陈述,简略概括,不能喧宾夺主;编制计划的目的、依据、指导思想一般作为开头置于表格之前,其他说明则置于表格之后。这种形式适用于涉及部门较多、数据指标比较复杂、各阶段时间界限比较明确的计划。综合式计划,即采用条文说明和图表示意交叉进行的方式,将计划写成既有条文又有图表的形式;它适用于一些比较宏观的综合性计划。总之,计划主体的写作是根据计划的内容和行文的方便来进行的,怎么方便、怎么简明就怎么写,没有什么固定不变的格式,只要把"做什么""怎样做""何时做"说清楚,内容符合事理,细密周到,结构层次清晰,条分缕析就行了。

(3) 结尾。计划的结尾主要写执行要求,为确保计划内容的实施而向有关单位和人员提出具有号召性的希望和要求,包括注意事项和有关政策界限等。对计划执行和落实情况的检查、评比以及奖惩制度等方面的内容,如有必要,也应予以载明。结尾要注意时代感和针对性,或突出重点,或强调有关事项,或提出简短号召,当然也可不写结尾。正文部分撰写时应当紧紧围绕计划的目标进行阐述,做到明确具体、条理清晰、不枝不蔓。

3. 落款

计划的落款主要包括署名和日期。如果标题中已注明单位名称,这里就不必再重复,只签署制定计划的日期就行了。如果是比较复杂,有附件(如数字图表)的计划,还应在正文之后,落款之前注明附件的名称和份数;如果以文件形式下发,还要加盖公章;如果需要抄送某些单位,则应在落款签署之后注明。

(三)撰拟要求

1. 选用恰当文种

撰拟者必须分清计划的内容属于哪一类,是长远性、全局性、发展性的计划,还是单项性、阶段性、专业性的计划;是长期性、预备性、粗线条的计划,还是短期性、局部性、临时性的计划,看所拟计划适合用哪一种具体的计划种类来表达,从而确定具体文种,即是规划、设想、要点、方案等的哪一种。然后,再根据具体内容和不同文种的写作要求进行写作。

2. 坚持五条原则

计划的撰拟要坚持五条原则。①对全局负责的原则。以国家有关方针政策为依据,正确处理好局部与整体的关系,计划必须服从全局的目标计划。②切实可行的原则。从实际情况出发定目标、定任务、定标准,既不因循守旧,也不盲目冒进。③集思广益的原则。坚持自下而上和自上而下结合的工作方法,深入调查研究,充分博采众长。④突出重点的原则。要分清轻重缓急,突出重点,以点带面。⑤防患未然的原则。预想到实行中可能发生的偏差,有必要的防范措施或补充办法。

3. 遵循行文逻辑

重要的、紧迫的工作应安排在前面,一般的、可缓的工作安排在后面,即依计划内容的主次轻重顺序安排;或依工作进程的时间推移顺序安排,将计划的措施与步骤有条不紊地加以排列。切忌轻重倒置、主次不分,或前后内容交叉重叠,这些都会直接影响计划目的的实现,给工作造成不应有的困难,甚至招致损失。

4. 表述简洁准确

计划的目标任务要明确,指标要量化,措施、责任要具体,步骤、安排要合理。对质量、数量、时限、人力、物力、财力等方面的表述应力求准确,使用"基本上""普遍""所有""比较""适当""持续""改进"等词语,要准确反映客观实际;注意"基数""增加数""和数""减少数""差数"的准确表述,不用"大概""左右"等模糊词语。要简洁明确,表述清楚准确,避免空话套话。

● 例文 5-14

首届校园读书节活动方案

一、指导思想

为进一步丰富我校校园文化建设,积极落实学生自我教育"五五育人模式",用阅读引领学生"成长自信、人格自强",培养学生形成终生学习观念,让学生亲近书籍,与好书为友,与博览同行,开阔视野,陶冶情操,提高文学修养和人文素养,增加北师大新余附校文化底蕴,提高学校办学品位,努力创建"书香校园"品牌特色。

二、活动目的

(1)以读书活动为契机,开展毓秀文学社读书征文活动,评选读书之星,读书使学生成长自信。

(2)通过读书节活动,引导学生养成"自主学习、快乐读书"的良好习惯,读书使学生人格自强。

(3)通过读书节活动,培养学生形成终生学习观念,好读书、读好书,读书为学生终生幸福奠基。

(4)通过读书节活动,提高图书馆资源利用率,使读书活动推动书香学校、书香班级的建设。

(5)通过读书节活动,抓好"读(阅读美文)、写(读书征文)、讲(读书演讲)、赛(读书竞赛)"四个环节,使我校读书活动在内容和方式上形成规范和特色,力求读书活动收到实实在在的育人效果。

三、活动主题:创建书香校园,阅读幸福人生

四、活动口号:我读书,我快乐,我成长,我自信!

五、活动时间:2015年4月至2015年6月

六、活动地点:北京师范大学新余附属学校

七、活动对象:北京师范大学新余附属学校全体学生

八、组织机构

(一)领导小组

组长:丁健平

副组长:张巨宏、周小芽

成员:邹润仔、廖发根、郭豪、龚桂芽、宁向军、廖兵华
　　　刘子宾、王丽珍、万荣慧、胡益春、胡辉、邱晖

(二)组织部门:德育处

(三)执行部门:语文教研组

(四)协助部门:教务处、教辅中心、毓秀文学社、班主任、学生会学习部

九、活动流程

(一)宣传启动阶段

(活动时间:2015年4月10日至4月23日)

1.举行读书节启动仪式(负责人:周小云)

(1)4月23日举行北师大新余附校首届校园读书节启动仪式,发出读书节活动倡议,拉开读书节的序幕。

(2)地点:学校图书馆。

(3)参加人员:特邀领导、学校领导、全体教师、学生代表。

2.营造书香校园氛围

(1)校园电子屏幕宣传(负责人:廖兵华)

(2)悬挂条幅:在学校悬挂读书节活动标语(负责人:周小云)

(3)内容:创建书香校园,阅读幸福人生

我读书,我快乐、我自信、我成长!

读书,使我们成长自信、人格自强;读书,为幸福人生奠基!

3.营造书香班级氛围(负责部门:德育处)

(1)班级文化建设:每班出一期"好书伴我健康成长"主题的黑板报和手抄报,并张贴关于读书的名言警句。

(2)捐献图书活动:完善班级图书角,营造班级书香环境。

(3)主题班会:各班召开"快乐学习读好书"主题班会。

(二)活动实施阶段

(活动时间:2015年4月24日至6月10日)

1.毓秀文学社读书节征文比赛(负责人:语文组付谧、黎敏)

2.书友会:毓秀文学社组织成立书友会,学生会学习部协助(负责人:语文组付谧、黎敏)

3.开展"好书伴我健康成长"主题黑板报评比活动(负责人:段世怡、周瑜)

4.开展班级读书手抄报比赛(负责人:段世怡、周瑜)

5.出版一期"书香校园"读书节校报(负责人:廖兵华)

(1)用相机捕捉校园内各种有关读书活动的感人场景。

(2)优秀作品将在校报专栏刊出予以宣传。

6.班级读书角和好书交流活动(负责人:班主任、语文老师)

(1)各班开展"献两本看百本"师生共建图书角捐书活动。

(2)设立班级"荐书台",开展"推荐我最喜爱的一本书"活动。

7.充分利用好语文课堂主阵地(负责部门:教务处、语文组)

(1)读书节期间每班上1节阅读汇报课或交流课。

(2)开展课前3分钟"说"名著活动(介绍名著内容、情节、心得等)。

8.读书笔记比赛(负责部门:教务处、语文组)

(1)要求每位学生在读书节期间,多读书,读好书,每天做好读书笔记。

(2)开展班、校两级优秀读书笔记评比,评选"读书之星"并进行奖励。

9.开展"经典诵读"比赛(负责人:段世怡)

10.总体要求

(1)学生读书做到"四个一":每日读书一小时,每日吟诵一篇经典诗文,每周做一篇读书摘抄,每月写一篇读后感。

(2)各班开展好"四个一"活动:每班成立一个图书角,每月举行一次读书竞赛,每月评出一名读书之星,每月举行一次读书交流会。

(3)学校集中举办"四个一"活动:推荐一批优秀读物书目,开展一次"好书伴我健康成长"板报、手抄报评比,举行一次学生读书笔记评比,开展一次经典诗词朗诵大赛。

(三)成果展示阶段

(活动时间:2015年6月11日至6月30日)

1.评比表彰"读书之星"(负责部门:教务处、语文组)

2.表彰"征文比赛"获奖选手(负责部门:德育处、毓秀文学社)

3.读书节文化展示活动

将"班级板报、手抄报、读书笔记、读书之星、征文比赛"等读书节相关活动图片、资料通

过校报、宣传板、电视台等进行宣传、展示。(负责人:廖兵华)

十、读书节活动要求

(1)提高对本次读书节活动的认识,要作为营造"书香校园"的一项重要工作来抓,要创新活动内容和形式,提高活动的实效性。

(2)读书节领导小组要经常检查各个项目活动的开展情况,询问责任人工作开展情况,及时发现问题、解决问题,以便工作顺利进行。

(3)校报、校园宣传栏、广播电视台等宣传平台要为读书节服务,对我校读书节的特色活动和成果,及时进行多方位地宣传报道。

(4)教师是学生的表率,要用老师的读书去影响学生,用老师的爱好去潜移默化地感染学生,在读书节期间,要求每位老师精读名著,做好读书笔记,写读后感、教育随笔。

(5)语文教师和班主任要做好配合工作,任课老师积极参与,认真组织好各种形式的班级读书活动。

(6)各班要在学校读书节活动方案的基础上,制定班级读书方案,创造性地开展一些小型的形式各异的班级活动。

(7)具体工作由相关负责人制定具体活动方案并组织落实。

(8)读书节活动方案材料、过程性材料和成果展示材料等要交德育处存档。

北师大新余附校
2015 年 4 月

二、工作总结的写作

(一) 文体概述

在事务类公文中,总结是很重要的一种。总结有的是向上级汇报工作,有的是向下级报告工作。总结是对规定时限内的某项工作或某项任务完成的情况,包括取得的经验和提出的问题的总的回顾、评价和结论的常用文体。总结是人们自身实践经验的本质概括,是人们认识客观规律的重要方法,总结的目的在于发掘工作规律,扬长避短,增强主动性,克服盲目性,以指导和推动今后工作的顺利开展。

总结有四个基本特点。一是陈述的自我性。总结以自身过往的工作实践为材料,采用的是第一人称写法,其中的成绩、做法、经验、教训等,都有自指性的特征。二是思路的回顾性。总结是回顾过去,是对前段社会实践活动进行全面回顾,只有所做的事有了阶段性进展或全部完成后,才可以撰写相应的总结。三是内容的客观性。客观事实是总结的基础,总结所列举的事例和数据都必须完全可靠,确凿无误,任何夸大、缩小、随意杜撰、歪曲事实的做法都会使总结失去应有的价值。四是分析的理论性。总结必须据实议事,就事明理,以自己或本单位工作实践的事实说明具有规律性的观点或普遍性的道理,这样才能达到总结的目的。

总结和计划这两种文体的关系十分密切,它们之间存在着相互制约、相互依赖的关系,以及相互促进、不断提高的关系。计划是工作前的打算,解决"做什么,如何做,做到什么程度,要取得怎样的结果"的问题,是总结的前提和依据;总结是工作之后的鉴定,解决"已经做了什么,如何做的,为什么会这样做,取得了什么样的结果"的问题,是对计划的检查和验收,是制定下一步工作计划的重要参考。计划—实践—总结—再计划—再实践—再总结……如此周而复始,循环无穷,不断提高,这就是计划与总结的最本质、最有价值的关系。

总结和报告,都是以撰写机关或单位的工作情况为内容,但两者有区别。①总结是内部行文,旨在找出经验教训,以便发扬成绩、克服缺点,做好工作;报告是上行文,旨在上达下情,为上级机关的决策提供有关的信息材料。②总结的要求一般比较全面,工作的成绩、经验、问题,今后做法都要说及;报告则要求内容集中、重点突出、简明扼要。③总结重在总结经验教训,有较多的分析议论;报告重在说明情况,主要用叙述说明方法,较少用议论。④总结是事务性文书,开头无须主送机关,结尾无须公文惯用结语;报告是法定公文,正文开头必须写明主送机关,正文之后也得有专用结语。

从内容上划分,总结可分为综合性总结、专题性总结两种。综合性总结包括的内容比较宽泛,这类总结既要反映工作概况、取得的成绩、存在的问题和缺点,也要写明经验教训及今后改进的意见。而专题性总结只是对单项工作或某方面问题进行专门总结,一般只选择工作中的主要成绩,并突出某类典型经验或带有普遍意义的问题。从用途上划分,总结可分为汇报性总结和经验性总结两种。汇报性总结多用于单位或部门向上级机关报告本单位或本部门在一定时期内的任务完成情况,以利于上级机关了解下情,正确指导下级机关的工作。其特点是容量大、篇幅长,能反映该单位方方面面的情况与问题,真实地勾画出工作的全貌。经验性总结是某单位或个人对自己在某项工作取得的优异成绩,回答为什么能取得优异成绩的先进方法的专门总结。经验性总结主要用来交流先进经验,具有典型性和指导性。它的内容偏重于介绍先进的做法和体会,告诉人们怎样做。

(二)行文格式

总结一般由标题、正文和落款三部分组成。

1. 标题

总结的标题分为陈述式、论断式、概括式三种。①陈述式标题的构成形式为"单位名称＋有效期限＋总结种类＋总结",如"××学院 2015 年工作总结"。如文末或标题下有单位署名,或前言部分介绍单位全称的,标题中可省略单位名称;在"基本情况"中交代总结的起止时间,标题中可省去时限。②论断式标题仅适用于专题性总结,这类标题一般都有正副标题。正标题通常用鲜明的短句来概括总结内容,副标题则标明单位、时间、范围和总结种类,如"春风今度玉门关——××区××沙漠绿化工作经验总结"。③概括式标题是根据内容概括题目,类似文学类文章标题的写法,虽未写明"总结"字样,但本身就体现出总结的性质,概括式标题只适用于经验性总结,如某公司专题总结标题"客户争等级,诚信稳销量"。不论采取哪种写法,总结的标题都要准确反映总结的内容,简练而醒目。

2. 正文

正文是总结的中心部分,一般由引言、主体、结语三个部分组成。

(1)引言。引言是对所要总结的工作的概貌和成效定性式的阐述,介绍总结的缘由、依据,涉及的时间、地点、工作概况及基本评价。常见写法有四种。①概述总体情况。概括介绍工作开展的时间、背景、工作任务、进展情况,并对工作做出总评价,先给读者一个总的印象。综合性总结常用这种写法。②介绍主要成绩。一般先简介与先进经验有关的背景和情况，再引用数据简明突出地列举主要成绩，使人们了解产生的主客观条件和取得的主要成绩，并产生进一步学习先进经验的欲望。这种写法多用于综合性总结和经验性总结的开头。③介绍基本经验。在开头先亮出基本经验，点明中心思想。这种写法多用于专题性总结或经验性总结。④提出关键问题。根据主旨的需要先提出问题，点明总结的重点，以引起人们的注意。这种写法多用于专题性经验总结。总结引言的写法灵活多样，不拘一格。不论采用何种写法，都要注意以下几点。其一，概括性要强。既要注意全面，又要突出重点。有点无面，不能给人总体印象，有面无点，使人感到空洞不实。其二，说明要清楚。要抓住能反映工作全貌，对理解工作总结有指导意义的内容。其三，文字要精练。直入正题，简明扼要，避免与主体部分内容重复交叉。其四，层次要分明。通常都是先写时间、背景，再写工作内容、成绩，后写总的评价。其五，评价要恰当。是取得较好成绩就不要写成"巨大成就"，是较好地完成了任务就不要写成"圆满地完成"。引言后面用"我们的主要做法和体会""现将有关情况总结如下"等过渡语转入主体部分。

(2) 主体。主体部分包括做法和成绩、经验和体会、问题和原因三项内容：

做法和成绩。总结的引言部分已对所做工作有了一个总的评价，主体部分就是紧承上文用事实说话，对工作情况进行全面叙述。主要写明在工作中做了什么事情，采取了什么方法，收到了什么效果。要写好这一部分，动笔之前做好两步工作。第一步，归纳分类，以便有重点、有条理地叙述。我们所要总结的工作，无论是单项的，还是综合的，往往成绩和收获甚多，内容非常繁杂，为了能够条理分明地加以叙述，必须在掌握材料的基础上对各类具体的成绩收获材料进行分类，形象地说就是"梳辫子"。分类的方法有两种：一种是按大的工作项目分，就是把所要总结的工作列出一些比较主要的、独立的项目放在一类里；另一种是按同类项合并的方法分，就是把同类性质的工作放在一起。第二步，提炼观点，以便有纲领、有血肉地叙述。工作进行分类处理后，为了使各类工作相对独立，并表明主要意思，需要按照提炼成绩收获观点的要领，从各类工作中归纳出观点，以便读者理解。成绩性观点的形式有三种。第一种是"纯做法"式，如"深化规划编制，严格规划控制""创新规划管理，服务村镇基层""强化规划审批，推进阳光规划""提升队伍素质，坚持勤政廉政"(某市规划局工作总结)。第二种是"纯效果"式，如"招生工作取得新的成绩""教学改革迈出新路子""专业建设出现新气象""后勤保障走上新台阶""精神文明获得新成果"(某大学工作总结)。第三种是"做法＋效果"式，如"领导重视，工作部署到位""精心组织，客流畅通有序""狠抓落实，安全形势平稳""各司其职，协调配合有力""以人为本，和谐气氛浓厚"(某省春运工作总结)，每个观点前半部分都是做法，后面才是效果。写这部分最好有具体数字，有典型语言，有典型实例(多举一些基层实例)。

经验和体会。写总结的目的不仅仅在于对以前所做工作的简单回顾，更重要的是从中吸取经验教训，反映事物发展的本质联系和必然趋势，用以指导今后的工作。这部分是全文的重点，也是总结的目的所在。篇幅要大，笔墨要浓。无论综合性总结或专题性总结，都要对经验进行细致的分析，在摆事实、讲道理、摆过程、讲成绩的基础上，概括出带规律性的东西，把感性认识上升到理性认识的高度，这是总结的根本任务。一要真正反映出工作中得到的某种知识和规律。经验体会的观点一般都有特别的表达形式，工作总结中表达观点的形式通常有:①判断句("什么……是什么"),如"领导重视、机构健全,是做好春运工作的关键""精心组织、运力充裕是做好春运工作的基础""采取措施、严格管理是春运安全的保障""转变观念、改善服务是提高春运质量的根本""舆论引导、广泛宣传是做好春运工作的条件";②无主句("在……关系上,着重……"),如"在把握发展与稳定的关系上,着重依靠发展促稳定""在把握市场与政府的关系上,着重发挥市场的基础性作用""在把握全局与局部的关系上,着重统筹全局以促进微观矛盾的化解""在把握效果与形式的关系上,着重把社会效果放在首位"(某市就业局工作总结);③条件复句("只有……才能"),如"只有坚持不断改革创新,才能取得部队建设的成绩进步""只有发扬团结拼搏的精神,才能保证各项任务的圆满完成"(某部队工作总结);④假设复句("要怎么……就必须"),如"要深化农村改革,必须强化改革开放意识""要发展农业生产,必须执行科技兴农方针""要优化农村环境,必须完善社会服务体系"(某乡政府工作总结)。二要能够表达出事物之间的必然联系。就是"什么"与"是什么"、"只有"与"才能"、"怎么"与"必须"之间应当是一种必然的联系,不能两者不沾边,甚至自相矛盾。因为只有反映出这种联系,才能说明经验体会的确是从实践工作中总结出来的,才能说明总结者真正抓住了事物的本质,才能对今后的工作产生指导作用。三要能够使观点建立在广泛的事实基础之上。所谓观点,不是执笔者随心所欲"贴"上去的东西,不是游离于客观事物和真实材料之外的东西,而是对全部活动、全部材料理性的高度概括,是对材料内涵本质的正确开掘。它不能凭空臆造,不能凭个别事物或一时的现象产生,而需要在分析大量的、带有共同性的事物规律的基础上产生。实践是检验真理的唯一标准,凭空臆造的经验体会,经不起实践检验,对今后工作难以发挥指导作用,甚至会带来危害。总结经验体会,注意点面结合、详略结合、叙议结合,一般采用夹叙夹议的写法,有事实情况,有理性分析,理论结合实际,观点材料统一。

问题和原因。所谓问题,是由于主客观原因造成的工作中的失误或存在的薄弱环节。成绩和问题,是一个不可分割的矛盾统一体,因此,在总结成绩的同时,找出存在的问题以及原因,才算是完整的工作总结。对问题要认真分析:什么性质?如何产生?怎样解决?不能大事化小、小事化了,也不能就事论事、笼统抽象。总结问题和原因有三种表述式,第一种是"问题+表现"式,如"生产现场管理比较混乱,主要是生产现场的辅助用品摆放不整齐,加工后半产品摆放散乱,产品规划区域不明确,产品标示不清楚,没有做到定置管理……"第二种是"问题+原因"式,如"在抓典型上存在一定问题,出现了一些不好的风气。……之所以出现这种情况,主要原因是一些领导思想路线不端正,把抓典型看作是'个人政绩',借以显示自己"。第三种是"原因+问题"式,"我团上半的工作,虽然取得了一些成绩,但是,由于我们对安全工作重视不够,措施不力,出了事故又不能及时总结教训,引以为戒,致使连续发生三次严重车辆事故,给部队建设造成了一定危害"。

由于撰写总结的角度不同,这部分的具体内容和结构样式往往会有很大的差别。综合性总结中以上几个方面的内容都应该反映,而专题性经验总结侧重提炼经验和体会,反映问题的总结侧重陈述问题和原因。

主体部分常见的结构形态有以下三种。

一是纵式结构,即按事物或实践活动的过程安排内容,强调各部分之间的纵的联系。写作时,把总结所包含的时间划分成几个阶段,按时间顺序分别叙述每个阶段的成绩、做法、经验、体会等。这种写法的好处是事物发展或社会活动的全过程眉目清楚、头绪分明、容量较大、内容集中。总结周期较长、阶段性又很明显的工作，大都用这种写法。如首钢公司的总结《从落实责任制入手，加强企业管理的基础工作》主体分三部分：A. 制定岗位考核标准，B. 严格按标准进行考核，C. 根据考核结果实行奖惩。该总结主体的三部分，实际上是落实责任制三个阶段的工作。总结按时间顺序分别叙述每个阶段的成绩、做法、经验、体会。这种写法的好处是事物发展或社会活动的全过程清楚明白。

二是横式结构，即按事实性质和规律的不同分门别类地依次展开内容，使各层之间呈现相互并列的态势。可以经验体会为序，分条列项，夹叙夹议介绍情况与成绩。如某银行的总结《搞好"五清五堵"，严格把守关口》的主体部分：A. 清理信贷资金，堵利用贷款进行犯罪活动的漏洞；B. 清理银行账户，堵利用账户进行犯罪活动的漏洞；C. 清理结算资金，堵利用结算环节进行犯罪活动的漏洞；D. 清理现金支付，堵骗取套取现金进行犯罪活动的漏洞；E. 清理金融收兑，堵倒卖金银违法犯罪的漏洞。该总结归纳出五条成绩性观点，作为五大板块的标题，五大板块横向展开叙述议论，全面反映了该单位年度工作的主要成绩。这种写法的优点是各层次的内容鲜明集中，适用于经验专题性总结。

三是纵横式结构，即安排内容时，既考虑到时间的先后顺序，体现事物的发展过程，又注意内容的逻辑联系，从几个方面总结出经验教训。具体形式或纵中有横，即大层次为纵，小层次为横；或横中有纵，即大层次为横，小层次为纵。这种写法，多数是先采用纵式结构，写事物发展各个阶段的情况或问题，然后再用横式结构总结经验或教训。如某学院培训工作总结《模拟市场运作机制　建设一流培训基地》主体的大层次为"纵"：A. 培训战略的转移；B. 培训资源的优化；C. 培训质量的保证。小层次为"横"，如 A 板块分"培训观念的更新""培训介入的提前""培训方式的改变"三个小层次；B 板块分"师资结构的优化""培训教材的优化""培训设施的优化"三个小层次；C 板块分"机构职能的强化""管理规程的建立""管理措施的落实"三个小层次。该总结的三大板块整体上采用纵式结构，而每一个板块内部则基本采用横式结构。纵横式结构的优点是逻辑严密，层次分明，重点突出，自然流畅。

(3) 结语。在总结经验教训的基础上提出今后打算、规定主要任务、确定奋斗目标、制定新的措施、指明努力方向、点明发展趋势，起强调和照应前文的作用，篇幅不应过长。如某社保局工作总结的结语部分："2016 年，我局将继续坚持'民生为本、人才优先'的工作主线，以'工业化、城镇化'战略为核心，重点加强各类人才的培养引进，建立和完善与工业化、城镇化发展水平相适应，可持续的社会保障体系。以扩量提质为重点，在人才培养引进上实现新突破；以增量增效为重点，在推进城乡就业上实现新突破；以提速增效为重点，在完善社保体系上实现新突破。"若主体部分已将这些内容表达过了，就不必再写结语。结语力戒空泛冗长，提出的要求应写得实实在在，"希望式"或"要求式"结尾，提出的要求要让人看得见、摸得着，不能尽是原则话。"号召式"结尾要有较强的针对性（与存在的问题一一对应），内容要有本单位的特色。结语要有新意，不要陈词滥调，有新意才具有启迪作用。

3. 落款

总结的落款包括署名和日期。单位总结的署名，一般写在标题中和标题下，也有的不署名而随文发送；个人总结的署名，一般写在结尾的右下方；总结的日期放在署名的下面，如无署名，则落在结尾右下方。有些总结还有"附录"项目，如需上报、下达，还应注明"主送单位"

"抄送单位"等。

（三）撰拟要求

工作中取得的主要成绩，或发现的主要问题，或找出的客观规律，是总结的写作重点。独到的发现，独到的体会，新鲜的角度，新颖的材料，是总结的写作关键。"褒不溢美，贬不加毁，提高认识，不空不碎"是总结的写作原则。写好总结，具体说来应注意如下几个方面：

1. 端正指导思想

端正指导思想，第一，不能把写总结视为可有可无、例行公事的苦差，应该视为自我检视的主动行为；第二，要用正确的指导思想科学地分析整个工作实践活动。工作总结最忌照搬照套，重复昨天的故事。不少总结写得千篇一律、缺乏个性，"材料数据更换，框架格局不变，标题改头换面"，其原因就在于没有端正指导思想。如果只是"翻开报纸找点子，跑到下面找例子，关起门来写稿子"，那绝不可能在看似平常的、重复性的、枯燥无味的工作中，发现亮点，写出新意。

2. 广泛占有材料

材料是总结的血肉，没有材料，总结就会干瘪无力。材料应当典型、生动，有独特的个性（人无我有，人有我优，人优我特）。寻材贵"多"贵"细"，选才贵"严"贵"精"。执笔写总结的人，要深入调查研究，了解事物的全过程，广泛收集典型材料、数字材料、背景材料。没有充分地占有材料，便选取不出典型材料，归纳不出主要观点，体现不出工作特色。要充分广泛地占有材料，还必须纵横开拓，"纵"的材料是指过去发生的与所总结工作有关的材料；"横"的材料是指同行、同部门其他单位的有关情况。

3. 要讲实事求是

撰写者必须态度端正、尊重事实、客观全面、坚持原则，对事物既不能以个人好恶随意褒贬，也不能为迎合领导而有意夸大或缩小，讲成绩，不要夸大其词；谈问题，不要轻描淡写。实事求是的作风同一分为二的方法是分不开的，只有运用一分为二的辩证观点，才能正确、全面地认识客观事物，反映客观事物，避免片面性和绝对化，也才能对实践做出正确的评价，总结出符合实际的规律性。

4. 注意挖掘本质

能否提炼出规律性的东西，是总结质量高低的重要标志，也是总结写作成败的关键。总结要写出理论价值，一方面要抓主要矛盾，无论谈成绩或谈问题，都不要面面俱到。另一方面对主要矛盾要进行深入细致的分析，谈成绩要写清怎么做的，为什么这样做，效果如何，经验是什么；谈问题，要写清是什么问题，为什么会出现这种问题，其性质是什么，教训是什么。这样的总结，才能对前一段的工作有所反思，并由感性认识上升到理性认识。

5. 讲究行文技巧

讲究行文技巧，一是观点和材料相统一，用材料说明观点，以观点统帅材料；二是面与点相结合，采用"一个观点＋概括叙述＋典型事例"的写法，以概括性材料反映事物全貌，表现事物的广度，又以典型性材料充实印证，表现事物的深度；三是叙述和议论相结合，运用夹叙夹议的写法，用具体事例和典型数字来说明经验，证实体会；四是综述和分说相交替，综述对全局作整体鸟瞰，分说对局部作具体阐释，归纳将经验提升为理论。

6. 重视语言表达

要注意推敲,凡是有所估计、论断的地方,用词选句的分量要恰当,做到简练明了、干净利落,力求总结中的每句话、每个字都遵循"必要"和"适度"的原则,坚决摒弃不必要的说明和解释。用词必须准确,"大概""也许""差不多"等词语最好少用,"全部""绝大部分""小部分""少数""个别""基本上"等应该慎用。在表述上不宜追求文采和文学性,运用对照、排比、引用等修辞方法时则要适度,可运用富有表现力的成语、典故、比喻、顺口溜等。

● 例文 5-15

2015 年度市文联工作总结

2015 年度,浏阳市文学艺术界联合会在中共浏阳市委、长沙市文联的正确领导下,在市委宣传部的直接领导下,认真学习和深入贯彻落实十八大精神,围绕中心、服务大局,面向基层、服务群众,认真履行联络、协调、服务的基本职能,充分发挥组织、引导、服务和维权作用,团结和带领广大文艺工作者,积极深入生活,认真开展工作,努力繁荣浏阳的文艺事业,为浏阳的改革、发展和稳定做出了应有的贡献。一年来,我们主要做了下面几项工作:

一、完成协会换届,加强组织建设。今年是市文联下属各协会的换届之年。去年年底,市文联发出文件,召开会议,就协会换届工作做出了安排部署。年内,9 个协会召开了会员大会,回顾总结了过去五年的工作,谋划展望了未来五年的工作,选举产生了协会新一届理事会,一批年富力强、乐于奉献的文艺家进入了领导班子。9 个协会理事会成员平均年龄下降 5 岁,并且均有了女性代表。市皮影协会系首次召开全市性的会员大会,许多从事皮影事业几十年的老艺人感慨万千。淮川诗社由德高望重的老社员组成换届工作小组,就人事安排等事项反复征求意见,进行协商酝酿,为换届工作作了充分的准备。市舞蹈协会借换届之机,组织会员举办联欢晚会,展示了会员才艺和协会风采。市美术家协会邀请了省美协副主席陈和西、长沙市美协主席柯桐枝出席会议,举办现场笔会,对会员进行艺术辅导。通过换届,各协会凝聚了人心,促进了团结,增强了共识,协会工作在换届之后有了新的起色。市皮影协会发起组建了浏阳市第一家规范化建设、现代化设施的皮影剧团。淮川诗社召开了一次女诗人大会,就女性诗词创作进行了研讨和动员。市作协、音协、书协、美协均建立了会员 QQ 群,会员联系更加紧密和便捷。市文联以协会换届为中心,加强了对各协会工作的指导。元月份召开了 300 多人参加的首次大型年会,表彰了一批先进文艺家协会,各协会表演了精彩的文艺节目。市文联全年召开文联工作会议 3 次,认真听取了各协会的工作汇报,积极支持、指导、帮助各协会开展活动,认真为各协会开展工作排忧解难。在孙建科部长的关心重视下,市委宣传部给 13 个下属组织补助日常工作经费共 5 万多元,极大地鼓舞了各协会的工作干劲。春节前后市文联主席团走访慰问了张扬等老文艺家代表,听取了老文艺家对文联工作的意见和建议,给老文艺家送去了组织的温暖。市文联不定期地检查、督促各协会的工作,虚心地与广大文艺工作者交心通气,全市文艺界形成了团结、和谐的创作氛围,各项工作呈现出勃勃生机。与去年相比,各协会全年新增会员 5% 以上,市皮影协会与全市的皮影队建立了工作联系,市作协吸收了一批网络写手为会员,市文联在浏河源村建立了创作基地,永安等乡镇正在筹建乡镇文联,大瑶镇成立了书画诗联协会,文联工作输入了新的血液。

二、坚持"双百"方针，繁荣文艺创作。市文联的一个重要任务是推出精品力作，繁荣浏阳文艺事业。我们始终把出作品、出人才作为文联工作的重中之重。本年度市文联以及各协会先后开展了赴高坪、大围山国家森林公园、浏河源村的采风活动，组织了春联创作大赛1次、诗词楹联大赛1次、主题征文活动5次、摄影作品大赛7次、综合性文艺作品大赛1次、迎春画展1次，进一步激发了广大文艺工作者的创作热情，共征集到各类文艺作品3000多件。市文联机关刊物《浏阳河》全年出版3期，发表各类文艺作品200多篇。市摄影协会积极主动与有关单位合作，较好地解决了活动经费，做到了季季有赛事、月月有活动，以丰富多彩的活动吸引了会员，促进了创作，建立了一支相对稳定的创作队伍，朱志云、肖行敏等会员接连在市内外摄影大赛获奖。市书协、美协多次开展笔会活动，组织作品参赛、参展，取得了很好的成绩。市美协老画家何亮在长沙举办画展，把浏阳的艺术家推向省会，引起了省会艺术界的高度关注；李卫油画获得湖南省油画写生展优秀奖，并有作品在美术杂志上发表；伍艳辉、陈莹等会员作品入选长沙市城建美术作品展。市书协胡宜忠以第二名的成绩获得了"湖湘书画年度人物"的殊荣；刘擒虎、周方旺、唐运乐、何飚等会员的15件作品分别参加上海长沙书法联展、长沙南宁书法联展等；潘颂华的6件作品发表在中国文物学会《艺术》杂志，并由市委副书记吴震撰文推介。市作协朱赫、喻咏槐、张星波、周子龙等老作家宝刀不老，欧阳稳江、陈甲元、袁长江、李武等文学新秀脱颖而出，不断有新作涌现。老作家朱赫继续保持良好的创作势头，长篇传记《开国女将军李贞》由中共党史出版社出版，多部作品在《中国绿城文学》发表；《诗歌月刊》12月重点推出了浏阳诗人专辑，有朱玉喜、李兆佳、黎凛、陈东红、罗柱、邓恩、易大华等7位诗人入选；彭晓玲在《工人日报》推出专辑，并被选拔推荐进入鲁迅文学院作家班脱产进修；陈东红等5位作家认真完成市文体局下达的创作任务，创作11首歌词被谱曲制成唱片公开出版；网络作家陶功财成绩骄人，先后创作近200篇评论在全国几十家网络媒体发表；秋叶等9位作家的作品集即将公开出版；为了推介作者，开展文学批评，市作协举办了欧阳稳江散文集《相约盛开》首发式暨作品讨论会，产生了很好的效果。淮川诗社坚持出版《淮川诗词》，组织会员创作，罗传学、廖能新等20多位社员在市内外诗词大赛中获奖，宋赛云、李光前分别出版了第一部作品集。市楹联学会以建会十周年为契机，开展创作活动，李光前共有20多件联作在国内获奖，成了楹联艺术的"获奖专业户"。

三、开展交流活动，促进素质提高。一年来，我们采取请进来、走出去的办法，开展讲座、采风等各种形式的交流活动，不断提高会员的整体水平和综合素质。市文联牵头举办了大围山周边县市文联主席座谈会，与周边地区文艺界交流了工作经验。市文联和各协会共接待、邀请了30多批次的外地文艺名家来浏阳进行交流。市文联组织接待了省文联知名文艺家来高坪的采风活动，组织编辑出版了文艺作品集《山水高坪》。市书协邀请了著名书法家陈义明、李潓，淮川诗社邀请了著名诗人胡静怡，市作协邀请了《文学界》编辑、青年作家郑小驴，市戏曲协会邀请了表演艺术家杨志伟、项汉等老师来浏阳开展学术讲座或切磋。市音协组织会员先后专程赴邵阳、娄底观摩二胡名家宋飞、王国潼的音乐会及讲座。市书协组织了10多位骨干会员赴洪江古商城参观并举办笔会。淮川诗社10多位社员应邀到湘潭采风并创作了一批诗作。市摄影协会就摄影基础知识、烟花焰火拍摄技巧举办讲座2次，100余人参加了培训。广大文艺工作者通过这些活动，开阔了视野，丰富了生活，促进了创作。

四、开展艺术培训，培养文艺新人。扶植校园文艺，培养文艺新人是市文联以及各协会的重要工作内容。各协会会员深入学校举办讲座100多堂，听众达1万多人次。淮川诗社召开了部分诗教先进单位工作会议，巩固了诗词进校园"三年百校工程"的成绩。市舞协举办了"水岸山城"杯少儿舞蹈大赛，发现和培养了一批舞蹈新人。市作协、书协、美协、音协、舞协多位会员举办了各种形式的文学艺术培训班，为培养艺术人才做出了贡献。

五、坚持"二为"方向，服务全市大局。为人民服务、为社会主义服务是文艺工作必须坚持的方向。一年来，我们紧紧围绕全市工作大局，充分发挥文艺专长，为浏阳的"四个文明"建设添砖加瓦。年初我们组织了100多位文艺工作者，在才常广场义务写春联，开展"万副春联送万家"活动，把党的关怀送到了千家万户。为振兴蒸菜产业，市文联举办了"老蒸笼杯"浏阳蒸菜主题文艺作品大赛。为配合旅游兴市战略，我们先后组织了"山水高坪"、大围山和菊花石的采风与征文活动。为配合橘子洲焰火大赛，市摄影协会参与组织全国焰火摄影大赛，每星期组织会员赴长沙开展创作活动。市作协、摄影协会分别组织了"走高速"的采风活动，用文艺的形式支持重点工程建设。市作协积极参与浏阳市第一届全运会，承办了"我运动我快乐"征文活动。市戏曲协会在端午、中秋举办戏曲晚会，丰富了市民的节日文化生活。市音协、舞协积极参加各种文化演出活动，送文化下基层，为繁荣基层文化做出了贡献。市企业文联组织了"我是接班人"论坛活动，表彰了一批"魅力企业家"，并与市皮影协会合作，在重阳节举办了"皮影展演"，为敬老院送去了皮影戏，受到了社会的高度赞誉。

回顾一年来的工作，我们深深地感觉到，浏阳文艺工作虽然取得了很大成绩，但是与上级的要求、与浏阳的发展、与群众的期望还有很大差距。主要是创作上缺乏大家大作，缺少有影响力的作品问世；部分协会工作上规范不够，对会员关心关注不够。这些不足，有待我们在以后的工作中，振奋精神，全力以赴，不断取得新的进步。

浏阳市文学艺术界联合会
2015年12月12日
（本文选自万业宝网）

【实训练习】

1. ××钢铁股份公司（国有企业）团委，拟举办"五四"青年节庆祝系列活动，届时将举行多项纪念活动，包括篮球比赛、读书报告会、文艺联欢会、电影专场、青年书画展等，据此要制作一份活动安排表。请代为拟写这份表格式计划。如缺少有关项目，可自行添补。

2. 为活跃校园文化，校团委及学生社团拟于11月15日至12月15日开展为期一个月的"校园文化活动月"，经广泛征询意见，初步拟订的主要活动有："经典文化知识大赛""校园歌手大奖赛""读一本好书书评征文""经典诗歌朗诵会""校园电影周""第二故乡摄影及绘画大赛"等，并以一场"综艺晚会"结束全部活动，请代拟一份切实可行的活动方案。

3. ××市档案学会拟制定年度学术活动计划，主要要点：应鼓励会员积极进行档案学术研究，组织学术交流活动，逐步提高档案学术水平；应办好学会的会刊，编辑出版档案学书籍，发表会员的研究成果；应加强档案学的宣传、普及工作，扩大社会影响；应积极开展与外省的档案学术联络工作；应抓紧建立、健全学会的工作机构。请拟一份体现上述要点的年度学术活动计划。

4. 2018年期末，学院要求各系总结推选优秀学生，先在各教学班进行个人总结，要求每人发言5分钟，总结自己一年来思想道德、专业学习、社会实践、体育锻炼等方面的情况。请写出综合总结发言稿。

5. ××高校拟对全年党务工作进行总结，主要要点：一是加强领导班子建设，不断提高执政能力和自身素质；二是加强党的基层组织建设，提高战斗力和凝聚力；三是加强党员队伍建设，发挥先锋模范作用；四是加强学生思想政治工作，确保思想稳定；五是加强精神文明建设，巩固建设成果；六是加强校园文化建设，浓郁健康向上的文化氛围；七是做好统战和老干部工作；八是加强综合治理；九是落实联系师生制度。请结合以上要点撰写一篇年度工作总结。

6. 根据下列材料并适当做补充，以该同学的名义写一篇500字的总结。

有一次，一个外国家庭到餐厅就餐，想要吃中餐，就问我："Is there the Chinese food?"（这里有中餐吗?）这是我第一次面对面与外国人接触，难免有些紧张，但我还是硬着头皮接待了他们，对他们说："Yes."（有。）他们见到海报上的热狗图片，对我表示疑问："Really?"（真的吗?）我只能给他们介绍起我的套餐："Right! There are beef-rice, chichen and so on."（是的，这里有牛肉饭、鸡肉，等等。）表述虽然有些不顺利，但我还是完成了这次接待任务。还有一次，一对外国情侣到餐厅里来吃比萨，对我这个英语口语很差的人来说，又是一次考验；虽然只是几句简短的对话，却发现了自己英语方面的太多不足。每当这个时候，我才真正感到工作比学习要难得多，才能体会到父母的不易。

第六章 职场文书写作

第一节 简历与求职信

一、简历的写作

（一）文体概述

简历，是求职者向用人单位介绍其资历、教育背景和工作经历等情况，有选择、有重点地加以概括叙述的一种应用文体。现行人事管理档案中，简历是其中的重要内容，它是组织人事部门掌握有关人员情况的基本依据。寻找工作或调动工作，都需要向有关招聘单位递交简历，供用人单位录用时参考。

简历具有综合性、客观性、清简性和灵活性。简历是撰写人对以往经历、工作及有关情况的总结，内容较为全面。简历是客观事实的罗列和提炼，没有主观的内容（除求职简历外），罗列要具体，比如，不能写"连续三次获得奖学金"，而应标明哪年获得。简历材料安排要分门别类，逐项表述，条理清晰，且要做到文字简洁、重点突出，内容高度浓缩，以1200字左右为宜。简历是一种特殊文体，属于资料组合应用文体，外在形式可采用表格式，也可采用条款式；内容可按时间顺序组合，也可按职能序列组合；内容要素如教育背景、联系方式等可以安排在前，也可安排在后。

简历与求职信有所联系，尤其是当简历的递交意图在于求职的时候，二者的联系更为紧密。但二者一般不能互相取代，更不能互相混淆。二者区别如下。①格式风貌有别：求职信以信函形式出现（类同商业信函），针对特定个人来写，带有称谓和落款；简历多以表格形式出现（类同广告文稿），针对工作职位来写，无须称谓和落款。②内容重点不同：求职信是综合介绍自身能力、个人特征与求职意向；简历是全面简洁地介绍资历、教育背景和工作经历。③表述色彩各异：求职信因为要写自我评价（关于个人意志和品质等）和求职意愿，主观色彩要浓一些；简历主要列述求职者的客观情况，客观因素多一些。④功用也不相同：求职信旨在求职,对简历内容具有综合介绍、补充说明、深入扩展的作用;简历不局限于求职,它也是现行人事档案管理的重要内容(相当于履历表)。

简历按格式分为表格式简历和短文式简历;按载体分为纸质简历、电子简历;按内容分,主要有时序型简历、功能型简历、复合型简历。时序型简历以时间为次序列举个人工作经历,一般先列出最近的工作经历,再逆时间顺序将过去的工作经历依次列出,应聘与自己从前职业相类似工作的求职者适合用这种简历。功能型简历强调资历与能力,对专长和优势加以分析说明,以各类能力和技能为主排序,频繁更换工作和经过再就业培训的求职者适合用这种简历。复合型简历是上述两种简历的复合,就是先陈述能力和技能,再按时序陈述工作经历和具体经验,大多数求职者都适合用这种简历。此外,创造型简历,讲究创意,不拘一格,适合特殊职业的求职者(如摄影者、音乐人、演员、模特、广告方案设计者)。

(二)行文格式

简历的结构由标题、正文、附件三个部分组成。

1. 短文式简历

1)标题

短文式简历的标题一般写明"××简历"字样。如果此人已有职务和身份,需要写明时,也可在"××简历"前加上职务和身份。

2)正文

短文式简历的正文一般由两个部分组成。第一部分纵向总述经历:写明该简历人的姓名、性别、民族、出生年月、籍贯、文化程度、政治面貌(当应聘政府部门职位时,写清政治面貌是必不可少的)、现任职位。第二部分则依次分段叙述每个阶段的经历。

除了全篇分段式外(按时间经历划分),短文式简历还有全篇一段式写法,即从姓名、出生地、籍贯、出生年月日、民族、政治面貌写起,按时间顺序叙述主要的学习、工作经历,主要才能、贡献以及工作、学习、生活中有典型意义的事等。

短文式简历,写作自由度比较大,但也要根据需求方而有所侧重,内容上最忌讳面面俱到。

3)附件

短文式简历的附件内容同求职信的附件。如果已有求职信,则此项可省,以免重复。

2. 表格式简历

1)标题

表格式简历的标题与短文式简历的标题相同。

2)正文

表格式简历的正文包括个人概况、教育背景、工作(实践)经历、荣誉成就、自我评价、求职意向、联系方式等。

个人概况。包括求职者的年龄、性别、身高、民族、出生地、婚姻状况、健康状况、政治面貌、学历、学位、住址等。个人概况要简明扼要,过多的个人信息会分散招聘人员的注意力。

教育背景。包括毕业院校、毕业时间、所学专业、主修课程、英语水平、计算机水平等。毕业院校、所修专业要写全称;毕业时间要落实到月份;主修课程只列写专业主体课程,突出相关的、高分的课程；英语、计算机水平在陈述等级之外，对实际能力要适当描述。应该尽力扬其所长以掩其所短，重点强调自己最近几年所受的教育和培训（进修）情况，包括那些与应聘工作有最直接关系的课程或活动。（注：国企一般不需要提供加权成绩，而要求提供成绩单，并加盖教务部门公章，比较看重各类证书，尤其是国家承认的职业技能证书；外企需要学校、专业、加权成绩、绩点和班级或专业排名，更看重软性职业技能，例如，计算机类要求熟练掌握Office软件等，语言类要求能适应办公语言为英语的工作环境，而不是看英语水平等级证书。）

工作（实践）经历。此部分为简历的核心内容，主要包括专业实践、社团实践和志愿者实践。一般是先写近期的，然后按照年代的顺序依次写出。在每一项工作（实践）经历中先写工作起止时间，接着是工作（实践）单位、具体职务（职责）、重要业绩。要根据个人情况不同而重点突出说明工作（实践）具体内容与经历，尤其是与求职目标相关的工作（实践）经历，它们必须是最主要的、最有说服力和最具证明性的。不要只记录曾经做过什么，更重要的是如何做的，做到了什么程度。如果是毕业生，则主要写社会活动与实践经历，尽可能列写所有有意义（尤其是与职业领域相关）的社会经历（乡村支教、暑假义工、社区助残、短期打工、兼职家教等）与实践经历（毕业实习、勤工俭学、社团工作、助教助研、编辑刊报、主持活动等），写自己从中学到了什么技能，提高了哪些方面的素质。所列出的技能一定要与自己应聘的岗位相符合，最突出的技能应该是最接近岗位要求的，而不应是最拿手的。对于技能的描述必须具体，如公众表达技能要谈主持节目、主题演讲、培训人员等；电脑使用技能要谈硬件维护、软件应用、软件开发等；机械加工技能要谈零部件设计、切削加工、装配等；财会账务技能要谈点钞、珠算、手工记账等；旅游管理技能要谈中餐宴会摆台、客房操作与服务、导游服务等；商务英语技能要谈商务谈判、报关报检、撰写信函等；物流管理技能要谈验收、上架、拣货、复核等业务实际操作；市场营销技能要谈企划案写作、市场开发、人际沟通、销售服务……描写工作经验时，不要只针对工作本身，业绩和成果更为重要，表明自己的技能、专业知识，在工作中所起的作用及最终的良好结果，最好做到具体化、数字化、精确化。不论是写实习经历，还是社团活动、社会实践，都应该注重遣词造句，用好关键词、行为词。行为词的用法很重要，要灵活使用、避免重复，又要体现专业化；用好相关行业领域的关键词，可将比较通俗的说法专业化。例如，类似商场产品促销、传单发放或打字等兼职经历，可改写为"传播产品信息、市场调研、文字处理"等。要注意的是，通过兼职工作、社会实践等活动，获得货真价实的社会知识和相关能力才是最重要的人生财富。（注：国企要求工作经历与申请职位相关度非常高，不相关的工作（实践）经历可能不会被重视；外企根据应聘者过去的经历判断其是否具备用人单位需要的素质和能力，并判断其个性特征是否符合企业文化，要求用详细的文字或数字来表述在工作中取得的具体成绩。国企非常重视校园活动，尤其是是否做过学生干部，是否为中共党员；一般关注学生干部职位的高低，而非具体的工作内容。对于外企来说，校园活动是作为加分项，但不是最重要的。）

荣誉成就。荣誉即在校期间获得奖学金、论文奖、三好学生、优秀团员、优秀学生干部等；成就包括重大成果（结题的科研项目）、撰写论文（注明是否已发表）、成功组织某些活动等。（注：国企看重奖励的数量，一般越多越好，另外，对于政治要求比较高的国企，学生干部、优秀党员之类的奖励会比较看重；外企更关注获奖的难易程度，需要写明获奖比例或评奖标准。)

自我评价。包括个性特点、爱好特长、自我认知。自我评价要简明扼要地表明自己的最大优势所在,突出专业、能力、经验等方面与所应聘职位的高度匹配,给招聘方一个想与你见面的理由。

个性特点,是一个人"软技能"的体现,这一点被越来越多的公司所重视,对方可从中了解求职者的个性是否符合岗位要求。概括个性特点,既要符合本人实际情况,又要有一定的倾向性、针对性。比如说,要应聘销售类职位,可以多描述性格上外向,很容易与人相处,善于应变等;要应聘财会类职位,就要强调原则性强,性格沉稳,做事稳重,对数字敏感等;要应聘行政助理文员类职位,就要强调性格文静,细心缜密,认真负责,温厚顺从等;要应聘研发、设计类职位,则需要突出具有创新意识,能在压力下工作等。

爱好特长,应该针对所应聘的职位要求来设计,在自己的特长中有选择性地写。比如,应聘公关人员,则突出口才甚好,思维敏捷等特长;应聘工会干部,则突出擅长书法、喜爱歌舞等特长;应聘电子商务员,则突出网上操作技术(如推广产品、网站推广、SEO优化之类)专长;应聘软件技术员,则突出网页设计专长和作品。不具备的爱好特长不写,与职位和工作无关的兴趣爱好不写,最好能写上一两项体育爱好。

自我认知,应当客观、全面而富于个性。自我认知必须是在正视自己、面对现实的基础上做出的,千万不要有虚假成分,例如夸大自己的能力、优点或工作经验等。自我认知既包括自己的特殊素质,又包括综合素质;既包括自己的优点和长处,也包括缺点和不足。自我认知尽可能避免千篇一律,可以用短诗表明生活态度,或引用经典名句阐发人生志向,也可以引用师友的评价建议侧面表达。

求职意向(此项内容可置于"个人概况"之后)。求职意向要清晰地锁定求职目标,并能给予适当说明,不能笼统地写"希望找一份具有挑战性、发展空间宽广的职位。"如有多个目标,尽量写上多份不同的简历,在每一份上突出不同的重点。若应聘大公司不同部门的不同岗位,则需写两份不同的简历,各申请一个职位,以便对方转给不同的部门负责人;若应聘小公司或同一个部门的两个岗位,则可把两个目标连在一起写,如"应聘行政助理或人事助理工作"注意A、B岗位必须处于同一职务水平上的相关领域)。

联系方式。包括电子信箱、移动电话、固定电话、通信地址、邮政编码等,放在正文之后或是置于个人概况栏均可。

3) 附件

表格式简历的附件内容同求职信的附件。如果已有求职信则此项可省,以免重复。

(三)撰拟要求

1. 要内容真实,切忌胡编乱造

撰拟简历要诚实描述自己,不要自吹自擂,也不要过于谦虚。用人单位越来越重视求职者的职业道德和团队精神,认为简历作假表明求职者有道德和人格上的缺陷。技能和知识结构上的缺陷可以培训,人格上的缺陷却无法弥补,简历作假必然会影响自己的职业前途。对简历内容应进行科学取舍,适当突出重点,既使简历具有吸引力,又保持了真实性。

2. 要有的放矢,切忌重复拷贝

求职简历最重针对性,一要针对所应聘的公司和职位,二要针对自己,写出自己的亮点。

要根据对方单位的具体情况以及应聘岗位的具体要求,量身定制简历,只有根据招聘要求突出自身的优势或胜任的具体条件,才有可能让对方感受到求职者的诚意和用心。那种以不变应万变的"万能简历",是毫无效用的。

3. 要陈述有序,切忌结构混乱

不论是短文式简历还是表格式简历,均应布局合理、层次分明、文从字顺、整洁清晰,运用词语、术语准确无误。每项标题中最重要的细节一定要放在第一项,随后是次重要细节,使简历上的重要内容得到有效突出。另外,要美观庄重,不要给人花里胡哨或拥挤不堪的感觉。

4. 要用语简明,切忌缠夹不清

据调查研究,人力资源(HR)对每份简历的平均阅读时间为 10~30 秒。简历要做到"薄""露""透"。所谓"薄",就是最好用文本格式一页纸把自己交代清楚;所谓"露",就是把自己的个性表现出来,给人留下特殊的印象;所谓"透",就是把自己与应聘职位的关联点找出来,让招聘方在最短的时间里发现求职者和职位的匹配点。

● 例文 6-1

屠呦呦的简历

屠呦呦,女,1930 年 12 月 30 日出生于浙江省宁波市,祖籍宁波鄞县(今宁波鄞州区)。中国中医研究院终身研究员兼首席研究员,青蒿素研究开发中心主任,博士生导师,诺贝尔生理学或医学奖获得者。突出贡献是创制新型抗疟药——青蒿素和双氢青蒿素。

1951 年,考入北京大学医学院(原名北京医学院,北京医科大学,现为北京大学医学部)药学系,在大学 4 年期间取得了优良的成绩,尤其对植物化学、本草学和植物分类学有着极大的兴趣。

1955 年,大学毕业,分配到卫生部直属的中医研究院(现中国中医研究院)工作。

1956 年,针对全国防治血吸虫病的高潮,对有效药物半边莲进行了生药学研究;后来,又完成了品种比较复杂的中药银柴胡的生药学研究。这两项成果被相继收入《中药志》。1958 年,被评为卫生部社会主义建设积极分子。

1959 年,参加卫生部举办的"全国第三期西医离职学习中医班",系统地学习了中医药知识。之后,参加了卫生部下达的中药炮制研究工作,是《中药炮炙经验集成》一书的主要编著者之一。1978 年,该书获卫生部医药卫生科技大会成果奖。

1978 年,青蒿素抗疟研究课题荣获全国科学大会"国家重大科技成果奖";1979 年,获国家科委授予的发明奖。同年,任中国中医研究院中药研究所副研究员。1980 年被聘为硕士生导师。

1984 年,青蒿素的研制成功被中华医学会等评为"建国 35 年以来 20 项重大医药科技成果"之一。1985 年,任中国中医研究院中药研究所研究员。1987 年,被世界文化理事会授予阿尔伯特·爱因斯坦世界科学奖状。2001 年被聘为博士生导师。

2011 年,获得拉斯克医学奖临床医学研究奖,获奖理由是"因为发现青蒿素——一种用于治疗疟疾的药物,挽救了全球特别是发展中国家的数百万人的生命。"成为中国首位获得该奖的大陆科学家。

2015年,获诺贝尔生理学或医学奖,成为第一个获得诺贝尔自然科学奖的中国人。

● 例文 6-2

<h1 style="text-align:center">雷××简历</h1>

个人概况

  姓 名:雷××   性 别:女

  出生年月:1993年11月   身 高:165cm

  籍 贯:湖北××   民 族:汉   照片

  健康状况:良好   政治面貌:团员

  学 历:大学本科   学 位:艺术学士

教育背景

  2012年9月—2016年6月 在武汉音乐学院学习。

  2015年1月—2015年2月 赴台湾艺术大学音乐系学习。

  毕业院校:武汉音乐学院   毕业时间:2016年6月   所学专业:音乐教育

  主修课程:声乐、钢琴、音乐教育、视唱练耳、形体与舞蹈、合唱指挥、即兴伴奏、和声学、基本乐理、复调、意大利语音、德语语音、中(外)国音乐史、民族音乐概论、音乐教育理论、大学英语、计算机基础、教育学、心理学、法律基础等。

  语言水平:2013年通过国家普通话测试,获二级甲等证书;2014年通过国家大学英语四级考试,有较强的英语阅读、写作与口语能力。

  计算机水平:熟悉 Windows 7 操作系统和 Office 2017、Internet 的基础操作,掌握 FOR-TRAN、Quick-Basic、C 语言等。

实践经历

  1. 2015年赴台湾艺术大学音乐系交流及研习,并参加2015两岸台海杯系列音乐节及大赛活动;9—11月被学校派往浙江省金华第六中学实习,担任音乐老师,兼班主任工作。

  2. 2012—2015年,担任武汉音乐学院瑜伽社社长、学生记者;2012年作为瑜伽社负责人组织带领社团成员在编钟音乐厅登台展演。2012—2013年担任金音琴行兼职钢琴教师。

  3. 2013年全年作为学院优秀记者多次被委派至武汉琴台音乐厅报道"华风弦韵"系列音乐会及学院各类音乐会、学术讲座,报道稿件多次刊载于校官网及报纸,并获领导老师一致好评。2013—2014年兼任××艺术培训学校艺考前教学及辅导工作。

  4. 2014年参演院艺术实践微型原创德语音乐舞台剧《遇见》。2014—2015年任湖北省儿童中心艺术团声乐、钢琴兼职教师。

获奖情况

  2012年在大学新生军训中荣获"优秀学员称号"。

  2012—2013年荣获武汉音乐学院音乐教育学院年度总结最佳贡献奖。

  2013年5月指导并带领班级成员参加院第十四届健美操比赛,荣获三等奖;7月荣获

"都司湖之声"首届声乐群体形式演唱决赛优秀奖。

2014年5月在院第一届"英语词汇大赛"中荣获三等奖;5月4日被武汉音乐学院授予"优秀共青团员"称号并颁发证书。

2015年1月赴台湾参加两岸台海杯音乐大赛荣获声乐职业组二等奖及奖杯。

2015年6月参加第六届香港国际钢琴公开赛,荣获钢琴青年组银奖及奖牌。

个性、特长及自我评价:

  个性特点:活泼开朗,乐观向上;待人诚恳,与人为善;吃苦耐劳,谦虚好学。

  特长爱好:阅读、写作、声乐、钢琴、礼仪主持、瑜伽。

  自我评价:具有良好的沟通能力、组织能力和策划能力,有较强的团队意识、协作精神和适应能力。

求职意向

  公办中小学或文化单位音乐教学及管理工作。

联系方式

  电子邮件:××2015@163.com

  联系电话:1827139××

  通信地址:湖北省武汉市武昌区张之洞路1号音乐教育系

  邮政编码:430000

  附:毕业证书、学位证书、身份证、专业技能等级证书、英语等级证书、计算机等级证书、获奖证书、荣誉证书复印件共××份。

二、求职信的写作

(一) 文体概述

  求职信是以自我介绍的形式向有关用人单位申请某个职位的一种专用书信,亦称"自荐信"或"应聘书"。自荐信带有"投石问路"的性质,是在不知对方是否有职缺时,主动向某单位介绍自己的情况,是自我推荐、申请某种职位的求职信。应聘书带有"投其所好"的意味,是根据对方的招聘广告或者其他渠道得知的有关信息,在已知对方某些职位有空缺时,向对方递交的求职信。

  求职信大体有三种类型。①毕业生求职信。我国每年有大量的各类院校毕业生,这些学生大部分需靠自己去联系工作,寻求合作的用人单位,他们就业时同用人单位的交流主要就是以求职信的方式来进行的。②待业、下岗人员求职信。暂未找到合适工作的待业者,被企业分流离岗的下岗者,也主要靠发求职信的方式来获得工作岗位。③在岗者求职信。有工作岗位的人,由于不适应该岗位,或学无所用、潜能得不到发挥,或为了谋求更好的职位,也会向用人单位发求职信寻求新的工作岗位。

（二）行文格式

求职信的内容一般包括求职目标、求职原因、求职条件和随信附上的相关证明材料等四项，一般由标题、称谓、正文、落款、附件等五个部分组成。

1. 标题

求职信的标题有两种写法。一是直接在第一行正中间用稍大的字体写"求职信"三个字（或根据实际情况写为"自荐信"或"应聘书"）；二是由事由和文种名称构成。如果是以邮件形式发送，应在邮件主题中注明"××应聘××岗位的求职信"。

2. 称谓

写求职信之前，要尽一切努力调查出求职信的最终阅读对象。顶格写明求职单位的领导或招聘负责人的姓名和称呼，不知道姓名时，可直接称呼其职务，如"尊敬的人力资源部部长"。如果用人单位招聘简章上写明联系人的，直接发送给指定联系人即可。所以，求职信的称谓应根据具体情况灵活处理。写称谓要注意三点：①要致送个人，在求职单位后一定要出现受信人的准确姓名，不能笼统地写为"××公司人事部（或人力资源部）"，或不确切地写成"××公司相关人员"或"亲爱的先生或女士"；②要带上头衔，大多数主管人员对自己的职衔或官衔很敏感，绝对不可轻易省略或张冠李戴；③要内外有别，对内资企业或事业单位受信人称"同志"或官衔、职衔，对三资企业受信人在官衔、职衔后复称"先生""女士"，不能仅仅根据受信人姓名来判断其性别，千万不要写错性别。有时为了表示对对方的尊重，也可以在称谓前加上"尊敬的"等修饰语。称谓后面用冒号，下一行前空两格，写上"您好！""近好！"等以示对收信人的礼貌。

3. 正文

求职信的正文包括连接语、主体和结束语。一般要求写明应聘职位（明确提出所应聘的具体岗位名称，一定要有针对性，不能同时应聘多个岗位）、求职缘由（要把求职动机说清楚，应尽可能表现出你对目标岗位的熟悉和钟爱程度）、求职信息来源、个人基本情况、应聘所具备的条件、应聘愿望和要求等。

（1）连接语，一般包含三点内容：招聘信息的来源、致奉此信的心情、想要申请的职位（因为用人单位往往同时为多个岗位招聘人才，如不写清申请哪个岗位，用人单位将无法回复）。如"欣闻贵公司招聘广告设计员，我谨奉此信毛遂自荐，敬祈拨冗垂阅""近从网上获悉贵公司的招聘信息，特冒昧写信应聘机械设计师一职"。注意切勿以"我"字开头。连接语的表述应诚挚、简洁、明确，富于吸引力，给人以干脆利落、洗练明快之感。

（2）主体，这是求职信正文的核心部分，要着力呈现求职者的优势和特长，说明求职者的知识、经验、业绩、性格和能力。要让人感到，无论从哪个方面、哪个角度说，致信人都是最合适的人选。大体说来，能力介绍一般分三层来写。

第一层，概括介绍。简单介绍一下求职者的出身经历：姓名、性别、出生年月、所学专业、最高学历、主要经历（资历）等，使人对求职者有较全面客观的了解。（若附有简历的可从略，只说现在的身份。）

第二层，重点介绍。这一部分是求职信的关键，主要是针对用人单位的征招信息或者根据求职者了解到的用人单位的要求来具体地介绍自己，写出最关键的经历、最好的成绩、最重要的特长。这部分要围绕具体岗位的招聘条件来写，有针对性地推销自己，这部分是求职信的重点和难点,要写得有条理。一般可从三个层面来陈述。①专业背景。为增强求职的针对性,需要着重介绍自己的专业背景、知识结构、学科能力、学习成绩等。②专业技能。这部分要突出自己学以致用所具备的业务技能,对大学生来说,主要是突出自己参与科研实践、社会实践方面的经历和成绩。③综合能力。除了专业素养以外,还应介绍自己在校期间参与了哪些课外活动,取得了哪些成绩,可以用获奖情况来支撑,旨在说明自己的领导、组织和协调等社会活动能力。

重点介绍要注意这样几点。①与应聘岗位接轨。求职者应该采取换位思考的方法,通过分析用人单位提出的要求,了解他们的需要,然后有针对性地向他们提供自己的背景资料,表现出自己独到的智慧与才干。与所申请的职位紧密联系的特长、技能和经验是含金量最高的内容,申请不同的职业、岗位、职务,介绍的侧重点不尽相同,如申请技术工作,应着重讲专业理论素养和专业技能水平;申请营销工作,应着重讲营销的实践经验和营销实绩。②尽可能具体扎实。介绍专业特长,最好写围绕主体课程研读了本专业哪些学术名著,以显示求职者专业学习的深度及广度;介绍业务技能,最好详尽地写上专业技能实践经历和技能竞赛活动中的出色表现;介绍外语水平,最好能在说明考过大学生英语等级之后,强调求职者听、说、读、写、译的能力;介绍其他能力,要着重写组织能力、沟通能力、创新能力和吃苦精神。③巧妙地填补弱项。对于刚毕业的大学生来说,业务技能是一个普遍的弱项,而用人单位最重视的又恰恰是业务技能,那就要详细介绍在学校所参与的与专业相关的研讨活动、竞赛活动、实践活动等,介绍与专业相关的兼职打工、短期义工、社会调查等,写出重要的收获、经验与实绩,以此来突显求职者的优点和长处。④必要的技术处理。在行文格式上,需要特别强调的词语用另外一种字体打出,主要特长词句用加粗的字体显示,特别段落采取两端各缩进两字的方法处理,这样更能吸引招聘者的目光。重点介绍要达到的目的是:使聘用单位意识到本求职信撰写者正是他们招聘岗位的最佳人选。

第三层,其他介绍。求职信中还可以写进与用人单位需求有关的其他有利条件,如身体状况、爱好特长(酷爱球类运动、擅长书法绘画、喜欢吹拉弹唱等)。

能力介绍陈述完之后,再次提出求职意向,写明对此职业的热爱,对用人单位的信心,以引起阅信人的重视。如果在连接语中没有明确提出什么岗位,这里必须明确;如果在连接语中已明确应聘岗位,这里可笼统地写渴盼成为该单位的员工。写作这部分要注意三点:①前后呼应,注意岗位目标与主体部分陈述的才能与特长紧密吻合,不能出现错位;②目标明确,不能出于急于从业的愿望而说任何岗位都适合自己,"万金油"并非复合型人才;③得体恭维,赞赏对方引以自豪的社会形象、销售佳绩、文化亮点、先进理念、管理特色,将由衷赞美与求职意愿不露痕迹地交融在一起。

拟写主体部分要把定性的介绍和定量的介绍很好地结合起来,善于扬长避短,详尽而重点突出,简明而蕴含丰富,新颖而不落俗套。

(3) 结束语。在求职信的最后,要特别注意提醒聘人单位留意附呈的简历,并请求给予回应,以争取建立下一步的联系,获得面试的机会。紧接着用"随信附上个人简历一份,但愿也能引起您留意的兴趣,并企盼有获得贵公司赏识的荣幸""下页附上个人简历,恳望您百忙中垂阅,期待亲聆您的教诲"等收束。出于礼节,结尾还要写上简短敬语和祝词,如"谨祝贵公司发展前景无限美好""虔祝贵公司兴旺发达"等。结束语特别要注意:一不要限定时间,给人强迫之意(如"本人于6月5日要放假回家,敬请人事经理务必于6月1日前复信为盼");二不要自以为是,带有要挟意味(如"现已有多家公司要聘我,所以请贵公司从速答复")；三不要拉扯关系，企图以上压下（如"贵公司的××总经理很关心我的求职问题，特让我写信给您，请多关照"）；四不要虚夸海口，给人幼稚印象（如"给我一个机会，还您一个奇迹"之类）。

4. 落款

求职信的落款依次写出求职人姓名、日期、联系方式（如邮箱、邮编、地址、电话）。"求职人"或"应聘者"后要亲笔签名，以示尊重和诚意，并用"敬上""敬呈""谨上"等以表礼貌和谦逊。

5. 附件

随信附上个人自传或履历表、学历证明、成绩登记表、技术等级证明和各种获奖证书的复印件以及学校或专家推荐信等。最好在正文下方一一注明，既方便招聘单位审核，又给对方留下一个"有条不紊、认真负责、办事周到"的好印象。如果随求职信附上贴好邮票写上地址的信封，那将使用人单位更方便地和求职者取得联系，也足可显示求职者的主观能动性和从业自信心。

（三）撰拟要求

1. 深入了解，投其所需

撰拟求职信应该采取换位思考的方法，通过分析用人单位提出的要求，了解对方的需要，然后有针对性地提供自己的背景资料，表现出自己独到的智慧与才干。用人单位不一定需要"最好"的员工，但一定需要"最合适"某岗位的员工。要有清醒的自我评价，确定自己属于哪个层次，然后再决定向该层次的职位挑战。每份求职信均应根据自己所申请的职位量身定做，不要试图用同一封求职信"包打天下"。

2. 把握关键，重点突出

根据求职的目的来布局谋篇，把重要的内容放在篇首，对相同或相似的内容进行归类组合，段与段之间按逻辑顺序衔接。从阅信人的角度出发组织内容，谈"闪光点"切勿空泛，要落到实处，如说成绩优秀，不如说所列名次；说有社会经验，不如说参加何种调查、实践；说组织能力强，不如说组织过何种活动；说表达能力强，不如说参加过何种辩论赛或发表过哪几篇文章。

3. 如实自荐，以诚动人

实事求是地推销自己，这是撰拟求职信时应遵循的原则，既不能过分自信、目空一切，也不能一味谦逊、畏首畏尾。每介绍一段经历、一项业绩或提出某项目标、措施，都必须有据可依、恰如其分，使人信服，用成就和事实代替华而不实的修饰语。要如实地写出自己选择某项工作的原因，或者是为了发挥某项专长与特长，或者是为了照顾家里的老父老母，或者是受对方单位某些优越条件的吸引等。诚实永远是人们所追求的最美好的品质，更是用人单位衡量求职者的重要标准。

4. 以情感人，引发共鸣

揣摩对方心理，衡量彼此关系，采取相应对策，表述合情合理，设法引起对方共鸣，得到对方赞许。如果对方单位在自己家乡，则可充分表达为建设家乡贡献聪明才智的志向；如果对方单位在贫困地区，则要充分表达为改变贫困地区面貌而奋斗的决心；如果是通过亲友、熟人联系工作单位，则要动之以情，引起对方对往昔纯洁友谊、共同志趣的美好回忆。应适当地选用一些谦词、敬词，如"恳请""敬请""您""贵公司"等，以表达尊重之意。

5. 朴实稳重，谦逊得体

求职信的行文语气不能过于主观，过分自信。要尽量避免使用"我认为""我觉得""我感觉""我相信""我看""我想"等字眼说明观点，也忌用"我非常希望""我真的喜欢"之类的强调语气，陈述业绩也最好不用"我"字。学校和专业应写全称，绝不应该胡乱简写、省写。

6. 篇幅适宜，文笔生动

篇幅过长，陈述过分详细，则可能淹没重点，使招聘方望而生畏，难以细看；篇幅太短，陈述过于粗略，则可能遗漏重要的信息，难以完整而充分地展示自己的亮点。内容既要充实又要简洁，最好以 1～2 页为限（600～1000 字）。要注意语言鲜活，充满生气，富于变化，充分利用恰当的修辞、凝练的成语和生动的口语，使表述文情并茂。文面要整洁，布局要大雅，字迹要工整。

● 例文 6-3

求 职 信

尊敬的地产股份有限公司××总经理：

您好！

首先衷心感谢您在百忙之中抽出宝贵的时间查阅此份求职信。我叫××，是一名即将从××学院市场营销专业本科毕业的大学生，明年 6 月我将顺利毕业并获得管理学士学位。近期获知贵公司正在招聘市场营销人员，我自信能胜任这份工作。

通过三年半的学习和训练，我具备了扎实的专业理论知识和营销技能技巧。在大学期间，我在精通专业课教材的基础上，课余认真研读了菲利普·科特勒《科特勒谈营销》、唐·舒尔茨《整合营销传播》、迈克尔·波特《竞争战略》、杰克·特劳特《定位》、里斯·特劳特《营销革命》、约瑟夫·派恩《大规模定制》等世界营销名著，扩大了知识视野，深化了理论根基。与此同时，我积极从事商品营销实践，几年来，始终坚持练摊，在校园跳蚤市场上我获得了能够独立维持学习生活的收入。2008—2010 年三个暑假，我先后在××物流公司、××房产公司、××商栈实习，在亲身实践中巩固了所学的理论知识，并帮助实习单位培训营销人员。

2013 年 1 月，我顺利通过了国家英语四级考试，有着较好的阅读写作能力和口语表达能力；2014 年 9 月，我顺利通过国家计算机二级考试，能熟练地进行 xp 系统的相关操作，对网络技术也较了解，并精通 Office 办公软件，尤其是 Word、Excel、Powerpoint，能使用 QB、VFP 和 VB 等语言编程，并能熟练使用 Photoshop 进行图文处理及平面设计。另外，还能运用 Dream Wear、Fireworks 等软件进行相关工作。

除了专业课、文化课学习和实践，我还积极投身于学院社团工作，锻炼了自身的组织协调能力和团队协作精神，养成了脚踏实地办好每一件事的习惯，培养了吃苦耐劳、诚实守信的品质，坚强乐观的个性和开拓创新的精神。我相信这些素质将有助于本人在以后的工作和学习中克难奋进，有所建树。

我深知贵公司实力雄厚、经营有方，开发建设的楼盘，已分布在国内五大城市。因此，很希望能成为贵公司的一员，能到贵公司竭力尽才是我人生最大的幸运。随信附上一份简历，再次感谢您能抽出宝贵的时间垂阅，谢谢！

祝贵公司事业如日中天！

应聘人：××谨上
2018 年××月××日

联系地址：××省××市××区××栋××楼××室。

邮政编码：××　　联系电话：××

附：个人简历、毕业证书、学位证书、身份证、专业课程成绩单、专业技能等级证书、英语等级证书、计算机等级证书、获奖证书、荣誉证书复印件共××份。

【实训练习】

1.××中科石化集团到××石油化工学院招聘应届优秀大学毕业生，要求具有本科以上学历，招聘专业为机制、运输、设计，以上人员男女不限，要求诚实守信，德才兼备，身体健康，责任心强，吃苦肯学，愿意从事化学工作，有相关经验者、成绩优异者优先。请据此拟一份求职简历。

2.根据自己在校实际情况和在校期间的总体规划，合理构想自己的择业目标，写一封毕业求职信，并编制一份简历。要求求职信和简历内容统一，互为辉映，构成一套完整的求职资料。

3.请根据下面一则招聘启事，撰写一份求职简历。

招聘启事

××公司成立于××年，主营房地产开发与经营、物业管理、建材购销、房地产咨询等业务，现因公司业务发展需要，面向社会诚聘销售管理人员。愿您的加入给我们带来新的活力，我们也将为您提供广阔的发展空间！

（1）招聘要求：全日制本科以上学历，工作认真扎实，具有较强的沟通协调能力和团队协作意识，有责任心；专业、男女均不限，学生会或班干部优先录取。

（2）招聘人数：4～5人。

（3）招聘岗位：销售管理人员。

（4）主要职责：销售案场管理，联系房管局和银行，给客户办理按揭贷款，签订购房合同，办理房产证等业务。

（5）工资待遇：试用期基本工资××元/月，试用期3～6个月。试用期满考核合格，缴纳三险一金，实行基本工资加奖金的薪酬制度。

（6）报名方式：打电话报名登记，发送邮件投寄简历或直接到××销售部报名，并按报名顺序统一组织面试，可登录××网或××大学网查询招聘信息。

（7）报名日期：截止到××年××月××日。联系电话：××。联系人：王先生。

面试日期：××年××月××日(周六)上午9点（请带毕业证或学生证，近期一寸免冠照片1张，简历1份参加面试）

面试地点：××销售部(××路和××路交界口，××店对面)

××公司

××年××月××日

4.为了做好学院的宣传工作，学院学生会准备招聘一名宣传部部长。××系××班李芬同学觉得自己有下列优势：一是有绘画功底，高中时曾担任班级的美术课代表；二是喜欢写作，在校刊发表作品15篇，曾在市中学生作文竞赛获得二等奖；三是性格活泼，口才很好，有较强的交际能力，曾当过三次校园晚会节目主持人。请代李芬写一封求职信(所需相关内容请酌情补上)。

5. 王××，女，现年30岁，毕业于××大学市场营销专业，获学士学位。毕业后供职于××实业有限公司，从事营销工作，曾成功制定过几次营销策划方案，为××实业有限公司的经营活动打开了局面。2015年9月8日，她从《人才市场报》上看到索尼公司招聘营销经理的广告，为求得事业的更大发展，她想去该公司应聘，且希望索尼公司安排她面试。请代王××拟一封应聘书。

6. 小林是××大学中文系汉语言文学专业的应届毕业生，目前准备到三家用人单位分别应聘教师、文秘、新闻记者。那么，小林要写的三封求职信的主要内容应该有何区别？请拟写三封不同内容的求职信。

第二节　规划与竞聘

一、职业规划的写作

（一）文体概述

职业规划，是职业生涯规划的简称，是指在对一个人职业生涯的主客观条件进行测定、分析、总结研究的基础上，对自己的兴趣、爱好、能力、特长、经历及不足等各方面进行综合分析与权衡，结合时代特点，根据自己的职业倾向，确定其最佳的职业奋斗目标，并为实现这一目标所做出的行之有效的安排。

职业规划是个人进行职业规划的行动指南，要求结合自己的实际情况与社会需求，从专业、就业、职业等方面，按照"自我认知、职业认知、职业规划设计"三大步骤来进行职业生涯规划设计（包括职业规划备选方案）。职业规划应该具有可行性、客观性、预见性和个性化特征。可行性：只有在实际中可操作的职业规划才具有价值，因此要求在制作前期，尽可能多地收集相关领域的信息，多做调查，加深对实际状况的了解和理解。客观性：职业规划的内容必须是实事求是、毫无虚构的，其中不仅要包含对自身优势的分析，对不足之处也要有透彻剖析。预见性：对目标行业未来的发展趋势要有自己的理解和预判。个性化：职业规划一定是根据自身实际状况而量身定做出来的，别人的成功路径和模式，并不一定适合自己。

一份可行的职业规划，要考虑以下五方面的因素：①职业方向，职业规划的重中之重，直接决定了一个人今后的职业轨迹；②个人能力，结合自己的专业、兴趣、擅长的技能，可以推断自己适合哪个行业；③生计问题，不仅要考虑从事一份工作所能得到的薪酬和相关的福利，同样要注意这一工作的升值潜力；④行业状态，选择一份工作，就是在确定自己的未来职业生涯，所以，了解行业状态势在必行；⑤幸福指数，一个人幸福指数的高低，取决于很多因素，职业是其中的重要部分。

职业规划的基本过程包括以下六个方面：

1. 自我评估

一个有效的职业生涯设计必须是在充分且正确认识自身条件与相关环境的基础上进行的。要审视自己、认识自己、了解自己，做好自我评估，包括自己的兴趣、特长、性格、学识、技能、智商、情商、思维方式等，即要弄清我想干什么、我能干什么、我应该干什么、在众多的职业面前我会选择什么等问题。

2. 确立目标

确立目标是职业规划的关键,目标有短期目标、中期目标、长期目标和人生目标之分。长期目标需要个人经过长期艰苦努力、不懈奋斗才有可能实现,确立长期目标时要立足现实、慎重选择、全面考虑,使之既有现实性又有前瞻性。短期目标更具体,对人的影响也更直接,也是长期目标的组成部分。

3. 环境评价

职业规划还要充分认识与了解相关的环境,评估环境因素对自己职业生涯发展的影响,分析环境条件的特点、发展变化情况,把握环境因素的优势与限制。了解本专业、本行业的地位、形势以及发展趋势。

4. 职业定位

良好的职业定位是以自己的最佳才能、最优性格、最大兴趣、最有利的环境等信息为依据的。职业定位过程中要考虑性格与职业的匹配、兴趣与职业的匹配、特长与职业的匹配、专业与职业的匹配等。职业定位应注意:①依据客观现实,考虑个人与社会、单位的关系;②比较鉴别,比较不同职业的条件、要求、性质与自身条件的匹配情况,选择条件更合适、更符合自己特长,更感兴趣、经过努力能很快胜任、有发展前途的职业;③扬长避短,看主要方面,不要追求十全十美的职业;④审时度势,及时调整,要根据情况的变化及时调整择业目标,不能固执己见、一成不变。

5. 实施策略

实施策略就是要制定实现职业生涯目标的行动方案,要有具体的行为措施来保证。没有行动,职业目标只能是一种梦想。要制定周详的行动方案,更要去落实这一行动方案。

6. 评估与反馈

整个职业规划要在实施中去检验,看效果如何,及时诊断职业规划各个环节出现的问题,找出相应对策,进行调整与完善。

(二)行文格式

1. 卷首部分

(1)封面。职业规划的标题一般写为"职业生涯规划书"。

(2)扉页。填写规划人的真实姓名、笔名、性别、学院、班级、联系电话、邮箱、撰写时间等相关信息。

(3)目录。

(4)前言。主要是概括说明规划人目前的基本情况、规划的原因、依据、目的和方法。

2. 正文部分

1)自我分析

自我分析主要是指依据心理学的测评系统对自己的心理素质、人格特征等进行测评的基础上,结合自己的兴趣、爱好及以往的经历等加以综合评价,给自己"画像"。自我分析包括以下四方面的内容:

客观分析：主要依据现存的心理测评系统和软件，对自己的各方面（智力、职业兴趣、人格特质、职业倾向和能力、职业价值观）进行测评，形成分析报告。

主观分析：主要包括对个人兴趣爱好、个人性格特点、个人各方面能力和潜质及特殊才能、个人价值观念和追求的自我分析。另外还包括其他人对自己的评价内容。

以往的经历和目前处境分析：分析以往的学习与工作经历，尤其是取得引以为荣的成绩以及自己认识到的对自己影响特别重大的事件；目前的处境分析，比如处在人生的哪个阶段，正在做什么等；与自己职业生涯发展有密切关系的一些环境因素分析，比如家庭情况、对自己有帮助的人和事等。

根据自我分析结果，进行自我分析小结：职业兴趣、性格特征、职业价值观、学习风格和技能的优劣势，所对应的岗位特质，适宜和不适宜的工作等。

2）外部环境分析

在进行职业规划时，必须全面、客观、正确的分析和了解自己所处的环境和将要面临的环境，即在"知己"的基础上还要"知彼"，这样才能无往不胜。外部环境分析包括：家庭环境分析（如经济状况、家人期望、家族文化等对本人的影响）、学校环境分析（如学校特色、专业学习、实践经验等）、社会环境分析（社会经济环境、文化环境、人们的价值观念、就业环境和社会政治制度）、行业环境分析（职业的特点和要求，现有从业人员的情况，所在行业的发展情况、前景与趋势及其对从业人员的要求，未来有哪些行业可能会对你的目标职业有需求）。最后做环境分析小结。

3）职业定位

职业目标的设定是指在自我分析及外部环境分析的基础上，确立明确的职业定位。综合自我分析和职业分析的主要内容，得出本人职业定位的 SWOT 分析。内部因素即 strength（优势因素）和 weakness（弱势因素）；外部因素，即 opportunity（机会因素）和 threat（威胁因素）。

职业认知小结过后，要拟一份职业定位一览表，项目包括：职业目标、职业发展策略、职业发展路径、具体路径等。

4）行动计划及目标实现策略

目标实现策略即行动计划，通过各种积极的具体措施与行动去争取职业生涯目标的实现。也就是说，在职业生涯规划书中，对如何实现自己的职业生涯目标制定一个比较详细而又切实可行的行动计划和策略方案。

制定行动计划一览表，项目包括：短期目标、中期目标、长期目标、人生目标等。短期目标通常是指一至两年内的目标，是中期目标和长期目标的具体化、现实化和可操作化，是最清楚的目标。中期目标一般为三到五年，它相对长期目标要具体一些，如参加一些旨在提高技术水平的培训并获得等级证书等。长期目标是时间为五年以上的目标，它通常比较粗略、不具体，可能随着企业内外部形势的变化而变化，在设计时以画轮廓为主。人生目标是指整个人生的发展目标，时间可长至四十年左右。一般说来，短期目标服从于中期目标，中期目标服从于长期目标，长期目标又服从于人生目标。具体实施，通常是从具体的、短期的目标开始。

制定详细的执行计划：要分清职业规划各个阶段的目标，并以人生目标为准绳，确定行动策略，平衡各个目标，使其协调发展。

5）评估与反馈

职业规划是个动态的过程，在职业规划过程中要根据实际情况自觉地总结经验和教训，修正对自我的认知和对最终职业生涯目标的界定。评估与反馈的过程是个人对自己不断认识的过程,也是对社会不断认识的过程,是使职业规划更加有效的有力手段。评估与反馈过程包括以下几个方面:

评估内容。自我认知评估(是否存在误区)、职业目标评估(是否需要重新选择职业)、职业路径评估(是否需要调整发展方向)、实施策略评估(是否需要改变行动策略)、其他因素评估(身体、家庭、经济状况以及机遇、意外情况的及时评估)。

评估时间。根据实际情况设定评估周期(或半年或一年),当出现特殊情况时,应随时评估并进行相应的调整。

评估调整。由于社会环境、家庭环境、组织环境、个人成长曲线等变化,以及各种不可预测因素的影响,一个人的职业生涯发展往往不是一帆风顺的。为了更好地主动把握人生,适应千变万化的职场世界,拟订一份备选的职业规划方案是十分必要的。

6) 结束语

职业规划的结束语主要表达实现职业生涯发展的热望和信心。

(三) 撰拟要求

1. 写作原则

职业规划的写作原则:过去、现在和未来统一;自我发展与社会、组织发展统一;理想与现实统一;目标选择与职业发展要素统一;目标的一致性与目标再选择的统一;版面设计与职业生涯目标的统一。

2. 写作要求

职业规划的写作要求:①自我分析要深入、清晰,个人素质测评结果要客观真实地反映在规划中,并与职业生涯目标选择紧密联系;②对目标职业及其所处行业的认识要到位,分析要透彻;③行动策略和职业发展路线描述恰当,计划和实施策略要详细具体,不能草草了事;④要充分重视反馈与调整部分,要在实践的过程中认真评估调整,避免虎头蛇尾;⑤内容完整,格式清晰,版面美观大方,创意新颖,能充分体现个性而不落俗套,杜绝千篇一律,不能有错别字。

● 例文 6-4

个人职业生涯规划设计书

蒋白云

引言:在今天这个人才竞争的时代,对每个人而言,职业生命是有限的,如果不进行有效的规划,势必会造成生命和时间的浪费。作为当代大学生,若是带着一脸茫然踏入这个拥挤的社会,怎能满足社会的需要,使自己占有一席之地?根据个人兴趣、环境分析和职业测评的结果,我试着为自己拟订一份职业生涯规划,希望自己能立足当下,放眼未来,搭建一个施展才华、回馈社会的广阔舞台。

一、自我认知

根据"霍兰德职业兴趣测评"与"荣格心理测试"等专业测试,并结合自我认知与周围人的评价,我对自己做出如下客观的分析:

1. 性格、兴趣爱好和技能

性格：乐观开朗、善于自我控制、较为执着、认真负责。

兴趣爱好：阅读、旅行、摄影、听音乐、播音主持。

技能：沟通能力与语言表达能力较好，多次主持学院大型晚会及活动。

2. 性格特征

1) 性格的态度特征

"路漫漫其修远兮，吾将上下而求索"是我的人生观，人生的路很长，世界很大，我们不应该永远停留在一个地方，欣赏一处美景。上天赋予我们生命的时间是如此短暂，我们更应该利用有限的生命光阴，去发掘对我们而言充满无限价值的东西。

"严于律己，宽以待人"是我的人生态度。对自己要求严格，具有自律精神和自控能力，能把握自己生活的主导权，对于自己不能控制的事情，应该表现出最大程度的从容与宽容。

2) 性格的意志特征

我较为冷静，生活中平易近人、热心热情，愿意接纳他人的观点，且重视人际互动。但有时较为内敛，需要依靠他人指点与领导。若有了明确的目标，我会意志坚定，执行力也较强，但出现困难，自己无法掌控时，易听取他人意见，易动摇。

3) 性格的情感特征

在思维方式上，我属于偏理性的类型，能够从事物本身思考，冷静沉着地分析及面对事物。但有时会有些许的敏感，处理一些事件的时候会缺乏果断，不够坚决。

3. 个人特质

综合特质：为人友善，实事求是，重视他人，善于沟通。

能力优势：有较为坚定的主张，可靠周全，有良好的适应力、沟通能力及表达能力。

人际关系：与周围的人关系融洽，有较强的团队合作意识。

激励因子：自我积极的心理暗示，知识和技能的积累，他人的正面评价。

实例验证：参与促销活动，策划朗诵比赛，街头派发传单，关心孤寡老人，主持大型晚会，参与各种比赛。

4. 同学好友及家人的评价

（1）同学好友评价：是一个开朗、易相处的人，做事认真，体谅他人，尊重约定；欠缺对新事物的洞察力和尝试力。

（2）家人评价：性格较为温顺，主动性较强，但抗压能力有待提高，要培养逻辑思考和理论应用的能力。

5. 职业兴趣

社会型。得分：7。热情开朗，善于言谈，乐于与人相处，给人提供帮助，具有人道主义倾向，责任心也较强。实例验证：①参加"关爱孤寡老人"的实践活动；②课余兼职促销类工作。

企业型。得分：7。灵活主动、独立性强、长于经营，喜欢影响、管理、领导他人；自信，支配欲、冒险性强。实例验证：①高中时担任播音主持社团社长；②策划并组织了社团的朗诵比赛。

常规型。得分：6。做事踏实，具有耐心。喜欢高度有序、要求明晰的工作，工作仔细、有毅力。实例验证：课余时间从事兼职，有促销类、传单派发、店面导购、培训招生等工作。

现实型。得分：3。技术类工作者。

艺术型。得分：3。感情丰富、想象力强。

研究型。得分:3。理论思维或偏爱数理统计工作。

测评结果小结:我的职业兴趣偏向社会型、企业型、常规型。社会型的人适合的职业领域有学校教育以及社会教育方面、医疗与保健方面、各种直接为人服务的和商品营销方面的职业等。企业型的人适合管理、市场和销售类的工作。常规型的人对社会地位、社会评价比较在意。因此,我认为我适合从事和人打交道的公关策划类工作。

6.职业能力

1)专业知识和技能

知识储备:营销与策划专业是我院在2010年新开设的专业,院领导非常重视营销班的培养与发展。作为第一届营销班学生,学院领导与老师对我们投入了极大的关注与支持。学院开设了专业的知识课程和丰富的辅助课程,图书馆购进了大量相关的图书文集,为我们学习专业知识提供了优良的条件和设施。我个人在学习上态度认真,勤于思考,学业成绩优良,为我在日后的就业打下了坚实的基础。

技能训练:从事营销策划类工作,除了有丰富的理论基础外,还需要培养自己的实践能力。学院每个学期都会安排相应课程进行实训训练。在实训中,我们的个人动手能力和独立思考能力都得到了提高。我个人还经常参加班级和学院组织的活动,锻炼自己的胆量、语言表达及沟通能力等。在这些过程中,我不仅结识了许多好友,还锻炼并增长了自己的能力。

2)获奖与实践情况

获奖情况:获得2011年度国家励志奖学金;被评为学院三好学生、优秀团干;荣获学院第五届校园主持人大赛最佳女主持;学院第四届五四朗诵比赛一等奖。

实践情况:平时利用假期出去从事兼职工作,我做过培训班招生、房地产行销与传单派发、促销类工作,在专卖店里做过导购。这些兼职经验提高了我的沟通能力,对社会的认知和适应能力也得到相应的提升。在校期间,我积极参与班级和学院的活动,例如参与党校组织的敬老院之行,主持班级的组织生活会,主持学院各类晚会与活动。这些实践活动的参与,不仅培养了我与人交流方面的能力,也提升了个人素养与品德层次。

自我认知结果小结:经过一系列的职业测评及自我分析,我确定了自己的职业方向及行动目标。

职业方向:公关策划类。

行动目标:销售或广告人员→公关策划助理→公关策划专员→公关策划主管→公关策划经理。

二、环境分析

1.就业环境

1)就业现状

据有关数据显示:2008年的全球金融危机,我国近10万家企业倒闭,大批农民工返乡;高校持续扩招,2009年我国大学毕业生约为610万人,而到2010年就递增到630万人,2011年更是高达660万人。加上还有大量应届、未就业的往届毕业生需要就业,传统就业渠道的吸纳能力又在减弱,至2010年底,我国新增约1200万失业人口。由此可见,就业形势相当严峻。

2)就业政策

国务院下发了《关于加强普通高等学校毕业生就业工作的通知》,提出鼓励毕业生到中小企业和非公有制企业就业,鼓励和支持毕业生自主创业。各种大学生职业规划和创业比赛也得到更多大学生的关注。高校也开设职业生涯规划课程,以提升学生的职业素养,加强学生的创业意识。

3)就业期望

我期望首先完成本阶段的学业,夯实自己的专业知识和技能基础,并且取得助理策划师的资格,同时不断地提高自己的策划水平;然后在知名的公关策划类公司,从基层做起,打磨训练自己。在这个过程中,我期望自己能通过自考或其他途径学习公关策划专业知识,扩大知识面,并提高自己的学历层次。在3~5年内取得中级公关师和高级公关师的职业资格认证。

2. 学院环境

我现在所就读的学校是湖南工业职业技术学院,是国家100所示范性大专院校之一。这里培养出众多基础扎实、实践能力强、综合素质高的毕业生。我是经济管理系的一员,经管系拥有人性化的管理方式,先进的教学理念,丰富的学习资源,和谐的人文环境,使我各方面的能力都在提升当中。作为第一届营销与策划专业的学生,学院领导非常重视对我们的培养,开设了专业的知识课程和丰富的辅助课程,为我们提供了科学的、全方位的教育模式。

3. 家庭环境

(1)家庭分析:父亲是一名普通的公司职员,母亲无工作,兄长在当地环保局任办公室副主任,且有堂哥堂姐在深圳打拼,可为我日后的就业提供相应的形势分析。

(2)经济分析:家庭经济条件一般,父母负担重,兄长也在个人事业发展中,提供经济帮助的支持较少。

4. 公关策划师的职业环境

1)职业背景

随着北方的"飞天计划""中原商战",南方的"碧桂园神话""健力宝旋风"等实践,公关策划行业以势不可挡的态势迅猛发展,成为新的经济增长点。市场对公关策划师的要求也较高,公关策划师需要为企事业单位提供"信息传播,关系协调,形象管理"等一系列专业服务,要求公关人员具备公共关系理论与实务相结合的综合素质。公关策划的过程是一个极具科学性的系统工程,是集诊断、调研、思考、创意、点子、设计、决策实施于一体的一连串的智慧的过程。公关策划师的工作是制定企业的公关策略和公关方案;根据企业需要,策划、筹备、实施大型公关活动;提供市场开拓及展会、现场会等方面的公关策略支持;建立并维护良好的媒体关系;建立大客户档案并跟进服务。

2)现状与前景

创意改变命运,策划引领未来。主宰21世纪商业命脉的将是策划,谁占领了策划的制高点谁就能取得先机。据不完全统计,全国4000万家企事业单位,获得策划师资质的还不到3万人,市场需求缺口达1000余万人。我国策划人才紧缺,企业渴望懂得行业操守的策划人才,75%的企业急需聘用合格的策划人才。据劳动保障部门的统计:中国1838个职业中还没有广义上的策划人。仅以上海的调查为例,从事策划工作的公关、咨询等公司有1000家以上,从业人员也数以万计,但真正具备策划从业资格、受过专业训练的人却寥寥无几。目前,越来越多的企业开始重视自身企业对外的形象树立,而公关的出现正好可以满足企业的这一需求。根据这种情况,可知专业的公关策划师目前是市场急需的,公关策划师的就业空间广阔,就业前景光明。

3）职业需求

从事公关策划工作的人，需要创造性的思维，具有较高的获取、领会和理解外界信息的能力，以及较好的文案写作能力，同时还应该具有敏锐的洞察力，较强的客户沟通能力及亲和力，较强的公关活动策划能力、组织能力及现场控制能力。

三、职业决策

1. SWOT分析

内部因素：

优势（S）：①乐观开朗，亲和力强，善于沟通，执行力强；②富有责任心，能吃苦耐劳；③语言表达能力和文字书写应用能力强；④能坚持体育锻炼，身体素质好；⑤普通话标准，应变能力较强。

弱势（W）：①学历有待提高；②社会经验不足；③较为固执；④协作能力还需要提高；⑤组织能力和领导能力有待加强；⑥缺乏公关方面的专业知识。

外部因素：

机会（O）：①公关行业需求大，前景广阔；②时机成熟可进行自主创业；③公关行业多与媒体打交道，有机会跨行进入媒体行业。

威胁（T）：①公关行业发展迅猛，大批公关人才出现；②社会对公关策划师的要求越来越高；③来自社会对公关行业的误解。

2. 差距弥补策略

在校期间，我会着重培养自己与人沟通的能力，掌握人际关系的处理方法，积极参加社会实践，形成良好的团队协作精神，并培养自己的人际脉络。主动地去学习与公关策划相关的专业知识，积累更多更广的课外知识。多向老师同学请教，向前辈们学习，注重自身品格和能力的均衡发展。

假如就业时公关策划行业的前景不再广阔，我将坦然面对，先找一份工作养活自己，并且继续虚心努力，不断学习，着重沟通能力、策划创新能力等知识素养的巩固加强。在人际关系的营建，职业环境的熟悉与相关经验方面的积累后，再去争取更好的职位与发展，最终创造自己的社会价值，并实现自己的人生价值！

3. 可行性分析

首先，我个人对公关策划非常感兴趣，平时在校经常主持活动，对一些活动的流程十分清楚。主持给我带来了性格的开朗，锻炼了我的沟通能力、语言表达能力及应变能力。这些能力的培养对于我从事公关策划这一职业是加分的。

其次，毕业后可能还不能马上从事公关工作，需要从基层的营销员或广告文案员做起，这恰好可以应用我所学的营销策划方面的专业知识。在这个过程中，我能够积累经验，并且可以抽时间去学习公关方面的专业知识。同时，在毕业后我将继续进行学历及学识的提升，不断学习公关方向的理论知识，并且将这些理论知识与实际工作相结合，来丰富自己在公关专业上的见识。

最后，公关策划行业就业需求大，需要具有认证资格的专业人士，而恰巧我国这类专业人士不多。所以，我相信，只要我能竭尽全力，善于把握机会，就一定能够实现自己的职业愿望，让我的职业生涯更加精彩。

4. 备选目标职业

婚礼策划专员、行政专员、营销专员。

四、计划及路径

1. 发展计划

短期计划(大三,2012—2013年)。总目标:①考取助理营销师证;②考取高级文秘证。策略与措施:①学好自身的专业知识,为今后积累公关知识打下基础;②报考高秘,为以后就业提供更多选择机会;③多看有关公关策划方面的书籍或电视节目等;④有意识地培养自己文案策划书的写作能力。

短后期计划(2013—2014年)。总目标:成为一名优秀的营销人员。策略与措施:①毕业后选择与公关靠近的行业进行营销工作的学习;②边工作边报考自考,选择公关类的专业,学习相关知识,提升学历;③参与公关策划培训,考取初级公关资格认证。

中期计划(2014—2016年)。总目标:从公关策划助理开始做起,做到公关策划的主管。策略与措施:2014年选择一家公关策划公司从事公关策划助理,并参与培训,积极请教前辈,考取中级公关资格认证,成为公司的公关策划专员;2015年加强沟通能力,扩大知识面,与同事上司保持良好的关系,认真工作;2016年争取好的业绩,努力成为公关策划主管。

后期计划(2017—2020年)。总目标:①成为一名优秀的公关策划经理;②组建家庭。策略与措施:在工作中重视人才的培养,拥有自己的人才团队,能够独立完成公关项目。

2. 个人职业发展路径

销售或广告人员→公关策划助理→公关策划专员→公关策划主管→公关策划经理

五、调整与评估

这个职业规划是针对我整个职业生涯设计的。虽然我认为它具有可行性、现实性和灵活性。但是,客观环境是变化的,许多困难都没法预料。然而,任何设计都可以根据客观情况的变动和采取迂回或灵活的方式来达到想要的效果。

评估要素:个人素质能力,家庭因素,社会因素,行业因素。

调整原则:以长远目标为出发点,综合评估和分析,尊重个人意愿,考虑家人感受。

毕业前的计划和就业取向调整性不大,主要是中期计划(2014—2016年)需要及时评估和调整。中期阶段是计划从公关策划助理开始做起,做到公关策划主管的阶段,在这个阶段中,我会努力考取中级公关资格认证,积累知识,提高能力。当行业发展到饱和状态时,可能会选择其他策划行业,例如:会展策划、广告策划等。如果有更好的机会,可以转行到媒体行业发展。在后期阶段(2017—2020年),如果没有成为公关策划经理,但是积累了丰富的策划经验,可以考虑自主创业。

1. 职业目标

| 成为优秀的公关策划经理 | → | 转行媒介行业或自己成立公关公司 |

2. 职业路径

| 营销人员,助理公关策划,公关专员,公关主管,公关经理,公关总监 | → | 营销人员,助理公关,公关专员,媒介人员或公关经理 |

3. 实施计划

| 学习,就业 | → | 学习,就业,创业 |

结束语:

人生本就是一场现在与未来的追逐,当现在追上未来,两者同时撞在终点线,人生便戛然而止,世界灿烂依旧。一个人若是看不到未来,就掌握不住现在;一个人若是掌握不住现在,就看不到未来。所以,我会把握现在、展望未来,用积极的心态去面对生活,奋力实现理想。虽然过程中会遇到诸多困难,但是理想的光辉会指引我们在黑暗中找到灵魂的闪亮,绽放出自己的光芒。

(本文选自湖南工业职业技术学院网站,有删改)

二、竞聘报告的写作

(一)文体概述

竞聘报告指竞聘者通过报告来展示个人才华,表达个人意愿,谋求实现个人理想与抱负的机会,向听众推销自我,以得到听众的赞赏和认同的报告。它既是竞聘者能否被聘用的重要文字依据,也是组织人事部门用以考核干部的重要档案资料。在公开招聘过程中,怎样能使对方了解自己、相信自己并委任自己,使自己"中标受聘",竞聘报告将起关键作用。所以,竞聘者要在竞聘报告的写作上下一番功夫。

竞聘报告具有内容的竞争性、目标的明确性、主题的集中性和思路的程序性。内容的竞争性是它最突出的特点,竞聘过程是比较、筛选的过程,竞聘者要尽最大可能显出"人无我有,人有我强,人强我新"胜人一筹的优势来,甚至化劣为优,只有这样才有可能战胜对手。目标的明确性,一是要鲜明地亮出自己所要竞聘的目标,二是所选用的一切材料和运用的一切手法也都是为了一个目标——使自己竞聘成功。主题的集中性,竞聘报告要在有限的时间内将自己最大的优势展示出来,就必须集中讲述的精华,语不离宗,不枝不蔓,重点突出。思路的程序性,竞聘者的思维脉络一定要讲究顺序,层次分明,环环相扣,充分显示出思考的成熟。

为写出成功的竞聘报告,动笔前须考虑如下问题。①为什么要报告——报告的目的。向听众展示竞聘者的才华、品格、风度,证明自己是一个优秀的人选,博得听众的好感与赞许,最终争取到所应聘的职务和职位,是竞聘者的中心任务。②对谁报告——报告的对象。竞聘者的听众很特别,有面试考官,有同场竞争者,还有少数其他听众,竞聘者主要是面对考官报告。③准备说些什么——报告的内容。要用事实证明竞聘者的知识和技能、工作经验、爱好、特长等适合应聘职位的要求,有针对性地提出既符合客观实际又切实可行的工作构想。另外,要强调求职的信念和决心。④准备怎样说——报告的结构。竞聘者要考虑好先讲什么,后讲什么,重点讲什么,附带讲什么,要分清主次先后、轻重缓急,分配好报告的时间。

(二)行文格式

一篇成功的竞聘报告应当由如下要素组成:

1. 简洁的标题与得体的称谓

标题是竞聘报告的有机组成部分,标题一般有三种写法:一种是文种标题法,即只标"我的竞聘报告";一种是公文式标题,一般由介词"关于"加所竞聘的职务名称及文种等要素组成,即写为"关于竞聘××一职的报告";还有一种是文章标题法,可用单行标题拟制,也可采用正副标题形式,如"扬起自信的风帆——远航文学社社长竞聘演说词"。

称谓,要根据报告的场合确定合适的称谓,从实际情况来看,大多采用泛指性称谓,如

"各位评委""各位领导、同志们"等。得体的称谓体现出竞聘者对听众的尊重,有利于比较自然地导入下文。称谓的位置在标题之下,靠左顶格。

2. 精彩的开篇

竞聘者应精心设计报告的开篇,讲清自己所竞聘的职务和竞聘的缘由,把听众带进自己创设的报告情境中,从而提升自己的人气,在竞聘中胜出。开篇应以新颖引人为宜,新颖是制胜的法宝,唯其新颖别致,才能吸引人、打动人,才能收到受人瞩目的效果。常见的开篇方式有以下几种。①感谢式,用诚挚的心情表达谢意。②概述式,概括叙述自己应聘的岗位以及竞聘报告的主要内容。③简介式,简要介绍自己的经历、性格特征,让听众对自己有初步的了解。开篇部分一定要开门见山、干脆利落,用极其扼要的语言表达出所要竞聘的职位名称以及竞聘者的基本情况,尽快切入正题。

3. 丰富的主体

主体部分是竞聘报告的重点和核心,也是写作的难点所在。它要充分有力地表述出竞聘者竞聘该职务的优势(理由)以及被聘用以后对工作的主要设想、目标和打算,从而有效地"征服"听众,实现报告的目的。在写法上的一般要求是做到主旨突出,层次清晰,上承开头,下联结尾,一般包括以下几方面的内容:

(1)陈述竞聘的主要优势。这一部分实际上是说明为什么要应聘、凭什么应聘的问题。介绍自己的基本情况(年龄、政治面貌、学历、现任职务等),摆出自己的主要优势(政治品德、主要特长和工作业绩)。要归纳为几个方面,进行集中阐述,不是叙述自己工作时间的长短,而是突出和竞聘岗位相关的经历和业务能力。内容应根据竞聘岗位的职能情况有所取舍,力求精要,切忌面面俱到;应多用事实说话,切忌夸夸其谈,可以结合自己前一时期的工作来写,如自己曾做过什么相关的工作,效果如何,从中展露自己的水平、能力、知识和才华。在展示自己的优势时,不能报流水账,要善于归纳并用简洁的语言加入段首提要,再以事实和数据佐证。

(2)对应聘岗位职责的认识,即对竞聘工作提出自己独到的见解。竞聘前,要充分了解招聘单位和应聘岗位的情况,只有明确岗位职责,才能有的放矢地提出该岗位的工作目标、工作设想和打算。如一篇竞聘编辑室主任的报告是这样写的:"策划选题、组织稿件、编辑书稿是出版工作的关键环节,也是出版社工作的重中之重。编辑室是承担这一重任的基层组织,编辑室主任应发挥以下三个方面的作用:桥梁作用——室主任要成为领导的助手、群众的知音;领导作用——组织本室成员积极开展工作,落实社里的计划;协调作用——既要协调本室工作,又要和其他部门相互协调,合理安排人力、时间,妥善安排好各项工作。"

(3)表明自己任职后的打算。应聘后的工作目标与措施是竞聘报告的重要内容,是能获得听众的信任和支持的重要前提。竞聘者必须根据本系统、本单位及本地区的实际,围绕听众关注的热点、难点,提出明确的工作目标、效益指标和公众受益指标、切实可行的措施(完成任务指标的设想),内容既要实在,又要体现创新精神,力求达到客观性、可行性和先进性的统一,做到言出可行,语出必果,目标高低适度,措施科学适宜,以增强竞聘报告的感召力和聚合力。使人听了觉得竞聘者有雄心壮志,有务实精神,有办事能力,任职后能够胜任工作,必将取得出色成绩。如一位竞聘学校教研室主任的竞聘者陈述:"假如我能竞聘成功,我将努力扮演好以下几种角色:一是以身作则,当好科研兴校的'领头雁';二是立足本职,当好领导决策的'参谋者';三是脚踏实地,当好教师科研的'服务员';四是与时俱进,当好学校科研的'管理员';五是甘为人梯,当好青年教师的'辅导员'。说到这里,我想起了阿基米德的一句名言:'给我一个支点,我可以撬起整个地球。'但在这里,我不敢高喊这类豪言壮语,只想表达一个愿望,那就是:给我一个舞台,我会为学校的发展尽一份责任。"

4. 凝练的结尾

结尾是主体内容的自然延伸,一要写出自己竞聘的决心和信心,请求有关部门和代表考虑自己的愿望和请求;二要表明自己能官能民的态度。好的结尾应写得恳切、有力,意近旨远,使人闭目能为之长思,加深评选者对竞聘者的良好印象,从而有利于竞聘成功。此部分要写得简明扼要,自然贴切,画龙点睛,意尽即止。常见的结尾方式有以下几种:

(1) 卒章言志式。竞聘者表明自己"上任"后的抱负和决心,如"如能蒙贵公司不弃,有幸成为贵公司的一员,我将竭尽所学,为贵单位的发展贡献自己的一份力量。"

(2) 祈请支持式。表达自己对竞聘上岗的信心,恳请得到大家的支持和帮助,如"同志们,朋友们,请大家助我一'笔'之力投我一票吧,因为选我就等于选了你自己!"

(3) 以"谢"圆场式。当竞聘报告结束时,礼貌地说声"谢谢",如"今天天气这么冷大家还都来捧场,这使我非常感动。无论我竞聘是否成功,都要向各位领导、评委和在座的朋友们表示深深的谢意!"

(4) 巧借"东风"式。借他人报告结尾作为自己的结尾,如"朋友们,至于决心在这里我也就不表了,因为前面每一位竞聘者的心声就是我的心声,他们的决心就是我的决心!"

(5) 借景抒情式。巧妙地借用当时的情景来抒情表志,如"同志们,听着窗外响起的阵阵春雷,我的心中不由得一震,我要张开双臂,为春雷春雨的到来而欢呼!"

(6) 设问收束式。以设问引起听众注意,然后铿锵作答,如"也许你们会想:你的想法倒挺好,可实现得了吗?古语说得好'人心齐,泰山移',如果在座的各位都撸起袖子和我一起干,我敢肯定,不久的将来,梦想定会变成现实!"

(7) 欲说还休式。突然煞住,干脆利落,耐人寻味,如"最后,我也不想再表白什么了,天地之间有杆秤,那秤砣就是老百姓,我相信大家的眼睛。谢谢!"

(8) 名言作结式。引用名言、警句,巧妙表达心迹,如"古人说:'不可以一时之得意,而自夸其能;亦不可以一时之失意,而自坠其志。'我将以这句话自勉。最后以一副对联来结束我的报告,上联是'成固可喜,宠辱不惊看花开花落',下联是'败亦无悔,去留无意随云卷云舒',横批是'与时俱进'。希望领导和同志们支持我!谢谢大家!"

结尾同开头一样,也没有固定的程式,只要敢于创新,不拘一格,就会创造出精彩、新颖、言已尽而意无穷的结尾来。

(三) 撰拟要求

竞聘报告的内容各不相同,在组织材料时既要考虑听众,又要记住自己的竞聘目的,注意处理好朴实与生动、直率与含蓄、严肃与幽默、自信与谦恭、理智与情感的关系。一份优秀的竞聘报告要做到自信而不妄自尊大,自谦而不妄自菲薄,以诚恳热情的语言感染评委和听众。

1. 表达自我,把握好度

竞聘报告主要是展示自身优势,从而赢得人们的信任和支持。既要展示特长,展示实绩,也要展示德行,但又不能说得过头,不可铺张扬厉,不宜写得过于具体,使听众了解即可。对于同一类工作业绩或成果(如科研项目),如果不止一项,一般选择其中一两个突出的加以介绍,而不必细大不捐、面面俱到。要做到既突出了重点,又不致给人啰唆之感。讲优势要把握好度,讲缺点点到为止,既承认有不足,又含而不露,恰到好处。

2. 针对性强,具体实在

竞聘报告必须紧紧围绕竞聘的主旨展开论述,凡是与竞聘岗位相关的学历、经历、能力及个性特征都要重点介绍,而且要言之有物,最好以曾经获得的殊荣、奖励加以证明,以公认的良好的个人条件来印证;切忌用鉴定式的语言、大而空的套话来勾画自己。陈述竞聘成功后所要达到的工作目标以及保证目标实现拟采取的各种措施时,要有充足的事实、中肯的分析和透彻的说理,以真实、自然而又强烈的主观感情来震撼听众的心灵。唯有如此,才能有效地提高竞聘的成功率。

3. 结构清晰,篇幅适宜

竞聘报告要有一个清晰严密的结构,论证说理过程要层次分明、简明扼要,要让听众听起来清楚、顺耳。要有重点地讲清一两个问题,恰当地处理内容的主次详略,而不追求全面完整。篇幅长短适度,太短,不足以充分具体地说明问题,不足以充分展示竞聘优势;过长,又往往达不到预期的效果,甚至使听众产生厌倦情绪。听众的注意力和兴奋点有一定的时间限度,超过一定的限度,就会削弱报告的效果。竞聘报告大多有时间限制,一般在 10～15 分钟左右,文稿以不超过 2000 字为宜。

4. 适应场合,语言质朴

竞聘报告必须适合报告的场合,必须符合竞聘者的身份,并能显示出其个性特色。要多用符合口语表达习惯和听觉习惯的句子,避免书面语过多的倾向。表述要富于幽默感,适时融入幽默的语句,容易赢得欢笑和好感;诙谐的真话笑说,比庄重严肃的表白更易深入人心。竞聘报告不同于演讲词,不宜刻意追求气氛的烘托和渲染,避免过多使用带有文学色彩的语句,避免采用抒情的表述方式。不说大话空话,不漏说错说,不说外行话,力避"啊""是吧""这个""那个"等口头禅。

● 例文 6-5

让编辑出版事业的明天更加美好

尊敬的各位评委、老师:

大家好!

有一座铁塔已矗立千年,那便是开封铁塔;有一所学府将年满百岁,那便是巍巍河大。我是来自河南大学新闻与传播学院编辑出版专业的王慧仙,今天,我应聘的岗位是编辑。

从小,我就是一个嗜书如命的孩子,只要手里捧着书,我就感到格外地兴奋,只要眼睛看着文字,我就觉得异样地愉悦。书,让我由无知变得聪颖,由狭隘变得开阔,由幼稚变得成熟,由胆小怯懦变得乐观豁达。既然书有这么多好处,那么这些好书又是谁编的呢?我对此产生了好奇。妈妈告诉我:"书要经过编辑的编纂才能成册。"于是,我对编辑油然而生一种敬佩,心里也暗暗埋下了一颗长大后要当编辑的种子。

二十岁的时候,我跨入了开封市明伦街 85 号,走进新闻与传播学院,开始了大学四年的学习生涯。古朴典雅的河大校园,处处可以看见同学们孜孜以求的身影。在浓厚的学习氛围中,我开始接触自己的专业并逐渐了解它的特点。编辑出版专业是一个综合性较强的专业,它内容丰富,包罗万象;它兼收并蓄,博采百家之长;它浩浩荡荡,横无际涯;它思接千载,视通四面八方。它要求我们具备渊博的学识、精确的思辨和过硬的文笔;它要求我们在继承中发展,在发展中创新;它要求我们精密策划,精心加工,锦上添花,拾遗补阙,精雕细刻,一丝不苟,精益求精,尽善尽美。正因为这个专业极具挑战性,我们的学习才更富有意义。当我走完全程,回顾大学四年中那些令人难忘的点点滴滴时,发现自己已在不知不觉中收获了许多,在潜移默化中成长了许多。

今天,我怀着无比激动的心情站在首届大学生求职竞聘的舞台上,那我就打开天窗说亮话,我想竞聘的就是我的老本行——编辑。首先,我是这个专业出身,所以上手比较快,可以节省公司用来培训员工的时间,提高效率;其次,我勤奋敬业,踏实肯干,不敷衍了事,不浮躁轻狂,这样可以减少公司因产品质量不合格而造成的麻烦和损失,为公司树立良好的信誉和形象;最后,我目光敏锐,关注新生力量,我能在未成熟的作品中发现名篇佳作,在未成名的作者中发现英才俊杰,这样有利于公司实现社会效益和经济效益的双赢。

假如我有幸成为一名真正的编辑,我将义不容辞地承担起自己肩负的责任。我将使自己成为读者的知己、作者的知音,架起读者与作者之间沟通交流的桥梁;我会保证出版物的健康和纯净,取其精华,去其糟粕,拒绝文化垃圾,剔除低级庸俗,鞭挞不正之风,弘扬时代主旋律;我会以建设有中国特色的社会主义文化为己任,始终坚持为人民服务的宗旨,洁身自好,向往崇高,胸怀大局,豪情万丈,以宏大的气魄向全球、向后世传播当代中国的先进文化,不辜负国家的重托和人民的祈盼。当然,作为公司的一名职员,我更应该积极参与出版单位的精神生产和筹划经营,努力把精神文化和市场运作结合起来,密切关注市场动态,及时制定有效对策,为公司的发展壮大贡献出自己的一份力量,让公司在竞争中脱颖而出,站稳脚跟,从而为公司求得广阔的生存空间和良好的发展环境。总之,公司的荣辱兴衰与我息息相关,公司的前程繁花似锦、公司的未来辉煌灿烂是我永恒的追求!

谢谢大家!

竞聘者:王慧仙
2010年5月23日
(本文选自新浪博客,有删改)

【实训练习】

1. 为自己制定一份"大学生职业生涯规划"。要求:一、内容完整,简明扼要;二、切合自身实际,充分体现个性;三、大学期间的目标和计划要比较具体翔实;四、对自己所学专业的就业趋势,以及自己的目标行业、目标岗位情况要有调查研究和分析。

2. 在寒假期间,对自己的"目标职业"(如岗位职责、工作内容、任职资格、工作条件、就业和发展前景等)进行调研,并修改职业规划。

3. 胡××同学,2013年毕业于××大学外语学院师范英语专业,拟去W市18中竞聘英语教师一职,请代拟竞聘报告。

4. 周××同学,2013毕业于××大学文学院的汉语言文学专业,原在某乡镇中学任教,2015年拟参加村副主任竞选,请代拟竞聘报告。

5. 张××同学,2013年毕业于××大学的计算机专业,在××电脑公司任职,近日打算竞聘该公司业务主管一职,请代拟竞聘报告。

第三节 述职与辞职

一、述职报告的写作

（一）文体概述

述职报告是各级机关、社会团体和企事业单位的领导及工作人员,向所在单位的人事部门、主管领导机关或本单位职工群众,陈述自己任职一定时期内履行岗位职责情况的自我评述性报告。述职报告能够比较全面地反映述职者的基本情况和工作能力,有利于组织或上级领导进行各方面的考核;述职报告作为重要的业绩材料,有利于群众对述职者进行监督和批评;述职报告是述职者对自身的检查,可以做到"吾日三省吾身",能够不断提高自身素质。随着我国干部人事制度改革的不断深入,述职报告已经成为各类人才精英充分展示自己才华的重要渠道。

述职报告与个人总结有些相近,要注意辨别。①写作主体不同。述职报告的主体一般是担任行政或专业职务的个人,普通办事员和群众不需要向谁述职;个人总结的主体没有什么限定,任何人都可以写个人总结。②写作目的不同。述职报告通过述职人向上级和群众述职,便于领导考核,为留任、免职或晋升提供依据;个人总结的目的在于回顾成绩和经验,总结不足和教训,以期不断进步。③立意角度不同。述职报告的着眼点在于述职者政策水平和履行职责的能力,讲述在履行职责过程中自己是否称职;个人总结的着眼点在于个人的工作业绩,找出经验教训,引出规律性的东西。④行文内容不同。述职报告的内容必须限定在述职人的职责范围内;个人总结不受职责范围限制,思想修养、业务进修、工作进展、为人处世均可写。

述职报告也不同于竞聘报告,两者的不同之处有以下几点。①目的不同。写述职报告的目的是向组织和群众汇报自己在任职岗位上德、能、勤、绩等方面的情况,总结经验和教训,以便更好地工作;写竞聘报告的目的是竞聘某一岗位。②作用不同。领导述职有利于群众监督评议,有利于干部考核使用;竞聘有利于推行任人唯贤的干部路线,使干部考察、选拔工作制度化、规范化和科学化。③身份不同。述职报告者在岗,是在岗述职;竞聘报告者不在岗,要竞争上岗。④内容不同。述职报告的重点在"述职",主要讲履职业绩;竞聘报告的重点在"竞聘",主要讲竞聘优势。

述职报告具有限定性、写实性、评述性和简朴性四个特点。述职报告题材限定,述职者必须根据任职期德、能、勤、绩等方面来述职,不能游离职责去任意选取;述职报告的作者必须是述职者,即相应职责的承担人或某个述职集体的代表;报告的是任职期或其中某一阶段履行职责的情况。述职报告要突出事实,即用事实说明履职期的德、能、勤、绩状况;要叙述准确,对事实不夸大、不缩小,注意把握分寸;报告中所涉及的时间、数字、实例都必须真实可靠。述职报告必须采用第一人称,采用自述自评形式,既要"述"(做了什么,怎么做的,做得如何),又要"评"(自我解剖,自我评估,自我鉴定)。述职报告表述上尽可能简明朴实,避免使用铺张渲染的描写、抒情和冠冕堂皇的空话、套话;要通俗易懂,即使是专业性、学术性很强的内容,也要尽可能明晰准确,以听众能够理解为标准。

述职报告的种类很多,从时间上分有任期述职报告、年度述职报告、临时述职报告;从范围上分有个人述职报告、集体述职报告;从内容上分则有专题(单项)述职报告、综合述职报告。

(二)行文格式

述职报告一般由首部、正文和落款三个部分组成。

1. 首部

首部主要包括标题、主送机关或称谓等内容。

1)标题

述职报告的标题有单标题和双标题之分。单标题一般为"述职报告",或者"在……(上)的述职报告",也可以在"述职报告"前面加上任职时间和所任职务,如"2015至2016年试聘期述职报告""2015年××任××职务期间的述职报告";双标题由正标题和副标题组成,正标题是对述职内容的高度概括,副标题补充说明是何职何人的述职报告,前面加破折号。如"尽职 尽责 尽心 尽力——××2015年度述职报告"。

2)主送机关或称谓

主送机关或称谓要根据述职形式及听众对象而定。书面向上级机关呈送的述职报告,应写明收文机关,如"××党委""××组织部"或"××人事处"等;口头向领导和本单位干部职工作述职报告,则应写明称谓,"各位代表""各位委员""各位同志",或"各位领导,同志们""各位领导、各位同人"。称谓放在标题之下正文的开头,有时根据需要在正文中适当穿插使用,称谓一般采用提行的写法。

2. 正文

述职报告正文的写法依据报告的场合和对象而定,一般来说由导言、主体和结尾三个部分组成。

1)导言

导言部分写个人任职以来的基本情况,包括三方面内容:一是岗位职责,包括任职时间、担任职务、分管工作、变动情况、背景情况、主要职责和考核期内的主要工作目标;二是指导思想,说明自己是在何种思想原则、方针政策指导下进行工作的;三是述职评估,扼要叙述任职期间履行岗位职责的主要成绩,对自己尽职尽责的情况作总的评价。这一部分确定述职的范围和基调,力求简洁明了,给听者一个大体印象。

2)主体

主体是述职报告的重要部分,分实绩体会、问题教训两大内容。

实绩体会。要求述职者就德、能、勤、绩等方面的情况进行陈述和自评,以使领导和群众了解、肯定乃至赞赏述职人在履职期限内的工作表现。"德",主要指述职者的思想政治素质,包括政治、思想、作风、纪律和道德品质等方面的素质,体现在思想作风、学风、领导作风、工作作风几个方面。"能",主要指述职者的组织领导能力,包括理论政策水平、文化业务知识、管理实践经验、分析判断能力、综合决策能力、组织协调能力、口头和书面表达能力等。"勤",指述职者的勤奋程度、工作态度,包括组织纪律性、工作责任心、办事积极性、日常出勤率等诸方面的表现。"绩",主要指工作业绩,是述职者能力物化或外化的形式,此部分是述职报告写作的重点和核心,要抓住履职过程中取得的绩效重点阐述。在写足成绩的前提下,总结出具体经验。写实绩体会要注意以下几点技巧。①以面带点,点面结合。要处理好

"面"上的集体成绩和"点"上的个体贡献之间的关系,既彰显集体事功,又带出个人劳绩,不贪他人之功,也不过分自谦。②以实托虚,虚实相生。述职报告应该以叙事为主,论理为辅,用叙议结合的方式来表达,在事实的基础上加以概括总结,使理论与事实二者有机地结合起来。③抑扬结合,彰显辩证。一般的做法是,可以先扬后抑,即在述列成绩之后,摆明存在的问题或不足,值得改进的某些方面。

问题教训。述职报告的目的是以后更好地工作,扬长避短,要明确讲述在履行职责中存在的主要问题,着重分析造成失误的主客观原因,明确自己应负什么样的责任。问题要找准,态度要诚恳,要写得实实在在,不夸大,不缩小,不避重就轻,不文过饰非。

主体部分大致有三种写法。①工作项目归类式,即分条切割,纲举目张。分条切割是根据表意(纲)的需要,把结构分成一些相互联系的条条块块(目),并用小标题引领,将履职情况分别进行陈述。与岗位职责和工作目标一一对照,每类作为一个层次依次叙述自己完成目标、履行职责的具体过程及实际效果。②时间发展顺序式,即把任期内的时间按先后顺序分成几个阶段,再对每个阶段的工作进行归纳陈述。这样写,既便于讲清各阶段取得的成绩和经验,又便于展现履职期间的工作全貌。不过,要注意抓住重点,不可巨细无遗。③内容分类集中式,即按听众要求,把对方需要了解或自己认为必须报告的内容依据材料的性质进行分类陈述,一般分为主要工作、成绩效益、经验教训、存在问题和对策等几部分,逐一展开。此方式也要求突出重点,做到详略得当。

3) 结尾

述职报告的结尾要从实际出发,在科学分析的基础上对今后工作做出战略性的规划,表明尽职的态度。写今后的计划包括目标、措施、要求三要素。要抓重点,抓难点,抓特点,要提纲挈领,不要展开论述。如果述职期的工作确实有特色,有亮点,有经验,而且对今后的工作有启示和借鉴作用,则不妨将一些主要的思考和做法,提到理论的高度加以述评。如"我新年的工作思路与设想如下:一个根本——教育、管理'以人为本';一个中心——以教学、高考为中心;两大工程——实施名师工程和名校工程;三项建设——领导班子建设、师资队伍建设、学生干部队伍建设;四个提高——提高运用现代教育技术的数量与质量,提高校园环境建设质量,提高学生精神文明建设档次,提高学校特色教育的质量。"(某校长述职报告)这部分与总结不同,篇幅少一些,占全文1/5以下为好。一般要求用格式化的习惯语来结束全文,通常以"述职至此,谢谢大家""以上报告,请领导、同志们批评指正"之类惯用语结束全文。如果书面呈报,则写"以上报告,请审阅""以上述职报告妥否,请予审议"或"特此报告,请审查",以示郑重。

3. 落款

落款包括署名、成文或述职时间两种,也可以将署名放在标题之下。

如有必要,可以加附件(用来补充说明或证实正文陈述的有关情况的材料),但应在正文结束语之后,落款之前,标明附件名称和序号。附件应装订于正文之后。此外,在正文陈述有关情况需要补充说明或证实时,应在适当位置加括号说明,如"(参见附件)"或"(参见附件1)""(参见附件2)"等。

(三)撰拟要求

1. 客观真实,一分为二

撰拟述职报告,一方面要如实反映情况,尊重客观事实,力求公正、准确地反映自己所主管工作的真实面貌；对于协管的工作，要讲清楚参与程度、发挥的作用、投入的精力时间、解决的困难等，以具体、生动、典型的事例和精确数字来证明自己工作的成果、业绩。另一方面要坚持一分为二，应排除私心杂念，以群众利益为重，上不欺领导，下不瞒群众，正确处理好个人与集体、主观与客观的关系，保持清醒的头脑，分清功过是非，既要讲足成绩，展示恰如其分，又要讲透问题，敢于承担责任，只有这样才能给组织人事部门、领导与群众留下诚信的印象，产生良好的述职效果。

2. 围绕职责，突出重点

述职报告的写作目的是说明其工作是否称职，因此，紧紧围绕"职责"二字，详细叙述几项有代表性的工作业绩，抓住有影响力、全局性的主要工作，对有创造性、开拓性的特色工作重点着笔，力求详尽具体，突出重要成绩，总结主要教训；对日常性、一般性、事务性工作的表述要尽量简洁，略作介绍即可。平时的工作材料是琐碎的、分散的、零星的，述职者在动笔之前，要对材料进行筛选和整理，把全部工作分成几大类，着重讲述履行职责的主要情况。

3. 理性剖析，找出规律

述职者要将已知的材料分门别类地进行分析、比较、鉴别，把零散的感性的事实与材料上升到理性的高度，注重定性、定量分析，在充分展示工作业绩与特点的基础上，总结出新经验，挖掘出新认识，写出让人看得见、摸得着、用得上的规律，做到有所突破，有所创新，这样的述职报告才有意义。能否理性剖析，找出规律，是衡量述职者是否具有创新意识、进取精神和开拓能力的重要标准。

4. 把握自我，个性鲜明

述职报告要以"我"为中心，交代清楚"我"做了哪些工作，取得了哪些成绩。在这些工作和取得的成绩中"我"所起的作用，是起主要作用，还是帮助支持他人或部下工作的作用；是起组织协调的作用，还是亲自指挥独立工作的作用；是起决策作用，还是提合理化建议的作用。只有讲清楚个人所起的作用，才能看出述职者与政绩的关系，才能正确评价述职者的功绩。同样，对于存在的问题和过失，也要分清责任，是负领导责任，还是负直接责任。突出自己工作的特点，显示自己的工作个性，述职报告才能有效避免千篇一律的面孔。

5. 崇尚质朴，庄重严谨

述职语言一忌追求时尚，花里胡哨，哗众取宠；二忌故作高深，引经据典，用词生僻；三忌脱离实际，空发议论，无端抒情；四忌庸俗虚伪，尽说假话、空话、大话、套话；五忌夸夸其谈，冗长拖沓，缠夹不清。行文要朴实，评价要中肯，措辞要严谨，语气要谦恭，让群众听起来贴切，领导听起来满意。语言要生活化、口语化、大众化。尽量少用形容词和模棱两可的话；多用短句子，少用单音词；避免同音不同义或易混淆的词语。

●例文 6-6

省工商行政管理局信息资讯部主任述职报告

主任、各位副主任、各位委员：

我叫××，2013年5月被聘为省工商行政管理局个体私营经济服务中心信息资讯部主任。现将近几年来的工作、思想学习等方面的情况简要汇报如下。

一、执行力，确保落实到位。《××工商教育报》作为全省工商系统的重要舆论宣传阵地,在局领导和协会领导的亲切关怀下,在省局各处室和市县局的大力支持下,我们围绕全局中心工作,以高度的政治觉悟,以严谨负责的工作态度,实现报纸工作的精准化管理和全程化掌控:认真策划布局每一个版面,认真审核校对每一篇稿件。对全系统重要活动的报道,事先周密安排,现场全面采访,迅速撰写稿件,精心编排版面,虚心听取各方意见,认真总结经验得失;积极协调化解各种矛盾,创造有利于报纸生存发展的环境,报纸年发行量多年来维持十万多份。我本人先后被全国工商记协评为"全国工商系统优秀新闻出版工作者",被省委宣传部、省记协评为"全省优秀新闻工作者";报纸连续被省新闻出版局评为"优秀级报纸",多篇稿件获××新闻奖和××省专业报刊新闻奖。

二、组织力,带出高效团队。现代报业作为知识和技术密集型产业,需要高素质的采编队伍和高科技含量的设备。我积极建言献策,协助领导通过严格的考察程序招聘了编辑人员,配置了排版设备,制定实施了一系列的规章制度。在用制度管人的同时,还注意以感情留人和事业留人,使大家心情舒畅地开展工作。编辑部主任处于兵头将尾的位置,报纸工作具有很强的时效性和程序性,加班加点是经常的事,每逢节假日,通常是我们工作最忙碌的时候。打铁还要自身硬,我始终以身作则,想在前,做在前,来得最早,走得最晚,带动编辑部,成为一个纪律严明、专业高效的团队。

三、创新力,拓展思维理念。在做好报纸工作的同时,感谢领导的信任,让我起草了"个私协会"工作的许多重要材料。对每一份材料,无论长短缓急,都是充分领会领导意图,虚心听取各方面意见,力求有独创的理念和框架,有较强的可行性与长效性。完成重要材料后,还要进行认真反思,追求由"术"上升为"道",总结提炼新的认识、标准和程序,再写出具有普遍意义的理论性文章,让具体的工作更有思想内涵。例如,关于个私协会"紧抓八条主线、履行四大责任"的工作框架理论,通过领导的大力推介,受到国家工商总局的批示肯定。

四、学习力,提升全面素质。热爱读书学习是我自觉养成的习惯。多年来大多数时间每天早来一小时、晚走一小时,周六、周日经常在办公室度过。我充实了哲学、经济、法律、历史、文学、管理学、计算机等各方面的知识,在许多方面达到了专家级水准。对工商工作有深入的研究,发表过一系列著作,专著《资本复兴——中国个体私营经济20年》被评为全省工商系统纪念改革开放30周年优秀理论成果特等奖;在有关核心期刊发表了多篇关于新闻写作和公文写作的论文,并多次为基层单位培训授课受到好评。执笔的调研报告两次获得全系统理论调研成果一等奖。

五、自律力,坚定信念操守。作为一名共产党员,在党组织的教育帮助下,我不断加强道德修养、强化自律意识和自警意识,常修为政之德,常怀感恩之心,常备专业之能。在顺境下克制,在逆境中不屈,在常态下积累。踏实做事,真诚做人!特别是通过参加党的群众路线教育实践活动,更加坚定了认真践行党的群众路线的主动性和自觉性,以实际行动为实现民族复兴的中国梦贡献力量!借此述职机会,谨向给我热诚帮助和正确指导的各位领导和同事表示衷心的感谢和深深的敬意。以上是我的述职内容,不当之处请批评指正!

谢谢大家!

述职人:××
2015年12月××日
(本文选自豆丁网)

二、辞职报告的写作

（一）文体概述

辞职报告又称辞职信、辞职书、辞呈等。它是员工向所在单位或上级主管部门提交的请求解除劳动合同关系的实用文体，是国家机关、人民团体或企事业单位人才管理和人事工作环节中常用的一种事务性文书。导致辞职的原因因人而异：有的人举家迁移不得已换工作，有的人是因为健康、年龄或家庭因素，有的人是另谋高职，有的人是与同事或上级发生矛盾，有的人是迫于工作压力。不管何种原因，辞去原职位和工作，都应该撰写辞职报告。

辞职报告具有如下作用。①确保原岗位的工作常态。辞职，尤其是重要岗位人员的辞职肯定会给工作带来影响甚至不小的损失，但是一封考虑周全的辞职报告可以保证工作得以及时接续，不至于突然中断。②树立辞职者的负责形象。如果辞职者不辞而别，或不顾供职单位利益强行辞职，其职业道德和人格将会严重受损，也将会给自己下一步就职带来不利影响和后果。③避免各类纠纷和损失。辞职者同原供职单位往往有合同、经济等方面的问题需要处理，如果不能好说好散，则可能会引起经济损失、法律纠纷及其他麻烦。

严肃性、理智性、诚恳性和简明性是辞职报告的基本特点。辞职是一件很严肃的事情，绝不是一种过场形式。辞职者辞职前要认真、全面地考虑辞职的利弊，辞职时机和条件，不能说辞就辞，更不能不辞而别。辞职不能凭一时冲动仓促行事，不管是出于什么原因，都要有端正的态度和良好的心态，辞职报告的语言要礼貌得体，不急不躁，不愠不火。辞职原因要如实说明，即使有时不便直白，也要让对方明白你辞职的真实原因，不得虚伪敷衍。同时，对于以往合作，该道歉处要道歉，该致谢处要致谢，要光明磊落，真诚实在。辞职者同供职单位有过合作，彼此许多情况都互相了解，辞职报告的内容基本上是点到为止，极为简约。

（二）行文格式

辞职报告的结构包括标题、称谓、正文、结束语、落款。

1. 标题

辞职报告的标题一般由事由和文种共同构成，在辞职报告正上方居中用稍大字体写上"辞职报告"（或"辞职书""辞职信"），也有的具体化，如"辞去××工作""关于辞去××职务的报告"。

2. 称谓

在标题下一行顶格处写出接受辞职报告的单位组织，并在称谓后加冒号。辞职报告的递交对象多是单位人事部门，是个人与组织的单向联系。故称谓一般应是单位的人事部门，如"××公司人力资源部""××党委组织部"等。也有的辞职报告针对具体领导而写，那么在领导姓名前加"尊敬的"以示尊重，并另起一行写问候语"您好"。

3. 正文

正文内容一般包括以下三部分。

开头直接表明辞职的意图。①提出申请辞职的内容，直接说明自己要辞去什么职务，开门见山让人一看便知。写出辞职的心理，可以写一些客套的句子。如"经过深思熟虑，我决定辞去我目前在公司所担任的职位……"。②说明考虑辞职的时间,尽管辞职者提出辞职经公司同意后,公司的人力资源部将按照固定的离职日程办理离职手续,但这样说并不是画蛇添足,大多数情况下,辞职者都能够争取到提早离开的时间。如"我考虑在此辞呈递交之后的2～4周内离开公司,这样您将有时间去寻找适合人选,来填补因我离职而造成的空缺,同时我也能够协助您对新人进行入职培训,使他尽快熟悉工作。另外,如果您觉得我在某个时间段内离职比较适合,不妨给我个建议或尽早告知我"。

其次申述提出辞职的具体理由。该项内容要求将自己有关辞职的详细情况一一列举出来,但要注意内容的客观性、单一性和完整性,条分缕析使人一目了然。对不便明说的原因可以隐约点出,如跳槽去了更好的单位,可表述为"为了开阔眼界,提升自己"等。要写上感谢的话语,说明自己在公司里的经验积累,尽可能地去赞扬公司对自己的栽培,如"我非常重视自己在××公司内的这段经历,也为自己成为过××公司的一员感到荣幸,我确信我在××公司里的这段经历和经验,将为我今后的职业发展带来非常大的益处"。千万注意:不论有多么大的委屈和气愤,都不应该在辞职报告里表露。

最后感谢对方对自己过去工作的支持和帮助,并诚恳地希望对方谅解自己的辞职。重申辞职的决心和个人的具体要求,希望领导解决的问题等。

4. 结束语

在辞职报告的结束语部分写上致歉的语句和表敬的惯用语,如"此致""敬礼""祝工作愉快"等。

5. 落款

落款是在正文右下方使用亲笔签名,而且签名要尽量刚劲,署名下面写提出辞职的具体日期。另外,如果有证明材料附件也可附上。如因健康原因辞职,可附医院证明。

（三）撰拟要求

写作辞职报告有三个原则:

1. 具体化的原则

辞职报告坚持以法律为准绳,以道德为准则。虽然要求言简意赅,但在写作时,对相关内容的表达强调具体、清楚、明白。比如,对自己辞职理由的陈述就要写得具体明确。这样既可以使自己的离开心安理得、不留遗憾,又是对自己曾经效力过的单位关心和负责的体现。请求离开的时间安排要具体可行,而且要尽量从对方的角度出发来确定离开的时间,同时也注意给自己留下充分的回旋余地。可以由自己提出具体的时间,也可以采用征询对方意见的方式来确定。此外,对自己离开前相关工作的安排要具体细致,尽量争取把因为自己的离开所带来的工作损失减少到最低。辞职报告的写作中要强调,在辞职请求未获批准以前,自己依然是单位的一员,会站好最后一班岗。

2. 情感化的原则

在写作辞职报告的时候,做到以情驭文、以情动人。这种"情"包括了辞职者对单位的感激之情、歉疚之情和关怀之情等。纵使是一笔带过,也足以让对方感到温暖。其中,"感激之情"主要针对单位给自己曾经提供的业务培训、自己在单位中积累的工作经验、自己在工作过程中所建立和形成的人际关系网络等。"歉疚之情"主要是对自己的离开为单位所带来的损失和不便表示由衷的歉意。"关怀之情"即提出对单位现状的若干具体看法、对单位发展的几点善意建议,体现自己的忠厚诚恳和重情重义。情感的表现要注意把握好分寸,感激之情表达得过于热烈会让人觉得言不由衷,不舍之意表达得过于缠绵会让人觉得虚假造作。

3. 艺术化的原则

首先,内容实在,当写则写。辞职的"个性化"原因不妨写得明确一点,比如深感学识水平和业务能力难以适应岗位要求,务必进一步求学深造;生活上的困难或者其他方面的难题,单位在客观上无法有效地帮助解决。但有一些原因没有必要直截了当地写出来,比如自己和单位在价值观念上的不同、对单位运作模式和经营方法的反感,和单位领导曾经有过的不快等。其次,态度诚恳,措辞得体。措辞用语要温和含蓄、简洁精炼、委婉动人,不可借辞职报告来发泄自己的不满或怨恨,不可语气生硬,不可激化矛盾。另外,在语体的选用上最好是白话语体,语言平实达意即可,不要堆砌辞藻,把辞职报告写成抒情散文。

值得提醒的是,员工对于自己辞职的行为本身、辞职的理由负有举证责任。因此员工在辞职前、辞职时就应当有意识地保留相应的证据。比如领导签过字的辞职申请,自己写的辞职信,单位发的工资条等各种证据,需要切记的是,证据需要是原件。

● 例文 6-7

辞 职 报 告

尊敬的××总及公司领导:

首先致以我深深的歉意,很遗憾自己在这个时候突然向公司提出辞职,纯粹是出于个人的原因,不能在公司继续发展!

在这半年里,公司给了我一个又一个很好的学习平台,这里的工作使我真正从校园踏上了社会,自己也在踏进社会后第一次有了归属感。这里留给了我很多愉快的记忆,也带给我人生经验的增长,在这短暂的时间里我学到了很多。

十分感谢公司对我的培养,感谢领导和同事对我的关心和帮助。即使是乍现的昙花也曾肆意地绽放过,即使是瞬息的流星也曾尽情地燃烧过,没有遗憾,没有怨言,不论以后成功与否,至少努力过。这段经历将成为我终生最好的回忆。

现在,我手头的工作不多,一个星期足以交接干净,我希望所有该处理的事情都在1月15日之前处理妥当。在正式离开之前,我将继续做好本职事务,认真做好交接工作,静心等待公司的答复。

很荣幸曾身为公司的一员,能有机会在这里工作学习,不胜感激! 衷心祝愿所有同事工作顺利,事业有成! 诚祝公司业绩百尺竿头,更进一步!

此致

敬礼

申请人:××
2015 年 1 月 5 日

【实训练习】

1. 如果你承担了班干部中的某一职务,学期结束时要评选优秀班干部,届时要求每一位班干部述职,请就你所熟悉的工作职位写一份述职报告。

2. 利用业余时间去应聘一份工作,如推销员、家教等,工作完成后对照招聘者对这项工作的要求写一份述职报告。

3. 江××大学毕业以后,在深圳××公司签约工作五年,现所签劳动合同快到期,他准备到香港进修发展,请代拟一份辞职报告。

4. 在××中学任教20年的周××老师,因公公婆婆年岁已高,身体都不好,均患有严重的骨质增生、腰椎间盘突出等病症,故想调动回乡任教以便照顾老人,请代拟一份请调报告。

第四节 致辞与演讲

一、活动致辞的写作

(一)文体概述

致辞也称致词,是指在各种会议、公共关系活动中,由代表性人员所做的欢迎、感谢、祝贺、勉励等性质的讲话。致辞一般出现在节日、纪念庆典、赞助会、宴会等场合中,目的是交流沟通感情,增进友谊。

短小精悍、讲究礼仪、程式固定、贴近口语是致辞的基本特点:致辞容量小,篇幅短,长则几百字,短则寥寥几十字;致辞一般出现在各种社交场合中,主要承担礼仪任务;致辞格式大致雷同,用语多为礼节性语言,以表示祝愿为主;致辞运用口语能拉近宾主关系,富于亲切感。

按照致辞在不同场合下的使用,可大致分为欢迎词、欢送词、答谢词、祝贺词四种。欢迎词是在迎接宾客光临时欢迎仪式上的讲话,现在也可指网页上欢迎网民浏览的文稿。欢送词是在来访的宾客临别时,接待方在送别仪式上表示友情的话。答谢词是宾客对主人的热情接待表示感谢的讲话。祝贺词即表庆贺、道喜或祝愿、祈求的讲话,或对特定对象表示良好祝愿,或对既成成果表示庆祝、贺喜和赞美,或对预期成果表示祝愿、祈求和祝福。常见的有祝酒词、祝寿词、祝婚词。祝酒词是宴会开始前表示的诚挚祝贺的讲话,祝寿词是在寿宴上表示祝福的讲话,祝婚词是在新婚典礼上表示良好祝愿的讲话。

(二)行文格式

致辞由标题、称谓、正文三部分组成。

1. 标题

标题由致辞人姓名、职务、仪式场合、文种构成,如"周恩来总理在欢迎尼克松总统宴会上的讲话""贺天安门国庆集体婚礼""在××与××婚礼上的贺词"。

2. 称谓

称谓要热情、准确、得体。要用尊称,称呼姓名时,要称全名,不能称小名、绰号。姓名前加头衔或表示尊敬的修饰词,如"尊敬的××""敬爱的××""××阁下"等。按照先外后内、先高后低、先女后男、先疏后亲的顺序,把到会的若干类型人物包括在内,对重要人物要单独列出来,加以强调(按职位高低排列),如"尊敬的××市长,女士们,先生们"。称谓的选用要涵盖全体人员,不能遗漏。

3. 正文

致辞正文在总体上大致相同,但不同类别的致辞略有区别。

1) 欢迎词正文

开头。向出席者(来宾)表示热烈的欢迎、感谢和问候。如"请允许我代表本公司三千名员工对各界朋友的光临表示热烈的欢迎"。

主体。尽量选择双方共同关心或感兴趣的话题。说明宾客来临的背景,介绍和赞颂宾客的业绩和品格,回顾双方友好交往、愉快合作取得的成果,说明这些成果的意义。然后说明面临的任务,表示完成任务、增进交往、加强合作的信心,展望取得的成果。如果客人是初次到访,可简略介绍己方的情况。

结尾。用简短的语句,向宾客表示热烈的欢迎或良好的祝愿。如"最后,让我们以热烈的掌声,向专家代表团表示欢迎!""再次对你们的光临表示热烈的欢迎!""祝你们的来访取得圆满成功!""祝你们访问期间过得愉快!"

2) 欢送词正文

开头。直接表达欢送之情,有时也可对被欢送者表示祝福。

主体。对来宾访问的成功、会谈的成功表示祝贺与感谢(如"我代表××,对你们访问的圆满成功表示热烈的祝贺"),概括对方访问的收获,评价来宾访问与会谈的意义和影响;回顾友好交往、合作的历史,评价被欢送者的工作、成绩和个人品格,表达惜别之情;说明被欢送者所面临的新的工作、学习的意义等。还可以向被欢送者提出勉励之词、共勉之词,或对招待不周表示歉意。

结尾。表达欢送之情,期待再次合作,并发出邀请(如"欢迎你们在方便的时间再次来做客""愿我们友谊长存"),对被欢送者表示祝愿(如"祝大家一路顺风")。

3) 答谢词正文

开头。对东道主的接待表示感谢,如"我荣幸地代表我们访问团的全体成员,在这里答谢××对我们的热情款待"。

主体。回顾本次访问得到的主要收获、重要帮助和热情接待。对对方的情况作较详细的介绍,对对方的优越性予以肯定,表达出自己的荣幸与激动。一般说来,"谢恩型"致辞(答谢别人的帮助)不可故意拔高、无限升华;"谢遇型"致辞(答谢别人的招待)不宜妄加评论、说三道四。

结尾。表示美好的祝愿和希望,提出与对方进一步发展关系的强烈意愿,向对方发出邀请或再次表达谢意。如"我衷心地希望我们之间的业务往来在未来的岁月里继续下去""随时欢迎你们来做客"。

4) 祝贺词正文

开头。说明向谁祝贺并表示祝贺。

主体。说明祝贺的理由,指出对方取得的成绩及意义或对方的喜庆之事。这部分写法较灵活,应根据不同的祝贺对象陈述内容。会议祝词,突出祝贺会议的内容及寄予希望;事业祝词,突出祝贺事业的内容并祝愿其取得更大成功;庆祝宴会或庆功祝词,则概括地回顾总结前段工作所投入的力量和所取得的成就或变化、发展;庆寿祝词,祝愿对方幸福长寿,称颂其已取得的成绩和做出的贡献;新婚祝词,祝愿夫妻恩爱、生活幸福、携手并肩迎接未来等。

结尾。进一步表示祝贺,通常为"让我们向××表示祝贺!"或提出希望、表示决心。

4. 落款

落款要在正文右下角署致辞单位名称、致辞者的身份和姓名，在署名下一行相应的位置写日期。如果是在报刊上发表，则将落款内容写在标题下面。

（三）撰拟要求

1. 切合时地，用语礼貌

致辞多用于社交场合，要与场景气氛和谐融洽，措辞谨慎，妥帖适度。如大会致辞庄重典雅，宴会舞会致辞轻松幽默，答谢致辞亲切热烈。同时要注意尊重对方的风俗习惯，应避开对方的忌讳，以免发生误会。

2. 感情真挚，语气热情

致辞要注重以情动人，多采用带有感情色彩的词语。要坦诚相见，表达有针对性，不能泛泛而谈；要自然适度，既不盛气凌人，又不谦恭过分。

3. 篇幅简短，语言精确

致辞受特定时空限制，不宜长篇铺叙，最长不超过2000字。

● 例文 6-8

门

——在湘潭师范学院97级新生开学典礼上的欢迎词

各位老师，各位同学：

你们好！

首先，我谨代表全院教职员工，请97级新朋友们——猜个谜语。谜底嘛，是一件大家非常熟悉、一辈子都离不开的东西。再穷的人家也至少"拥有一个它"，每天少不得几十次上百次地同它打交道。但是，人们往往对它漠然置之，熟视无睹。请问：这是什么？很遗憾，大家都没有猜中，只好由我自己亮谜底，这就是我今天演说的题目——门！不是吗？再穷的人家至少拥有一扇门。世界上有名的门有法国的凯旋门、中国的天安门……我们今天不讲凯旋门，不讲天安门，只说一说咱湘潭师范学院的大门。这幢门线条流畅，姿态优雅，造型别致新颖，号称湖南高校第一门。那么它的造型有何深刻的寓意？我院十个教学系的教授都有不同的看法，请诸位指点。

中文系。汉语教授——这个造型代表"湘潭师范学院"第一个字"湘"的汉语拼音第一个字母"X"。它表示，当你踏进这座大门，你就成为湘潭师范学院的一员，成为一名光荣的大学生。在此，我代表全院1015名教职员工对97级1200名新同学表示最热烈的欢迎！文学教授——校门的上半部分是浪漫主义的诗歌，下半部分是现实主义的散文，因此它是革命的浪漫主义与现实主义结合的产物！

数学系。代数教授——字母"x"，在数学王国里代表未知数，昭示着我们要不断探索，对社会、对科学、对人生各种各样的方程式去求解求根，但永远不能生成。它告诉我们，科学与真理没有终点，因此要不断地攀登，不懈地追求！

物理系。力学教授——这是一条抛物线。它的寓意是：学如逆水行舟，不进则退。声学教授——这是声波震动示意图。它的寓意是人生如波如潮，有起有落，胜不骄败不馁才算英雄。

化学系。无机化学教授——这是最新合成的第109号化学元素的原子结构原型。有机化学教授——这是酒精灯与烧瓶的模型，正在做有机物的化合与分解反应实验。

外语系。英语教授——这是由两个英文字母"S"组成的图案，S是英文"科学"的第一个字母，说明这是一座科学的大门。俄语教授——它是俄语单词"哈拉索"的第一个字母"X"，"哈拉索"是好的意思，它告诉你湘潭师院天好地好环境好，山好水好人更好！

政治系。哲学教授——它代表哲学上一分为二与合二为一两种理论命题的探讨。经济学教授——一高一低，代表工农业产品价格的剪刀差。

历史系。中国史教授——这是两件著名的青铜器的组合，上半截是四羊方尊，下半截是司母戊鼎。世界史教授——这是一座凯旋门，祝贺你们，高考战场的凯旋英雄！

地理系。自然地理教授——这是地球结构的剖面图，高的是喜马拉雅山，低的是马里亚纳海沟，中间是地壳，底下车水马龙人来人往是岩浆涌动的地心。经济地理教授——像稻穗，像鱼跃，说明湖南是鱼米之乡。

艺术系：美术教授——这是一件抽象派的艺术雕塑。音乐教授——这是五线谱中的一个标识符号。

生物系。植物学教授——细胞一分为二。动物学教授——像只老母鸡在下蛋，也像蛋壳里孵出小鸡。它代表生物学上一个永恒争论的话题，"世界上到底是鸡先生蛋，还是蛋先生鸡？"

咱们的校大门寓意深邃，真可谓仁者见仁，智者见智。这是一座幸运之门，这是一座光荣之门，这是一座科学之门。你们从三湘四水踏进这座校门，你们是时代的骄子，社会的宠儿；2001年你们将步出校门奔向五湖四海，你们将是社会的栋梁，中国的希望！希望你们在门内的四年勤奋刻苦，门门功课优秀，为校大门添砖加瓦；跨出校门后献身科学，献身教育，争当中国的爱因斯坦、门捷列夫，为校大门增色添彩！

谢谢大家！

● 例文 6-9

欢 送 词

各位领导、各位同人、各位贵宾，上午好！

今天，我们欢聚一堂来欢送艾老师光荣退休，大家的光临给欢送会带来了浓浓的暖意。我在这里代表学校对大家的光临表示衷心的感谢。"回首执教生涯，笑看桃李芬芳"。艾老师，您为学校的发展，为学生的成才贡献了力量，奉献了青春年华，真可谓黑发染霜、呕心沥血。今天，我们特欢聚一堂为您举行欢送会。

艾老师，您用知识的甘霖滋润着学生的心田，您用青春的热血传承着人类的文明，您用无悔的青春演绎着诗意的人生，您用43年的执着选择了淡泊，您用43年的平凡造就了伟大，您用43年的高尚摒弃了功利，您用43年的微笑勾画着年轮。

43年来，您始终默默无闻，无私奉献；43年来，您在工作中一直乐于吃苦，敢于挑重担；43年来，您不但坚持教主要课程，而且长时间任学校会计。无论教学工作，还是会计工作，您都用崇高的使命感和高度的责任感去对待，都能一丝不苟地出色完成任务。您任会计多年，票据整理得整齐而且规范，账务、财务料理得鱼清水白；您担任主课，不管代什么课，每年统考成绩都能居于中上游，从来没有为学校抹黑。临近退休了，您仍然坚持教主课。不管分内分外事,您都能挺身而出却不计报酬。

尊敬的艾老师,您是一位出色的教师,您是一位模范班主任,您是一位优秀的会计。您就要离开三尺讲台了,聚也依依,散也依依。千言万语,万语千言,道不尽我们对您的无限眷恋之情。

我们相信,您即使离开了讲台,仍然会心系校园,关注教育。我们真诚邀请您退休后经常光临办公室,经常提出您的合理化建议,经常献一献您的锦囊妙计。让我们同心聚道描绘共进九里教育壮丽的画卷,让我们真诚祝愿:祝愿您青春永驻!祝愿您在每一个红红火火的日子里,天天都有一份好心情!祝愿您快乐幸福,安康永远!

(本文选自百度网)

● 例文 6-10

做自己尊重的人
——在 2015 年北京大学本科生毕业典礼上的祝词
教师代表、科学家饶毅

在祝福裹着告诫呼啸而来的毕业季,请原谅我不敢祝愿每一位毕业生都成功、都幸福;因为历史不幸地记载着:有人的成功代价是丧失良知,有人的幸福代价是损害他人。

从物理学来说,无机的原子逆热力学第二定律出现生物是奇迹;从生物学来说,按进化规律产生遗传信息指导组装人类是奇迹。

超越化学反应结果的每一位毕业生都是值得珍惜的奇迹;超越动物欲望总和的每一位毕业生都应做自己尊重的人。

过去、现在、将来,能够完全知道个人行为和思想的只有自己;世界很多文化借助宗教信仰来指导人们生活的信念和世俗行为;而对无神论者也就是大多数中国人来说,自我尊重是重要的正道。

在你们加入社会后看到各种离奇现象,知道自己更多的弱点和缺陷,可能还遇到小难大灾后,如何在诱惑和艰难中保持人性的尊严、赢得自己的尊重并非易事,却很值得。

这不是自恋、自大、自负、自夸、自欺、自闭、自怜;而是自信、自豪、自量、自知、自省、自赎、自勉、自强。

自尊支撑自由的精神、自主的工作、自在的生活。

我祝愿:退休之日,你觉得职业中的自己值得尊重;迟暮之年,你感到生活中的自己值得尊重。

不要问我如何做到,50 年后返校时告诉母校你如何做到:在你所含全部原子再度按热力学第二定律回归自然之前,它们既经历过物性的神奇,也产生过人性的可爱。

(本文选自 http://news.tsinghua.edu.cn)

二、演讲稿的写作

(一) 文体概述

演讲稿是在群众集会上或各种会议上口头或书面发表的讲话文稿,它是一种带有宣传鼓动作用的应用文体。演讲稿不是书面发表后给读者阅读,而是口头表达后让听众接受,因此,演讲稿的内容、语言必须体现演讲的特点和要求。

　　针对性、可讲性、鼓动性和时限性是演讲稿的四个特点。演讲者提出的问题是听众所关心的问题,评论和论辩要有雄辩的逻辑力量,要能为听众所接受并心悦诚服;听众有不同的对象和不同的层次,写作时要根据不同场合和不同对象,为听众设计不同的演讲内容。由于演讲要诉诸口头,拟稿时必须以易说能讲为前提,要求"上口入耳",对演讲者来说要可讲,对听众来说应好听。没有鼓动性,就不成其为演讲,鼓动性主要表现在情感共鸣和理性说服两个方面。演讲稿思想内容要丰富、深刻,见解要精辟,有独到之处,发人深思,语言形象生动,富有感染力。演讲有时限要求,非讲学的演讲,最好是短而精,10分钟左右,一气呵成最好,事迹演讲不要超过16分钟,即使是演讲家的专题演讲也最好不要超过一个半小时,一般演讲稿以1500字为宜。

　　演讲从内容上分类主要有政治演讲、生活演讲、学术演讲、法庭演讲和宗教演讲等。凡是为了一定的政治目的,出于某种政治动机,就某个政治问题以及与政治有关的问题而发表的演讲均属政治演讲。生活演讲指演讲者就社会生活中存在的各种问题、风俗、现象而做的演讲,它表达了演讲者对这些问题的看法、见解和观点。学术演讲指演讲者就某些系统、专门的知识和学问而发表的演讲。法庭演讲指公诉人、辩护代理人在法庭上所作的演讲,律师的辩护演讲。宗教演讲是指宗教神职人员在教堂宣传宗教教义、教规,讲授宗教故事或一切与宗教仪式、宗教宣传有关的激发宗教热情的演讲。

　　从演讲的表达形式上分类主要有命题演讲、即兴演讲和论辩演讲等。命题演讲由别人拟订题目或演讲范围,并经过一定时间的准备后所做的演讲。即兴演讲指演讲者在事先无准备的情况下就眼前场面、情境、事物、人物等临时起兴发表的演讲。论辩演讲指由两方或两方以上的人们因对某个问题产生不同意见而展开面对面的语言交锋。

　　按主要表达方式,演讲稿可以分成三类:议论性演讲稿、抒情性演讲稿和叙事性演讲稿。议论性演讲稿,多从正面阐述事理或反驳某种观点,通过立论或驳论的方式,针对正面或反面论点,进行逻辑论证,语言运用要求简洁明快。抒情性演讲稿,主要借助对人、事、景、物的描述来抒发自身情感,也可直抒胸臆,直接倾诉内心思想感情,语言运用更近散文的要求。叙事性演讲稿,指依托对某事(如自身经历、重大事件等)的叙述来阐述观点或抒发情感的演讲稿;这类稿件多用第一人称,以便于充分表达情感,又使听众感到亲切可信。

　　(二)行文格式

　　演讲稿无严格固定的格式,其结构一般分为标题、称谓、开场白、主体、结束语五部分。

1. 标题

　　标题是一篇演讲稿有机的组成部分。成功的标题有三个特性:概括性、指向性和吸引力。它把演讲的主题、内容、目的全面地反映出来,题目一亮听众就知道要讲的是哪方面的问题,不仅当时能激发听众急欲一听的愿望,事后也能给人留下永久的记忆。

　　标题确定的大体原则是:文题相符,大小适度,遣词得体,合乎身份。

　　标题有两种形式:文章式标题用以概括演讲稿的主旨,或阐明内容,如"谈谈德与才""大学生,请补上交际这一课",或揭示主题,如"理想、开拓、献身""走出困惑,接受大潮洗礼",或提出问题,如"人生的价值在哪里""失败,意味着什么",或划定范围,如"大学生的任务""青年的选择与祖国的未来",或形象比喻,如"走进历史这条古巷""扬起生命的风帆";另一种是

"在……上的演讲"式的标题,以发表时间、地点或会议名称而定,这类演讲都是有特殊意义的,且演讲者都是某段历史时期著名政治家、社会活动家和知名人士,如"在马克思墓前的讲话"。

2. 称谓

得体的称谓使人感到亲切,会唤起听众的注意,拉近演讲者与听众的感情距离。称谓写在演讲稿的开头、顶格,单列一行。如"各位来宾""朋友们""年轻的同行们"(钱其琛在2002级人民大学外交学院新生演讲时的称谓)"触犯了国家法律的年轻的朋友们"(曲啸应邀到沈阳某监狱给犯人们做演讲开场白的称谓)等。除开头称谓外,在演说过程中还要适当地穿插使用。凡长篇演讲,在层次过渡或转换论点时,称谓用在有关段首,起提示听众注意的作用。

3. 开场白

开场白应能迅速创造一种气氛,镇定纷乱的会场,集中听众的注意力,控制听众的情绪,为演讲的主体打下基础。开场白有以下几种方式:

(1) 开门见山,道出题旨。它的好处是能让听众一开始就明白演讲的主题,符合生活在快节奏时代中的人们的心理需求。如刘翔在奥运成果报告会上的演讲"中国有我,亚洲有我"的开头:"我从来都不认为自己今天的成功仅仅是个人的荣耀,北京时间2004年8月28日凌晨那12秒91,毫无疑问将成为我生命中为之自豪的瞬间,但我更愿意把那一刻的辉煌献给我亲爱的祖国,献给全亚洲。"

(2) 介绍情况,说明源由。如恩格斯"在燕妮·马克思墓前的讲话":"我们现在安葬的这位品德崇高的女性,在1814年生于萨尔茨维德尔。她的父亲冯·威斯特华伦男爵在特利尔城时和马克思一家很亲近;两家人的孩子在一块长大。当马克思进大学的时候,他和自己未来的妻子已经知道他们的生命将永远地连接在一起了。"这种开头可以迅速缩短与听众的距离,使听众急于了解下文。

(3) 讲述故事,巧妙过渡。这种开头,由于故事具有情节生动、内容新奇等特征,容易赢得听众的关注,并能造成悬念,激起听众的兴趣。如一位演讲者关于"诚信无价"的演讲这样开头:"有一个律师,认识一位80岁的法国老太太。老太太无儿无女,有一套住房,律师想做她的继承人,从而顺利得到她的房产。律师许诺每月付给她2500法郎的生活费,老太太答应了。可让律师做梦也没想到的是,这一付就是30年,直到他去年去世,老太太还健在。而律师付出的90万法郎,足够买三四套那样的房子。不少法国人都把这个故事当作笑话讲,以讽刺律师'贪小便宜吃大亏'的赔本交易……"以故事导出自己的观点,为接下来的议论做好了铺垫。

(4) 巧借场景,营造氛围。以眼前人、事、景为话题,引申开去,把听众不知不觉地引入演讲之中。可以谈会场布置,谈当时天气,谈当时心情,谈某个与会者形象,如埃弗雷特1863年在美国葛底斯堡国家烈士公墓竣工典礼上的演讲:"站在明净的长天之下,从这片经过人们终年耕耘而今已安静憩息的辽阔田野放眼望去,那雄伟的阿勒格尼山隐隐约约地耸立在我们的前方,兄弟们的坟墓就在我们脚下,我真不敢用我这微不足道的声音打破上帝和大自然所安排的这意味无穷的平静。但是我必须完成你们交给我的责任,我祈求你们,祈求你们的宽容和同情……"

(5) 欲擒故纵,引发思考。如石旭初的演讲"土壤的色彩"首先提出问题:"北京的中山公园里有个社稷坛,是明清帝王们祭祀土地神和五谷神的地方。在坛的正中筑有五色土台,它的东面是青土,南面是红土,西面是白土,北面是黑土,中央是黄土,正中一石柱即'社主石',以示'普天之下,莫非王土'和江山永固。如果你打开中国土壤图就会惊奇地发现,五色土的配置,与我国土壤的分布情况大致相同,这是偶然的巧合吗?"

(6) 制造悬念,激发兴趣。如任士奎的演讲"让爱永驻人间"开场白:"世界上有这么一种东西,它能使你在浩瀚无垠的戈壁沙漠中看见希望的绿洲,它能使你在千年不化的冰山雪岭中领略温暖的春意,它能使你在雾海苍茫的人生旅途中拨正偏离的航向,它能使你在荒凉凄冷的孤寂中收获快乐的果实……它是无形的,却有着巨大而有形的力量;它是无声的,却鸣着神奇如春雷一般的回响!……"

(7) 幽默风趣,活跃气氛。自嘲用在开场白里,目的是用诙谐的语言巧妙地自我介绍,这样会使听众倍感亲切,无形中缩短了与听众间的距离。如戏剧家田汉一次演讲的开场白:"陶先生说,他是以'田汉'的资格欢迎田汉,实不敢当!我是一个'假田汉',陶先生是个真'田汉',我这个假'田汉'能够受到陶先生这个真'田汉'以及在座的许多真'田汉'的欢迎,实在感到荣幸!"

开场白要新颖别致,言简意赅;新鲜活泼,新人耳目;要有容量,内涵丰富;要有气势,先声夺人。以下几种开场白方式要尽量避免:一是多余客套,故作谦虚;二是缺乏自信,预留退路;三是心中无数,离题万里;四是故弄玄虚,哗众取宠。

4. 主体

主体部分应以充实的材料充分展开,深入挖掘主题,广泛阐述道理,保持开场白造成的声势,环环相接、扣人心弦。主体的基本要求是:内容紧扣主题,条理层次分明,结构富于变化,高潮适时迭起。在行文的过程中,要处理好重点、层次、节奏、衔接和高潮等几个问题。

(1) 重点突出。演讲稿的重点,是指那些能体现演讲中心和目的,蕴含着深刻思想与感情的段落和语句。重点在开头的很少,绝大部分在主体中。如马丁·路德金"我有一个梦想"中"我梦想有一天……"不断反复;也有的在结束部分,如帕特里克·亨利的演讲"不自由,毋宁死",主题句在最后点出("我不知道别人会如何行事;至于我,不自由,毋宁死!")

(2) 层次清晰。演讲稿应该确立合理的层次,层次的安排要视演讲的体式而定:

并列式,即把所要演讲的几个主要问题排列起来,一个一个地阐述。可以以时间为序,也可以以空间为序,还可以以问题的逻辑结构顺序为序。其结构形态呈放射状四面展开,每一侧面都直接面向中心论点,证明中心论点。这种方式层次清楚、形式整齐,便于听众理解与记忆。如权红在"世界也有我们的一半"的即兴演讲中,谈了三个问题:一是女人没有获得自己的"一半";二是女人本应有自己的"一半";三是女人应争得自己的"一半"。

递进式,即一层深入一层地阐明问题,逐步把道理讲清楚。它可以由表入里、由浅入深,也可以由小及大、由少及多,要求既符合客观事物的发展规律,又符合听众的认识规律。这种方式,往往思维严谨、结构缜密,具有较强的逻辑力量。如沈萍的演讲"为了我们的父亲"就是采用从"油画中的父亲"—"一位大学生的父亲"—"我们的父亲"—"中华民族的父亲"层层递进的结构,使演讲的思想内容不断充实,逐步深化,加强了演讲的逻辑力量。

对比式,即将对立的两个观点并立在一起,形成强烈的反差,从而深刻揭示演讲的主题。它可以是正反对比或新旧对比,也可以是时间对比或空间对比,还可以是问题的性质与类型对比等。如俞敏洪的一次励志即兴演讲"人要像树一样活着",即通过"树"与"小草"的对比来揭示"我们该怎样活着,怎样让自己活得有意义"这样一个主题。

串联式,即以时间先后为序,或以事情的发生、发展或变化过程为序将材料组织起来。这种结构层次比较单一,事情的来龙去脉很清楚。如徐良的"血染的风采",就是以自己的成长经历为线索,按时间的先后顺序来安排:1982年考入西安音乐学院(编织着一个艺术家的梦),1985年底申请入伍(说明为什么投笔从戎),最初的军旅生活(找到了大学生与战士的差距),血与火的考验(认识到军人的天职在于无私的奉献),负伤之后(感激党、人民和战友的关怀),军人亲属们的伟大贡献。

交叉式,有些内容丰富、容量大、时间长的演讲,常常用此种结构。它以时间顺序为主线,穿插横向组合材料;或者以横向组合为主,其间穿插纵向组合材料。先按纵向组合容易看出事物发展的全过程,先按横向组合容易分析出事物各部分之间的联系和区别。李燕杰的"爱情与美"采用的就是交叉式结构。先讲恋爱的真谛:爱情关系到理想、事业和人生。再讲爱情的格调:心灵美是爱情的基石。然后讲爱情的哲理:爱情应当是专一的、纯洁的。

以上方式,最好是综合使用,或以一种方式为主,其他为辅,或总体上使用某一种,局部使用另外几种。结构的安排要视演讲的体式而定:议论性演讲以"理结"为重心,结构顺序一般是问题在前,分析论证在中,做出结论在后,多采用并列式、递进式、对比式结构。叙事性演讲以"事结"为重心,多采用并列式、串联式、交叉式结构。每番夹叙夹议都可以构成一个段落,一篇演讲稿可能由几个段落组成。抒情性演讲以"情结"为重心,演讲内容按演讲者感情的自然发展顺序来表述,结构手法与散文类似,不拘一格。

(3) 讲究节奏。讲究节奏即张弛有度。演讲稿的节奏,主要是通过演讲内容的变换来实现的。演讲内容的变换,是在一个主题思想所统领的内容中,适当地插入幽默话语、优美诗文、趣闻轶事等内容,以便听众的注意力既保持高度集中,又不因为高度集中而产生兴奋性抑制。但内容变换过于频繁,也会造成听众注意力涣散。插入的内容应该为实现演讲意图服务,节奏的频率也应该根据听众的心理特征来确定。

(4) 衔接自然。演讲稿的内容要想一气呵成,成为一个有机的整体,还必须重视衔接。衔接是指把演讲中的各个内容层次联结起来,使之具有浑然一体的整体感。由于演讲稿需要从不同的角度讲道理,需要适时地变换演讲内容,所以容易导致结构零散。衔接是对结构松紧、疏密的一种弥补,它使各个内容层次的变换更为巧妙和自然,使演讲稿富于整体感,有助于演讲主题的深入人心。演讲稿结构衔接的方法主要是运用同上下两段内容、两个层次有联系的过渡段或过渡句。

(5) 设计高潮。高潮即演讲者与听众感情上产生强烈共鸣的时刻。有了高潮,演讲方可最充分地表现其审美价值,从而产生最大的感染力和说服力。一般说来,宣传鼓动性内容的演讲都有一到几次高潮(学术性、学理性内容的演讲则不必硬性设计)。构筑演讲高潮常见的方法有排比、反复、反问、设问等。高潮安排在结束前最为得体。

5. 结束语

演讲稿的结尾,应是全篇演讲的高潮和顶峰。结束语设计至关重要,因为它既体现演讲稿的完整性,又密切关联着演讲的气氛和效果。演讲稿结尾的要求是:深化主题,言简意赅,果断收煞。常见的结尾方式有以下几种:

(1) 画龙点睛,卒章显志。演讲结束时,用凝练的语言,进行画龙点睛的归纳,点明或深化主题,即"卒章显其志"。这种方法,能够突出演讲的主题,给听众留下深刻的印象。例如"一个青年军人的思考"的结尾:"世上没有靠编制谎言而成名的诗人,也绝没有靠纸上谈兵而赢得胜利的将军,而只有靠自身的素质、实力和价值,靠学、靠干、靠拼,才能真正成为强者。一个国家,也只有自强才能跻身于世界强国之林。"

(2) 充满激情,与众共勉。以真挚激越的感情,以诚恳信任的态度,以诗一般的语言,热情洋溢地提出努力方向,既是自勉,也是对他人的鼓舞和期望。这种结尾方向明确,态度谦逊,富有感召力。如一位演讲者在"时代的流行色"中讲道:"是千里马,就应该嘶风长鸣;是龙种,就应该冲腾飞舞。我们要争当出头鸟,争做弄潮儿,把我们的大智大勇,自觉投入到新时代的大熔炉里去,为中华的再一次腾飞发出光和热!"

(3) 自问自答,深化主题。1940年5月,英国在德国强大攻势下面临生死存亡的关头,丘吉尔受命组织新一届政府,他在发表的首次演讲中说:"你们问,我们的策略是什么?我说,我们的策略就是用上帝所能给予我们的全部能量和全部气力在海上、陆上和空中进行战争;……你们问,我们的目的是什么?我可以用两个字来回答,胜利——不惜一切代价去争取胜利,无论多么恐怖也要去争取胜利,无论道路多么遥远艰难也要去争取胜利。因为没有胜利就没有生存。"这种结尾与号召鼓动性结尾有异曲同工之妙,比后者更含蓄,更深沉,更能给人们长时间的思考和鼓动力。

(4) 引用名言,发人深思。用名言结尾,能给演讲者的思想提供有力的证明,增加演讲的可信度,显得更加优美、含蓄、睿智大气,具有较强的说服力和鼓舞作用。如演讲"谈毅力"的结尾:"毅力是攀登智慧高峰的手杖,毅力是漂越苦海的舟楫,毅力是理想的春雨催出的鲜花。朋友,或许你正在向成功努力,那么,运用你的毅力吧。这法宝可以推动你不断地前进,可以扶持你度过一切苦难。记住'顽强的毅力可以征服世界上任何一座高峰!'"用狄更斯名言结束演讲,不仅使语言表达得精练生动,且使演讲内容丰富充实,进一步深化了主题,并把演讲推向高潮。

(5) 幽默造势,出人意料。除了某些较为庄重的演讲场合外,利用幽默结束演讲可为演讲添加欢声笑语,使演讲更富有趣味,令人在笑声中深思,并给听者留下一个愉快的印象。老舍先生在某市的一次演讲中,开头即说"我今天给大家谈六个问题",接着,他第一、第二、第三、第四、第五,井井有条地谈下去。谈完第五个问题,他发现离散会的时间不多了,于是他提高嗓门,一本正经地说:"第六,散会。"听众起初一愣,不久就欢快地鼓起掌来。

(6) 展望未来,鼓舞斗志。充分发挥自己的想象力,对经过切实努力后将达到的美好境界做出展望。一位年轻的厂长向工人们演讲,告诉了工厂目前的困境之后,最后充满信心地说:"面包会有的,工资会有的,奖金会有的!如果不能兑现,我就是拍卖我家的房子也给大家发工资!你们都是我的姐妹兄弟,相信我,有我吃的饭,就有大伙吃的饭!人心齐,泰山移。一年后,我们一定会走出低谷!"

结束演讲的方法多种多样,只要能够驾驭情境,选择得当的话语,就可产生余韵犹存、感人至深的效果。结尾力戒虎头蛇尾,草草收兵;画蛇添足,节外生枝;冗长拖拉,漫无边际;千篇一律,废话连篇。

(三) 撰拟要求

1. 关注现实,选准讲题

演讲的选题必须遵循两个原则:一是需要性原则,二是适合性原则。所谓需要性原则,就是要选择现实需要亟待回答的论题。每准备一次演讲,都要从客观实际出发,要认真考虑一下自己所选择的讲题是否符合现实需要(现实社会矛盾的"焦点"),是否属于听众所亟待得到解答而又有意义的问题(人民群众关心的"热点")。所谓适合性原则,就是要选择那些适合演讲听众、演讲时间、演讲场合和演讲者实际的讲题。

2. 主题突出，观点鲜明

主题是整个演讲的"灵魂"和"统帅"，它应是演讲者的真知灼见，是从比较新的角度切入生活的实质，挖掘出的人生哲理和客观规律。正确、深刻的主题在演讲中应该得到集中鲜明的体现，要调动一切演讲手段紧紧地围绕主题把问题讲清讲透。鲜明的主题——一个判断句，在演讲中需要反复强调，才能使听众产生亲切感和参与感，留下深刻的印象。

3. 充满激情，强化氛围

激情来自内心，发自肺腑。演讲者内心的激情主要是通过充满感情的语言表露出来，无论是引用史例、联系现实，还是举出实例、加以议论，都要情真意切，寓理于情，把叙事、说理和抒情紧密结合起来，既有冷静的分析，又有热情的鼓动。要多用气势磅礴的排比句、情绪饱满的设问句、直抒胸臆的感叹句等，使语言铿锵有力、气势逼人，把听众拉入语言所塑造的氛围中。

4. 材料充实，新颖感人

材料选择求实不求虚，求精不求细，求新不求旧。材料要真实可信，这些材料包括事实、故事、名言警句、数字统计等，无论哪一类材料，都离不开"真实"。在真实的基础上还要充实，材料要多准备几套，写起演讲稿来才能底气十足；同时有备无患，以便临场应变，留有增减的余地。注意旧事新议，赋予人们所熟悉的事物以新意，或从一个新的角度来议论一个旧话题。

5. 行文有序，波澜起伏

演讲要集中听众的注意力，引起他们的兴趣，收到好的效果，必须注意内容安排的富于变化和行文结构的起伏跌宕。文似看山不喜平，演讲稿更应如此。演讲稿要写得有波澜，主要不是靠声调的高低，而是靠内容的有起有伏，有张有弛，有强调，有反复，有比较，有照应。演讲结构必须以掀起听众的情感波澜为宗旨，巧妙地安排论点材料，以便做到层次清晰、循序渐进，自始至终吸引住听众。

6. 通俗流畅，上口入耳

演讲的语言要深入浅出，把抽象的事物具体化，把深奥的道理浅显化，把概念的东西形象化；要善于运用通俗生动的口语、简明活泼的句式（多用短句）和丰富多彩的修辞方法（比喻、排比、设问、反问、反复）来增强演讲的启发性、引导性和鼓动性。在此基础上，还要讲究抑扬顿挫的节奏感和朗朗上口的韵律美。

●例文 6-11

在怀疑的时代依然需要信仰

（卢新宁 2012 年北京大学中文系毕业典礼上的演讲）

敬爱的老师和亲爱的同学们：

上午好！

谢谢你们叫我回家。让我有幸再次聆听老师的教诲，分享我亲爱的学弟学妹们的特殊喜悦。一进家门，光阴倒转，刚才那些美好的视频，同学的发言，老师的讲话，都让我觉得所有年轻的故事都不曾走远。可是，站在你们面前，亲爱的同学们，我才发现，自己真的老了。1988 年，我本科毕业的时候，你们中的绝大多数人还没有出生。那个时候你们的朗朗部长还是众女生仰慕的帅师兄,你们的渭毅老师正与我的同屋女孩爱得地老天荒。而他们的孩子都该考大学了。

就像刚才那首歌唱的,"记忆中最美的春天,难以再回首的昨天"。如果把生活比作一段将理想"变现"的历程,我们只是一叠面额有限的现钞,而你们是即将上市的股票。从一张白纸起步的书写,前程无远弗届,一切皆有可能。面对你们,我甚至缺少一份抒发"过来人"心得的勇气。

但我先生力劝我来,我的朋友也劝我来,他们都是84级的中文系学长。今天,他们有的仍然是一介文人,清贫淡泊;有的已经主政一方,功成名就;有的发了财做了"富二代"的爹,也有的离了婚、生活并不如意,但在网上交流时,听说有今天这样一个机会,他们都无一例外地让我一定要来,代表他们,代表那一代人,向自己的弟弟妹妹说点什么。

是的,跟你们一样,我们曾在中文系就读,甚至读过同一门课程,青涩的背影都曾被燕园的阳光,定格在五院青藤缠满的绿墙上。但那是20世纪的事了,我们之间横亘着20多年的时光。那个时候我们称为理想的,今天或许你们笑称其为空想;那时的我们流行书生论政,今天的你们要面对诫勉谈话;那时的我们熟悉的热词是民主、自由,今天的你们记住的是"拼爹""躲猫猫""打酱油";那个时候的我们喜欢在三角地游荡,而今天的你们习惯隐形于伟大的互联网。

我们那时的中国依然贫穷却豪情万丈,而今天这个世界第二大经济体,还在苦苦寻找迷失的幸福,无数和你们一样的青年喜欢用"囧"形容自己的处境。

20多年时光,中国到底走了多远?存放我们青春记忆的"三角地"早已荡然无存,见证你们少年心绪的"一塔湖图"正在创造新的历史。你们这一代人,有着远比我们当年更优越的条件,更广博的见识,更成熟的内心,站在更高的起点。

我们想说的是,站在这样高的起点,由北大中文系出发,你们不缺前辈大师的庇荫,更不少历史文化的熏染。《诗经》《楚辞》的世界,老庄孔孟的思想,李白杜甫的辞章,构成了你们生命中最为激荡的青春时光。我不需要提醒你们,未来将如何以具体琐碎消磨这份浪漫与绚烂;也不需要提醒你们,人生将以怎样的平庸世故,消解你们的万丈雄心;更不需要提醒你们,走入社会,要如何变得务实与现实,因为你们终将以一生浸淫其中。

我唯一的害怕,是你们已经不相信了——不相信规则能战胜潜规则,不相信学场有别于官场,不相信学术不等于权术,不相信风骨远胜于媚骨。你们或许不相信了,因为追求级别的越来越多,追求真理的越来越少;讲待遇的越来越多,讲理想的越来越少;大官越来越多,大师越来越少。

因此,在你们走向社会之际,我想说的只是,请看护好你曾经的激情和理想。在这个怀疑的时代,我们依然需要信仰。

也许有同学会笑话,大师姐写报社评论写多了吧,这么高的调子。可如果我告诉各位,这是我的那些中文系同学,那些不管今天处于怎样的职位,遭遇过怎样的人生的同学共同的想法,你们是否会稍微有些重视?是否会多想一下为什么二十多年过去,他们依然如此?

我知道,与我们这一代相比,你们这一代人的社会化远在你们踏上社会之前就已经开始了,国家的盛世集中在你们的大学时代,但社会的问题也凸显在你们的青春岁月。你们有我们不曾拥有的机遇,但也有我们不曾经历的挑战。

文学理论无法识别毒奶粉的成分,古典文献挡不住地沟油的泛滥。当利益成为唯一的价值,很多人把信仰、理想、道德都当成交易的筹码,我很担心,"怀疑"会不会成为我们时代否定一切、解构一切的"粉碎机"?我们会不会因为心灰意冷而随波逐流,变成钱理群先生所言"精致利己主义",世故老到,善于表演,懂得配合?而北大会不会像那个日本年轻人所说的,"有的是人才,却并不培养精英"?

我有一位清华毕业的同事,从大学开始,就自称是"北大的跟屁虫"。对北大人甚是敬重。谈到"大清王朝北大荒"江湖传言,他特认真地对我说:"这个社会更需要的,不是北大人的适应,而是北大人的坚守。"

这让我想起中文系百年时,陈平原先生的一席话。他提到西南联大时的老照片给自己的感动:一群衣衫褴褛的知识分子,器宇轩昂地屹立于天地间。这应当就是国人眼里北大人的形象。不管将来的你们身处何处,不管将来的你们从事什么职业,是否都能常常自问,作为北大人,我们是否还存有那种浩然之气?那种精神的魅力,充实的人生,"天地之心、生民之命、往圣绝学",是否还能在我们心中激起共鸣?

马克思曾慨叹,法兰西不缺少有智慧的人但缺少有骨气的人。今天的中国,同样不缺少有智慧的人但缺少有信仰的人。也正因此,中文系给我们的教育,才格外珍贵。从母校的教诲出发,20多年社会生活给我的最大启示:当许多同龄人都陷于时代的车轮下,那些能幸免的人,不仅因为坚强,更因为信仰。不用害怕圆滑的人说你不够成熟,不用在意聪明的人说你不够明智,不要照原样接受别人推荐给你的生活,选择坚守、选择理想,选择倾听内心的呼唤,才能拥有最饱满的人生。

梁漱溟先生写过一本书《这个世界会好吗?》。我很喜欢这个书名,它以朴素的设问提出了人生的大问题。这个世界会好吗?事在人为,未来中国的分量和质量,就在各位的手上。

最后,我想将一位学者的话送给亲爱的学弟学妹——无论中国怎样,请记得:你所站立的地方,就是你的中国;你怎么样,中国便怎么样;你是什么,中国便是什么;你有光明,中国便不会黑暗。

(本文选自百度网)

【实训练习】

1. 母校举行建校50周年庆祝活动,你不能亲自参加庆祝活动,请撰写一份庆祝母校建校50周年的祝贺词。

2. 东方职业技术学院院长带领酒店管理系部分师生到上海金华酒店参观学习,受到了酒店领导和员工的热情欢迎和款待。金华酒店在师生到来时召开了欢迎会,临别时召开了欢送会。请为酒店总经理写一篇欢迎词和欢送词,并为院长写一篇答谢词。

3. ××发电厂将接受上级部门××电力公司相关领导和专家组团对该厂的安全生产检查,在检查期间将对发电厂生产过程中存在的安全隐患给予搜检并提出改进意见。请为该厂拟写一篇欢迎词。

4. 请从下面的主题中,任选一题,写一篇800字左右的演讲稿。要求中心明确,材料真实感人,结构完整,层次清晰。

学着做一个好人。我的未来不是梦。学会为自己喝彩。莫让年华付水流。每个人身后有父母的目光。请注意自己的形象。我相信,我能行。把握现在,放飞梦想。给快乐找个理由。永远不说放弃。让我们都来承担责任。美德永远不会老。自信——我成长的明灯。面对挫折抬起你的头来。

5. 以"从××现象中所想到的"为命题模式,捕捉生活中某一常见的但往往是熟视无睹的现象,深入分析并发表演讲。

6. 仔细阅读下面材料,要求认真分析材料,根据材料反映的主题写一篇800字演讲稿。

在瑞士日内瓦联合国世界知识产权组织大楼的一层,陈列着许多国家赠送的珍贵礼品。苏联赠送的是1957年世界第一颗人造地球卫星的复制品;美国赠送的是阿波罗载人宇宙飞船首次登月取回的一块月球岩石,这块岩石被镶嵌在水晶玻璃中央,取名"一片月亮";中国赠送的是东汉科学家张衡发明的地动仪模型。许多礼物都令前来参观的人驻足沉思,赞叹不已。这些都是杰出的科学成就,只不过中国送过去的是1000多年前祖先的成就。

第七章 商务文书写作

第一节 商品说明书与商务广告

一、商品说明书的写作

（一）文体概述

商品说明书，也叫"产品说明书"或"使用说明书"，是关于商品性能、规格、构造、用途、使用、保管和保养方法的一种文字，是一种使用频率极高的应用文体。

商品说明书不同于广告。①目的不同。广告以推销产品为目的，突出商品的优点，以引起消费者购买的欲望并产生购买行为，简明扼要；而商品说明书主要以说明、介绍产品为目的，说明商品的特点、用法用量、适用范围、注意事项等，细致周到。②表现手法不同。广告讲究艺术性，注重感染力，强调创意新颖，表现手法多种多样；而商品说明书表现手法比较单一，一般以文字说明为主，辅以一定的图表说明。③语言风格不同。广告中常用"质量稳定可靠""国内首创""实行三包""欲购从速""勿失良机"等赞誉和敦促消费者购买的文字；商品说明书只是对产品的相关情况进行冷静、客观、科学的说明和描述，客观实在，朴实无华。④发布形式不同。广告一般需要通过一定的媒体来传播介绍商品；而商品说明书一般由企业独立撰写印刷，随商品赠送，有时也作为产品宣传资料发放。

商品说明书科学准确，图示精准，条款清晰，通俗易懂，方法实用，对于生产者、经营者和消费者相当有用。①指导消费。解释说明是说明书的基本作用。现代产品、消费品包含了很强的科技成分，人们从购买到使用，直到维修保养和排除一般故障，几乎都要依靠说明书的帮助。②产品促销。好的说明书可以使用户产生购买欲望，为生产者和经营者打开商品的销路，特别是对新产品的推销，起着举足轻重的作用。③传播知识。说明书对某种知识和技术有传播作用，如介绍产品的工作原理、主要的技术参数、零件的组成等。

商品说明书具有实用性、条理性、准确性和通俗性四个特点。说明书旨在给人以知、教人以用，脱离了实用的目标，说明书就失去了存在的价值意义；说明书要从事物本身的规律性和人们对事物的认识规律两个方面去寻求最恰当的表达顺序;说明书所介绍的知识、产品情况必须符合客观实际,来不得半点虚假和欺骗;说明书的语言一定要通俗易懂,一定要把被说明的事物说"明"。

商品说明书有各种各样的类型。一般来讲,按所要说明的事物来分,可以分为产品说明书、使用说明书、安装说明书等;从其形式繁简来看,可分为简单的商品说明书和复杂的商品说明书。

（二）行文格式

安排商品说明书结构的原则有二:一是符合购买者认识、使用商品的合理顺序,应从挑选、购买到使用、保养、维修的顺序安排结构;二是符合被说明商品本身固有的条理,有些商品包括诸多部分,安排说明书的结构时,或从上到下,或从外到内,或从局部到整体,或从整体到局部。

1. 简单的商品说明书

简单的商品说明书文字简洁,项目简单,只向用户简单扼要地介绍商品的情况。如食品、医药及一些民用商品等的说明书,一般都属简单的商品说明书。这种说明书的结构,一般包括标题、正文、落款三部分。

1）标题

简单的商品说明书的标题在第一行中间写上商品名称（如"健民咽喉片""西湖绸伞"）或"××使用说明书""××说明""××介绍"。

2）正文

正文是商品说明书的主体,一般包括产品设计目的、原料配方、技术要求、工艺造型、性能特点以及效率用途、注意事项、出厂价格、使用方法和保养维修等内容,以上内容可根据商品性质侧重说明某一项,有的内容也可以不写。产品如是工业机械、建筑材料、化工方面的,在说明书中对产品的名称、成分、性能、特点、用途和保养方法等作简要的说明;产品如是微型机器、精密仪表方面的,在说明书中应对机器仪表的型号、技术规格和构造,可能发生的故障和检修方法以及包修包换范围等加以说明;产品如是家用电器,就应该着重说明其使用方法、操作过程和保养事项等;产品如是医药,在说明书中对它的成分（含量）、功能、主治、服用方法以及禁忌等交代清楚;产品如是农药等,除了交代它的功能、特点、用法之外,一定要说清楚注意事项或可能产生的问题。

正文的写作,一般运用条款式、概述式、复合式和表格式等结构。

条款式。程序性内容说明一般采用条款式,即根据产品的主要情况,分条逐项对其进行说明。一般说来,大都按照产品的产地、原料、性能、功用、使用方法、保养注意事项等条目来写。这种写法,所用的文字极少,也不成文。条款式结构,能使说明书的内容集中醒目,层次分明,条目清楚。运用条款式,应注意避免内容零乱、意思脱节的毛病。

概述式。介绍性内容说明一般采用概述式,就是对商品进行概括的科学的介绍和说明。一般只需介绍产品的基本情况或主要情况,不要求巨细无遗;也可以选择不同的重点和侧面来写,力求简明扼要。概述式结构的优点是内容完整,意思连贯,文字简明,有一定的文采或趣味性。运用概述式,内容切忌冗长,陈述力戒杂乱。

复合式。它是概述式和条款式的综合,既有概述式的总体说明,又有条款式的分项说明;既可先总后分,也可先分后总;有的还插入图表,图文并茂。复合式商品说明书,使用频率比较高。它的优点是能把产品说得比较清楚、详细,既能给人一个总的印象,又能让人了解产品具体内容。

表格式。表格式结构就是按表格逐项填写要说明的内容,也可以表格为主,加上适当的文字说明。

3)落款

简单的商品说明书的落款,是在正文的下面标明产品厂家名称、产品批号、生产批准部门、专利号、荣誉标志、保修条款、有效期限、厂址、电话等。有的说明书的单位名称已写在标题中,可以不再重复。

2. 复杂的商品说明书

有些商品说明书是向用户全面地介绍产品,这类说明书内容、结构比较复杂,装订成册,制作精美,图文并茂,多用于对科技含量较高的电子类产品和家电产品的说明,如电视机、冰箱、计算机、洗衣机等。复杂的商品说明书有封面、目录、前言、正文、封底等部分。

1)封面

封面一般有"说明书"字样和厂名,有的还印有商标、规格型号、商品标准名称和图样。许多商品说明书的封面还配有商品彩照、彩图、分色表格,制成一幅精美的广告。

2)目录

目录主要列出商品说明书的内容条目,方便用户翻检查询。

3)前言

前言的形式有的采用书信形式,而更多的是采用概述式的短文。前言主要是概述商品说明书的目的,有的还介绍新商品的特点、性能、原理和使用范围,有的指出保养、维修商品的重要性。不过,有的说明书不列这些部分。

4)正文

正文是商品说明书的主要部分。根据实际需要对以下各项内容有选择地或侧重地进行说明。①构成原理(可附图说明)。②技术性能指标和主要技术参数,例如温度范围、压力范围等。③使用方法。有的配合插图说明各部件名称,按操作程序一一列出操作要领,指出特别注意的事项。④保养与维修。配合图表,说明保养、排除一般故障和具体维修方法。⑤商品成套明细。只有成套商品才列此项,主要说明成套商品的名称、附属配件及工具,附"用户意见"或"系列产品订货单"。

如果是食品、日用化妆品类产品的说明书,还必须注明生产日期和保质期,药品类产品除注明生产日期与有效期外,还必须对化学名称、结构式、性状、规格、适应症、用法与用量、配方、禁忌、贮藏、包装、批准文号,以及可能产生的副作用等注意事项进行详细说明。

5)封底

为方便用户联系,一般会在说明书的封底上注明厂址、邮政编码,含国家地区代号的电话、传真号码、电报挂号、互联网网址及电子信箱等相关信息。

为增强说明书的感染力,在实事求是的前提下,可选用文学语言来描述,这就要求作者具有一定的文学、文字修养;有时还应有丰富的感情,对所说明的事物十分熟悉和热爱。有的说明书为了给读者以真实感和便于读者接受理解,不仅用文字说明,还插用图表和照片,图文并茂,以期达到最好的说明效果。

（三）撰拟要求

1. 内容客观真实

写作商品说明书前,对所说明商品进行调查了解,要查阅各种有关资料,掌握足够的专门知识。撰写时,应保持对用户高度负责的精神,必须实事求是、科学客观地介绍商品的优点和应该注意的事项,不夸大其优点,不隐瞒其缺陷,符合客观实际,表述层次分明。

2. 抓住特征说明

商品说明书要突出两个内容：必须说明的和读者急切想了解的。抓住商品的用途、特点、用法进行说明,针对用户可能产生的疑虑来确定说明的基本内容,从而写出每种商品与众不同的个性,把性质相近的商品区别开来。宜根据不同商品特征选择不同的说明方法(或定义说明,或分类说明,或分解说明,或比较说明,或举例说明,或引用说明,或数字说明,或图表说明)。

3. 语言简练通俗

撰拟商品说明书的语言要简练通俗。一要准确无误,做到概念准确、程序准确、语言准确,多用清楚明白的短句,不用冗长复杂的长句,引用的数字必须翔实,使用的图表必须精准。二要通俗浅显,对商品的性能、特点,复杂的结构,烦琐的装配方法或操作技术,作深入浅出的说明,避免使用或少用生僻字词和专业术语,切忌滥用文言词语和外文。

●例文 7-1

碧螺春茶

"碧螺春"是我国十大名茶之一,产于江苏苏州洞庭东山和万顷碧波中的洞庭西山。洞庭东山在太湖之滨,洞庭西山是太湖中的小岛,这两个地方风光秀丽,相传已经有1300多年的采茶历史了。据《太湖备考》记载：东山碧螺峰石壁,有野茶数枝,山人朱正元加以采制,其香异常,便把这茶叫作"吓煞人香"。清代王应奎著《柳南随笔》记载,公元1675年,康熙皇帝在江南一带巡游,到了太湖,巡抚以这种茶进呈。康熙皇帝以其名不雅,改名为"碧螺春"。其实,这只是一种传说。"碧螺春"的得名大概是由于它的形状蜷曲如螺,最初的采摘地在碧螺峰,采摘的时间又在春天。

碧螺春由采摘茶树嫩梢初展的一芽一叶制成。叶片长约1.5厘米。嫩叶背面密生茸毛。茸毛也叫白毫,白毫越多,说明茶叶越嫩,品质越好。碧螺春的品质特点是：色泽碧绿；外形紧细,蜷曲,白毫多；香气浓郁,滋味醇和,饮时爽口,饮后有回甜的感觉；泡出茶来,汤色碧绿清澈,叶底嫩绿明亮。碧螺春茶中含有咖啡碱、茶碱和多种维生素,有兴奋大脑和心脏的作用,以及润喉、提神、明目的功效。喝了之后,能使人精神振奋,消除疲劳。

制作碧螺春是一项辛苦细致的劳动,又是一项技术性很强的传统工艺。一斤碧螺干茶,要采摘55 000到60 000个嫩芽,经过精拣、杀青、揉捻、搓团等工序,采摘需及时、精细,做工也十分讲究。春天的早晨,在一个个茶园里,采茶姑娘神采飞扬,敏捷地从茶树上精采细摘一片片嫩叶,情景动人；入夜,山村里万家灯火,一片忙碌。焙茶人把拣好的鲜叶倒进滚烫的锅里,不停地翻拌,看叶芽变成深绿色了,变软了,就让锅里保持中等温度,开始揉捻,使叶芽水分蒸发,条条紧缩,蜷曲成螺形。此后一边降温,一边搓团,等到茶叶捏拢放开就能自行松散时，一锅优质的碧螺春就制成了。

例文 7-2

健身球说明书

被誉为保定地区"三宝"之一的健身球，是闻名中外的传统产品：它起源于明朝，是保定地区手工艺人精心制作创造出来的。它秉承祖国传统工艺，运用现代新型材料，经数十道工艺始成，独具风格。它既是一种便携的保健器具，又是极具收藏及观赏价值的工艺品，融华夏文化于球体。名医有赞曰："观其表，赏心目；听其音，开窍提神；练五指，活血舒筋。"健身球分为雌雄一对，雌球声音柔和缠绵，雄球声音清脆悦耳。

功能介绍：通过手指的运动，达到疏通经络、调和气血、舒筋健骨、清神活血、防止高血压及各种慢性疾病。久经锻炼还可以健脑增智、加强记忆、消除疲劳、提神消忧，大有延年益寿之功能，是老少皆宜的锻炼身体、消除疾病的必备之宝。

使用方法：在锻炼时，将两球托于掌中，靠五指顺序屈伸使两球互绕盘旋，旋转方向有顺、逆之分，使手的全部关节都处于运动之中。随着手指的屈伸、展收，前臂肌肉都能有节奏地收缩和放松。初练时可选小型号，待熟练后，逐步选购较大型号。两手可交替锻炼，也可三四个球同时旋转玩出几种花样。

保养方法：要防止潮湿，保持清洁干燥，避免猛烈撞击。长期不使用时可涂蜡、涂油密封保存。

河北定州市健身器材厂
地址：定州市铁西

二、商务广告的写作

（一）文体概述

广告有广义的广告和狭义的广告之分。广义的广告，即广而告之的意思，是指各类信息通过各种形式的广泛传播。人们日常所说的广告，主要是指狭义的广告，即商务广告。商务广告是指广告宣传者以付款的方式，通过公共媒介，将其商品或服务进行宣传，借以向消费者有计划地传播商务信息，影响人们对所宣传的商品或服务的态度，进而诱发消费者购买或使用的欲望，从而使广告宣传者获得利益的行为。

商务广告是一种直接生动传递信息的手段，它能有效地唤起人们的兴趣，导致购买行动。有人把广告称为"无声的推销员"。一般说来，广告的功能有这样几个方面。①认识商品的功能。广告通过传递商品信息，就等于把商品"显露"在顾客面前。顾客能了解商品的性能、特点，商品的产地、价格、销售地点等。②诱发购物的功能。通过广告，使顾客与商品之间建立了密切熟悉的关系，博得顾客对商品的好感，克服或者改变对商品的消极态度，产生购物欲望。③文化艺术的功能。有的广告本身就是一首诗、一幅画、一些警言妙语。广告宣传时，使顾客得到艺术享受，起到美化环境，丰富人民生活的功能。④指导消费的功能。广告的影响力很大，尤其对消费流行的趋势来讲，有导向作用。它能指导消费者选择所需要的商品，合理消费社会物质财富。

国外把以上功能表述为"埃德马原则",即吸引顾客注意(attention),使其产生兴趣(interest),激起购买欲望(desire),留下美好记忆(memory),导致购买行为(action)。人们通常以"AIDMA"简称。

(二) 行文格式

一般的广告文案结构中都有一些共同的成分,包括标题、正文、随文、广告口号等几个基本要素。这四个基本要素在广告文案中担负着不同的功能。标题的主要功能是导入广告主题,引起目标受众注意;正文的功能是运用恰当的表现形式,对广告主题进行详细阐述;随文的功能则是说明广告主身份及相关的附加信息;口号的功能主要是通过相对稳定的简短语句对广告主题进行口号性宣传。它们在广告文案中的撰写各有不同,有着自身的特点和不同的写作要求。

1. 标题

标题是商务广告的灵魂,是广告主题或基本内容的集中体现。标题既能起到提示广告主题的作用,又能引起消费者的兴趣,还可以起到活泼和美化版面的作用,必须醒目、新颖,有吸引力。有人说,一则广告标题无力,则起码浪费了客户60%的金钱。广告的标题一般可分为直接标题、间接标题和复合标题三种。

(1) 直接标题,即标题直接点明广告的主旨,其特征是言简意明,开门见山。直接标题有以下几种写法。①陈述式,用叙述事情的方式为标题,分名称式和描写式,名称式直接用厂名、货名或二者兼有作为标题,如"这辆新型的劳斯莱斯在时速达60英里时,最大的噪声来自电子钟"(劳斯莱斯轿车广告);描写式如"像母亲的手一样柔软舒适的儿童鞋"(日本童鞋广告)。②报道式,采用新闻报道的写法,给人一种新鲜感。如"现在'波多黎各'对新工业提供百分之百的免税"(波多黎各政府广告)。③提问式,从消费者的角度提出"为什么"或"怎么办"的问题,以引起顾客的思考,加深印象。如"人类失去联想,世界将会怎样。"(联想电脑广告)。④祈使式,用要求或希望的语气,向消费者直接建议使用推荐的产品,如"眼睛是灵魂的窗户,为了保护您的灵魂,请给窗户安上玻璃吧!"(美国眼镜广告)。⑤承诺式,向消费者做出承诺,表明产品或服务能给消费者带来什么样的好处,如"如因本锁被撬开而丢车,本公司包赔新车一辆。"(美国U形保险汽车锁广告)。

(2) 间接标题,利用艺术手法来暗示或诱导消费者,引起消费者的兴趣与好奇心理,从而进一步注意广告的其他信息。如某电冰箱的广告标题"寒冷与宁静的联想"。广告的间接标题,或运用比喻,如"夏天的绿荫"(××防晒霜广告);或采用对偶,如"天上彩虹,人间长虹。"(长虹彩电广告);或借用成语,如"一毛不拔"(××牙刷广告);或套用歌名,如"冬天里的一把火"(××牌口红广告)。间接标题表达效果比较理想,但写作时要把握分寸,不要故弄玄虚,不要过于含蓄。

(3) 复合标题。复合标题是把直接标题和间接标题组合起来,做到既清楚明白,一目了然,又新颖别致,富于吸引力和诱惑力。其形式一般采用双行标题或多行标题。双行标题如"飞阳装饰——带你步入彩色新世界"(飞阳装饰公司广告)。多行标题分别由引题、正题和副题组成。如天府花生广告标题"四川特产,口味一流"(引题)、"天府花生"(正题)、"越剥越开心"(副题);又如某空调广告标题"今年夏天最冷的热门新闻"(引题)、"西泠冷气全面启动"(正题)、"显示豪华气派,发动强力冷气,解放今年夏天"(副题)。复合标题要虚实搭配,相辅相成,避免无意义的重复。

广告标题拟写要做到:突出商品最新信息,努力表现产品个性,字眼尽量引人入胜,句子长度简短适中,慎用否定性的词语。

2. 正文

正文是商务广告标题的具体化,是商务广告的主体部分,要比标题详尽周密。正文部分要摆出强有力的证据来说明商品和服务的优越性,做到重点突出,简明扼要,通俗易懂,生动有趣。正文以采用叙述体写作较为普遍,一般分引言、中心段、结尾三个部分。许多广告因为采取了诗歌体、曲艺体等形式,结构上很难按这三部分来分。

1) 引言

引言部分是对广告标题的说明和解释,扼要解说标题提出的问题,对标题反映的商品、劳务或事实、问题进行必要的说明和解释,为后文的展开作铺垫。字数不宜多,字体可适当加大,要以最快的速度引入下文。

2) 中心段

中心段是广告正文中带关键性、有说服力的事实说明,主要陈述商品的细节或企业的经营情况,用事实和数据来证明商品或企业的长处、特色,以此激发消费者的购买欲望。常见的表达方式有如下几种:

陈述式。用平直的语言简明扼要地介绍商品的情况,直截了当地说出产品的名称、规格、用途、效果、价格等,为消费者认识和鉴别商品提供必要的知识。如格力·睡梦宝空调广告正文:"格力睡梦宝,让十三亿中国人睡得好,精神好!静音设计低至23分贝,特有静音换气技术,三种舒适睡眠模式选择。国家2级节能标准,高效节能。"

描写式。以极其生动细腻的描绘刻画达到激发人们基本情感和欲望,让受众产生如见其人、如闻其声、如睹其物、如历其事、如临其境的感觉。如西门子8008广告正文:"时尚,总是紧跟女人的步伐。纯净的美像花朵般注定绽放,新鲜的美感不可阻挡,拥有的感觉只有自己知道。妩媚细致的表达、生命的活力,女人独享,唯有MINNIE。"

论述式。用讲道理的方式,为宣传商品优点,摆开辩论的姿态,用充分的论据和雄辩的逻辑,说服消费者选购广告中介绍的商品。如上海特效牙膏广告正文:"如果少了一颗牙,咬力就减少了三分之一;如果少了两颗牙,咬力就减少了二分之一;如果少了三颗牙,咬力就只剩下三分之一,那简直是全线崩溃。为保护您的牙齿,欢迎您使用上海特效牙膏。"

证明式。重点介绍本产品获奖情况,权威的鉴定或名人的赞扬等,证明产品的质量可靠,以实现对消费者的告知、诱导和说服的目的。如古井贡酒广告正文:"古井贡酒清如水晶,香如幽兰,甘美醇和,回味悠长,连续三次荣登国家名酒金榜,又获第十三届巴黎国际食品博览会金奖。"

故事式。采用叙事、对话或连环画的形式来描述,以故事情节揭示广告主题,传播产品的属性、功能和价值等,创造出一种轻松的信息传播与接受氛围。如野荞神酒"太母液"广告正文:"世隋末乱世,李靖随母隐居大幕山。太母教人播野荞、学纺织,深得山民爱戴。太母仙逝之日,雷电交加,两山拢抱,合葬太母。满七之后,一眼清泉涌于山脚,如太母乳汁汩汩长流,是为"慈泉眼"。自此人们酿泉为酒,流传至今。野荞神酒"太母液"晶莹剔透,清香纯正,醇冽清柔,微甜爽口,为生日寿诞宴会不可多得的珍品。"

抒情式。采用散文或诗歌等形式来完成。这种形式凝练优美,能够表现出文学的韵味,给人耳目一新的感觉。如飞利浦真柔灯泡广告正文:"飞利浦真柔灯泡。子夜,灯一盏一盏熄了,浓密的夜色淹没了初歌的灯火。万物俱眠,怎舍得未归的人,独自在黑夜赶路。且点上一盏灯,点上家的温暖与期待,让晚归的人儿,不觉孤独。飞利浦真柔灯泡,为晚归的人点上一盏温馨的灯。"

幽默式。借用幽默的笔法和俏皮的语言来表达广告主题,使受众以轻松活泼的心态接受广告信息。在马来西亚一处交通要道上有不少幽默式交通广告,如其中一则:"阁下:驾驶汽车时速不超过30英里,您可饱览本地的美丽景色;超过80英里,欢迎光顾本地设备最新的急救医院;超过100英里,那么请放心,柔佛州公墓已为你预备了一块挺好的墓地。"另如一则经典小吃店广告语:"请到这里用餐吧!否则你我都要挨饿了。"

3) 结尾

广告的结尾敦促人们采取购买行动,或祈使,或建议,或暗示。广告结尾的文字应该简短、有力,不宜过长,其作用是再次强调本商品独特的销售主张,种种独到之处,以敦促消费者采取行动。

正文拟写要注意:突出最具竞争优势的信息,尽量让消费者现身说法,不用令人反感抵触的词语,要提供有用的咨询或服务。

3. 随文

随文又称附文,是在广告中向受众说明广告主身份及相关的附加信息,起到附加说明和购买指南的作用。一般位于广告文案的尾部,写明企业标志、商标牌号、厂名、厂址、电话号码、报价、销售单位等项目,必要时还可写上开户银行、银行账号以及购销方法,以便联系购买。随文有常规型、附言型和条签型等几种形式。常规型随文以列举的方式将商品标识、企业名称、联系方式等项内容一一列出。给日常生活用品做广告,通常不列写随文。附言型随文通常是在告诉受众联系方式时,提出相关建议,鼓励受众采取购买行动。条签型随文是在广告文案尾部制作一张简单的条签,用虚线或表格标明;它通常是一张回邮单,也可以是消费者调查的表格,或是征求商品名称、广告语之类的登记表。

4. 广告口号

广告口号又叫广告语或广告警句,是指表达企业理念或产品特征的、长期使用的宣传短句,反复性、精警化、口语化是其特点。如"与时空同在,似日月长辉。"(瑞士雷达表广告口号),"科技无限,创造无限。"(春兰集团的广告口号),"早一天使用,晚一天衰老。"(抗皱霜广告口号)。广告口号一经采用,往往要使用很长一段时间,成为消费者区别不同企业和产品广告的标志。从某种意义上说,广告口号就是广告的商标。

广告口号与广告标题有三点区别。①广告标题具有概括广告内容和引导广告正文的作用;而广告口号则是使消费者建立一种观念,用以指引他们选购商品和服务。②广告标题在广告文案中的位置比较固定,多在正文上方;而广告口号却可以单独使用,即使作为广告文案的组成部分,版面位置也十分灵活,不受任何限制。③广告标题是广告文案的有机组成部分,必须与正文、插图等关联使用,其形式可以是一句话、一个词,甚至一个字;而广告口号同广告文案中其他要素没有必然的依附关系,一般是完整的句子,能表达出明确的概念。如"好而不贵,真的实惠。""有我白猫在,步履更轻快。"

拟订广告口号的原则:①简短易记,广告口号的目的是使人们形成长期牢固的概念,越简单越能帮助人们记忆;②突出品牌,商品的品牌和企业的名称,是商品的主要标志,将企业品牌直接引入广告口号,能起到有效的识别作用和记忆作用;③紧扣利益,消费者购买商品的目的是要给自己提供某种效用,广告口号要突出产品功用。

撰拟广告口号常见技法有以下几种。①比较法,通过两种商品前后质量、性能或价格的对比,突出质量的优等或价格的实惠,从而取得消费者的信任,如美国丽明顿刮胡刀片广告语"从前每片刮10人,次后刮13人,如今可刮200人。"②承诺法,以许愿、保证的方式突出商品或服务的优点。如奔驰牌汽车广告语"如果有人发现'奔驰'牌汽车发生过故障,被迫抛锚,我们将赠送您1万美金。"③设问法,以询问的句式提出问题,于平平淡淡之中提醒人们注意区别新的产品、新的形象,如上海七重天宾馆广告语"人间天堂何处在?路人遥指七重天。"④描写法,用简练、优美、形象的语言客观地描绘商品的特色,达到绘声绘色的效果,如麦氏咖啡广告语"滴滴香浓,意犹未尽。"⑤叙述法,不加任何修饰,客观地陈述商品特点或企业宗旨,如奥丽斯化妆品广告语"早一天使用,多一份青春。"⑥双关法,多为成语的借用,别义双解,造成言在此而意在彼的效果,如旅游鞋广告语"千里之行,始于足下。"⑦幽默机智法,用机智幽默的语言,吸引人们的注意力,如法国某印刷厂广告语"除了钞票,承印一切。"⑧对偶成联法,以语言的对偶造成形式上相协调的美感和意义上相得益彰的丰富感,如淮北口子酒广告语"隔壁千家醉,开坛十里香。"⑨巧用谐音法,利用发音上的相同相近,在精短的广告口号中借用一些现成的、为人们所普遍熟悉的词语,来宣传企业、商品,朗朗上口,易于记忆,如山西汾酒广告语"天下大势,汾酒必喝,喝酒必汾"。

广告口号写作注意四点:朗朗上口,简单易记;新颖独特,个性鲜明;把握时空,区别对待;说服性大,号召力强。

(三)撰拟要求

1. 定位要准确

实体定位。一般可从产品的产地、原料、加工、用途、用法、特点、档次等多方面来考虑,主要有产地定位、类别定位、特点定位、用途定位、使用定位、档次定位等。

消费者定位。广告要使消费者明确产品是为谁生产的,卖给什么人,主要从消费对象和消费心理两个方面来考虑。

市场定位。消费市场的构成因素是人口和购买力,因此确定广告主题时还要考虑市场需求即人口和购买力的因素。

2. 内容要真实

广告的真实性是广告的基石和生命,也是广告的一种道德规范。广告文案内容的真实性要求所介绍的商品和服务项目,要向消费者提供经得住检验的证据,从而真正起到指导消费、促进经济发展的作用,有一定限度的艺术渲染和艺术夸张是允许的,但必须以现实为基础,绝不能脱离和歪曲甚至颠倒事实。人是有理智的,语言诚实最能获得消费者信任。

3. 要有创新性

创新性是广告成功的关键。广告文案的创新性,关键在广告的创意。广告创意是广告主题的创造性思维,是在广告主题定位后,如何表现广告主题创造性的艺术构思,既包括"传播什么"的问题,又包括"怎样传播"的问题。广告文案的创新性,不但表现在有上乘的创意,还表现在要有独特、新奇的表现手法,新颖的表现手法同样具有不可抗拒的魅力。广告的艺术形象越鲜明,越富有创造性,感染力就越强,宣传效果就越好。

4. 要有针对性

撰拟广告要考虑不同消费群体对广告的感知态度。向青年人做广告要有幽默感、时代感,要突出产品的独特性,文字要简洁,审美性要强;向中年人做广告重在理性,必须强调产品的"成熟性"及经济实用性,文字要质朴、详尽;向老年人做广告必须诚实谦和,以强调产品的质量和实惠方便为主,文字要通俗严肃;对妇女做广告则应浅显易懂,少用或不用图表,要强调适中的价格和实用的价值。总之,消费群体不同,广告写作就必须因人而异。

5. 要讲艺术性

只有精练的文字、清新的措辞,才符合信息时代快节奏的要求,才能在特定的时间内把广告信息输入消费者脑中。广告文案往往采用各种艺术手法写作,或比喻塑造鲜明形象,或夸张突出商品特点,或排比增强感召气势,或巧设悬念引人注意,或一语双关引人回味。这样的广告文案在传达商品信息的同时,也创造了美,具有一定的审美价值。

● 例文 7-3

新加坡旅游广告创意文案

一、夕阳西下,新加坡依然魅力十足

星光下的晚餐如梦如幻,芬芳的美酒香飘河畔,奔放的迪斯科挥舞热情,夜色中的大都市依旧生气盎然。这就是新加坡。

二、不会潜水也悠游

不会潜水也能饱览海底世界风光,目睹食人鲨迎面掠食的刺激景象;不会潜水也能漫游于鱼群之中,悠游海底的奥妙世界。这就是新加坡。

三、脚底按摩师的神奇指上功夫,令我周身舒畅,然而,小提琴手十指流畅出的音乐,则让我心动不已

空气中,茉莉花香弥漫,交织着如诉如泣的音乐。一缕莫名的感动,萦绕心扉。唉,离情依依。这一天终将来临,我也终将离去;再多的不愿意,也只能化作千百个回忆。浓浓的神秘风味,异国情调的街头舞蹈,穿梭于繁华之间的三轮车,还有那位让我尚未离去,怀念之情就已缠绕心头的小提琴手……怎一趟难忘的奖励旅游!盼望不久的将来就能重温这点点滴滴。

四、滚滚浪花一波一动,承载着一船的欢愉,然而,是那书法家流畅的笔墨线条,深深触动着我的心绪

站在甲板上,清冽的空气里,隐隐透着沁人的柠檬香。远处,一排排的棕榈迎风起舞;血红的夕阳霞光遍洒这片近赤道的天空。行驶中的游艇,在海面上拖曳成一道长长的白色水痕,令我想起那位书法家的专注笔触,如斯行云流水,悠游自在。临别的思绪就在这滚滚浪花中,慢慢荡漾开来……怎一趟难忘的奖励旅游!一切是那么别具风味与色彩!盼望不久的将来就能重温这点点滴滴。

【实训练习】

1. 根据下面的材料,写一篇结构完整、正文为条款式的商品说明书。

广西玉林制药厂生产的"十滴水"每瓶 5 mL,有健胃、祛风的功能,可以治疗由于中暑引起的头晕、恶心、肚子疼、肠胃不舒服。这是因为它里面主要含有樟脑、大黄、小茴香等成分。一次喝半瓶到一瓶,小孩子要适量少喝一些,但孕妇不能喝。平时要在避光的容器里密封,

搁在阴凉的地方。这种药的批准文号是桂卫药准字〔2002〕027002号。

2. 根据下面的材料,为四川名酒——"文君酒"写份商品说明书。

文君酒历史悠久,酒质具有窖香浓郁、柔绵醇净、甘甜爽口、香味协调、回味悠长的独特风格。采用传统生产工艺,老窖发酵,蒸馏陈酿出厂,酿造用水系西汉卓文君古井水脉佳泉。1985年荣获中华人民共和国商业部"金爵奖",1963年被评为省名酒,1981年、1984年蝉联中华人民共和国商业部优质产品称号,1989年荣获中国出口名特产品奖。

3. 将下面某厂家的"××牌电热褥"所附的商品说明书结构理顺,重新排列段落,并用规范的文字说明。

①"××牌电热褥"由武汉××公司生产,联系电话:027-××,地址:武汉市××区××路××号,欢迎订货!②"××牌电热褥"可以放在被子下面,铺平展开盖被以保温。睡前30分钟接通电源,温度逐渐升高,达到恒温时可持续12小时。③可折叠,但禁止揉搓以防损坏发热元件。④禁止折叠后接通电源,以防温度集中损坏棉织物。⑤起床后应切断电源,以免毯上垫物过厚烧毁棉织物。⑥电热褥放在被子下面铺平展开,用针线将四角及中心固定,以免滑动,皱折卷曲,损坏发热元件。

4. 根据所给的背景资料,写一则广播广告,完成广告文案写作部分,充分体现口头语言的特点,并适当运用音乐、音响效果,用文字描述音乐、音响的效果;广告标题、口号、正文、附文格式完整;正文字数不少于200字。

背景资料:××仓储是一家大型的超市,集生活日用品、食品、新鲜蔬果等各类商品于一体,品种齐全,价格合理。现欲在某一中小型城市开一家中型连锁店。

5. 请为某数字电视的产品上市撰写广告文案。广告发布时间:2016年元旦。广告发布媒介:《××晚报》广告版。广告版面:半版。要求:分析该产品类别、产品周期情况,并根据媒介运用、广告发布时间的要求,完成此广告文案写作部分,并用语言表述视觉效果。

6. 试为某品牌空调拟一平面广告文案。①广告定位:静音、新款、质优、价低。②广告文案诉求创意:深化"静音、新款、质优、价低"的主题理念,在文案创作上要有层次感,用感性语气进行诉求,把主题理念感性化、细微化。③版式设计:要求形象具备统一性,图案选择有新意,与诉求文字结合巧妙。

第二节 市场调查报告与商务策划书

一、市场调查报告的写作

(一) 文体概述

市场调查报告是运用科学的方法,有组织、有计划地对国内、国际商品交易市场营销的各种情报资料进行搜集、整理、分析、研究,做出恰当结论后写成的书面报告。

通过市场调查,了解市场的供求变化,了解消费者的各种消费需求,有助于企业从市场需求的实际出发,按经济规律管理,合理安排生产,保持供需平衡;防止盲目生产,避免资源浪费;有利于产品竞争,发展对外贸易。市场调查报告是市场调查工作的最终成果,也是市场调研过程中最重要的一环,其撰写的好坏将直接影响到整个市场调查研究工作的成果质量。一份好的调查报告,能对企业的市场策划活动提供有效的导向作用,对各部门管理者了解情况、分析问题、制定决策、编制计划以及控制、协调、监督等各方面都能起到积极的作用。如果调查报告写得拙劣不堪,再好的调查资料也会黯然失色,甚至可能导致市场活动的失败。

市场调查报告应具有针对性、新颖性、时效性、科学性等特点。针对性是调查报告的灵魂,它包括选题上的针对性和阅读对象的明确性两方面。目的明确、有的放矢,围绕主题展开论述,这样才能发挥市场调查应有的作用;阅读对象不同,其要求和所关心问题的侧重点也不同。比如公司总经理主要关心的是调查的结论和建议部分,而不是大量的数据分析;市场研究人员更关心的是调查所采用的方式方法、数据的来源等方面的问题。新颖性是指调查报告应从全新的视角去发现问题,用全新的观点去看待问题,紧紧抓住市场活动的新动向、新问题等提出新观点、新建议。时效性是要求调查报告撰写要快,应将从调查中获得的有价值的内容迅速、及时地报告出去,以供经营决策者抓住机会,在竞争中取胜。科学性是说市场调查报告不是单纯报告市场客观情况,还要通过对事实的分析研究,寻找市场发展变化的规律。

市场调查报告的种类很多。①市场需求调查报告:主要内容包括产品销售对象的数量与构成,消费者家庭收入水平,实际购买力,潜在需求量及其购买意向,如消费者收入增加额度、需求层次变化情况,消费者对商品需求程度的变化、消费心理等。②市场供给调查报告:主要内容包括商品资源总量及构成,商品生产厂家有关情况,产品更新换代情况,不同商品市场生命周期的阶段,商品供给前景等。③商品销售渠道调查报告:主要内容包括渠道种类与各渠道销售商品的数量、潜力,商品流转环节、路线、仓储情况等。④商品价格调查报告:主要内容包括商品成本、税金、市场价格变动情况,消费者对价格变动情况的反映等。⑤市场竞争情况调查报告:主要内容包括竞争对手情况、竞争手段,竞争产品质量、性能、价格等。

(二) 调查方法

撰写市场调查报告,首先要搞市场调查。要做到广泛深入的调查,必须进行两方面的工作:一是文献资料的调查,即利用各种文献、档案资料进行市场调查;二是实地情况的调查,即深入实际,通过了解消费者或与有关机构和人员的接触,从中搜集反映市场状况和变化的第一手资料。市场调查的方法很多,常用方法有如下几种:

1. 口头调查法

口头调查法,是根据已经制定的调查目的和调查计划,用口头方式取得调查资料的一种方法。采用口头询问时,可以通过个人访问或小组访问,召开一些不同类型的座谈会,直接交谈,或找个别对象访问,也可以打电话向被调查者询问或征求意见。

2. 问卷调查法

问卷调查法是制定市场调查问卷让被调查者填写。问卷的结构为:被调查者的基本情况(主要有姓名、性别、年龄、民族、文化程度、工作单位、职业、住址、家庭人口等)、调查内容、问卷填写说明(包括目的要求、项目含义、调查时间,被调查者填写时应遵守的要求,调查人员应遵守事项等)、编号(以便于分类归档,便于计算机管理)。设计市场调查问卷时应注意:①必要性,所提的问题应直接为目的服务,没有价值或无关紧要的问题不应列入;②可行性,应尽量避免列出令人难以回答的问题,注意使用适合被调查者身份、水平的词句和用语;③准确性,提问要简单明确,切忌模棱两可或难以理解;④艺术性,提问要讲究艺术,有趣味,使被调查者乐于回答。这种方法的优点在于适合大范围的调查，可以同时、异地一次性地获得大量的市场信息，甚为节省，而且控制性强，尤其便于定量分析问题。但信息的可信度受到被调查者的道德、文化、认识水准的左右。

3. 观察调查法

观察调查法是指通过直接观察取得第一手资料的调查方法。市场调查人员直接到商店、订货会、展销会、消费者比较集中的场所，借助照相机、录音机或直接用笔录的方式，身临其境地进行观察记录，从而获得重要的市场信息资料。观察法的优点是可以客观地收集资料，可以集中了解问题；不足之处在于许多问题观察不到，如被调查者的兴趣、偏好、心理感受、购买动机、态度、看法等。

4. 实验调查法

实验调查法即从影响市场调查问题的诸因素中选出一两个，在一定条件下进行小规模的实验。在改变商品的设计、包装、价格、品质、广告等因素时，先作小规模实验，搜集用户意见，预测产品销售量，然后研究决定可否大规模投产进入市场。它是目前运用得较好的一种方法，如试销会、展销会、看样订货会、国际博览会都是运用了实验法。

5. 统计分析法

统计分析法，是利用企业内的现成资料（如统计、会计报表及有关数据）进行综合分析的一种调查方法。这是一种间接调查法，可分为发展趋势分析、相关因素分析、市场占有率分析、市场覆盖率分析等，这种调查可为现场调查作准备，有的问题还可以弥补现场调查的不足。这种方法研究的问题比现场调查更为广泛，而且费用低廉。

（三）行文格式

市场调查报告动笔前要确定和提炼好主题，提炼主题要考虑三个方面的因素：调查的目的、调查中的实际材料、需要回答的问题。调查的目的可能被实际材料证实或修正，需要回答的问题则来源于实际材料，因而，确定主题应以材料为基点，参考调查目的，力求反映和论证各种现实问题。市场调查报告没有固定不变的格式，主要依据调查的目的、内容、结果以及主要用途来决定，其结构一般由题目、目录、摘要、正文、落款、附件几个部分组成。

1. 题目

题目包括市场调查标题、报告日期、委托方、调查方等。标题是画龙点睛之笔，好的标题，一名既立、境界全出。市场调查报告的标题，要求与报告的内容融为一体，是报告内容的高度概括，用精练简洁的文字去表现报告的中心思想。市场调查报告的标题有四种形式：①公文式标题，直接写明调查的单位、内容和调查范围，如"天津自行车在国内外市场地位的调查"，这种标题的特点是简明、客观；②文章式标题，直接揭示调查结论，如"出口商品包装不容忽视"，这种标题既表明了作者的态度，又揭示了主题，具有很强的吸引力；③提问式标题，即以提问的形式来点出调查报告的内容，指出调查的意义，如"房价为何居高不下？""电动玩具为何如此热销？"等；④正副标题，除正题（点明市场调查的项目、范围、内容和情况）之外，再加副题（说明市场调查的项目、地区和文种），如"'泥巴换外汇'——陶瓷品出口情况调查"。

2. 目录

提交调查报告时，如果涉及的内容很多，页数很多，为了便于读者阅读，把各项内容用目录或索引形式标记出来,所以使读者对报告的整体框架有一个具体的了解。目录的具体内容如下:①章节标题和副标题及页码;②表格目录(标题及页码);③图形目录(标题及页码);④附录(标题及页码)。

3. 摘要

摘要是市场调查报告中的内容提要,由以下几个部分组成。①调查目的,即为什么要开展调研,为什么公司要在这方面花费时间和金钱,想要通过调研得到些什么?②调查对象和调查内容,包括调查时间、地点、对象、范围、调查要点及要解答的问题等。③调查研究的方法,如问卷设计、数据处理由谁完成,问卷结构是怎样的,有效问卷有多少,抽样的基本情况,研究方法的选择等。写作时需要注意以下几个问题:一是摘要只给出最重要的内容,一般不要超过两页;二是每段要有个小标题或关键词,每段内容应当非常简练,不要超过三句话;三是摘要应当能够引起读者的兴趣和好奇心去进一步阅读报告的其余部分。

4. 正文

正文是市场调查报告的主要部分,必须正确阐明全部有关论据,包括问题的提出到引起的结论,论证的全部过程,分析研究问题的方法等。正文包括前言、主体和结尾。

1) 前言

用简明扼要的文字写出调查报告撰写的依据,报告的研究目的或主旨,调查的范围、时间、地点及所采用的调查方式、方法。前言的写法主要有以下几种。①开门见山,揭示主题。报告开始就先交代调查的目的或动机,揭示主题,如"我公司受北京电视机厂的委托,对消费者进行一项有关电视机市场需求状况的调查,预测未来消费者对电视机的需求量和需求的种类,使北京电视机厂能根据市场需求及时调整其产量及种类,确定今后的发展方向。"②结论先行,逐步论证。先将调查的结论写出来,然后逐步论证。特点是观点明确,使人一目了然,许多大型的调查报告均采用这种形式。如"我们通过对天府可乐在北京市的消费情况和购买意向的调查认为它在北京不具有市场竞争力,原因主要从以下几方面阐述:……"③交代情况,逐步分析。先交代背景情况、调查数据,然后逐步分析,得出结论。如"本次关于非常可乐的消费情况的调查主要集中在北京、上海、重庆、天津,调查对象集中于中青年……"④提出问题,引入正题。首先提出人们所关注的问题,引导读者进入正题。CCTV 的很多调查报告都是采用这种形式。

2) 主体

主体部分是报告的正文,这一部分的质量如何,直接关系到报告的整体水平。写作时主要考虑以下因素:一是表现主题的需要,什么写法能更好地表现主题,就采取什么写法;二是调查材料的状况,材料不同写法也不一样;三是谋篇布局。主体主要包括基本情况、结论或预测、建议和决策三个部分。

(1) 基本情况,即对调查结果的描述与解释说明,如发展历史、市场布局、销售情况等。可以用文字、图表、数字加以说明。对情况的介绍要详尽而准确,为下一步分析、下结论提供依据。引用历史情况,主要是为了总结过去的经验和教训,说明发展的延续性,以及对当前和未来的影响。重点应放在对当前情况的介绍,如实反映调查对象的现状现貌,包括下面四个方面内容。①消费者情况:消费者的数量、地区分布;消费者的职业、收入、年龄、性别等个别情况;消费者购买的动机、次数、数量、习惯、时间、地点等情况。②产品情况:主要消费者对商品质量、性能、价格、包装、交货期限、技术服务的评价、意见和要求;商品在市场上的占有率、覆盖率,在市场上的供求比例;厂牌商标的效果;消费者对商品的使用方法是否正确。

③销售情况：影响销售的因素；现有销售能力；如何扩大销路、提高销售能力；现有销售渠道是否合理，如何减少中间环节；商品的销售成本与销售收入的比率；商品的仓储、运输成本，运输路线等情况；广告费用和宣传力度。④市场需求情况：市场潜在需求量；本企业在不同市场的占有率；竞争对象的经营情况、经营理念和发展战略；市场变化趋势。这些内容既要有典型事例，又要有典型数据。不仅内容要丰富，还要做到条理清晰，并科学合理地揭示出内在联系。以上四个方面，写作时不一定面面俱到，哪些方面要写，哪些方面不写，哪些详写，哪些略写，要因情势而定。

（2）结论或预测。该部分通过对资料的分析研究，对上述情况、数据进行科学地分析（包括原因分析、利弊分析、预测分析），找出原因及各方面因素的影响，透过现象看本质，得出针对调查目的的结论；或者预测市场未来的发展、变化趋势。市场调查报告虽不以预测为重点，不需要对未来进行详细的预测，但一般要在反映市场现状的基础上简略地推断未来发展趋势，展望市场前景。论述可长可短，可将分析、推断过程写出来，也可只写结论不反映分析过程，针对性要强，逻辑性要强，预测力求准确，不能牵强附会。该部分为了条理清楚，往往分为若干条叙述，或列出小标题。

（3）建议和决策。经过对调查资料的分析研究，发现了市场的问题和预测了市场未来的变化趋势后，应为准备采取的市场对策提出建议或看法，供领导决策参考，这是市场调查的落脚点。写这部分内容要求有针对性地提出建议，要有科学根据，要切合企业和市场实际，在不损害国家利益和政策的前提下，强调企业的最大利益。建议可以分条写出，具体说明，也可以不具体解释，只笼统写出。

主体部分三方面的内容并非截然分开。市场调查报告重点在调查，掌握市场的客观情况和变化规律，其他两方面的内容可渗透在调查的情况中。主体部分写作重在归纳信息，主要是将搜集到的资料经过去伪存真、分析归类，以类与类之间的逻辑联系来形成主体部分的写作结构。结构方式有纵式、横式、综合式三种。①纵式结构，是按照事物发展的先后顺序，一个层次、一个层次地说明主题，或者把具有因果关系、递进关系的内容按其逻辑顺序组合，这种结构的优点是事实有头有尾，过程清清楚楚，有助于读者了解问题的来龙去脉。采用这种结构时应该注意：一是应按照时间先后的自然顺序把事物发展的过程分为几个阶段，然后逐段说明情况，逐段分析；二是对于报告的重点部分，应通过典型实例予以分析，不能写成"流水账"。②横式结构，即把调查的事实和形成的观点，按照性质或类别分成几个部分，并列分头叙述、归纳和分析，分别从不同角度论证报告的主体。采用这种结构，可使观点比较鲜明、突出，并有较强的说服力。但应该注意两点：一是各部分的独立是相对的，它们的目的是说明主题，为调查报告的主题服务；二是在安排材料及观点顺序时，应该注意到事物发展的时间性和逻辑性。③综合式结构，这种结构结合了上述两种结构的优点，或以纵为主，纵中有横；或以横为主，横中有纵。一般叙述事件发展过程时采用纵式结构，陈述结论或意见措施时用横式结构。这种结构可以把材料和观点与时间有机地结合在一起，适用于范围较大、调查问题较多的报告。无论用哪种结构形式，都要突出写作重点。有的报告重在写清实际情况，有的重在分析基本情况的原因或结果，有的重在建议和决策，应根据具体写作目的和要求适当剪裁。市场调查报告多数是专题调查报告，或反映市场环境，或反映市场需求，或反映市场供给，或反映市场营销情况。写作时都要真实地反映客观事实，但这不等于对事实的简单罗列，应该有所分析、提炼；要有情况、有分析、有建议，材料翔实，观点鲜明，层次清楚。分析是重点，既不要简单化，又不是面面俱到；应有详有略，抓住主题，深入分析。市场调查报告如果运用小标题,则各小标题要求简洁、醒目、匀称,格调一致。

  3) 结尾

  结尾的写法是多种多样的,从形式上看可分为三种情况:没有结束语(较为简单的市场调查报告可以不专门写结尾),有较短的结束语,有较长的结束语(较复杂的市场调查报告要写结尾,一般写有前言的市场调查报告也要有结尾,与前言互相照应)。从内容上看,结尾有以下几种写法:①综述全文,重申报告的观点,画龙点睛、深化主题;②总结经验,形成调查的基本结论;③提出问题,提出相应的建议或意见,以引起注意;④补充交代,补述其他部分无法交代的问题;⑤揭示意义,针对调查对象,由面到点,由此及彼,展望未来,指出调查问题的重要意义。不管采取哪种写法,都力求简洁,绝不可画蛇添足,影响正文效果。提出问题,而不直接致力于解决问题,这是市场调查报告有别于市场预测报告和经济活动分析报告等的特点。

  5. 落款

  如果市场调查报告是为单位领导或领导部门而写,应于结尾后右下方位置署上调查部门的调查人员姓名以及调查报告完成日期(也可写在标题之下,用括号括上)。如果市场调查报告在报刊上发表,单位名称或作者姓名应署于标题之下、正文之前,结尾后不再写报告的完成日期。

  6. 附件

  附件是指调查报告中正文包含不了或没有提及,但与正文有关必须附加说明的部分。它是正文的补充或更详尽的说明,包括内容如下:①调查问卷;②技术细节说明,比如对一种统计工具的详细阐释;③其他必要的附录,比如调查所在地的地图等。

  (四) 撰拟要求

  撰写调查报告要坚持以下三个原则:

  1. 以科学的市场调查方法为基础

  在市场经济中,参与市场经营的主体,其成败的关键就在于经营决策是否科学,而科学的决策又必须以科学的市场调查方法为基础。因此,要善于运用口头法、观察法、统计分析法、实验法以及问卷调查等方法,适时捕捉瞬息万变的市场变化情况,以获取真实、可靠、典型、富有说服力的商情材料。多方面、多层次地掌握市场动态,这样才可能得出正确的结论。在此基础上所撰写出来的市场调查报告,就必然具有科学性和针对性。

  2. 以真实准确的数据材料为依据

  由于市场调查报告是对市场的供求关系、购销状况以及消费情况等所进行的调查行为的书面反映,因此它往往离不开各种各样的数据材料。这些数据材料是定性定量的依据,写作市场调查报告一定要从实际出发,客观如实地反映市场的真实情况、营销中的问题,尽可能说明事实的来源、数据的出处,一是一,二是二,不浮夸,不偏倚,不歪曲事实,要用真实、可靠、典型的材料反映市场的本来面貌。

  3. 以充分有力的分析论证为杠杆

  撰写市场调查报告,必须以大量的事实材料作基础,包括动态的、静态的、表象的、本质的、历史的、现实的等,错综复杂,丰富充实,但写进市场调查报告中的内容绝不是这些事实材料的简单罗列和堆积,而必须运用科学的方法对其进行充分有力地分析归纳。要善于根据主旨的需要对材料进行严格的鉴别和筛选，给材料归类（典型材料、综合材料、对比材料、统计材料），并分清材料的主次轻重，按照一定的条理，将有价值的材料组织到文章中去。分析要严格从资料事实出发，善于运用最典型的材料和统计数据来论证和说明主题，做到二者相互统一。只有这样，市场调查报告所作的市场预测及所提出的对策与建议才会获得坚实的支撑。

另外要注意，市场调查报告是写给决策领导看的，既要以理服人让人认同，又要给人一种阅读时的轻松感。要以叙述为主，议论要适当。语言表达要简练、朴实，可以引用一些群众语言和通俗的比喻，但不可创造新名词或别人看不懂的词汇。

● 例文 7-4

大同市奶制品市场运行状况的调查报告

大同市商务局　　2008 年 10 月 31 日

"三鹿"婴幼儿奶粉事件发生以后，大同市商务局十分重视，立即组织市场运行科、市场建设科等科室的工作人员成立了奶制品市场监测调查组，党组书记、局长栗培林亲自过问，对我市奶制品市场的生产、供应、安全进行了全面调查，并于 9 月 19 日发出《关于认真做好奶制品市场监测确保市场正常运行的通知》，同时发出〔2008〕94 号文件《转发省商务厅关于进一步做好奶粉市场供应有关工作的紧急通知》等文件，全力保障我市奶制品市场安全平稳运行，现将有关情况综合报告如下：

一、供求状况

大同市是生产鲜牛奶大市，目前全市奶牛存栏数 58 837 头，前 2 个季度共生产鲜奶 39 212 吨，日均生产 210 余吨，大同市现有哺乳期婴幼儿约 2 万多人，日消费生鲜奶 30 余吨；常年消费食用鲜奶的中老年人 3 万余人，日消费生鲜奶 30 余吨；各糕点厂家、饼屋日消费生鲜奶 30 余吨；其余生鲜奶约 120 余吨全部销往内蒙古的"蒙牛"公司和我市临近的"古城"奶厂等生产加工企业。

"三鹿"奶粉事件前，我市市场上流通的奶粉分别有"伊利""蒙牛""雅士利""古城""雀巢"等 30 多种国内外品牌，奶制品市场竞争激烈，整体呈供大于求的状态。

二、市场运行状况

大同市鲜奶和奶制品市场基本通过三个流通渠道完成生产、加工、消费的全过程。一是"蒙牛"等生产厂家在大同设立牛奶收购站点，将收集的鲜奶集中运回总厂加工，然后通过设立在大同的销售点批发给各个销售网点；二是部分城市郊区养殖户采用直接送货的方式把当日生产的鲜牛奶销往各个居民生活小区；三是各大超市、商场直接从生产厂家采购进货上架销售。这种多元化的销售网络，极大地丰富了大同市奶制品的供应，为不同层次的消费提供了便利，但也造成了奶制品市场的混乱，极易产生消费安全隐患。

"三鹿"奶粉事件发生后，大同市的各大超市立即行动，处置果断，其中华林公司立即对所属的振兴店、振华店、地下超市经营的奶制品进行排查，于当日将 7 种涉嫌问题奶粉全部下架封存，并决定为顾客实行无障碍退货，截至 9 月 20 日华林公司奶制品退换货总数达 8207 件，退货金额达 66.48 万元。同时沃尔玛、大同、永泰超市也积极按照国务院《关于进一步做好婴幼儿奶粉事件处置工作的通知》要求，于 16 日当晚对商场内所有的奶粉进行排查，共下架封存三鹿奶粉 346 个包装单位、伊利奶粉 318 个包装单位、圣元 30 个包装单位、施恩 207

个包装单位、雅士利280个包装单位。同时将涉嫌奶粉进行退换并进行登记。截至目前,大同市的各大超市商场对涉嫌奶粉基本清理完毕下架封存。同时大同市商务局及时做出了安排部署,组织七个督查组开展为期一个月的商务系统安全督查活动,对全市进行地毯式排查,全力保障市场安全健康运行。目前各大超市供应商正在积极组织合格奶粉货源,确保居民消费需求。从我市市场监测的结果显示,市场合格奶粉充足,品种繁多,完全可以满足消费者的需要。

三、存在的问题

1. 国产奶制品销量大幅下降。"三鹿"奶粉事件发生后,在社会上产生了一定的消极影响,部分消费者出于对奶粉安全质量的担心,改用豆浆等替代品,造成市场上奶制品消费急剧下降,我们分别对全市的商场、超市、销售网点进行询问,各销售点日营业额不及往日的70%。

2. "问题奶粉"让奶农养殖户损失惨重。从9月18日起许多鲜奶收购点停止收购,奶农挤下的鲜奶第二天就变质了,只好忍痛倒掉,为此大同市政府紧急出台了产奶牛补贴办法,实行每头产奶牛日补助15元的重大举措(详见9月20日大同晚报A2版),但这一补贴措施无法弥补奶农的全部损失,同时也不能遏制为此造成的社会浪费。

3. 食品安全问题存在隐忧。大同市是煤炭重化工生产基地,典型的生活必需品消费型城市,70%的食品需从外埠采购,巨大的消费量吸引外埠的产品通过各种流通渠道流入我市,由于供销渠道多头,个别不合格产品随之混入我市,造成执法人员很难从源头上堵截,给市场带来安全隐患。近年来我市对食品安全十分重视,多次组织规模较大的打击假冒伪劣产品行动,起到了一些效果,但由于个别不法商贩采用你进我退、你走我来的"猫腻"战术,食品安全隐患还不能说从根本上已经清除。

四、对策建议

1. 强化流通渠道,帮助奶农尽快建立新的购销合同,理顺因"三鹿"奶粉事件而中断的供销渠道,各有关部门通过各种关系与我国奶制品正规生产企业取得联系,尽快建立新的生鲜奶销售网络。

2. 建立长效机制,严把食品上市准入关,组织有关部门要以科学发展观为指导,对我市上市的各类食品进行全面摸底调查,分类造册,经过认真分析后,对一些可能存在安全隐患的商品严格防范,杜绝"三鹿"奶粉类似事件的再次发生,为全市人民营造一个放心安全的消费环境。

3. 广泛宣传食品安全常识,通过新闻媒体及时报道市场动态,努力提高广大消费者的食品安全防范意识,定期及时向全市人民公布食品安全状况,通告合格产品和不合格产品名单,引导广大消费者安全消费,营造美好和谐的社会环境。

4. 注重保护优质品牌,此次"三鹿"奶粉事件发生后,很多消费者不知应食用哪个品牌,导致国内生产的许多优质品牌奶粉销量下降,所以我们要全力保护受到冲击的合格奶粉生产企业,引导消费者科学消费。

(本文转自第一食品网)

二、商务策划书的写作

(一)文体概述

策划是根据现有资源信息,判断事物变化的趋势,确定可能实现的目标和结果,再由此来设计、选择能产生最佳效果的资源配置与行动方式,进而形成决策计划的复杂思维过程。将这一复杂思维过程用文字完整呈现出来的文本就称策划书。策划与计划有着本质的区别。计划是所有机关、企事业单位、社会团体的一种日常事务活动,是常规性的工作流程;而策划却是某种特定情况下才采取的措施,必须具有超常的创新性。计划一般是对具体事务的处理程序和细节安排,是具体的;而策划是只对具有方向性的问题进行描述,是一种原则性的指导。

明确性、逻辑性、创造性和可行性是策划书的四个特点。①明确性。一般说来,策划是以追求经济效益和社会效益相统一为目标的,或推广新的产品,或拓展新的市场,或改善品牌形象,只有目标明确,策划才能顺利进行,获得预期的效果。策划行为受策划目标的制约,要为实现策划目标而进行。②逻辑性。策划的目的在于解决企业营销中的问题,须按逻辑思维的构思来编制策划书:提出问题(交代策划背景,分析市场现状,托出策划目的)—分析问题(具体阐述策划的内容)—解决问题(提出解决问题的对策)。③创造性。策划活动是一项创造性思维活动,创造性是策划的生命所系。创造性具体表现于策划定位的抉择、策划语言的艺术渲染、策划表现的独特形式、策划媒体的利用等,要求策划的"点子"(创意)新、内容新、表现手法也要新,给人以全新的感受。④可行性。编制的策划书要用于指导营销活动,其指导性涉及营销活动中每个人的工作及各环节关系的处理。因此,其可行性非常重要,不能操作或不易于操作的方案,创意再好也无任何价值。策划书必须经过可行性论证或试验,才可以付诸实施。

常见的商务策划书有营销策划书、广告策划书和活动策划书等。营销策划是对一定时期内企业营销行为的方针、目标、战略及实施方案的预先设计和规划。营销策划书则是关于设定企业营销活动及其行动方案的文字载体。从企业自身活动的角度、从企业活动与公众关系的角度来看,营销策划书还可以分出许多子类。广告策划书是对广告策略及其实施步骤的完整说明,包括对某一具体产品或品牌的背景、历史及其过去为此所做的广告的执行记录,同时,也是在未来广告活动期间对广告、促销活动及其公关宣传的建议方案。它是提供给广告主予以审核、认可的广告活动的策略性、指导性文件。活动策划是企业为了在短期内提高销售额,提高市场占有率的有效行为,如果是一份创意突出,而且具有良好的可执行性和可操作性的活动策划书,无论对于企业的知名度,还是对于品牌的美誉度,都将起到积极的提高作用。活动策划书根据内容不同,可以分为新闻活动策划书、社会赞助活动策划书、节日庆祝活动策划书、庆典活动策划书等。

(二)行文格式

策划书一般由封面、目录、摘要、正文、附录几个部分组成。

1. 封面

策划书的封面由策划书的名称、被策划的客户、策划机构或策划人名称、策划书完成的日期构成。

策划书的名称要让人一目了然地明白策划的内容,它由策划对象、策划主题、策划种类等构成,如"××酒店开业庆典策划书"。也可在名称中加入策划开展的时间或地点,如"2014年五一劳动节期间××商场促销活动方案""'万科·城市之光'一期项目包装及推广方案"。

策划人是指本策划书的制作者及其所属机构、部门和职务等。如果是由一个策划团队制定的,应先写上策划团队的名称、所属机构,再写团队负责人和团队成员的姓名。策划书的完成日期指整个策划书完成的时间。

2. 目录

一般说来,超过10页的策划书要制作目录,以便读者了解策划书的逻辑结构,也便于读者找到自己感兴趣的部分。

3. 摘要

摘要是对策划书主要内容的概述,其目的是使读者对策划书有一个大致的了解,知晓策划书中所开展的战略和策略。因此,摘要的语言要简练准确,一般控制在200字左右,重点放在策划书中与众不同的创意点上。

4. 正文

正文是策划书的核心,是策划方案成功与否的关键,当然也是写作的重点。正文内容一般由策划背景、目标与任务、策划方案这几个部分组成。不同类型的策划书,正文的内容及写法有所不同。

1) 营销策划书正文

前言:①交代背景,写明策划书的缘起;②点明宗旨,揭示策划书的主题;③简述目标,解说策划工作的必要性、可行性。文字不要太长,要尽量简明扼要。

市场分析。总体分析当前的市场营销环境状况,这是制定营销策略的依据,具体包括以下三个方面的内容。

宏观环境分析:主要是对影响产品的不可控制因素进行分析,包括人口环境、经济环境、技术环境、政治法律环境、社会文化环境、居民经济条件等,从中判断某种产品的命运。

市场现状分析:主要提供该产品目前营销状况的有关背景资料,包括市场、产品、竞争、分销状况的分析。①市场状况分析主要分析市场规模、增长潜力、市场销售总量、需求特征、消费者基本状况等,目的是预测目标市场的未来发展。②产品状况分析主要分析企业产品特性、产品定位、产品成本、销售价格、市场占有率、利润率等方面的数据。③竞争状况分析主要是针对现有及潜在竞争者的分析,包括对竞争者的市场规模、市场份额、市场地位、产品质量、产品定位、产品价格、营销战略及消费者对其认知态度等的分析,以了解竞争者的意图、行为,判断竞争情况的变化趋势。④分销状况分析主要是针对行业市场和各竞争品牌在分销渠道上的现状进行分析,以找出更合理的销售网络。

市场机会与问题分析。对企业的某种产品所面临的主要机会和风险、企业的优势和劣势及重要问题进行系统分析。①针对产品目前营销现状进行问题分析。一般营销中存在的具体问题,表现为多方面:企业知名度不高,形象不佳影响产品销售;产品质量不过关,功能不全,被消费者冷落;产品包装太差,消费者没有购买兴趣;产品价格定位不当;销售渠道不畅甚至渠道选择有误,使销售受阻;促销方式不力,消费者不了解企业产品;服务质量太差,令消费者不满;售后保证缺乏,消费者购买后顾虑多。如此种种都可能是营销中存在的问题。②针对产品优、劣势分析。从问题中找劣势予以克服,从优势中找机会,发掘其市场潜力。分析各目标市场或消费群体特点进行市场细分,对不同的消费需求尽量予以满足,抓住主要消费群体作为营销重点,找出与竞争对手的差距,把握好市场机会。

营销目标。营销目标是在宏观目的、任务的基础上,企业在一定时间内所要实现的具体目标,即营销策划书执行期间的经济效益指标,包括市场占有率、总销售量和预计毛利等。

营销战略。这是企业根据上述状况分析后制定的具体战略和战术,常用策略有如下几种。①产品策略:通过产品市场机会与问题分析,提出合理的产品策略建议,形成有效的组合,以达到最佳效果,包括找准产品定位、改善质量功能、强化品牌建设、美化产品包装、提高服务质量等。②价格策略:以价格作为主要竞争手段的策略,或采用低价促销方式占领大规模市场,或采用高价限量销售方式塑造高端产品的地位。③销售渠道策略:依据现有的销售渠道状况整合资源,提供优惠政策或制定适当的奖励政策,调动中间商、代理商的积极性,积极开拓新的销售渠道,以扩大市场。④促销策略:有长期的常规广告投放、不定期的促销活动以及与消费者沟通的公关活动等。

行动方案。根据策划期内各时间段特点,推出各项具体行动方案,包括总体目标、阶段目标、项目负责人和部门、资金投入、操作步骤、工作程序等。要有行动进度表,对每一项项目完成的时间做出具体的规定。要有工作分配表,对项目涉及的有关人员的职权范围、工作内容、责权要求等做出计划。行动方案要细致、周密,操作性强又不乏灵活性。

预算预测。营销策划书是为实施而做的,实施项目必然会发生费用支出,因此,策划书不能没有预算。这一部分要记载整个营销方案推进过程中的费用投入,包括营销过程中的总费用、阶段费用、项目费用等,其原则是以较少投入获得最优效果。它通常以图表的形式列明预算的项目开支和费用分配等。

效果测试。这是策划书的补充部分。在方案执行过程中可能出现与现实情况不相适应的地方,因此必须随时根据市场的反馈及时对方案进行调整或取舍。策划书的效果测试方法有意见与态度测试法、实地调查法等,较多使用后者,具体可采用单一变量测试和多种变量测试。单一变量测试是一种分区比较法,即采用本策划的地区与未采用本策划的地区比较,多种变量测试只是增加测试的变量而已。

结尾。这是策划书的"收口"。主要有以下几种形式:以行动方案结尾,以经费预算结尾,以前景展望结尾,以效果评估结尾。

2)广告策划书正文

广告策划书一般包括以下几个方面的内容:

情况分析,主要包括四个方面的内容:公司及产品历史的分析、产品分析、消费者分析和竞争对手分析。与营销策划书不同的是,广告策划书对这几个方面的分析更注重广告方面。①公司及产品历史的分析:主要围绕本产品或品牌的背景、社会影响、过去的广告预算、广告主题、过去的媒体或消费形态、目前在广告或推广中所使用的创意主题、目前本品牌所面临的问题点和机会点等方面来进行。②产品分析:对一切可能影响产品或服务销售的要素进行概要分析。其主要要素有:产品特性、消费者对产品的态度、本品牌认知度、理解度和接受度等。③消费者分析:主要内容包括消费者的基本情况,如性别、年龄、收入、职业、教育、地理区域等;消费者的态度情况,指对本产品的知晓程度、喜爱程度及其原因何在等;消费者的行动状况,指在何处使用本产品、使用频率、对同类产品尤其是竞争对手的评价如何等。④竞争对手分析:与竞争对手有关的广告分析,为广告主提供一个衡量的参照物。具体内容包括:竞争对手包装设计、品牌命名的长处和短处,竞争对手目前的广告运作针对何人,正在使用何种策略、产生何种影响,广告费用支出与分配情况,广告主题的变化等。

广告预算,指广告活动中所需要的费用,包括广告制作费、媒体费用等。此部分要求详细列出每项开支的具体数额。

广告建议事项。这一部分是广告策划书的核心,主要包括如下内容。①产品问题点、机会点:要用简明扼要的语言清晰地叙述存在的主要问题,它可能是一个产品问题,也可能是一个行销问题,但这些问题必须是在广告的影响范围之内。②广告目标:广告策划所要达到的目的。③广告定位:说明广告策划中将采用的广告定位。④广告诉求对象:根据消费者分析,指出广告活动的诉求对象,并说明选择这一目标市场的理由。⑤广告表现:制作出来的广告创意作品的表现形式,如文稿图案、广播脚本、电视脚本、广告主题词和美工表现、包装设计、插图、户外广告牌设计等。

3) 活动策划书正文

活动策划书的正文包括前言、主体两部分。

前言,简要交代活动策划的社会背景、活动单位背景和意义;简单交代策划主题提出的依据,策划活动进行的方式和程序等;简短写出实施策划项目给单位带来的商业价值和社会效益。同时明确地写出策划的核心构想或画龙点睛之处。

主体,主要包括策划项目内容、策划项目实施、策划预期效果等。①策划项目内容。专题活动项目策划包括确定活动的宗旨,取得有关部门、组织或人员的参与、支持,新闻媒体的支持与合作,活动的阶段,活动的组织、实施特点,事先的筹划和准备及活动前、活动中以及活动后的相关工作。②策划项目实施。a.资源需要:开展活动时需要哪些物资或人力资源,也需要说明这些资源的来源和具体配置。b.日期确定:活动日期,准备和宣传工作日期。c.地点选择。d.活动开展:活动的流程和步骤,这一部分是活动策划书的重要部分,必须详细说明。e.费用预算:此次活动所需的费用,这部分最好以图表形式表现,要明确指出每笔经费的金额。f.活动负责人及参与者:活动负责人包括活动总负责人及活动中每一步骤的负责人;参与者主要是活动所邀请的人员,要具体说明被邀请人的情况及应如何接待和安排。g.注意事项:开展活动时所需要注意的事项。③策划预期效果:社会效果和经济效益。

5. 附录

策划书的附录包括供参考的文献与案例。如有第二、第三备选方案,列出其概要。其他与策划内容相关的事宜也可列入附录部分。

(三)撰拟要求

1. 主题单一突出

商务策划书要根据企业的实际问题和市场分析的情况,做出准确的判断,集中鲜明地提出最重要的、最值得推广的主题(单一主题)。只有把最想传达的信息最充分地传达给目标消费群体,才能引起受众群关注,才能让受众比较容易地记住商务策划书所要表达的信息。

2. 内容充实完备

商务策划是多种因素的综合运作,商务策划书必须要全面地反映企业策划的各个构成部分,并且以翔实的材料支持策划书中的论点。强大的说服力来自对策划内容的合理组织,包括对信息的洞察和科学应用,商务策划书要体现出逻辑必然性。

3. 说服有理有力

商务策划书要直接说明利益点,如果是优惠促销,就应该直接告诉消费者优惠额数量;如果是产品说明,就应该突出最引人注目的卖点。只有这样,才能使目标消费者接收到直接的利益信息并产生购买冲动。

4. 技巧运用娴熟

商务策划书的写作技巧是在对策划内容的整体把握和对策划规律的深刻理解之上产生

的。要写出一份优秀的策划书,不仅仅要有对材料的综合研究和总结能力,以及对策略的准确概括能力,还要求具备畅达的文字表述能力、严谨的逻辑论断能力和高超的组织结构能力。

● 例文 7-5

首届南京云锦国际论坛策划大纲

一、序言

"南京云锦"是我国优秀传统文化的杰出代表,是中国传统工艺美术的瑰宝,因其绚丽多姿,美如天上云霞而得名。"云锦"的历史源远悠长。南京生产的各种提花丝织锦缎在晚清之后被统称为"云锦"。"南京云锦"是中华民族传统文化的精华,是省市政府以法律形式保护的珍贵艺术,目前,国家文化和旅游部已经向联合国教科文组织申报"世界非物质文化遗产代表作"。相比起雨花石、咸水鸭等"老南京",无论从历史文化的精彩久远,从产品的超群魅力、视觉震撼力,还是从赢利能力、市场前景的角度,云锦都是真正值得南京骄傲的地方特色物产,所以推广云锦是当代南京人责无旁贷的神圣使命。南京云锦震撼2003CCTV春节联欢晚会,耀眼夺目,已经造就良好的开端,乘胜向前理所当然。

二、活动的目的、主题、理念、卖点

1. 目的。追求"让云锦倾倒国人,让云锦征服世界"的目标,满足当前目标的需要,即成功获选"世界非物质文化遗产代表作",借助中央电视台万众瞩目的春节联欢晚会之势,以"论坛"这种高规格的表现形式,邀请联合国教科文组织的有关官员以及中外名人,实地领略南京云锦的悠远文化、无上品位和迷人魅力。并借此深刻感受南京这一汇聚传统菁华与现代时尚的城市印象,营造大众对南京云锦的心理需求和消费需求。

2. 主题。首届南京云锦国际论坛。"南京云锦国际论坛"要比"中国云锦论坛"更为突出地方特色和产地保护原则。

3. 理念。让云锦倾倒国人,让云锦征服世界。

4. 卖点。借助中央电视台万众瞩目的春节联欢晚会之势,由十多位中国当红主持人所展示的空前的精美绚丽,已经深刻在国人心中,同时也埋下进一步了解、认知、欣赏云锦的伏笔。借助《红楼梦》之势,《红楼梦》是中国古典小说艺术的丰碑,南京云锦则是中国古典丝织艺术的丰碑,今年是曹雪芹240周年诞辰,势必会有大规模、高规格的文化纪念活动,事半功倍。

三、活动环境选择

南京市,南京云锦的唯一产地。拥有悠久绚烂的历史文化,更是现代化的中国科技、教育中心城市。结合云锦的独特内涵和背景,力求活动的环境体现地方和传统特色。

组织论坛代表、嘉宾参观富于南京悠久文化积淀的精华亮点,将参观考察游览活动和八卦洲农家风情、东郊风景区,包括红楼艺文苑、阳山碑材等相结合,力求与云锦文化的历史背景相协调。

四、活动时间安排

2003年四月底至五月初。气候宜人,适宜开展与服饰文化相关的展示、演艺活动;距"世界非物质文化遗产代表作"考察评审时间接近,可使得有关人士印象深刻,效果性强;期间没有其他大型活动,避免影响活动的效果。

五、活动的参加对象

1. 国家领导人、分管文化或经济工作的国家领导人。
2. 联合国教科文组织官员。
3. 外国驻华使馆官员。
4. 具有较高国际影响的社会名流;根据对国际文化领域及上流社会影响力的标准,并结合本人对南京的友好程度,建议邀请巩俐、吴小莉这两位女性出任论坛特邀嘉宾。
5. 国内外著名的服装设计师、云锦研究专家、红学家。
6. 著名服装品牌企业的CEO、品牌总监。
7. 全国性重点传媒,日本、欧洲、美国主要传媒机构的文化和商业记者。

六、筹备工作及活动安排

1. 筹备工作。提交—论证—完善—批准项目策划案,政府立项,形成文件,成立由分管市长挂帅的活动领导小组,制定活动的方针、原则,组建由文化、外事、经济、旅游、公安等主管部门的领导,专家学者、企业家和策划师等构成的活动筹备委员会,具体负责活动的筹备、组织和协调工作。落实活动预算,细化活动方案,筹集活动经费,联合相关的纺织、服装、文化、旅游等行业的著名企业和品牌,多途径融资,策划延伸活动效益,增加参与性、互动性,提高影响力和效益性。及时检查督促活动各项筹备、环境、设施、材料等工作的落实情况,确保质量、时间和效率。

2. 邀请工作。尽快落实与会宾客名单,邀请与会贵宾、嘉宾,其中参加对象的前四类人士是整个活动的人气亮点和价值要素,关系重大,必须一一对应准确保证。

3. 宣传工作。作为树立南京城市形象、体现弘扬传统文化精华和创新精神的政府性活动,南京地区的新闻媒体应主动地、积极地、全面地宣传报道。作为前期铺垫,形成舆论基础和文化基础,在"南京云锦国际论坛"的新闻炒作启动之前,首先在江苏南京范围内联合传媒开展"首届云锦知识竞赛"活动,采取包括报刊刊登试题、网上参赛、电视转播决赛等方式,吸引广大民众关注和参与,进一步深刻认知,形成舆论热点和社会氛围,为联合国教科文组织的"世界非物质文化遗产代表作"评审工作来宁考察奠定社会基础,使他们切实感受南京人对"云锦确实是妇孺皆知的历史文化遗产"的社会信念。

4. 环境建设。除了整体环境气氛的渲染,在论坛及来宾代表参观、展示等活动的现场,其环境布置和装饰的风格等要统筹规划、协调一致,突出传统性、民族性、地方特色。

5. 主要活动。a. 云锦知识竞赛——云锦申报"世界非物质文化遗产代表作"全国万人签名活动。b. "云锦皇后"评选活动。c.《红楼梦》与云锦系列知识讲座。d. 南京云锦国际论坛。e. "2003云锦沙龙"或"2003云锦Show酒会。"f. "云锦广场"揭幕典礼。g. 南京云锦一日游——实地参观考察。h. 首届云锦服饰时尚发布会。i. 发行云锦论坛纪念封。j. 成立"云锦族"高尚俱乐部。k. "云锦之春"综艺晚会。

6. 活动策划及日程表甘特图(略)。

七、工作要求

1. 领导高度重视提高各阶层对云锦推广意义的共性认识。
2. 广泛发动群众,普及云锦知识,形成良好的社会舆论氛围,成为南京城市的新亮点、新卖点。
3. 发挥各自优势,文化、纺织、传媒、外事等部门各显神通,努力拓宽传播推广渠道,力求最佳影响、最大效益。

4. 加强分工协作,各部门分工明确,紧密合作,充分协调,强调南京市的整体利益。

八、活动的整体形象设计

整体形象设计包括"南京云锦"的商标注册,原产地保护,"南京云锦国际论坛"VIS系统,"南京云锦节"的VIS系统。整体形象设计必须和传媒宣传、环境布置紧密衔接,相得益彰。"云锦皇后"评选活动,仿效国际传统文化的典型"葡萄酒皇后"的运作模式,公开评选年度"云锦皇后",以美丽、高贵、典雅的女性形象,作为传播展示云锦文化和时尚的代表、大使。

九、环境渲染

着重表现云锦"天子服"的高雅尊贵特色,展现南京地方文化特色,突出传统手工艺术登峰造极的魅力,糅合《红楼梦》的传奇色彩,在主要活动的举办场所,古今相衬,营造出使人永久难以忘怀的环境氛围。

十、活动的主承办单位

主办单位:中华人民共和国文化和旅游部、南京市人民政府、中国中央电视台。

协办单位:文化和旅游部、中华全国工商业联合会、中国国际贸易促进委员会、中国国际商会、中国纺织品商业协会、中国服装协会、江苏省纺织工业集团、香港贸易发展局、凤凰卫视、南京大学、南京师范大学。

承办单位:南京云锦研究所、南京皇家极云锦服饰有限公司。

赞助单位:(略)。

十一、活动管理机构

成立由分管市长亲自挂帅的活动领导小组,以及由各相关部门领导、专家学者、企业家等共同组成的筹备委员会,对论坛及相关活动进行决策和管理。

筹委会下设五部一室:办公室——综合负责活动的综合管理、财务、人员、协调联络等工作,宣传部——负责活动的策划、宣传推广、电视转播等工作,外联部——负责活动贵宾、嘉宾及其他代表的邀请、联系、接待等工作,招商部——负责活动的市场招商、筹集经费等工作,活动部——负责各项活动的组织、实施等工作,保障部——负责活动的后勤保障以及安全保卫等工作。

总策划:汪萍、万钧、王树柏。制作总监:张连发。总指导:由全国性知名人士担任。

十二、安全措施及意外事件的防范

1. 宾客安全保卫工作。
2. 主要活动现场安全、秩序控制。
3. 设备安全及车辆管理。
4. 消防及交通安全。
5. 食品卫生医疗保障。
6. 保险计划。
7. 天气气象预报及备份方案。
8. 应急方案及人员分工。

十三、融资及资金运作

本活动的意义深远,经济效益可以明显预见。尤其对于参与活动的相关纺织、服装、旅游、包装等行业企业具有更加直接的市场机会和效益前景,所以应充分发掘其中的商业价值,寻求合作,融入资源与资金,巧妙策划合作及回报计划,多途径多方式筹集活动经费,欢迎企业和民间资本参与。活动筹委会需制定合理可行的赞助回报方案,并严格兑现承诺。

十四、活动预算及效益评价

1. 预算构成。宣传费用、会务费用、招待费用、交通费用、筹备费用、人员费用、后勤保障费用、不可预见费用等预算约800万元。

2. 资金来源。财政拨款与市场化运作筹资相结合,但作为首期投资,政府应给予积极扶持。

3. 资金使用。严格活动经费的管理监督。活动筹委会设立专门账户,健全费用申请和报销审批制度,确保"来路清楚,使用合理,手续齐全"。

4. 效益评价。由于活动立足长远经济效益和社会效益,且是首届开发,缺乏运作经验和市场基础,所以不会产生直接的利润。

十五、预测活动效果评估及展望

1. 在本次论坛及相关活动成功后,延伸其影响,必将形成层层相连的"云锦热",从而进一步促进形成南京、江苏乃至全国性"云锦服饰"的高阶层消费时尚。创造产品新的增长点,真正实现"文化搭台、经济唱戏"的目的。

2. 创建"云锦节"高品位时尚感,消费性强。既弘扬真正的民族传统文化精华,又体现传统与时尚、古都与现代精彩融合的创新,创造超越一般产品的直接经济效益。

十六、附件

1. 本次活动的主要批文(文化和旅游部、科技部、南京市政府及相关政府部门会签文件)。

2. 活动出资单位的协议(含承办、协办等企事业单位间的协议)。

3. 主要活动的平面图、进程表。

4. 各种文件文稿撰写审定(活动计划书、说明书、日程表、公告、邀请函、新闻通稿、发言稿等的中英文本)。

5. 活动VIS系统。

6. 宣传广告的设计审定、印刷小样、音频等。

7. 论坛主题:a. 传统云锦工艺的挖掘、保护、开发,云锦文化的溯源;b.《红楼梦》与南京云锦;c. 现代科技与云锦传统工艺的结合,新技术新手段的运用,云锦服饰的时尚化;d. 南京云锦作为高档服饰、包装材料应用的研究与开发;e. 南京云锦的产业化进程,现代管理和营销理念的建立;f. 南京云锦市场化、国际化的课题。

(本文选自道客巴巴网)

【实训练习】

1. 对××区常青麦香园门店进行实地调查,写一份关于武汉热干面营销情况的市场调查报告。

2. 对××学院放置在教学楼道、学生宿舍走廊的自动售货机做一番调查,就饮料、零食的销售情况写一份调查报告。

3. 根据以下材料,写一篇调查报告。

××大学金融协会做了一项关于大学生"信用卡消费状况"方面的调查,他们采用自己编制的"大学生信用卡消费状况调查问卷"对××大学一至四年级学生共500人进行了问卷调查,其中男生315人,女生185人,收回有效问卷468份。下面是他们在调查中统计的数据。①被调查者平均月收入为508元,大约50%的学生月收入在400~900元之间。大约90%的学生的主要收入来源是父母支持。②大学生近50%的月收入用于饮食消费,学习、娱乐、时尚用品消费比例均在15%左右。③现金是大学生的主要付款方式,占总消费比例的93.5%。④仅有30.1%的被访者拥有信用卡,约有36.7%的持卡者拥有2000元以上的信用额度,24.5%的持卡者信用额度为1000~2000元。⑤46.5%的大学生持卡者月平均消费低于300元,70.3%的持卡者低于500元。⑥42%的大学生认为学校和学校周边的信用卡使用环境较为方便,但是使用信用卡最多的地点仍是校外商店(57.8%)和校外餐厅(18.8%)。⑦58%的被调查者认为有必要为在校大学生提供信用卡服务,45%的被调查者认为有必要申请自己的个人信用卡,申请的主要目的前三位为理财、应急和提前消费。⑧消费水平是大学生选用信用卡的首要影响因素,月消费水平越高,信用卡的申请与使用意愿越强;周边信用卡使用环境的便利性是其次的影响因素,环境越便利则大学生的申请与使用意识越强,其他因素与信用卡申请与使用意向相关度不明显。⑨具有信用卡申请意愿的人兼职比例高,使用银行卡支付的比例更高,现金支付比例更低,并且,习惯使用借记卡的学生更倾向于申请信用卡。

4. 东方轴承厂生产的汽车宽边轴承,强度高,比前代产品的使用性能更好,但没有制定相应的广告宣传策略,鲜为人知,销路不畅,企业濒临倒闭。请为该厂写一份营销策划书,以推销该厂产品。

5. 请为你故乡的一种特色食品(如武汉麻烘糕、孝感麻糖、武穴酥糖、黄石港饼)做市场调查,写出营销策划书。

6. ××商城拟在今年国庆节期间举行十年店庆,以提升××商城人气,树立良好社会形象,请代××商城制定一份庆典活动策划书。

第三节　协议书与经济合同

一、协议书的写作

(一) 文体概述

协议书是指在社会活动中,协作的双方或数方为了保障共同的和各自的合法权益,经双方或数方共同协商达成一致意见后,而签订的一种契约性文书。

协议书使用范围广泛,在许多领域中都可以使用,常用于国与国之间的政治、军事、经济、文化、技术协作关系和外交方面,也常用于企事业单位的经济、文教、卫生、技术协作方面。订立协议书的目的是更好地从制度上以至法律上,把双方这种协议所承担的责任固定下来,以便更好地执行。

协议书有四个特点。①约束性。协议书必须符合国家的法律、法规和有关的政策规定,不能自行其是,任何事项,一经协商签订便具有较强的约束力。②灵活性。协议书的结构比较灵活,没有强求一致的固定格式。协议书的内容、要求等一般是粗线条的,不作细致规定。

协议书的条款可以是一项或多项;篇幅可长可短;内容繁简自如;时效比较灵活,可变性较大。③广泛性。协议书的使用范围十分广泛,政治、军事、经济、文化、科技等领域都可以使用。凡是不宜使用合同形式的,都可以在当事人协商一致后,以协议书的形式签订。④条理性。协议书一般采用条款形式,清楚地、有条理地将当事人协商一致的意见写出来。

有人把合同称为协议书,或把协议书称为合同,严格地说,协议书与合同是有区别的。在实际使用中,协议书与合同既有共性,又有差异性。

协议书与合同同属经济文书,都具有法律效力,联系也很密切。协议书可以成为当事人订立某项合同愿望的草签意见,合同则是落实这一意见的具体表现。协议书和合同的区别如下。①主体宽窄不同。合同的主体只限于具有平等地位的法人、其他经济组织、个体工商户和农村经营承包户;协议书的主体则非常广泛,只要是具备行为能力的任何个人、组织都能成为主体。②角度范围不同。合同较多从微观角度(主要是经济关系方面),就某一具体事项签约;协议书往往较多地涉及宏观角度(政治、经济、军事、法律等),适应范围广泛(大至国家关系,小至个人往来、合作办事、解决纠纷)。③内容要求不同。合同是已经落实且能够照此履行的具体措施,内容比较具体,条款比协议书详细,操作性比较强;协议书是纲要性的,条款原则性强,是当事人草签的初步意见,只对某些问题做出某些规定。④时效长短不同。合同的有效期限一般较固定,一经签订就产生法律效力,相关的经济活动结束则失效;协议书往往需要经过行政主管部门鉴证或公证机关公证后才能产生法律效力,有效期限长短变化比较大,有的相当短(如赔偿协议书在赔偿完毕后即结束其有效期),有的则是永久的(如换房、收养等协议)。另外,协议书可以作为已订合同的补充或修订。这种协议书,经双方签章并呈报原合同鉴证机关后,成为原合同的组成部分,与原合同具有同等的法律效力。

常用协议书有联营协议书、委托协议书、补充协议书、调解协议书、捐赠协议书等。

(二)行文格式

协议书没有统一格式,内容的安排和条款的详略没有一定之规,一般都包括标题、立约单位、正文、结尾四部分。

1. 标题

协议书的标题多种多样,因人因事而有所不同。一般须写明协议双方及各方的名称、协议内容和双方之间的关系及文书类型,如"××大学与××大学联合办学协议书"。常见的协议书的标题一般由事由和文种组成,因为正文列有双方单位全称,所以标题中不出现单位名称,如"出国留学协议书""助学贷款协议书""××商品经销协议书""财产分割协议书""收养协议书"等。

2. 立约单位

协议书须写明立约单位,当事人的称谓要规范,当事人是个人的,应写明其身份;若是机关、团体、企事业单位,应写明单位的全称及其法人代表的姓名、职务。要注明简称"甲方""乙方",下文中便以"甲方""乙方"代称签订协议的单位。

3. 正文

正文指协议书的条款内容,是协议书的核心部分,这是经双方当事人协商后确定下来的,分前言和主体两部分。

前言部分简要写明签订协议的依据、签订协议的目的、平等互利的过程、签订协议的内容。从前言到主体的转换,常使用程式化的语言,如"经自愿协商,现就有关事宜达成协议如下"。

主体部分分条列述协议的各项条款。①实现共同任务、标的(双方议定的事项)。②明晰双方负有的责任、应尽的义务和享有的权利。③实施的计划、步骤(共同做的事情,做到什么程度,互相替对方做些什么,达到什么要求,何时完成,应得到的报酬)。④违反协议的处罚意见。⑤督促实施措施。⑥协议的期限。这一部分要就协议的有关事宜,做出明确的全面的叙述,特别要写清协议双方的权利和义务。其形式与合同相似,只是详略不同。

内容复杂的协议书,常常用"章"。用"章"的协议书,第一章往往用"总则","总则"第一层内容是协议双方名称;第二层内容是协议的依据,涉外的协议书要遵从国际法则,国内的协议书要写明所依据的是哪类法律、法规;第三层内容是概括写明协议的内容。第二章以下,写明经营各方,经营目的、范围和规模,投资总额及注册资本,各方的责任等。"章"的下面还设有"条","条"的下面还设有"款",非常细致具体。在国与国签订的协议书中,常常用"章"的形式,但在国内企事业单位之间订立的协议书里,用"章"的形式较少,常用"条"的形式。

4. 结尾

结尾须写明协议书一式几份(含送交主管部门存档的份数),要注明归谁所持;立协议书的当事人(代表人)、签证人要签名、盖章;填写签订协议的日期;附注事项要说清。如有附件,要在结尾中写明。

(三)撰拟要求

协议书的内容广泛,使用频率很高。无论国内还是国外,都涉及各个单位、各个领域,因而在协议书写作时应注意以下问题:

1. 必须合法

协议书的内容必须合乎法律和现行的有关政策、规定,任何单位和个人都不能以协议为名进行违法活动。当事双方所立协议书,必须是在平等互利的基础上进行的;不得采用欺诈、胁迫手段订立协议。

2. 内容明确

协议书一经签订,对双方都具有约束力,因此,签订协议时,条款内容应力求具体明确,如有关商品的数量、质量、包装条款都应分条详列,双方的权利、义务及责任都须一一写明,绝不能有所疏漏。

3. 措辞严密

撰拟协议书要注意语言的锤炼,既要简洁地讲清问题,又要做到准确精当,不能啰唆冗长,不能含混不清,如"按习惯包装""适合海运包装"等用语,表义含混,易产生歧义,不能使用。另外,数据要准确,禁用概数。

4. 协商修改

如发现签订的协议书有错漏或内容必须修改时,应经双方协商同意,不能单方擅自修改,必须签订新的协议书。

●例文7-6

校企合作协议书

甲方：××县技工学校
乙方：××县××建筑安装有限责任公司

为推动阳光工程在我县的实施,加强农村劳动力技能就业培训工作,扩大培训和就业规模,帮助农村劳动者实现技能就业、素质就业、稳定就业,推动农村劳动力向城镇的转移,促进农民向产业工人转变,为企业提供高素质人力资源,促进企业发展,加强学校与企业的合作,甲乙双方本着互相合作、共同发展、积极交流、互利互惠的原则,经协商达成如下协议：

一、甲方可作为乙方的培训基地,按乙方的要求,为乙方培养机加、焊接、电钳、建筑(瓦工、木工、抹灰工、钢筋工、架子工)等技能人才,在乙方需要的时候,为乙方优先输送德、智、体全面发展的优秀学生,供乙方选拔和录用。

二、甲方也是乙方的研发基地,按照企业提出的技术项目,提供技术支持,双方共同进行研究开发,帮助企业技术改造和科技创新。甲方还承担对乙方员工的技能提升培训,定期按企业要求进行及时培训,为提高企业内部劳动者素质提供服务。

三、乙方可作为甲方的实习、就业基地,定期接收甲方学生的实习,在有用工需求时,如甲方学生符合招聘条件,乙方可优先录用甲方学生。

四、乙方应按国家法律、法规要求,签订用工合同,并为其缴纳养老保险、医疗保险、工伤保险等,确保用工的合法性。

五、乙方招用甲方学生应提供必要的工作、生活、学习、卫生和文化娱乐条件,并保障员工的人身安全。甲方学生按规定享有工资、福利等基本用工待遇。按时足额发放工资,保证农民工的合法权益。

六、甲方学生应严格遵守乙方单位的一切规章制度,甲方学生作为乙方的员工,乙方有权按照相关政策、制度进行管理。

七、甲乙双方必须遵守《劳动合同法》中的各项条款,妥善处理劳资双方的劳务纠纷。如一方单方面违约,另一方有权终止协议。

八、其他未尽事宜,依照相关法律法规,由甲乙双方协商解决。

九、合作时间为5年,根据双方合作意愿和实际情况,可长期合作。首次合作结束后,双方可共同商议形成新的合作意向。

十、本协议一式二份,甲乙双方各执一份,合作协议经双方代表签字、盖章即生效,双方应遵守有关条款。

甲方代表签字：××	乙方代表签字：××
联系电话：××	联系电话：××
单位公章：	单位公章：
2016年××月××日	2016年××月××日

二、经济合同的写作

（一）文体概述

合同,是指两个以上当事人为共同达到一定目的,按照法律规定,就确认各自的权利和义务关系而达成的一种协议。根据《中华人民共和国合同法》的规定，合同是指平等民事主体的法人、其他经济组织、个体工商户、农村承包经营户相互之间，为实现一定的经济目的，明确相互权利义务关系而订立的文书。

合同的订立，至少具备三个条件：一是必须有双方当事人；二是必须属于民事权利义务关系；三是必须平等协商自愿达成协议。订立合同必须遵循四个原则。①平等公平。平等公平是指地位平等的合同当事人，在权利和义务对等的基础上，经过双方或多方充分协商后达成一致，以实现互惠互利的经济利益。②自愿协商。自愿协商是民事关系区别于行政法律、刑事法律关系的特有原则，是合同法的重要基本原则，只要不违法，合同当事人有权自愿做出决定。③诚实信用。订立合同时，不得有隐瞒、欺诈或其他违背诚信的行为；履行合同时，当事人要遵循诚信原则，认真承担义务；合同终止后，应当遵循诚信原则，履行通知、协助、保密等义务。④遵纪守法。当事人订立、履行合同必须遵守国家有关的法律法规，尊重社会公德，不得扰乱社会经济秩序、损害社会公共利益。

经济合同具有一切合同所共有的法律特征，同时又有五个特点。①法人主体性。经济合同是法人之间的协议。作为经济合同当事人的组织，则必须是法人。法人是有一定组织机构和独立的财产，能够用自己的名义进行经济活动，享有经济权利和承当经济义务，并依照法定程序成立的组织。②经济目的性。经济合同是法人之间为了实现一定的经济目的而订立的协议，这是经济合同区别于其他合同的最重要的特点。③宏观约束性。经济合同是法人之间在国家宏观计划指导下订立的协议。经济合同受国家宏观计划的制约，经济合同的订立要符合国家宏观计划的要求。④平等互利性。经济合同是法人之间平等协商自愿达成的协议，经济合同各方，无论单位大小，都是平等的关系，应贯彻平等互利、协商一致、等价有偿的原则。⑤格式固定性。经济合同专业性很强，为了表达得准确得体，处理得及时迅速，在长期的写作实践中，逐渐形成了相对固定的格式与写作规范。

经济合同的种类较多，按书面形式划分，可分为条款式、表格式、表格和条款结合式；按有效期划分，可分为长期合同、中期合同、短期合同；按内容划分，可分为买卖合同、加工承揽合同、建设工程承包合同、货物运输合同、供用电合同、仓储保管合同、财产租赁合同、借款合同、财产保险合同、科技协作合同、联营合同、行纪合同、居间合同、赠与合同等。

（二）行文格式

一份经济合同，应该包括以下几个部分：

1. 约首

约首部分由合同名称与合同当事人的名称组成。

（1）合同名称。条文式和表格式合同，都必须按内容与性质在开头标明合同的名称，例如"借款合同""蔬菜购销合同""2018年买卖合同""宏发公司、三亚港务局水路货物运输合同"等。如果双方经常签订合同，为了便于登记和统计，应在标题右下方写明合同编号。

（2）合同当事人名称。在标题左下方，分行并列写签订合同当事人名称和住所。当事人名称由身份简称、表述简称和法定全称构成。公民签订的合同，要写明其姓名或代理人；法人之间签订的合同，要写明单位的名称及代表人或代理人的姓名。名称要写全称，不能写简称，不能使用不规范的字或同音字，更不能写别人不明白的代称、代号。要特别注意单位名称或公民姓名的写法一定要和单位的注册名称或身份证上姓名的写法完全一致。为了正文说明方便，当事人可分别简称"甲方""乙方"，如有第三者参加，则简称"丙方"。不同的合同,身份简称不尽相同:买卖合同中,当事人可分别简称为"卖方"(或供方、出卖人)、"买方"(或需方、买受人);建设工程承包合同中,当事人可分别简称为"发包方""承包方";财产租赁合同中,当事人可分别简称为"出租方""承租方";仓储保管合同中,当事人可分别简称为"存货方""保管方";货物运输合同中,当事人可分别简称为"委托方""承运方";借款合同中,当事人可简称为"贷款方""借款方"等。

2. 正文

正文就是双方当事人议定的合同内容,这些内容反映了当事人的权利和义务。合同的正文部分由立约缘由、合同款项、附则和附件组成。

1) 立约缘由

立约缘由,是一份合同的引言,交代签约的目的或依据,说明签约的原则,以引起下文。依据多指法律依据及实际情况,多数合同只要写出签订合同的目的即可。如"依据《中华人民共和国技术合同法》的规定,合同双方就××项目的技术服务,经协商一致,签订本合同。"(技术服务合同适用)"为了繁荣市场,保证商品供应,甲乙双方代表经过平等协商,订立如下合同,以资共同信守。"(购销合同适用)"根据《中华人民共和国合同法》《中华人民共和国城市房地产管理法》及其他有关法律、法规之规定,买受人和出卖人在平等、自愿、协商一致的基础上,就买卖商品房达成如下协议。"(商品房买卖合同适用)

2) 合同款项

合同款项是双方当事人议定的内容,包括标的,数量和质量,价款或酬金,履行的期限、地点和方式,违约责任、争议处理方法等主要条款。条款应明确具体,若有疏漏或差错,就要承担经济责任乃至刑事责任。由于合同种类不同,其主要款项也就有所不同。

标的(指货物、货币、劳务、工程项目、智力成果等)。标的是合同当事人权利和义务所共同指向的对象,为法律用语,指法律行为想要达到的目的。以货物为标的的经济合同最为常见,如购销合同的标的就是各种商品,供电合同的标的就是电,租赁合同的标的就是租赁物,借贷合同的标的就是货币,科技协作合同的标的就是某项科研成果等。以劳务作为标的的经济合同也较常见,如货物运输合同的标的,就是承运人将货物运达指定地点所提供的劳务。还有一些经济合同的标的是当事人必须提供的劳动成果,如建设工程承包合同,它的标的就是承包人所承包的工程项目。如是农副产品,标的不能简单地写成"西瓜""鸡蛋"等,而应准确完整地标明产地和品种。合同中的标的决定着合同的性质和要求,反映了双方当事人签约的目的和要求,是确立双方权利义务的基础,任何经济合同,标的都必须明确。标的要用准确的语言表达,绝不能用含糊不清或有歧义的词语,否则,当事人的权利和义务就不能落实,合同就无法执行,就会发生纠纷。合同的标的必须合法,象牙、枪支、弹药、毒品、珍稀动植物、迷信物品、淫秽物品、走私物品、没有注册商标的人用药品等,都不能作为合同的标的。

数量和质量。合同标的的数量和质量是权衡合同标的的基本指标,数量是衡量标的的尺度,只有规定了具体的数量,才能确定权利义务的大小。以货物为标的的经济合同,其数量为一定的度、量、衡;以提供劳务、完成一定工作为标的的经济合同,其数量指一定的劳动量或工作量(成果),数量要订得具体明确,不出现"大约""若干""左右"等字眼。计量单位一般要用国家统一标准,如长度用米(m),重量用克(g)等,不能以"堆""袋""筐"等计量,也不能用"车""船""趟"等计量。计量单位有时按行业习惯"打""包"指称的,一定要做出明确的界定。有些产品要标明是净重还是毛重,要规定合理磅差、自然损耗、正负尾差的具体比例;

需要随产品转移的易耗备品、配件和安装、修理工具的数量也应做出明确的规定。

质量是指标的的内在素质和外观质量的综合指标,质量往往通过品种、规格、型号、性能、成分、包装等体现出来。关于质量,一是要有法定标准,二是要做科学界定,三是要规定质检方法。质量的标准包括:含量、纯度、色泽、性能、精密程度等。产品质量的技术要求,包括物理(或机械)性能、化学性能、使用特性、耗能指标、工艺要求、卫生和安全要求等。质量规定要详细明确具体:凡有国家标准的,按国家标准执行;凡缺少国家法定统一标准的,按专业标准执行(须注明颁布时间及标准编号);国家标准、行业标准、地方标准、企业标准都没有的,合同双方应共同协商一个标准,按商定的标准执行(须另附协议书或提交样品)。有些非标准产品,可采用按样品验收的办法,质量检验的方法有时也需要有所规定。

价款或酬金。实物的价款或劳务的酬金,是需方取得对方产品、接受对方劳务所支付的代价。它是以货币数量来表示的,在以实物为标的的合同中,这种代价叫价款;在以劳务和劳动成果为标的的合同中,这种代价叫酬金。价款和酬金必须标明币种,并注明是否含税。合同要明确规定标的的单价、总金额(表格式合同以阿拉伯数字写单价,以大写汉字写总价;条款式合同则用汉字大写),计算标准及结算方式、程序。产品的价格,国家有统一牌价的,必须按规定办理;国家未统一规定的,当事人双方(或多方)可在政策法令许可的范围内协商议定。履行合同期间遇价格变动,除按国家统一调整的价格执行外,国家允许议价的应协商解决。

履行的期限、地点和方式。经济合同的履行期限是双方履行的时间依据,至关重要。当今的一切经济活动都有很强的时间要求,经济合同更是讲究时间效益。履行期限宜实不宜虚,宜具体不宜笼统,最好确定具体日期,如不能定实际时间,应用"以前""以内",而不可用"以后""明年",也不可用"尽可能在"或"争取在"等词语表述。

履行地点是指交货、提货、付款、服务和建设的地点。它可以是双方当事人的所在地,也可以是双方商定的其他地方,或者是标的的所在地。若标的是交付建筑物,就在建筑地履行;若是交付货物,应该明确规定仓库的具体地址;若因自然灾害及其他非义务人的原因不能在约定的地点履行时,可以在距离约定地点最近处履行。为了避免因地点同名、同音出现错误,地点应该写明省、市、县名称。

履行方式是指合同当事人履行义务的具体方法。不同的合同标的,有不同的履行方式。常见的合同履行方式有三种,即货物交付方式、价款结算方式和任务完成方式。货物交付方式应明确规定货物是一次交付还是分期交付,是需方自提还是供方送达。价款结算方式应明确规定是委托银行收款还是支票转账(除法律或行政法规另有规定外,以货币履行义务时,必须用人民币计算和支付;除国家允许使用现金履行义务的以外,必须分别采取银行汇票、支票、汇兑、委托收款等五种信用支付工具和结算方式);是一次性付款,还是分期付款;是货到付款,还是款到发货。任务完成方式则应明确规定是当事人自己履行还是委托他人代为履行等。不管采用哪种履行方式,都需要合同双方当事人协商一致确定。

违约责任。违约责任是指对履行合同应负的责任,是对不按合同规定履行义务的一种制裁措施,以维护当事人的合法权益和合同的严肃性,促使签约双方必须按合同要求履行自己的义务。除不可抗拒的意外事故,违约一方应支付违约金(对违约一方实施的经济惩罚)或赔偿金(因一方违约而给对方造成经济损失所付的赔偿)。违约金和赔偿金的数额有法定标准的应按法律规定签订,没有法定标准的则由当事人双方协商约定。如属双方的过错,则应根据实际情况,由双方分别承担各自应负的违约责任。不论哪一种,都要明确而又具体地注明违约索赔的条件、期限、金额和比例。拟写违约责任要注意三点：一是对双方均要做限制，二是处罚标准要对等，三是注意处罚需延时递增。另外，此处可规定免责条件，但不得与现行法律相抵触。为了确保经济合同顺利实施，当事人还可以协商采用司法公证和担保的形式。担保的形式有违约金、定金、保证金、抵押和留置共5种。

争议处理方法。这是合同当事人事先约定的，在履行合同中双方发生争议时的解决方法。当事人之间发生争议，可以通过协商或者调解的办法解决；当事人不愿协商、调解或者协商不成的，可以根据仲裁协议向仲裁机构申请仲裁；当事人没有订立仲裁协议或者仲裁协议无效的，可以向人民法院起诉，请求追究责任，索取赔偿。

其他条款。除了上述内容外，《经济合同法》规定："经济合同性质必须具备的条款，以及当事人一方要求必须规定的条款，也是经济合同的主要条款。"不同内容的经济合同，除通用条款外还有各自专用的条款，因自然灾害、意外事故而无法履行合同的处置办法，也是条款中不可忽略的内容。

3) 附则

附则包括合同的有效期限、合同的补充办法，合同正副本、份数及保管单位或发往单位等内容。合同执行的起止日期，如"本合同有效期自××年××月××日至××年××月××日，过期作废"或"本合同自双方代表签字，加盖双方公章或合同专用章即生效，至××年××月××日终止"。合同一般是双方当事人各执一份，起着凭证的作用。有的双方当事人的上级主管部门各执一份，有的签证机关还需一份，起着监督和保证作用。

4) 附件

附件是合同附带的表格、图纸和式样等，它是履行合同的依据之一，如果双方在附件中没有约定，双方在合同履行过程中质量方面产生纠纷时就很难区分是哪一方的责任。附件要加盖公章，标明编号附在合同后面。

3. 约尾

约尾部分一般由合同签订单位和签订日期组成。若是公民签订的合同，只需当事人本人或者代理人签名盖章；若是法人签订的合同，不仅要单位盖章，还要盖法人代表的私章。盖公章或合同专用章，所签合同有效；否则为无效合同。如需签证机关审批，必须写明签证机关全称，并加盖公章。另外，要标明双方当事人的开户银行、账号、详细地址、邮政编码和电话号码。最后在合同全文右下方写上签订日期和地点（也可写在合同标题右下方）。

（三）撰拟要求

1. 立约要合法

经济合同依法成立，立约人须具有法人资格，其所涉及的内容必须符合国家的有关法律、法规和有关职能部门或行业的管理规定。同时，合同的内容必须体现平等互利、协商一致、等价有偿、诚实信用的原则，任何一方不得把自己的意愿强加给对方。

2. 条款要齐全

经济合同的必备条款不能丢项落项，不能含糊不清，避免引起纠纷。经济合同必须具备三项条款：一是合同或法律规定的主要条款，如标的，数量和质量，价款或酬金，履行的期限、地点和方式，违约责任，争议处理方法；二是根据合同性质应写上的条款，如购销合同涉及的产品包装问题，保管合同涉及的损耗问题等；三是当事人一方提出要求，并经双方协商一致的条款,如购销合同中,需要对货物运输、包装有特殊要求的内容。

3. 内容要具体

经济合同的实践性很强,这就决定了它的内容必须具体明确,不能空洞抽象,不能有半点疏漏。要明确规定各种产品的名称、规格、型号、材质及供应单位;同时还应规定如"以假代真""以劣充优"或不合格,使一方受到损失时应如何赔偿。

4. 责任要明确

经济合同是法律文书,它的法律约束力突出表现在当事人的权利和义务上,因而合同对此必须做出明确的规定,否则有理而无凭据,会造成不良后果。不能在潜意识中认为"违约责任"这一条不过是虚拟而已。

5. 表达要严密

经济合同内容的表达,务必前后关联照应;条款的安排,做到不漏、不错、不省、不乱;所用概念、词语、标点符号均要恰当、正确,无懈可击。用语必须明确具体,不能使用含糊不清、模棱两可的语句;对某些关键词语要加修饰或限制,某些表示推测、估计、希望的模糊语言不宜使用;杜绝滥用、漏用标点符号的现象。

6. 签具要规范

签订经济合同的手续要完备,字迹要端正规范,文面要清洁醒目,除打印稿外,一律用毛笔或钢笔书写清楚,切忌用圆珠笔和铅笔书写;合同中的期限、金额、数量一般都要用大写,金额总数一定要大写;落款处的日期和正文中的日期一律要写全确切的年月日;标点符号也要准确到位,避免影响当事人意思的正确表达。

7. 修改要协商

经济合同具有严肃性,不能随意涂改。合同内容如有错漏或特殊情况必须修改、补充或终止时,一定要在双方协商同意的基础上进行,签具修订或拆销合同的协议书,由双方加盖印章方为有效。合同的修改有时亦可用互换函件的方式进行,而这些函件则作为合同的附件,盖章后方为有效,必要时需公证部门鉴证。

● 例文 7-7

购 销 合 同

供货方(甲方):鄂托克旗韩雅化妆品店

购货方(乙方):鄂托克旗李梅商贸有限公司

为更好地发展业务合作关系,甲、乙双方在遵守中华人民共和国法律、法规的前提下,本着平等互利的原则,经友好协商达成以下协议,并共同遵守:

一、订单的下达和确认

甲方接到乙方的订货申请后,以传真形式把本合同发给乙方,乙方确认无误并签名盖章回传,甲方收到后按合同约定安排送货。

二、货物相关信息(可以另加订单或其他附件说明)

三、交收货约定

1. 履约地:昆明市。

2. 交货时间:2016 年 4 月 16 日前。

3.交货地点：发货至乙方指定地点（昆明市内），运费由甲方负担。

4.装卸责任及风险承担：甲方负责将货物送到约定交货地点；货物到达约定地点后，由乙方负责卸货，并承担卸货过程中的全部责任和风险。

5.乙方收货人员应在甲方的送货清单上，加盖有效的收货章和签名，并注明签收时间。

四、货物的质量验收和质量异议

乙方需在签收之日起的七个工作日内完成对货物的质量检验，如对货物的质量存在异议，必须以书面形式向甲方提出，超过七个工作日仍未提出则视为已经对本批货物质量的认可。甲方收到乙方的书面质量异议后，同样需在七个工作日内给予回复。货物的质量验收，以该货物生产商的企业标准为依据，除非双方对验收标准另有书面约定。当双方对质量验收发生争执并协商不成时，提交国家认可的相关产品检验机构进行检验，倘若还有异议，可再行向另一家机构申请复检。

五、结算

先款后货。

六、违约责任

1.甲方如不能按照合同约定向乙方交付货物则视为违约，乙方有权向甲方提出违约赔偿，赔偿金额不超过该批未按合同约定交付的货物总价值的1％，每逾期十天，再增加1％。

2.乙方如不能按照合同约定向甲方支付货款则视为违约，甲方有权向乙方提出违约赔偿，赔偿金额不超过该批未按合同约定交付的货物总价值的1％，每逾期十天，再增加1％。

七、补充说明

本合同一式两份，甲、乙双方各执一份；传真件与原件具有同样法律效力。对本合同的争议及其他未尽事宜由双方协商解决，协商一致后的修改和补充具有同等法律效力；协商不成，任何一方均有权向人民法院提起诉讼。

甲方：　　　　　　　　　　　　　　　乙方：
法人代表：　　　　　　　　　　　　　法人代表：
2016年1月16日　　　　　　　　　　2016年1月16日

●例文 7-8

建设工程承包合同

发包方（甲方）：××市印刷厂

地址：××市××街××号。邮编：××。电话：××

法定代表人：××。职务：××

承包方（乙方）：天远建筑公司

地址：××市××街××号。邮编：××。电话：××

法定代表人：××。职务：××

依照《中华人民共和国合同法》和××市的有关规定，甲乙双方经商定，共同订立本合同，并严肃履行。

一、工程项目：××市印刷厂办公大楼壹座。

二、工程地点：××市印刷厂东部征用宅基地。

三、工程范围：本合同全部工程建筑安装面积共计××m²（具体见办公楼平面设计图，各单项工程建筑安装面积详见工程项目一览表)。

四、工程质量:乙方必须严格按照施工图纸、说明文件和国家颁发的建筑工程规范、规格和标准进行施工,并接受甲方派驻代表的监督。

五、工程造价:全部工程预算造价为人民币壹佰柒拾万元(各单项工程造价详见工程项目一览表)。

六、工程期限:根据国家工期定额和使用需要,商定工程总工期为六个月,建造工程要求在2009年5月底前完成。

七、材料准备:建楼所需的各项材料,由乙方全权负责,所有材料如发生差价,由乙方负责。

八、安全生产:施工期间的人身安全由乙方自负。

九、"三废"处理:在建筑过程中,乙方负责处理"三废"。

十、工程价款支付与结算:订立合同后甲方按工程预算总额预付给乙方备料款30%,余款在大楼建成验收后一周内付清。

十一、违约责任:甲方如不能按期付款,每拖延一天应赔偿给乙方工程费千分之一的赔偿金;乙方如不能按期完工,每拖延一天,甲方可在工程费中扣除千分之一作为赔偿金。

十二、争议解决方式:本合同发生纠纷时,当事人应及时协商,协商不成可向建筑物所在地的仲裁委员会申请仲裁,或直接向人民法院起诉。

十三、本合同一式四份,双方各执正本一份,其余副本由甲方报送市文化局和市建委。本合同自双方代表签字,加盖双方公章之日起生效;工程竣工验收符合要求,结清工程款后终止。

附件:1. 办公楼平面设计图
      2. 工程项目一览表

甲方:××市印刷厂(印章)　　　　　乙方:天远建筑公司(印章)
代理人:××(印章)　　　　　　　　代理人:××(印章)
法人住址:××市××街××号　　　　法人住址:××市××街××号
电话:××　　　　　　　　　　　　 电话:××
签订日期:××年××月××日
签约地点:××市印刷厂老办公楼办公室

【实训练习】

1. 信达汽车贸易公司参加了在上海举行的世界贸易博览会,该公司展出的汽车展品吸引了不少商家的注意,引起了香港华昌汽车股份公司的投资兴趣。于是,双方预定在丽天大酒店进行合资洽谈,双方就合资项目整体规划、合营期限、投资金额及规模、双方责任分担、利润分配等达成了初步合作意向,进而签订合作协议,最终签订了长期合同。根据上述材料,请代两家公司拟订合作意向书、协议书、合同。

2. 广州××制衣厂与美国××公司于2018年××月××日签订了一份协议,美国××公司要求广州××制衣厂为其每年生产丝绸服装10万件,规格为真丝面料、不绣花的女装衬衣,上半年和下半年各交付一半成衣。为了确保产品质量,美国××公司愿意提供美国研制的生产丝绸的专用设备和附属设备,款项由美国××公司无偿垫付,广州××制衣厂在两年内分期归还。美国××公司答应派出经验丰富的技术人员来广州××制衣厂进行技术辅导,其费用由美方担当。协作期定为五年。请根据以上材料,为双方代写一份协议书。

3.王××是大四毕业生,为了积累工作经验,前往××酒店实习。双方商定,王××在××酒店实习3个月,每个月休息2天,每天工作8个小时,实习期间遵守××酒店的一切规章制度;××酒店为王××安排服务生岗位,月薪1200元,包吃住。请为双方拟写一份实习协议书。

4.××化工厂赵刚(甲方),于2018年3月12日与××木器加工厂李丽(乙方)签订了一份合同。合同的内容是甲方要向乙方订购200个文件柜,合同签订之后一个月内交货,交货地点在乙方厂内仓库,由甲方自运,质量和规格以乙方提供的样品为准。每个文件柜价格为人民币800元,共计货款为160 000元。货款在货物起运后三日内通过银行办理托收。双方每逾期一天,按总额5%付对方违约金。合同一式四份,双方各执一份,各自的上级机关备案各一份。请根据上述内容,写一份购销合同。

5.黄××从职业学院毕业五年了,他通过自己创办的迅驰汽车修理厂(甲方)积累了大量的资金。最近他和佳通服务有限公司(乙方)商定合作创办佳迅出租汽车公司,计划经营大、小车辆50辆,总投资人民币220万元,双方投资比例为7∶3,合作期限为5年。公司设董事会,人数为5人,其中甲方3人,乙方2人,董事长1人由甲方担任,副董事长1人由乙方担任。正、副总经理由甲方和乙方分别担任。企业毛利润按国家税法照章纳税,扣除各项基金和职工福利等,纯利润根据双方投资比例进行分配。合作期内,乙方纯利润所得达到乙方投资额、退还投资资金后,企业资产归甲方所有。请根据以上材料,拟写一份规范的合同。

6.根据下面的材料,写一份技术开发合同。

①位于美国加州Santa Clara的全美达公司将参与索尼的一些开发项目,全美达公司将在2018年第二季度派出100名工程师专门为索尼开发有关项目,时间是3个月至1年。这些项目的总目标是为索尼电脑娱乐公司和索尼所制造的产品找到使用全美达设计的办法。②从2019年开始,索尼和全美达即开始合作应用全美达公司的Long Run2技术,目的是将其用于索尼的便携应用产品,开发创造90纳米的Efficeon芯片。Long Run2是一种电源管理技术,功能是通过每秒数百次动态调整芯片主频和电压来改进半导体设备的节电效能。③全美达公司发言人透露合同中一名工程师的月薪为1万美元。

第八章
教育、诉讼文书写作

第一节 实习报告的写作

一、文体概述

毕业实习是学生在毕业前的最后一个重要的学习环节,是修完全部课程及相应的课程设计、实际技能训练后的一次学习与生产相结合的综合训练,是促使毕业生接触职业实际,提高综合职业素质,增强分析问题和解决问题能力的重要途径。实习报告是学生在毕业实习活动中,把实习目的、实习时间、实习地点、实习部门或岗位、实习内容和过程、实习体会和收获等,根据专业理论学习的知识,用简洁的语言写成的书面报告。

实习报告具有作者的特定性、内容的专业性和表述的总结性三个特点。实习报告的作者与其他应用文体书的作者不一样,首先,他们只能是在校或临近毕业的大、中专学生;其次,他们必须是亲历过实习教学环节的大、中专学生。实习报告中包含的内容一定要真实,不能有一丝一毫的主观臆断和虚构。实习报告特别是毕业实习报告要体现个人所学专业的特点,它要求学生以实习过程中所收集的业务素材为依据,就实习期间所遇到或解决的与学科专业相关的问题进行报告,行文离不开专业理论和专业实践,内容具有较强的专业色彩。实习报告在本质上是一种专题性总结,要求学生以客观的态度如实地回顾实习情况,在检点实习期间得与失的基础上,提炼出具有规律性的东西,这对自身实践而言是理性升华,对相关同学而言是有益借鉴,对学校教学而言是参考依据。

与实习报告关系最近的是毕业论文,但两者不能相互替代。①表述内容不同。实习报告是对实习过程中理论如何联系实际的回顾总结,全部内容都必须从实习体验中来,也不能超出实习工作的范围;毕业论文是对本专业某一课题研究探讨的见解或结果的系统阐释,内容来源不仅仅局限于实践,其深广度和丰富性超过实习报告。②文本特性不同。实习是学生走向工作岗位的尝试,实习报告是叙述性文体和论述性文体的结合,带有较强的事务性和实践性;撰写论文是学生独立从事专业研究的尝试,毕业论文是论述性文体,带有较强的创新性和理论性。③文体功能不同。实习报告是评定学生实习成绩及毕业资格审核的重要依据材料;

毕业论文除了作为毕业资格审核的重要依据外,还是学位资格审核的依据。

实习报告的作用重点表现在教和学两个方面,它能检验学校教育和教学的成效,反映学生掌握和运用知识的情况,能给教育管理和课堂教学反馈信息,为学校不断优化人才培养方案准备丰富的第一手资料;学生通过写作实习报告可以更加清晰地认识到自己所学专业的社会需求状况,自己的知识结构和工作能力有哪些优势和不足,为今后从事实际工作做好知识上、能力上和心理上的准备。

从内容上来分,实习报告可分为:教学实习报告、顶岗实习报告、课程实习报告和毕业实习报告等。

二、拟制环节

实习报告的写作作为一次大型的作业,与毕业论文的写作有相似之处,所以要按照步骤来进行。

(一)准备素材

准备素材的工作不是从报告行文时开始的,而是在实习过程中甚至实习之前就开始了。实习是与所学专业对口进行的,实习单位是事先确定的,在确定了实习单位、了解了岗位特点、工作性质之后,就应该着手准备报告的写作。实习者要对实习的全过程、各环节进行深入细致的观察,并做好必要的记录(将每天的工作内容和感受及时记下来,等实习结束的时候再整体梳理一遍,对写好实习报告非常有利)。认真汇集所有资料,包括数据、图表、观察、记录、照片及搜集的其他资料或说明。这些素材要经过整理才能用于报告的写作。

(二)设计框架

所谓设计框架,也叫谋篇布局,就是事先安排好报告的结构,这是素材准备好之后必须做好的工作。假如素材准备很充分,但行文时没有一个很好的结构,其结果是素材杂乱堆积,没有逻辑顺序,前言不搭后语,主旨体现不明,使人看后不知所云。要力避这种情况的发生,就要认真推敲素材,决定叙述的顺序和层次,考虑报告的结构和论点,从平易性和可读性考虑,明确报告的用词和语气。对报告全文应有一个明朗的轮廓和清晰的思路,然后列出大纲和目录。

(三)写作初稿

提纲确定后,可以动手撰写实习报告的初稿。在起草时应尽量做到纲举目张,顺理成章,详略得当,井然有序。初稿的写作可粗可细,能细则尽量细。写作初稿应注意:题目恰当,论述集中,能准确反映实习岗位的工作特征;广泛参考和运用文献资料,很好地消化和吸收;材料要为内容服务,论点和论据要统一;组织结构清楚,层次分明,逻辑性强;语气统一,表达明确、平易;标题的使用要醒目和简洁;利用图表要简明易懂,有效果。

(四)修改定稿

实习报告一次成功定稿的情况不多见,一般都要反复修改,几易其稿。修改时,反复阅读草稿,一字一句推敲,或补充材料,或调整结构,或删除冗余,或理顺语言,或修正观点,一切根据需要进行。经过修改打磨,使报告实现四个统一:题文两相统一,论述形式统一,名词术语统一,图表公式统一。

三、行文格式

和所有的报告一样,实习报告的格式包括标题、正文、落款三部分。

（一）标题

实习报告的标题应该体现实习的基本内容(用最简练的语言反映实习的内容),题目字数要适当,一般不宜超过 20 个字。如果有些细节必须放进标题,为避免冗长,可以设副标题,把细节放在副标题里。实习报告的标题有两种类型,即公文式标题和观点式标题。

1. 公文式标题

公文式标题由一个短语或一句话构成,它又分为两要素标题、三要素标题和两行式标题。①两要素标题,即事由和文种组成,如"钳工实习报告"。这种标题最为简略,实习单位名称、岗位性质或工作内容全部省略,其优点是直陈其事,言简意明。②三要素标题,即实习单位(或岗位)名称、事由和文种组成,如"迅达商业物流中心实习报告"。这种标题要素俱全,把实习单位名称、岗位性质和内容等一并写出,其优点是给人一种具体全面的感觉,使读者能从标题上获取更多的信息。③两行式标题,由正题和副题组成,正题在上,副题在下,正题从略,只写明事由和文种,副题概括报告的主旨,并对正题做诠释性说明,如"实习报告——对天行物流公司经营管理现状的思考"这个标题的正题较为简略,只写明事由和文种,副题写明实习单位以及对该单位经营管理状况的研究和分析,是对正题的诠释性说明。

2. 观点式标题

观点式标题由能够反映实习报告主要观点或主题思想的短语构成,必要时加上副标题,诠释主标题。如"走进社会大课堂,勤于实践得真知——接力广告公司实习报告",主标题用字数相等的两个对称性短语来表现观点(主旨),即在实习过程中的深刻体会;加上一个副标题,对主标题做必要的诠释。

（二）正文

正文是实习报告的核心,可根据实习内容和性质来安排。

1. 引言

引言是介绍正文的重要部分和关键问题的前导性文字,主要介绍实习者本人在什么时间对什么单位进行了认识学习,对企业的哪些情况进行了必要的了解,通过这次实习使自己在哪些方面得到了提高和锻炼,取得了哪些认识等。常以"为总结实习经验,做好今后的实际工作,特作如下报告"一句结尾。引言应力求言简意赅,引人入胜。

2. 概述

概述是运用简明的文字概括说明毕业实习的一般情况,由实习目的、实习时间、实习单位、实习岗位等内容构成。①实习目的。点明此次实习在整个大学生涯中的地位和作用,与就业岗位的关系如何,应以怎样的态度去面对和进行实习等。如"本次实习的目的的在于通过理论与实际的结合、个人与社会的沟通,进一步培养自己的业务水平、与人相处的技巧、团队协作精神、待人处事的能力等,尤其是观察、分析和解决问题的实际工作能力,以便提高自己的实践能力和综合素质,希望能帮助自己以后更加顺利地融入社会,投入到未来的工作中"。实习目的的写作要求任务明确,抓住重点,语言精练,主题鲜明。②实习时间。时间起止准确、清晰,符合实习执行计划。③实习单位。实习单位名称要准确,介绍要详略得当,重点突出。单位概况介绍中应包括单位性质、创办时间、地理位置、设施设备、经营范围、产品概况、人员结构、管理概况、企业文化、行业地位、发展目标、总体趋势、人才需求等情况(实习单位总体概况总共篇幅不宜超过2页)。④实习岗位。主要写自己的岗位和任务,有多个岗位要按从事时间的先后顺序分别写出,重点写出岗位的任务及所学的技能和知识(岗位名称要准确无误,实习岗位和任务总共篇幅不宜超过2页)。

3. 主体

实习报告的主体部分主要包括以下四个方面的内容:

(1) 实习内容及过程。本部分为实习报告的核心部分,可按照学校毕业生实习指导意见中"实习内容"的基本要求,有针对性地对实习单位进行考察,通过对记录资料的整理而撰写,写明实习经历的内容和过程。这一部分的表达方式主要是叙述,以记叙文、散文形式写,分阶段、较详细地介绍实习的情况。如从事了哪些工作,这些工作有什么特点,是什么性质,在整个工作流程中的地位是什么,有什么重要性,需要的专业知识和技能有哪些,这些工作自己是怎么做的,完成得怎么样,有没有达到领导的要求等。这些内容要结合自己在实习单位的实际工作情况来写,表述上要有起伏,如刚开始怎么样、后来怎么样,最后怎么样,真实反映出用书本理论指导实践行为的过程。要求内容翔实,层次清楚;侧重陈述实际动手能力和技能的锻炼与提高,切忌记日记或记账式的简单罗列。

(2) 实习成绩与收获。这一部分的表达方式也是叙述,主要谈从实习过程中学到了哪些书本上没有的知识和技能,按主次顺序分条列项地写出来。重点叙述在指导教师和实习单位人员帮助下,独立完成的1~2项工作任务的情况。如下情况应着重撰写:为实习单位创造了一定的经济效益或社会效益;运用所学的基本理论和专业知识,提出的解决技术难题或工作难点的办法与意见被采纳;调查和了解到的新技术、新工艺、新材料、新设备以及新经验。力求详细具体,有数据,有记录,有图表。图纸或照片等可作为附件加以说明或提示。

(3) 实习经验与体会。这是理论总结的部分,主要总结成绩取得的原因和最深刻的认识,表达方式是夹叙夹议,把成绩的取得和具体的做法结合起来分析。经验体会一般要写三条以上,按主次顺序分条列项地写出来。可以从各个层面写,根据工作中所遇到的某件事情有感而发,如书本理论知识是否能运用于实际工作并解决实际问题,本人掌握和运用知识的程度、能力及与实践的差距,如何才能适应岗位需求实现知识和技能的综合提高,如何将书本理论知识在实际应用过程中发挥到最佳程度,如何进一步弥补不足和拓宽知识面,此次实习对自己今后的学习以及将来走向工作岗位会产生哪些影响……这是精华部分,篇幅不少于500字。

(4) 实习结论与建议。给自己所实习的单位恰当"定性",即根据自己的观察总结出实习单位值得推广的做法,分析实习单位工作管理中存在的问题,有针对性地提出切实可行的改进建议;同时,可以提出对本专业的专业知识、课程结构的建议和想法。能提出一两个颇有价值的问题,则更能体现出实习报告的价值。这部分还可以谈自己实习过程中所存在的不足之处,谈自己所掌握的理论知识在实践检验面前还有哪些欠缺,自身还存在哪些与实习岗位不相适应的毛病,实习中遇到了哪些尚未找到解决办法的问题等。

4. 结尾

实习报告的结尾以简略的语言、真诚的态度对母校、老师、实习单位表达谢意,或陈述自己今后的努力方向和对未来前景的展望。

（三）落款

落款包括两点，一是作者署名，二是成文日期。如果报告是实习小组成员共同完成的，署名应该是若干人。在报告正文结尾段的右下角空两行，写"报告人：××系××专业××年级××"，再在报告人的正下方写上日期。

毕业实习报告的构成，还有一些类同于毕业论文的构件。主体部分之前有前置部分，即封面、摘要、目录。封面写明系别、专业、班级、姓名、指导教师、实习报告题目等；摘要是实习报告的中心思想，字数一般为150字；目录是实习报告的纲领和脉络，应列出章节标题，也就是列出章、节、款、细目，并用数字编号。主体部分之后有参考文献和附件部分。参考文献是实习过程中查阅过的，对实习过程和实习报告有直接作用或有影响的书籍与论文。附件部分包括实习鉴定等，由实习单位签章，作为附件放在后面。实习报告不仅注重内容及质量，也讲究外在形式，封面设计、排版形式、数据运用、图标设计等都有相应的规范要求。

四、撰拟要求

（一）联系实际，选题得当

在实习报告写作的过程中，应结合实习课题将所学专业知识和技能运用于实际，在理论和实际结合过程中进一步消化、加深和巩固所学的专业知识，并将其转化为分析和解决问题的能力。实习报告的选题一般不宜过大过深，内容不宜过于复杂、过于偏僻，能够较好地结合企业实际情况，分析或解决专业领域中的某一具体问题即可。

（二）诚信治学，杜绝抄袭

实习报告必须是通过自己的语言组织加工写出来，必须写自己的实习经历（实习报告一般采用第一人称，便于表述实习经过和体会收获）。在写作过程中，应克服不以实践和研究为基础的错误倾向，切勿照抄书本，切忌东凑西拼，严禁抄袭他人成果。如有引用或从别处摘录的内容要以"脚注"表明出处。

（三）精拟标题，条贯统序

标题起画龙点睛作用，应反复推敲，通盘考虑，寻找最佳用语。章的标题要与实习报告的总标题呼应，紧密联系，格调一致，并能概括本章的内容；节的标题要与本章的标题相联系，并能把本节的内容明确地表达出来；节以下的小标题，要用具体的词句或文章中的重要名词术语表达。毕业实习报告内容广泛，每一部分都可独立成篇，综合性较强，应根据内容变换各部分表达形式，但又应互相联系，达到内在统一。

（四）高度概括，不拘末节

实习报告切忌写成流水账，一是要点化，即应善于抓住要点选用典型的材料来写，无关或关系不大的材料不写；二是条理化，就是对材料、数据、事例等分层次、依顺序、按类别地加以归纳提炼，避免杂乱无章保证条理清晰；三是理论化，即在对实习素材进行分析、归纳、思考的基础上导出自己的体会、见解、评价或结论,从理论上加以概括。对工作日记的素材要概括和归纳,不可拘泥于细枝末节,避免将实习报告写成某一天的工作日记或某一件事的记述。

● 例文 8-1

机械制造与自动化专业实习报告

这次为期六个月的毕业实习是我顺利完成大学所有课程以及参与社会实践活动很重要的一部分。在就业指导处老师的帮助下,我在烟台富士康科技集团参加毕业实习,实习岗位是消费电子产品事业群(简称 CCPBG)CNP 组装 B04 线完成品检查。在师傅和同事的帮助下,我顺利完成了各项生产、检测任务,通过不懈的努力和出色的表现,得到了领导和同事的一致认可。我在实习过程中学到了很多在课堂没学到的知识,受益匪浅,为毕业之后顺利就业奠定了良好的基础。现将实习情况汇报如下。

一、概述

(一)实习目的

(1)通过实际接触生产、科研、企业管理,将所学的理论知识与实践结合起来,增长实践知识,进一步巩固和深化所学的理论知识,弥补以前单一理论课程学习的不足。

(2)了解各种机电产品、设备的加工工艺,加深机电在工业各领域应用的感性认识,开阔视野,了解相关设备及技术资料,熟悉典型零件的加工工艺流程。

(3)培养生产实际中研究、观察、分析、解决问题的业务能力和创新能力,获得基本操作训练,掌握过硬的专业技能,为今后从事机械制造和设计打下必要的实践基础。

(4)学习工人师傅和工程技术人员勤劳刻苦的优秀品质和敬业奉献的良好作风,增强对社会主义现代化建设的责任感、使命感,学会与人相处,学会团结协作。

(二)实习时间

根据学校安排,此次实习时间从 2015 年 3 月 1 日开始,到 2015 年 9 月 1 日结束,为期六个月。

(三)实习单位及岗位介绍

1. 实习单位介绍

烟台富士康为富士康科技集团在烟台的园区,位于烟台开发区,现有员工近 8 万人,工业总产值居于 Foxconn 在大陆八大工业园区的第三位,仅次于深圳上海园区,将建设成为山东半岛最大的 3c 产品工业基地。目前园区内主要有 CCPBG 和 PCEBG 两大事业群。山东烟台科技园 2004 年开始进行投资设厂前置筹备工作,2005 年 7 月正式投产运营。烟台富士康科技集团以实力创效益,以效益谋发展,以发展营造规模,以规模换取口碑,以口碑造声势,以强大声势进军市场,以实力赢得了世界五百强企业之称号。

企业的经营理念:爱心、信心、决心。

企业的从业精神:融合、责任、进步。

企业的成长定位:长期、稳定、发展、科技、国际。

企业的文化特征:辛勤工作的文化,负责任的文化,团结合作且资源共享的文化,有贡献就有所得的文化。

企业的核心竞争力:速度、品质、技术、弹性、成本。

2. 实习岗位介绍

我们生产的产品名称是 SOK,是一种高端游戏机,是为日本企业代做的产品。我从事的岗位是完成品检查,隶属于检测段,是组装段与后测试段的过度,有着至关重要的作用。我的工作就是把待检测品从流水线上取下来,然后放在完成品检查治具上,拉合把手,启动电源,待被检查品进入检测画面后,按照画面的提示操作,严格按照 SOP(员工作业指导书)作业,直到出现 PASS 画面。然后关闭电源,把被检查品从完成品检查治具上取出,放回流水线。在检查过程中,可能出现各种不良情况。如 72-008-201 为电池没电了,需要更换电池,在这个过程中必须关机。要是出现其他代码,需写不良品票,按照公司的要求详细、认真填写不良品票。如 25-004-205,需填写不良品票,及时送修。

二、实习内容及过程

(一) 了解过程

起初,刚进入车间的时候,我对里面的一切都是陌生的。车间里的工作环境还好,就是人特别多,车间也非常大,有 1000 多平方米。呈现在眼前的一幕幕让人的心中不免有些惶然,我将在这较艰苦的环境中工作 6 个月。第一天进入车间开始工作时,所在线体的线长、多能工给我安排工作任务,分配给我的任务是跟着一名叫庄良志的老员工学习完成品检查,我按照师傅所教的方法,开始慢慢学运用完成品检查治具检查该产品,在检查的同时,需注意操作流程及有关注意事项等。毕业实习的第一天,我就体验到在社会上工作的滋味。

作为刚走出校门的学生,对社会的了解以及对工作单位各方面情况的了解自然不多。一开始我对车间里的各项规章制度、安全生产操作规程及工作中的相关注意事项等都不是很了解,于是,便细心阅读实习单位下发给我们的员工手册,向线体里的师傅、员工同事请教,了解工作的相关事项。通过他们的帮助,我对车间的情况及生产组装产品、检查产品等有了一定的了解。车间的工作实行两班制(a、b 班),两班的工作时间段为早上 7:10 至晚上 7:10,晚上 7:10 至早上 7:10。车间的所有员工都必须遵守该上下班制度。我决心遵规守纪,做到不迟到,不串岗,不早退。

(二) 摸索过程

对车间里的环境渐渐熟悉后,刚开始那种紧张的情绪慢慢平静下来,实习期间,我每天按时到厂上班,上班工作之前先到指定地点等待副线长集合员工开会,他将强调工作中的有关事项,同时给我们分配工作任务。明确工作任务后,则要做好准备工作,我迅速到工站的工具存放区找来一些工作中需用的相关用具(比如:不良品票、手指套、防静电手套、静电环、产品标识单等)。在机台位置上根据 SOP 上的操作流程进行正常作业,我运用工作所需的治具将流水线上的产品检测好,并将检测完毕的产品放回流水线,进行下一道工序。另外在工作中,检测的产品有时会出现异常(比如:彩屏、黑屏、不读卡、开机断电等)。出现上述情况时,要按照规定的程序填写不良品票,交给线外人员送修。

在工作期间有些产品的检测难度较大。第一次检查可能 NG,这时需要追加四次检测,在这四次当中出现一次 NG,视为不良,不能像良品一样放回流水线,需要单独放置在规定的地点。为了提高检测效率,避免 NG 的发生,我与同工站的员工同事交流,向他们请教简单快速的检测方法与技巧,运用他们介绍的操作方法技巧慢慢学着检测有难度的产品,不断提高检测产品的精准度。在平时工作过程中,我注意不断摸索检测产品的有效方法和技巧。有时在摇杆按键测试工站,对怎样高效率的检测不太明白,我便向有经验的员工同事学习,向他们请教正确的摇杆按键测试方式,有时则询问品管(品质管理员),按品管提供的要求进行产品检测。

（三）实际操作

经过一段时间的完成品检查、摇杆按键检查、TP校正及产品老化的实践学习，我对车间产品检测的整个流程有了一个比较详细的了解，对有些常出现的不良现象和代码也比较熟悉了，对不良产品的识别力也有所提高，检测产品的效率也在不断提高。独自操作期间，我接受线长、副线长和多能工分配的工作任务，在自己的工作区认真地进行作业。当出现一些小的问题和困难时，先自己尝试着去解决，当问题较大独自难以解决时，则向线长、多能工反映情况，请求他们帮助解决。在他们的帮助下，出现的问题很快就被解决了。我有时也学着运用他们的方法与技巧去处理问题，慢慢提高了自己解决处理问题的能力。在解决处理问题的过程中，也不断摸索出解决治具小故障的方法途径。这样，我在工作时的自信心不断增强，工作的积极性也有所提高。

在所用治具不出现大的故障的情况下，在确保产品质量的基础上，我尽自己的努力提高工作的效率，尽量让生产出的产品数量达到班产要求的数量，以期圆满完成生产任务。每次下班之前，我将自己工作区域内的卫生打扫干净，垃圾放入垃圾袋中并放到相应的位置，把工作桌面和地面上的物品用具收拾摆放好，一天的全部工作内容也就完成了。工作任务虽然烦琐，但有一种踏实感和成就感。

三、实习期工作总结和收获

实习期间，我对实习企业的CNP组装SOK生产的整个操作流程有了一个较完整的了解和熟悉。虽然实习的工作与所学专业没有很大的关系，但实习中，我拓宽了自己的知识面，学习了很多学校以外的知识和在学校难以学到的东西。在实习的那段时间，让我体会到从工作中再拾起书本的困难性。每天较早就要上班工作，晚上较晚才下班回宿舍，深感疲惫，很难有精力再静下心来看书，这更让人珍惜在学校的时光。

此次毕业实习，我学会了运用所学知识解决处理简单问题的方法与技巧，学会了与员工同事相处沟通的有效方法途径，积累了处理有关人际关系问题的经验方法，同时我体验到了社会工作的艰苦性。通过实习，我训练了操作能力，提升了实践技能，磨练了自己，也锻炼了意志力，为以后的工作打下了坚实的基础。

最后，感谢学校给我提供了到名优企业实习的机会！感谢烟台富士康科技集团的领导、师傅对我的关心和帮助！

（本文选自月亮岛教育网，有删改）

【实训练习】

1. 张刚是会计专业的大四学生，利用暑假去××审计师事务所实习了三个月，从接听咨询电话，到协助从事审计方面的工作，对审计行业在各个方面有了一定的直接感性认知。请据此拟写一份实习报告。

2. 李实是动画专业的学生，在大四上学期，应聘去一家动漫公司实习，从练习手绘开始，逐渐接触了动画生产的各个环节，也认识到了理论和实践之间的差异及内在的关联性。请据此写一份实习报告。

3. 王丹是新闻专业的学生，去××报社实习了半年，从接听热线电话开始，到担任记者工作，对新闻职业的认识，相较于大学校园已有很大的不同，明确了新闻理论与新闻实践存在一定的差异。请据此写一份实习报告。

第二节 毕业论文的写作

一、文体概述

毕业论文属于学术论文的一种形式。它是高等院校各专业应届毕业生在毕业前提交给学校的总结性的独立作业,是对学生在校期间所学知识和所获能力的综合检查和授予学位的主要依据。毕业论文就其内容来讲,一种是解决学科中某一问题的,用自己的研究成果加以回答;一种是只提出学科中某一问题,综合别人已有的结论,指明进一步探讨的方向;再一种是对所提出的学科中某一问题,用自己的成果,给予部分的回答。毕业论文注重对客观事物作理性分析,指出其本质,提出个人的学术见解和解决某一问题的方法和意见。就其形式来讲,具有议论文所共有的一般属性特征,即论点、论据、论证,这是毕业论文的三大要素。毕业论文主要以逻辑思维的方式展开,强调在事实的基础上,展示严谨的推理过程,得出令人信服的科学结论。

毕业论文必须具有科学性、理论性和独创性。毕业论文本身是一种学术探究活动,科学性是其根本。要求撰写者态度严肃认真,客观审慎,尊重科学事实,不能主观臆造;材料确凿可靠,不能弄虚作假;论述系统完整,不能前后矛盾。毕业论文不能停留于仅仅罗列现象或数据,而必须探究事物的本质及规律,往往具有很强的说理性,要将一般的现象升华到一定的理论高度,这种理论性最能反映出作者的学识和理论水平。毕业论文作为学术论文的一种,也就具有独创的特点,它不能重复或抄袭别人的观点,也不能简单重复已有的知识,必须在前人探索研究的基础上有所创新,有所发展,有独特的专业见解和理论建树。

毕业论文的写作有以下三大原则。①独立从事原则。毕业论文写作过程中,在指导老师的提示指导下,发挥自己的主动性、独创性。从确定选题、搜集材料、拟写提纲、撰写初稿到修改定稿,必须独立完成。②量力而行原则。要从自己的理论水平、知识水平、能力水平的实际情况出发思考问题,制定目标。选题不宜过大,内容不必求全。③勇攀高峰原则。要敢于站在前人成果的基础上思考、探索,对自己研究的课题提出新的学说、新的构想,对某些通说、前说的错误,疏漏之处进行必要的补充和修正。

二、拟制环节

(一)确定选题

选题就是确立毕业论文所研究的对象、目标,选准所要研究的某一问题,能否选好题目与毕业论文的成败优劣直接相关。确立选题要考虑两个方面:一是看该选题是否具有学术价值(或填补空白,或纠正通说,或补充前说;是否有开拓性理论价值,是否有指导性实用价值);二是看该选题是否具有可行性(在规定的时间内查找资料的条件是否具备,选题的难易度是否切合自己的实际能力)。选题应从自己的实际出发,选择自己平素有积累、有体会、有兴趣的题目来写。选题力避过大、陈旧、平淡、过难。选题大致有这样几种形式:①专论评析式,即对某一学术现象、学术思想和理论进行系统性思考,或对某一专著作品和特定人物进行分析评论;②商榷探讨式,针对有代表性的思潮、倾向、观点进行反驳性讨论;③比较、边缘式,对内容或方法上有相似、相承关系的理论做比较分析,或采用糅合其他学科的理论方法进行研究;④综合、资料式,对某个专题的研究现状和历史发展过程进行描述评析,或对某著作、作品相关的研究资料进行综述和评析。

(二)搜集材料

确定选题后就应该搜集材料,材料是形成观点的基础,也是证明观点的论据,因此它是一篇论文成败的关键。应该收集的材料包括:前人对所研究课题的研究成果,相关学科的发展为研究课题所提供的信息,所研究课题的有关国内外最新资料。搜集材料有三个来源:科学实验、文献资料(包括网络文献)、实地调查。搜集材料越具体、细致越好,最好把想要搜集材料的文献目录、详细计划都列出来。在搜集过程中要注意储存、记录材料,做好摘录笔记(摘录重要段落和语句)、提要笔记(对文献内容作全面概括,写成简短纲要)、提纲笔记(依次记录某文献的总观点、子观点及主要材料)、心得笔记(阅读过程中的体会收获或质疑意见)、索引笔记(记录书名、篇名、作者、出版者或出处)等。材料的搜集有如下要求:一要全面客观,二要围绕选题,三要真实可靠。处理材料的一般程序是:阅读(或通读,或选读,或研读)—整理(或按时间分类,或按单位分类,或按不同阶段分类)—核实(认真核实材料尤其是二手材料,去伪存真,使材料准确无误)—筛选(从比较分析中去粗取精,剔除一般材料,留下典型材料)—排列(按照全文的总观点、分观点及每个层次的观点,将说明材料依次排列出来)。

(三)拟写提纲

毕业论文因为篇幅较长,内容丰富,总论点、分论点和诸多材料之间层次关系比较复杂,为动笔撰写时便于操作,做到有条不紊,避免表述重复、意义遗漏或随意跑题,必须拟写提纲。拟写提纲的过程实际上是一个统筹全局、理清思路、调配材料,为初稿搭起骨架,描出雏形的过程。提纲有简要提纲和详细提纲的分别,作者可根据自己的具体情况选用一种。简要提纲,一般只有两个层次,总题目和中心论点是第一层,几个大的部分和各部分的分论点是第二层。详细提纲不仅列出纲目,还要列出每一部分中的几个问题要点和论据材料,甚至规定每一部分的论证方法与篇幅。提纲的表现形式有三种:标题提纲(用词语概括内容,以标题的形式标出),句子提纲(用完整的句子概括内容,作为各段落层次的主题句),段落提纲(句子提纲的扩充,粗线条的描述)。拟写提纲有三点要求:一是项目要齐全,二是结构要严谨,三是文字要精练(提纲挈领地把内容表达出来)。

(四)撰写初稿

撰写初稿常见的执笔顺序有两种。一是自然顺序,即按照基本格式从绪论(前言)写起,然后写本论(正文),最后写结论。这比较符合人们惯常的"提出问题—分析问题—解决问题"的思维顺序,所以比较常见。二是反常顺序,即从本论入手,写好本论、结论之后再回头来写绪论,这样写的好处是比较容易起笔,以免开头就卡壳,导致文章的难产。初稿的写作是很艰苦的工作阶段,在执笔时应注意下面几点要求:一要完整行文(尽可能地把自己事先想到的内容写进去),二要深入开掘(深入材料本质,从多方面把问题说透),三要顺利表达

(不要在枝节上纠缠不清,更不能十步九回头),四要合乎文体(论文的语言特点是逻辑性、概括性、严肃性与生动性)。

(五)修改定稿

通过修改环节,可以看出写作意图是否表达清楚,基本论点和分论点是否准确、明确,材料用得是否恰当、有说服力,材料的安排与论证是否有逻辑联系,大小段落的结构是否完整、衔接自然,句子词语是否正确妥当,文章是否合乎规范。修改的范围在内容上包括修改观点(注意观点是否统一,是否片面、主观、空泛、偏激,加以订正或深化)、修改材料(看材料是否必要、真实、合适,加以增、删、改、换);在形式上包括修改结构(看层次是否清楚,结构是否完整,结构是否严密,把混乱的层次划分清楚,把不合理的段落安排妥当,把上下不衔接的改得连贯,把前后不照应的改得呼应,把详略不得体的改得相宜)、修改语言(把不准确的改为准确的;把啰唆、重复的改为精练、简洁的;把生涩的改为通俗的;把平庸的改为生动的;把粗俗的俚语改为学术用语)。另外,再次核对引文和参考文献,检查引用是否有误,注释是否清楚规范,参考文献的列举是否确凿,有无遗漏。

三、行文格式

(一)理论性论文行文格式

理论性毕业论文包括以下几个项目:标题、署名、目录、摘要、关键词、绪论、本论、结论、注释与参考文献、致谢与附录。

1. 标题

标题有总标题、副标题和分标题。总标题是论文的画龙点睛之处,是表达论文的特定内容,反映研究范围和深度的最恰当、最简明的逻辑组合。总标题的拟制要求有三:①精准,即准确地反映论文的主旨,体现作者的写作意图,既不能流于空泛,也不宜过于烦琐;②简洁,即以最少的文字概括尽可能多的内容,用英语不超出 12 个单词,用汉语不超过 20 个字;③新颖,即显示研究工作的独到之处,力求重点突出、新颖醒目。副标题,旨在更明确地表达论文的主要内容、研究目的或研究对象,但并非每篇必有不可。分标题,旨在清楚地显示文章的层次,设置分标题时,要注意上下文联系的紧密性。

2. 署名

论文署名包括作者姓名、所在学校、所学专业、班级编号、学籍编号,还包括指导老师姓名和论文提交日期。署名的意义不仅在于成绩录入、记录成果、资料存档、便于检索,而且体现着知识产权、文责自负等意义。

3. 目录

篇幅长的毕业论文要写出目录,使人一看就了解论文的大致内容。目录要求独立成页,至少应将章节名按先后次序写上,章节名的右侧注上页码号。篇幅不长的无须列目录。

4. 摘要

摘要是对论文简短且准确的概括表达,对论文主要内容不加注释、不作评论的简短介绍。摘要包含的主要信息有以下几种。①目的:研究工作的前提、任务、重要性和特点,研究的内容,所涉及的主题范围。②方法:所用的理论、条件、材料、手段、装备、程序等。③结果:观察、实验的结果和数据,得到的效果和性能等。④结论及其意义:结果的分析、比较、评价、应用,提出的问题,今后的课题、假设、启发、建议、预测等。摘要可大致分为报道性摘要、指示性摘要、报道-指示性摘要三种类型。写摘要的要求:①精练,用高度概括的语言说明研究本课题的目的、实验方法、实验结果和最终结论;②完整,它是一篇结构严谨、内容实在、逻辑性强、独立成篇的短文;③简短,行文简明扼要,字数一般限定在200~1000字以内;④重点突出,成果和结论性意见是摘要的重点内容,在文字上应用笔较多,借以加深读者的印象。摘要不能用图表、化学结构式和不规则的符号与术语;不以第一人称的口吻写,不能出现自我评价性的语言,不能出现"我""笔者"等词语。

5. 关键词

关键词是为了适应计算机检索的需要而提出来的。关键词应从论文的题名、摘要和正文中选取,是对表述论文的中心内容有实质意义的词汇。每篇论文一般选取3~5个关键词。关键词不必具有文法上的结构,不一定表达一个完整的意思,仅仅是将若干个词语简单地排列起来(之间要空格或使用分号),置于摘要的下方。

6. 绪论

绪论又称"引言""导言"。绪论的内容为介绍研究背景,提出研究问题,阐述研究目的,指明论文创新点。绪论和摘要所述内容大体相同,区别在于:摘要一般要写得高度概括简略,绪论则可以稍微具体些;摘要的某些内容,如结论意见,可以作笼统的表达,而绪论则应对所有内容明确地予以表述;摘要不写选题的缘由,绪论则应明确反映;在文字量上,一般情况是绪论多而摘要少。绪论的常见写法有:交代式(缘起意义)、提问式(所论问题)、点题式(基本观点)、提示式(论述范围)、阐释式(基本概念)等。绪论的写作要开门见山,迅速入题,提纲挈领,简明扼要。

7. 本论

本论又称"正文",是毕业论文的主体,即表达作者的研究成果,主要阐述观点及其论据。内容包括:研究工作的基本前提、假设和条件;模型的建立,实验方案的拟订;基本概念和理论基础;计算时所使用的主要方法;实验方法、内容及其结果;理论论证;理论在实际中的应用等。这部分写作要求是:观点正确,论点明确,论据充分,选材新颖;结构严谨,条理清楚,层次分明,逻辑严密;观点材料有机结合,以观点统帅材料,以材料证明观点;量、单位、名词术语的使用要统一、规范。

本论论证的基本结构类型有并列式、层进式、交叉式。

(1) 并列式结构,即各层次之间是并列关系,各分论点从不同角度、侧面论证中心论点。比如,要写作一篇探讨影响大学生心理健康因素的论文,正文就可以采用并列式结构。第一层论述社会环境因素:拜金主义盛行,价值观念扭曲;贫富悬殊拉大,心理反差加剧;网络传播快捷,造成心理自闭;社会竞争激烈,导致就业忧虑等。第二层论述校园环境因素:角色转换过程的适应障碍;所学并非所好的失望苦恼;人际沟通不遂的困惑迷惘;恋爱失败之后的心理变异等。第三层论述家庭环境因素:父母婚姻状况的影响;父母文化程度的影响;父母教育方式的影响;家庭经济状况的影响等。第四层论述自身主客观因素:早期经历的影响;遗传因素的影响;生理发育的影响;心理断乳的影响;个性缺陷的影响。并列式结构的优点是概括面广,条理性强。

(2) 层进式结构,即层层推进,逐步深入,分论点之间按逻辑直线移动(提出问题—分析问题—解决问题)。比如,要写作一篇关于水环境污染治理的论文,正文就可采用层进式结构。第一层,说明中国水环境污染的严峻形势:江河的污染,湖泊的污染,海域的污染,地下水的污染。第二层,分析中国水环境污染的主要原因:城市迅速扩大对水环境的污染;大小企业排污对水环境的污染;农业施用化肥对水环境的污染;水利过度开发对江河生态的破坏。第三层,论述水环境污染治理的基本思路:调整产业结构,控制污染源;建立税费制度,遏制排污;实行化整为零,分散治理;提倡防治结合,多法并举。层进式结构的优点是层次环环相扣,论证深刻透辟,结论水到渠成。

(3) 交叉式结构,是将并列式与层进式结合在一起的结构形式。它可以整体呈层进式,局部呈并列式;也可以整体呈并列式,局部呈层进式。比如,要写作一篇对大学生诚信问题思考的论文,正文就可以采用整体层进式、局部并列式的交叉式结构。第一层,论述大学生恪守诚信的意义:诚信是大学生理想奠基的根本前提;诚信是大学生人格建构的重要内容;诚信是大学生完善自我的基本保证;诚信是大学生步入社会的光明正道。第二层分析大学生诚信缺失的现状:学业方面的诚信缺失;经济方面的诚信缺失;求职就业的诚信缺失;与人交往的诚信缺失。第三层,分析大学生诚信缺失的原因:社会环境的影响;教育体制的弊端;家庭教育的误区;自我约束的放松。第四层,论述大学生诚信教育的对策:营造良好社会诚信环境;完善高校诚信教育体系;开辟崭新诚信教育途径;学校家庭社会良性互动。交叉式结构融合了前两种方式之长,内容涵盖深广,逻辑联系紧密。

以抽象理论问题为研究对象的理论性论文,其正文的常见结构形式有以下几种:①证明式,即给出定理、定义然后逐一证明,如数学专业的论文大多是这种结构形式。它的正文一般由两大部分构成,先提出定义或结论,再进行证明。根据内容需要,有时在定义、定理后加引例部分,有时在证明后加验证运算部分。②剖析式,即将定理分解为几个方面逐项论述。③模型式,这是当代对复杂的客观事物和现象进行定量测定和研究时经常运用的论文结构式,它的正文格式比较稳定,一般有两部分:第一,给出原理和计算模型;第二,进行实例测定。根据内容的需要,可将参数的推导、修正等内容单列为一个或几个部分,放在第一部分后。

以自然现象的观测资料和有关文献资料为研究对象的理论性论文,其常见的结构形式有以下几种。①时间式,即以时间先后和事物发展过程为顺序的结构式。这种结构式有时并不标明时间,而是按发生、发展、结果的顺序来写,这也是一种时间结构。②空间式,即以实物的方位和构成部分为顺序的结构式。时间结构和空间结构有时交叉使用,形成一种时空结构式。③现象本质式,即先摆出观测的现象和有关资料,然后经过理论推导,找出本质和规律,它的正文有两大部分:第一,概述资料和基本情况;第二,分析讨论。医学学科中有一种论文的正文有两个部分:"资料分析"(或称"病例摘要")和"讨论"。按其性质也属现象本质式论文。除以上几种外,还有因果式、性质特征式、组分功能式、目的意义式等各种结构形式。

论文结构层次一般分成若干个自然段,或是用若干个小标题来论述,每层的小标题均用阿拉伯数字连续编码。一个编码的两个数字之间用圆点(.)分开,末位数字后面不加圆点。如"1(一级标题)""1.2(二级标题)""1.2.3(三级标题)",所有的编码均左顶格书写,每一层次一般不超过4级。本论的结构层次不论是采用自然段还是小标题的形式,都要注意各层次之间的紧密衔接、环环相扣、富有逻辑;层次与层次之间还应协调一致,各部分的先后次序、篇幅的长短,都应根据逻辑顺序和表现主题的需要当详则详,当略则略。

8. 结论

结论部分是整个论文研究结果的总判断、总评价。内容包括三个方面:本论文解决了什么问题;对前人相关研究的论述作了哪些修正;本论文写作的局限性或不足之处或仍待解决的问题。这部分内容是经过推理、判断、归纳等过程而得到的新观点的总结,应是绪论中提出的、本论中分析论证后水到渠成的结论。要求写得概括准确,结构严谨;明确具体,简短精练;客观公正,实事求是;分寸适当,留有余地。

9. 注释与参考文献

注释是对论文中引文出处的交代说明,引文是指在论文写作过程中,由于论证的需要,引用别人的观点或材料,用来证明巩固深化自己观点的文字。凡论文中引用前人的文章、数据、结论等资料时,均应注明其出处。这既是对别人研究成果的尊重,也体现了自己严谨的治学态度。参考文献是一篇完整的毕业论文不可或缺的一部分,是论文内容的某种缘起及延伸,它反映了论文的取材来源、材料的广博程度和材料的可靠程度,表达对同行的尊重,体现尊重前人劳动、严谨治学的态度。文献引证应以原始文献和第一手资料为基本依据,并注意突出有权威性、时新性、公开性的文献。专著的著录格式是"作者(译者)、书名、版本、出版地、出版者、出版年、起始页";连续出版物(如杂志、学报等)的著录格式是"作者、文章名、期刊名、出刊年、出刊卷(期)、起始页"。文献类型标识代码:专著——M,论文集——C,报纸文章——N,期刊文章——J,学位论文——D,专著、论文集中的析出文献——A。

10. 致谢与附录

在致谢中,主要表达对论文的指导老师,作过指导的科学工作者,协助工作或提供各种便利条件的组织和个人,给研究工作提供或准予引用与转摘其资料、图片、文献的所有者等的感谢之意。附录包括与正文内容密切相关,但因篇幅所限未能放入正文的重要材料;能为观点提供佐证,但不便编入正文的重要材料;某些重要的原始数据、数学推导、计算程序、结构图、统计表等。附录并不是毕业论文的必要组成部分,是否添加附录应视具体情况而定。

(二)实验性论文行文格式

实验性论文主要是通过实验和实验结果的分析来认识客观规律。就基本行文格式而言,实验性论文除正文外,其余部分从标题到附录等同理论性论文没有多大区别。实验性论文的正文是由实验报告演化而来的,并已形成约定俗成的格式,一般由材料和方法、结果、分析和讨论三部分构成。

1. 材料和方法

实验性论文的正文要写清楚考察和观察的对象,实验的材料、材料的来源、研究方法以及所用的仪器设备等,目的在于证明实验结果的科学性和结论的正确性,并使同行能够按照作者提供的条件重复实验,核对结果。"材料"的表达主要指材料的性质、质量、来源,材料的选用和处理。对材料的描述应清楚、准确,对实验材料的名称,应采用国际同行所熟悉的通用名。凡是标准产品,只需列出规格和型号;如属非标准产品,还应说明化学成分、物理性能和制备方法。"方法"的表达主要指实验的仪器、设备、条件及其数据的获得过程和方法。凡属通用设备、仪器,要注明型号、规格;如果用自己设计的仪器或设备进行实验,则要详细说明并附上装置图或照片。

这部分论述的要点是：①实验对象；②实验目的；③实验材料的性质和特性；④选取的方法；⑤使用的仪器、设备；⑥实验的方法和过程；⑦出现的问题和采取的措施。在叙述实验过程中，要注意选取最能体现本研究特点的、有代表性的材料、设备及其操作进行介绍。切忌把实验过程——罗列，写成实验报告。叙述方法，一般按照实验进行的先后顺序来写，亦可按照作者的认识过程，从感性认识到理性认识的逻辑顺序来安排。对于方法的描述要详略得当、重点突出，在"方法"的描述中应给出足够的细节信息以便让同行能够重复实验。必要时应该完整地描述选择某种特定方法的理由。如果方法新颖、且不曾发表过，应提供所有必需的细节；如果所采用的方法已经公开报道过，则引用相关的文献即可。

2. 结果

实验性论文的结果部分陈述的是，在实验过程中所观测到的现象和数据，实验仪器记录的图像和数据，对上述现象和数据进行初步统计及加工形成的资料。这部分是实验性论文的核心内容。"结果"部分的写作，集中在一个"精"字，即精确、精选、精当、精粹。精确是对每一个现象乃至一切细节都不能有所疏忽，这样才能做出准确的描述。精选是不可照抄实验所得的全部资料和数据，必须运用统计学的方法对数据加以整理，选出能说明结论依据的那些必要的、关键性的、有代表意义的、准确可靠的资料和数据。精当是"结果"要按一定的逻辑顺序编排，条理清楚，恰到好处。精粹是用简洁明确的语言表述出来（如果只有一个或很少的测定结果，在正文中用文字描述即可），必要时可以采用图表、照片代替罗列大量数字和资料的文字表述。图表和照片要精心制作，具有科学性和典型性，生动地揭示出事物的变化规律。凡是图表已清楚表明的问题，不要再用语言文字重复，只扼要归纳即可。结果部分适当说明原始数据，以便让读者能清楚地了解作者此次研究结果的意义和重要性。

3. 分析和讨论

实验性论文的分析和讨论部分是对上述两个部分进行综合分析和研究。目的是通过分析和讨论，获得对"结果"的规律性认识，并借以指导一般。分析和讨论与结果不同，是理论升华，是理性认识；而结果则是具体的现象，属感性认识。因此"分析和讨论"是对"结果"认识的质的飞跃。作者创造性的发现和见解，主要是通过这部分表现出来的。分析和讨论可从以下几个方面进行：①本实验理论上的解释，阐明符合什么原理；②将本实验的结果与前人的研究结果进行比较，指出异同之处，分析原因；③指出实验中存在的问题以及对今后研究方向的设想等；④若在实验中观察到预期以外的现象，可作假定说明。

分析和讨论部分的写作要求有三：①对结果的解释要重点突出，简洁清楚，讨论的重点要集中于作者的主要论点，尽量给出研究结果所能反映的原理、关系和普遍意义；②推理要符合逻辑，避免实验数据不足以支持的观点和结论，根据结果进行推理时要适度，论证时一定要注意结论的逻辑性；③观点或结论的表述要清楚、明确，尽可能清楚地指出作者的观点或结论，并解释其支持还是反对已有的认识。

实验性论文的结构虽然比较稳定，但根据内容的需要也有很多变化，常见的变化有下列几种情况。①只有实验部分。②没有"材料和方法"部分，只有"结果""分析和讨论"两部分。这种情况往往是因为实验手段简单，没有必要专门用一个部分介绍，或者因为作者是利用别人做过的实验，观察到了别人未观察到的结果，这时"材料和方法"便可省略，只需要在引言或结果中作简略的说明。③没有"结果"部分，只有"材料和方法""分析和讨论"两部分。出现这种情况的原因，一是结果比较简明、单一，没有必要独立为一个部分；二是几项实验相对独立，将结果放在实验后及时加以说明，这比集中起来说明更简捷、清楚，且能节约篇幅。

④没有"分析和讨论"部分,或者将"分析和讨论"与"结果"合为一个部分,称为"结果分析"。出现这种情况是由于论文不注重讨论或讨论的内容单薄,而实验的几项结果独立性大,内容又多,因此便在每项结果的述说中进行一些分析,省去了讨论部分。实验性论文的正文虽然可以作这样或那样的省略与变更,但它的核心内容必须是对实验的说明和分析,这一点是不变的。

正文结束之后,后面还有一个结论。结论是将实验中观察到的数据、结果,通过分析、判断、推理得出来的对事物本质和规律的认识,其中包括最重要的结果、结果的重要内涵、对结果的说明或认识等。总结性地阐述本研究结果可能的应用前景、研究的局限性及需要进一步深入研究的方向。结论是整篇论文的总论点,读者通过它可以了解论文的主要内容和价值所在,结论也是读者和文献工作者做摘要的依据。结论要完整明确,对成果的评价要公允。撰写结论时不应涉及前文不曾指出的新事实,也不能在结论中简单地重复摘要、引言、结果或讨论等章节中的句子。

实验性论文(其他科技论文也如此)还有一些表述细节要注意,如表格和插图的选取以及量和单位的使用。

表格和插图的选取原则:表格和插图是实验性论文的重要组成部分,表格的优点是可以很方便地列举大量精确数据或资料,插图则可以直观、有效地表达复杂数据。因此,对于表格或插图的选择,应视数据表达的需要而定:如果强调展示精确的数值,就采用表格形式;如果要强调展示数据的分布特征或变化趋势,则采用插图方法。表格的编排:①表注,表注内容包括解释说明获得数据的实验、统计方法、缩写或简写等;②栏头,栏头包括列头和行头,栏头的内容通常是相对独立的变量;③数据(或资料),除非要列举一定数量的精确数据,否则就不要使用表格;④表格的形式,表格的形式一般采取三线表(3 条水平线,没有垂直线)。插图的制作要求如下:①对于可以用较短的文字清楚表述的数据,就不要以图形的方式来表达;②所选用的字母和符号应清楚、易读;③坐标图中标值应尽量取 0.1~1000 之间的数值;④避免提供需缩小 50％以上的原照片,地图中要以图示法表示比例尺,以免印刷时缩放而造成比例尺失真。

量和单位的使用:我国从 1985 年 9 月开始推行国际单位制,并从 1991 年 1 月起,不再允许使用非法定计量单位(法定计量单位是指国际制单位和国家选定的其他计量单位)。

(三)设计性论文行文格式

设计性论文,称为毕业设计或毕业设计报告,它是工科院校学生针对某一具体课题,综合运用自己所学的专业知识、理论知识、基本技能,表述其专业设计情况的一种应用文体。设计性论文行文格式的其他细节,如标题、目录、关键词、致谢、参考文献、附录等,其要求与理论性论文大体相似,但在摘要、正文表述上有些区别。

1. 摘要

毕业设计的摘要应说明毕业设计的目的、方法、结果和结论,主要包括四个内容:①毕业设计的目的与重要性;②毕业设计的主要内容,指明完成了哪些主要工作;③设计的结果或结论,突出设计的新思想、新方法、新见解;④结果或结论的意义。摘要独立成段,结构要谨严,表达要简明,语义要确切。

2. 正文

正文是毕业设计的核心内容,包括前言、主体、结论三大部分。字数一般不少于 6000 个字。

（1）前言部分。主要介绍论文的选题，一般说明毕业设计选题的依据，设计的目的、意义、范围、思想、方法等内容，概括地写出作者的研究。前言要紧扣主题，简洁明确，不要与摘要雷同，也不要写成摘要的注释。前言还应该有综述性内容（选题背景），综述前人的工作，并对现状进行分析，在此基础上说明本人将有哪些补充、纠正或发展，并简要介绍创新思想与实现方法。任何一个课题的研究或开发都是有学科基础或技术基础的。综述主要阐述选题在相应学科领域中的发展进程和研究方向，特别是近年来的发展趋势和最新成果。通过与中外研究成果的比较和评论，说明自己的选题符合当前的研究方向并有所进展，或采用了当前的最新技术并有所改进，目的是使读者进一步了解选题的意义。综述能反映出毕业设计者多方面的能力。首先，反映中外文献的阅读能力。通过查阅文献资料，了解同行的研究水平，在工作中和论文中有效地运用文献，这不仅能避免简单的重复研究，而且也能使研究开发工作有一个高起点。其次，还能反映出综合分析的能力。从大量的文献中找到可以借鉴和参考的，这不仅要有一定的专业知识水平，还要有一定的综合能力。对同行研究成果是否能抓住要点，优缺点的评述是否符合实际，恰到好处，这和一个人的分析理解能力是有关的。

（2）主体部分。主要陈述设计目标、方案论证、技术手段、设计过程、结果分析、性能测试等内容。

①设计目标：明确用户需求，确定设计目标。阐述本课题的设计能为用户提供的主要功能，相应能解决的主要问题，及最终要实现的目标。

②方案论证：提出设计思路，选择设计方案。在写作方法上，一是要通过比较显示自己方案的价值，二是让读者了解方案的创新之处或有新意的思路、算法和关键技术。在与文献资料中的方案进行比较时，首先要阐述自己的设计方案，说明为什么要选择或设计这样的方案，前人研究的优点在此方案中如何体现，不足之处又是如何得到了克服，最后完成的工作能达到什么性能水平，有什么创新之处（或新意）。

③技术手段：根据设计方案，选取技术手段，包括选择、确定设计的软硬件环境、开发工具、核心技术和主要算法，采用的新技术、新方法、新工艺、新材料及其他创新的内容。

④设计过程：详述设计步骤，论证设计思路。通过对设计步骤与过程的详细描述，对设计方案与原理、实现方法与手段、技术性能与流程详尽准确地说明，借以表明自己对本课题了解、研究的程度，所掌握的基础理论知识深度和专业实践技能的高低，以及综合分析、解决实际问题的能力，同时反映自己在本课题的设计过程中付出的劳动。

⑤结果分析：总结设计结果，分析技术性能。在总结、归纳设计过程的基础上，说明设计的最终结果是否达到预期的设计目标，并对设计过程中所获得的主要数据、现象进行定性或定量分析，同时对设计成果所达到的技术指标与技术性能进行必要的阐述、分析，从而得出相应的结论或推论。在写作时，应对研究成果精心筛选，把那些必要而充分的数据、现象、样品、认识等挑选出来，写进去作为分析的依据，尽量避免事无巨细地和盘托出。在对结果作定量分析时，应说明数据的处理方法以及误差分析，说明现象出现的条件及其可证性，交代理论推导中认识的由来和发展，以便别人以此为根据进行核实、验证。对结果进行分析后，写出结论和推论，还应说明其适用的条件与范围。

⑥性能测试：对工程技术专业的毕业设计论文，测试是不可缺少的。通过测试，论文工作的成效就可一目了然。根据课题的要求，可以在实验室环境下测试，也可以在工作现场测试。在论文中，要将测试时的环境和条件列出，因为任何性能测试都与测试环境和条件相

关,不说明测试条件的结果是不可比的,因此也是无意义的。测试一般包括功能测试和性能测试。功能测试是将课题完成的计算机软硬件系统(子系统)或应用系统所要求达到的功能逐一进行测试。性能测试一般是在系统(子系统)的运行状态下,记录实例运行的数据,然后,归纳和计算这些数据,以此来分析系统运行的性能。测试实例可以自己设计编写,也可以选择学科领域内公认的、有一定权威性的测试实例或测试集。原则是通过所选择(设计)实例的运行,既能准确反映系统运行的功能和性能,又与同类系统有可比性。只有这样,论文最后的结论才有说服力。

毕业设计主体部分的内容一般要分成几个章节来描述。在写作上,做到实事求是,客观真实,准确完备,重点突出,结构严谨,层次分明,合乎逻辑,简练通顺。理论分析部分应以简练的文字概略地表述,主要写明所作的假设及其合理性,所用的分析方法、计算方法、实验方法等哪些是他人用过的,哪些是自己改进的,哪些是自己设计的即可,篇幅不宜过多。对实验过程及操作方法,力求叙述简明扼要,对人所共知的内容或细节内容不必详述。对于经理论推导达到研究目的的课题,内容要精心组织,做到概念准确,判断推理符合客观事物的发展规律,符合人们对客观事物的认识习惯。科学技术名词术语尽量采用全国自然科学名词审定委员会公布的规范词或国家标准中规定的名称,尚未统一规定或名称有争议的术语,可采用惯用的名称。使用外文缩写代替某一名词术语时,首次出现时应在括号内注明其含义。外国人名一般采用英文原名,按名前姓后的原则书写;熟知的外国人名可按通常标准译法写译名。

除了用文字描述外,还要善于利用各种原理图、流程图、表格、曲线等来说明问题,一篇条理清晰、图文并茂的论文才是一篇好的论文。设计中的用语、图形、图片、表格等应规范准确,符合国家标准。图应具有"自明性",即不阅读正文,就可理解图意。注意图文关系,先文后图,图与文字采用四周环绕格式。正文中出现的符号、记号、缩略词和首字母缩写词,应采用本专业学科的权威机构或学术团体公布的,否则必须在第一次出现时一一加以说明,给予明确的定义。使用各种量、单位的符号,必须符合国家标准,单位名称和符号的书写方式一律采用国际通用符号。非物理量的单位,如件、台、人、元等,可用汉字与符号构成组合形式的单位,例如件/台,元/km。测量统计数据一律用阿拉伯数字;但在叙述较小的数目时,一般不用阿拉伯数字,大约的数字可以用中文数字,也可以用阿拉伯数字。

(3) 结论部分。结论是对整个毕业设计主要成果的归纳和评价,要突出设计的创新点,做到首尾对应;结论部分一般还应对设计过程中尚存在的问题以及需要进一步探讨的问题,作必要的阐述,并提出相应的见解、建议和设想,为更深入的研究打下基础。这一部分篇幅不大,首先对整个毕业设计工作做一个简单小结,然后将自己在研究开发工作中所做的贡献,或独立研究的成果列举出来,再对自己工作的进展、水平做一个实事求是的评价。但在用"首次提出""重大突破""重要价值"等自我评语时要慎重。另外,如果结论部分内容很多,可设置结论作为标题,否则不必要,这部分可用空行与主体部分文字分开。

四、撰拟要求

(一) 立论科学,观点新颖

论文的基本观点和内容能够反映事物发展的客观规律,必须是从对具体材料的分析研究中产生出来,而不是主观臆想出来的。判断一篇论文有无价值或价值之大小,文章观点和内容的科学性是首要标准。论文不能简单地重复前人的观点,而必须有自己的独立见解。研究和写作过程本身是一种创造性活动,从这个意义上说,毕业论文如果毫无创造性,就不成其为科学研究。

(二)思路清晰,提纲挈领

论文的思路必须具有清晰性、连贯性、周密性、条理性和规律性,这样才能构建起严谨、和谐的逻辑结构。首先要提纲挈领,既要有中心论点来统帅各分论点,又要有一个确定的思路贯穿各个层次;其次要注意中心论点和分论点的呼应、协调关系,清楚地分出各个分论点的并列或从属关系,用分论点来佐证和烘托中心论点;最后,所引用的材料必须与观点相配合,能切实起到论证和佐证作用。

(三)层次分明,有条不紊

一般来说,论文行文的层次和顺序要符合事物发展的顺序和规律,符合人们认识事物的程序和规律,如前提与结论、原因与结果、主体与从属、现象与本质等各种关系的顺序,要依次安排、逐项阐述。一篇论文的行文顺序,根据需要虽有倒叙、插叙等形式的变化,但只要按照事物本身的层次和规律来展开论述,不管有什么变化,其条理、层次都一定是清楚、分明的。

(四)充分论证,说理透彻

论文最常用的方法是归纳论证,即通过对事实的科学分析和叙述来证明观点,或用基本的史实、科学的调查、精确的数据来证明观点。它体现的主要是客观逻辑的力量。充分论证是建立在占有大量的、可靠的、令人信服的事实材料的基础之上的,加上科学的归纳而得出正确的结论,这样,论文的观点就能令人信服,为人所认同;另外,要使论证逻辑上有力,就要把论据之间的联系讲清楚说明白。

(五)前后连贯,互无矛盾

论文的行文要注意思维和论述的前后连贯性,做到前有问题,后有答案;前有伏笔,后有展开。甲子论点经过论证和阐释,必与乙、丙子论点联系、照应。毕业论文主要是运用逻辑思维来论证说明问题的,一定不能抽掉其中复杂的判断和推理关系,使读者感到突兀和不知所云。另外,要善于运用结尾来发挥作用,或综合归纳,重申要点;或回应开头,强调意义;或概括篇意,点明主题;或引出新见,启发思考。这种首尾的相响应,其实质也是保持中心论点的一贯性和确定性。

● **例文 8-2**

论我国零售业的营销策略

摘要:近年来消费者需求呈现出了新的演变趋势——便利消费、感性消费、体验消费、绿色消费。由于消费者需求的演变是推动零售企业发展的外在关键因素,因此,面对消费者出现的诸多新的需求趋势,零售企业应采取措施积极培育便利优势,全面实施感性营销,努力提供全面体验,大力推广绿色营销,以提高企业的综合竞争力。

关键词:消费者需求;零售企业;营销策略

一、消费者需求演变趋势

20世纪90年代后期以来,随着我国居民生活水平和消费水平的日益提高,我国居民的消费需求发生了明显的变化,消费结构出现了明显的升级趋势。在一般消费品方面,消费者需求呈以下发展趋势:

(一)便利消费

营销科学中的便利(convenience)是指消费者在购买和消费产品或服务的过程中对时间和努力的感受程度。时间和努力(effort)是一个消费者所必须承担的非货币成本,是阻止人们从事其他活动的机会成本[1]。便利消费是指消费者在消费过程中,总是倾向于花更少的时间和努力的一种消费行为。随着生活节奏越来越快,时间成了人们最稀缺的资源。人们已经感觉到时间越来越不够用,他们会想尽办法挤压时间,包括在购物时间上的挤压。因此,便利性往往成为消费者决定是否购买的第一因素,消费者会把时间成本放在第一位。

(二)感性消费

感性消费是指消费者借消费来获得个性体现、精神愉悦、舒适及优越感等种种感性满足的消费现象。美国市场营销专家飞利浦·科特勒(Philip. Kotler)曾把人们的消费行为大体分为三个阶段:第一是量的消费阶段,第二是质的消费阶段,第三是感性消费阶段。进入新世纪,中国大部分地区已基本进入小康社会。2006年我国城镇居民家庭恩格尔系数为35.8%,农村居民家庭恩格尔系数为43%,随着恩格尔系数的下降,人们生活水平的提高,除了物质需求的满足外,越来越多的人开始注重精神和心理需求的满足,即注重感性消费。这种特点表现在基本生活消费方面,就是消费者对基本生活消费品的品质、功能、外观、包装等方面的需求增加,强调购物过程中的精神和心理感受,需要更宽松和谐的购物氛围,更舒适的购物环境,更恰当体贴的服务[2]。

(三)体验消费

自从美国俄亥俄州战略地平线公司创始人B. Joesph和James H. Gilmore在1998年的《哈佛商业评论》7-8月号上发表了一篇题为"迎接体验经济"的文章以来,"体验消费"变成了一个非常时髦的名词。体验消费指在一定的环境氛围中,消费者对物品和服务的享用关系。这里的环境氛围是指和谐的人际、生态关系,是人的需要产生以至实现过程中,人与周围环境、人与人交往的互动[3]。体验消费理念反映在消费结构中就是基本生存型需要的减少,享受型、发展型需要的增加;饮食等日常开支相对减少而文化教育、娱乐等开支迅速增加。

(四)绿色消费

绿色消费是指消费者从保护生态环境和个体利益的角度出发对绿色产品的消费。我国的绿色消费发展迅速,1999年,国家六部委启动了"三绿工程",计划在"十五"期间将有十条绿色通道、百家绿色市场、千种绿色食品和有机食品、万家绿色零售商店走进百姓生活。2001年,中国消费者协会把该年的消费主题确定为"绿色消费",自此,绿色消费全面登陆我们的生活。

二、消费者需求的演变对零售企业的影响

零售业是直接满足消费需求的产业,是经济运行的先导性力量。作为流通领域的主力军,零售企业直接面对消费者。消费者需求的演变成为推动零售企业发展的外在的、关键的客观因素[4]。因此零售企业的发展必须适应消费者需求的发展,集中自身优势资源和独特能力来满足消费者新的需求。

零售业态的每次变迁都是为了迎合消费者需求的演变。在人们物质需求比较单一,商品化程度较低的时候,零售业态是以流动的商贩和杂货铺为主;19世纪60年代百货商店开始出现,它经营品种较多,满足了顾客多样化的需求,节余了顾客的购物时间[5]。随后出现的连锁店引发了第二次零售革命,连锁店的经营适应了消费者的自由购买和个性化消费的需要。20世纪30年代,超级市场引发了第三次零售革命,为了适应人们生活节奏的加快,满足城市居民一周一次购物的需要,超级市场吸取了百货商店和连锁经营的优点,采取大量进货、批量销售,降低商品价格,主要经营食品和其他生活日常用品,倡导自助购物。购物中心、专卖店、仓储商店和折扣店的出现引发了第四次零售革命。由于消费需求的差异、经济收入的差距扩大以及消费理念的不同,必然导致消费者的分化,因此,出现了各种针对不同消费群体的零售业态,零售业态出现了多元化的发展。比如,购物中心的出现是为了应对城市中心百货商店出现的停车难、交通不便等问题,人们需要一种更大的、购物方便的,同时满足餐饮、娱乐等多种需求的场所。而专卖店则满足了消费者对某一具体品牌商品的需求,仓储商店和折扣店把价格敏感型的消费者作为主要服务对象。

在"以消费者为中心"的指导原则下,零售企业必须给顾客提供更多的让渡价值,才能在竞争中取胜。首先,要注重购物"硬"环境的建设,如可以通过广泛应用新技术,不断提高服务质量,提高工作效率,节省人工成本,同时使购物结账更方便。其次,要注重购物"软"环境的建设,使服务细致、周到,更赋有人性化,树立自己的品牌形象。只有在消费者的综合需求得到最大程度满足的前提下,消费者才会积极地惠顾这家零售企业,企业才有可能得到迅速的发展。

三、零售企业的营销策略

由于消费者需求的演变是推动零售企业发展的外在关键因素,零售企业营销活动就应以满足顾客需求为中心,解决如何满足消费者不断出现的新的消费需求,在满足顾客利益的同时实现零售企业自身利益最大化。

(一)积极培育便利优势

在便利消费趋势的影响下,消费者对便利的需求贯穿于消费者购物的整个过程。在购物前,消费者需要决定去哪家零售店,采购何种商品或服务。这时,消费者对便利的需求主要来自两个方面:一是希望拥有有关零售商及其所提供的商品的完整信息;二是希望零售场所足够近。随着消费者进入商场,开始选购商品,这个过程也会产生便利需求:一方面,消费者希望商店的卖场设计和商品陈列等能够做到科学合理、方便拿取;另一方面,消费者还希望商场的服务人员能够提供良好的服务。交易中,消费者带着选好的商品进入交易阶段,这一阶段消费者对便利的需求非常高。因为大多数消费者认为付款活动是不会产生任何附加价值的活动,所以他们不想在这个活动上投入太多的时间和精力。购物后消费者还希望零售商能够为他们提供大件商品的搬运、安装服务,能够妥善处理他们的售后问题以及方便他们办理退换货等。

依据上面的分析,可以将消费者购物过程中的便利需求分为四种类型,即购前便利需求、购中便利需求、交易便利需求和购后便利需求。因此,零售企业应为消费者提供全方位的便利:

1. 购前便利。对于消费者而言，零售业是90%的准备加上10%的推介。因此，只有先让消费者决定惠顾并顺利到达，才有可能达成交易。零售业是一种典型的地利性行业，重视选址是零售企业在购前阶段为消费者创造便利的通常做法。零售企业还要以各种方式告知消费者商店的位置、乘车路线、显著的标志等信息，让消费者容易找到。而且企业可以直接派出购物班车，免费接送前来购物的消费者。

2. 购中便利。消费者挑选商品的过程是整个购物过程中最关键的环节，消费者在挑选商品的过程中感知便利的着眼点主要在于购物环境和销售服务两个方面。零售企业要重视购物环境的设计。比如，店内的布局与商品的陈列均着眼于方便消费者的流动和选购商品，并设置为消费者提供便利服务的各项设施。销售服务的好坏是消费者评价购中便利程度的第二个层面。售货员或商店服务人员，必须为消费者提供种种方便，尽心尽力去帮助他们解决购物过程中所遇到的各种问题。

3. 交易便利。交易便利是指消费者选好商品并完成付款的过程中对便利程度的感知。收款台是影响消费者购物情绪的重要地点。根据中国连锁经营协会、IBM（中国）有限公司在中国12个大城市进行的"超市消费趋势调查"显示，有64.7%的顾客认为超市的收款队伍太长是影响购物情绪的主要原因，45.4%的顾客只能容忍三个以下的顾客排在自己前面，40.5%的顾客交款时只能容忍六人以下的交款队伍。此外，Nelson发表于《华尔街周刊》的一份研究报告指出，83%的女人和91%的男人认为排得很长的付款队伍使他们不再光顾某些商店[6]。

零售企业可以从以下几方面为顾客提供交易便利。一是使收银流程合理化。超市在利用现有收银系统资源的情况下，可以通过对排队方法的革新来为顾客提供便利，如选择数字选项排队法。二是区分不同的等待顾客。为了获得服务，并非所有的顾客都要等待相同的时间，如超市可以根据顾客的重要性来为顾客服务，即那些经常光顾的顾客或者花费了大量时间在超市的顾客可以获得优先的服务权。三是其他员工和管理员对收银员提供必要的支持。这包括及时告知和说明商品的折价、特价信息，条码粘贴及时、清楚等，这将加快收银员的工作速度，减少干扰，为顾客提供更佳的服务。

4. 购后便利。传统的看法把成交或推荐购买其他商品的阶段作为销售活动的终结，然而在新产品剧增、商品性能日益复杂、商业竞争日渐激烈的今天，商品到达消费者手中，进入消费领域后，零售企业还必须继续提供一系列的服务，为消费者创造便利，这就是购后便利。零售企业应为顾客提供三个方面的购后便利：一是为顾客提供大件商品的搬运、安装服务；二是通过保修、提供知识性指导等服务，使顾客树立安全感和信任感；三是妥善处理顾客的抱怨和投诉[7]。在售后阶段如果能够妥善处理顾客的抱怨，不但不会对自身的声誉造成不良影响，反而有利于增加顾客对商家的信任感和忠诚度。美国亚特兰大抱怨处理公司发现，只要在24小时内回应顾客的抱怨，96%的顾客会留下来；假如24小时内没有回应的话，则每天会损失掉10%的顾客。另有调查显示，如果抱怨处理得当，有98%的顾客将会再次光顾，甚至有可能成为忠诚顾客[8]。

（二）全面实施感性营销

消费需求的感性化，要求企业实施感性营销。即以感性观点来分析人们的消费行为，把个人感性差异作为营销策略形成的基本出发点，运用感性营销的理论和方法，根据感性消费时代的特殊要求来实施相应的营销策略：

1. 感性产品策略。感性产品策略要求零售企业在采购产品时必须十分重视产品的品位、形象、个性、情调等方面的塑造,营造出与目标顾客心理需求相一致的心理属性。零售企业应认真研究不同层次消费者的特有心理,了解他们的特色需求,从中找到某种能加以满足的象征事物,然后通过别具一格的感性产品策略使产品具有某种独特的情感、气氛、意境、品位和文化魅力等,并以感性的力量去打动、诱发、唤醒消费者的购买欲望,从而引导消费市场,甚至引领消费潮流。

2. 感性价格策略。商品的价格是影响消费者购买行为的重要因素,把商品的价格带上感情色彩,从而迎合消费者各种不同的消费心理,往往可以起到诱导消费的目的。由于消费者的需求趋于感性化,零售企业要改变传统的单一定价策略,利用计算机技术和信息技术,以需求为导向,根据不同的消费需求和价格弹性分别定价。

3. 感性渠道策略。零售企业要充分利用互联网技术和网上交易环境,与消费者互动,最大限度地使供需关系得到协调。再者要与供应商互动,利用互联网技术使销售活动电子化,在供货、配送等环节提高效率和准确性,从而对消费者的个性需求做出迅速反应。零售企业必须充分利用和适应知识经济时代所提供的技术优势、信息优势和网络优势,实施电子分销,使参加交易的各渠道成员以及相关部门密切结合,共同从事网络环境下的电子分销活动,适应消费者快速、便捷、感性的需求。

4. 感性促销策略。企业在推销商品的同时把情感推销给顾客,以通过推销情感来达到满足消费者需求的目的。所谓"用兵之道,攻心为上,攻城为下;心战为上,兵战为下"。人员促销是最具"攻心"的促销方式。从单纯的产品与顾客的关系到产品加促销人员与顾客的关系,这一转变是理性到感性,是"硬邦邦的物性"到丰富多彩的"人性"的转变。在促销商品时想方设法加强与消费者的感情交流,做到于细微处见真情。

(三)努力提供全面体验

伯德·H. 施密特(Bernd H. Schmitt)从消费者认知心理过程出发,将体验分为感官体验、情感体验、思考体验、行动体验和关联体验五种,并把它们称为战略体验模块,认为创造深刻的消费者体验,需要触及消费者心理机制。感官的诉求目标是创造知觉体验的感觉,包括视觉、味觉、嗅觉、听觉和触觉。情感诉求的是顾客内在的感情,目的是创造情感体验运用。思考诉求的是人们对某一事件的思索,以某种创意的方式引发顾客的兴趣和思考动机,为顾客创造认知和解决问题的体验。行动的目标是影响身体的有形体验、生活形态与互动。关联包含感官、情感、思考与行动等层面。关联是通过个人体验,建立个人与理想自我、他人或是文化之间的关联。

对于体验消费趋势,零售企业应在以下方面给顾客提供全面的客户体验:

1. 精心策划舒适、愉悦的购物环境和气氛,给顾客留下美好的知觉体验。精心策划购物环境是为了创造知觉体验,它经由视觉、听觉、触觉与嗅觉等来体现,主要包括:通过颜色、形状、字体、图像等要素的整合运用,使企业的名称、标志、口号、标语、商品包装等产生很强的冲击力,从而让顾客产生良好的视觉体验;通过播放动听的音乐或某种特殊的声音让顾客产生听觉体验;通过店内广告、产品功能演示等手段与顾客进行交流,使顾客产生一种思考体验;另外,在超级市场或其他购物场合中购物,经常会闻到各种烘烤食品的香味,让顾客产生一种嗅觉体验。

2. 企业员工应处处尊重顾客,并与顾客进行情感上的沟通,给顾客留下难忘的情感体验。在销售过程中,销售人员要有较高的素质,能为顾客提供解决问题的方法,回答顾客提出的各种问题,并与顾客进行较好的交流。另外,企业的领导者、管理人员、公司代表、为顾客提供服务的人员等,都要与顾客处理好关系,要让顾客来到商场有一种安全感、归属感和被尊重的感觉。企业员工与顾客面对面的交流,从而真正触动顾客的内心情感,创造情感体验。

(四)大力推广绿色营销

绿色消费者在消费心理上有明显的特征。(1)消费者的认知过程。在这个阶段消费者需要大量有关绿色商品和绿色消费的信息,在消费者头脑中形成一定量的信息储存,以便在以后的购买中产生深刻影响。(2)消费者的情绪过程。消费者生活在复杂的社会环境中,是有思维能力的人,是容易受影响的个体。人类的社会情感对消费者购买行为具有明显的影响,代表了人的社会需求。在环保观念日益深入人心的今天,绿色产品和绿色消费恰恰能够满足人们的生理需求和社会需求。(3)消费者的意志过程。在绿色商品的购买过程中,通过前面的认知和情绪过程,消费者已经对绿色商品有了充分的认识,同时又刺激了消费者的购买欲望,这时,如果其他条件具备了,如价格比较合理、消费者的收入允许其购买等,消费者就会排除干扰和困难,实现购买行为。(4)消费者买后评价感受。消费者购买了绿色商品以后,在消费实践中,通过亲身感受,听取家庭成员、亲友的意见,对所购绿色商品的效用就会做出好的评价,产生买后良好的感受。这样他就会重复购买和扩大购买的欲望,并对该商品进行宣传。为此,零售企业必须大力开展绿色营销:

1. 绿色产品策略。零售企业选择绿色产品,要从产品设计开始,包括材料的选择,产品结构、功能、制造过程的确定,包装与运输方式,产品的使用及产品废弃物的处理等都要考虑环境的影响。企业在产品或劳务满足绿色消费的同时,要考虑废弃物的再生利用性、可分解性,并搞好包装品及其废弃物的回收服务,以免给环境带来污染。

2. 绿色价格策略。消费者一般都认为绿色产品具有更高的价值,愿意为此支付较高的价格[9]。根据"污染者付费"和"环境有偿使用"的现代观念,企业用于环保方面的支出应计入成本,从而成为价格构成的一部分。但是,绿色产品价格上扬的幅度不仅取决于绿色产品品质提高的幅度和环保费用支出的多少,而且还取决于消费者对绿色产品价格的理解。在我国,由于消费者的绿色意识较弱,绿色产品价格上扬幅度不宜过大,在大中城市市场价格可略高些。

3. 绿色渠道策略。绿色营销渠道的畅通是成功实施绿色营销的关键,既关系到绿色产品在消费者心中的定位,又关系到绿色营销的成本。因此,零售企业选择绿色渠道时,一是选择具有绿色信誉的供应商,如关心环保,在消费者心中有良好信誉的大供应商,借助该供应商本身的良好信誉,推出绿色产品;二是设立绿色产品专营机构,以回归自然的装饰为标志,吸引顾客;三是所选择的供应商应不经营相互排斥的、相互竞争的非绿色产品。

4. 绿色促销策略。绿色促销就是围绕绿色产品而开展的各项促销活动的总称。其核心是通过充分的信息传递,来树立企业和企业产品的绿色形象,使之与消费者的绿色需求相协调。企业要通过宣传自身的绿色营销宗旨,在公众心中树立良好的绿色形象。其次绿色营销又是一种行动,企业可以利用各种媒介宣传自己在绿色领域的所作所为,并积极参与各种与环保有关的事务,以实际行动来强化企业在公众心目中的印象。因此,制定绿色促销策略,应注意长远目标与现阶段任务相结合,要突出重点、切忌空泛。

参考文献:

[1] Bivens, Gordon E., Carol B. Volker. A Value-Added Approach to Household Production: The

Special Case of Meal Preparation[J]. Journal of Consumer Research,1986(13):272~279.

[2] 卢有红.居民消费行为转变及零售商的应对策略[J].商业时代,2006(9):14.

[3] 权利霞.体验消费与"享用"体验[J].当代经济科学,2004(2):77.

[4] 刘星原.促使零售业态与经营方式演变的因素与规律研究[J].当代经济科学,2004(4):84~85.

[5] 史锦梅.零售业态演变理论新假说——需求满足论[J].商业研究,2003(18):107.

[6] Nelson E.. Big Retailers Try to Speed Up Checkout Lines[J]. The Wall Street Journal,2000(13):131.

[7] 郭国庆,杨学成,何秀超.服务便利理论在零售企业的应用——消费者购物过程中的便利需求分析[J].南开管理评论,2006(2):52~57.

[8] 郭国庆.市场营销学通论(第二版)[M].北京:中国人民大学出版社,2003.513~514.

[9] 何志毅,杨少琼.对绿色消费者生活方式特征的研究[J].南开管理评论,2004(3):9.

(本文转自应届毕业生求职网)

【实训练习】

1. 积极参加学校组织的寒暑假社会调查、文化下乡、科技扶贫等实践活动,了解当前乡镇中学教育改革和实施素质教育现状。根据调查了解到的情况,确定一个课题,坚持理论联系实际的原则,写一篇关于实施素质教育、深化中小学教学改革的教育论文。

2. 结合自己的专业,运用所学知识,选择一个较小的问题,写一篇3000字左右的学年论文。具体要求如下:符合写作规范,具有一定创意,文字流利简洁。

3. 根据以下一名同学口语和写作相结合进行训练的材料,自拟题目,加工整理扩充,写成一篇1000字的小论文。

①小论文观点:阅读为先,口语开路,落实到写。②写作训练做法一:写作训练中,通过课外阅读扩大视野,丰富语言和积累材料的技巧。③写作训练做法二:结合有关课文,积极参加主题班会、知识讲座、讨论会、演讲会,力求将恰当的学习方法与训练方式紧密结合,以口语训练为端,最后落实到写作上。④口语训练做法一:在口语训练之前,要掌握说话艺术,在语音、语调、语态、语气、速度、节奏等方面做出规定,以期把话说准、说好、说美、说巧。⑤口语训练做法二:准备阶段,在网上查找资料,在阅读中积累资料,自己设计一些话题。千方百计地进行开拓话源的训练,使自己打开"话匣子"。⑥写作训练事例:有一次,课前口头作文练习,老师题为《校园春意浓》。我不但表达了自然界的春、人生的春、社会的春,而且表现了内心理想的春光,把写实和写虚巧妙地结合起来。⑦口语训练事例:自设专题练说话,有"树新风,做新人""我爱小区的一草一木""我的2008年奥运情结""读书好、多读书、读好书"、"鲜花依旧,掌声依旧""扬起理想的风帆"等。⑧口语训练与写作训练结合的做法:成功的口语训练,为写作创造了先决条件。当拿起笔,理顺思路,便进行口语自练。完成之后,把说过的话,口语表达过的内容,进一步加工,对口语中不规范的语句进行修改,加工润色,写成内容丰富、情感充沛的美文。⑨一位名人说过:兴趣是最好的老师。在口语与写作相结合的训练中,努力培养自己的独创性和对知识追求的愉悦情感。⑩结论:总之,口语与写作结合的训练,培养了我的独创性,调动了我的求知欲,形成了说与写的较为系统的经验,在写作能力上实现了新的突破。

第三节　起诉状与上诉状

一、起诉状的写作

（一）文体概述

起诉状是诉讼当事人为维护自己的合法权益，依法向人民法院提出诉讼请求的文书，简称"诉状"。起诉状因当事人的身份和诉讼目的的不同，分为民事起诉状、刑事自诉状和行政起诉状三种。下文重点阐述民事起诉状的特点、行文格式、撰拟要求。

民事起诉状，是民事案件中的原告，为维护自己的民事权益，就有关民事权利与义务的纠纷，向人民法院提起诉讼，要求依法处理而提交的法律文书。《中华人民共和国民事诉讼法》(简称《民事诉讼法》）第一百零八条明确规定了起诉的条件：①原告是与本案有直接利害关系的公民、法人和其他组织；②有明确的被告；③有具体的诉讼请求和事实、理由；④属于人民法院受理民事诉讼的范围和受诉人民法院管辖。

民事起诉状具有三个特点。①明显的自诉性，国家对民事案件采取"不告不理"的原则，只有当事人起诉，才有可能启动人民法院的审判程序。民事起诉状的自诉性表现为原告为维护己方的民事权益，就有关权利义务的争议向法院提出起诉，其目的是取得法院的依法裁判。②特定的范围性，民事起诉状的适用范围主要包括三类：一类是以"家庭"为核心的案件，即离婚、抚养、赡养、扶养等案件；一类是以"财产"为核心的案件，即物权、债权、损害赔偿、合同纠纷等案件；一类是以"知识产权"为核心的案件，即著作权、专利权等案件。③显著的法定性，按照法律规定，只有具有起诉权的人才有资格提起诉讼。具有民事起诉权的人，是指民事权益受到侵犯或与他人发生纠纷的人。在客观上不存在纠纷，不属于法院受理的案件，法院正在审理或已经审理的案件等无权起诉。起诉状的具状人一旦向人民法院呈递了起诉状，诉讼程序即告成立。

（二）行文格式

根据《法院文书样式（试行）》的规定，民事起诉状的格式没有太多争议，内容主要由三个部分组成。

1. 首部

民事起诉状的首部主要写明民事案件双方当事人的基本情况，必须有明确的诉求对象。

1) 标题

标题是起诉状的名称，要求写得明确具体，标题有一般式、具体式两款。一般式如"民事起诉状"，具体式如"中科大洋诉陈晋苏、索贝公司不正当竞争起诉状"。

2) 当事人

在原告和被告栏内，分别写明他们的基本情况：姓名（化名、别名）、性别、出生年月（按公历算，对被告的出生年月日确实不知的，可写其年龄）、民族、籍贯（一般写祖籍）、文化程度、工作单位、职业（职务）和住址。

如果原告无诉讼行为能力，一定要在原告之后列出法定代理人的基本情况及与原告的关系，理顺当事人之间的内部关系。如民事原告为法人或其他组织，则先写原告名称、所在地址，次一行写法定代表人姓名、职务和电话。如果委托代为诉讼，代理人是律师时，要写明律师的姓名和其所在的律师事务所；若代理人是非律师时，要写明委托代理人的基本情况，包括姓名、性别、年龄、职业、住址和与被告的关系等。

被告是多人的，应根据其在案件中的地位、作用的主次依次排列；被告为法人或其他组织、行政机关，应写明其名称、所在地址和电话。民事诉讼中的被告，是原告对立的一方，是被诉侵犯他人民事权益而被法院通知到庭应诉的当事人。正确选择被告，是民事诉讼程序的基础，否则就可能导致不予受理或者被驳回起诉。

2. 正文

正文包括诉讼请求、事实和理由、结束语。

1）诉讼请求

正文要写明请求法院依法解决原告要求的有关民事权益争议的具体事项，如要求损害赔偿、履行合同、产权归还以及要求与被告离婚、给付赡养费、继承遗产等。

写作请求事项时应注意以下三点。①请求目的应具体明确，如请求赔偿损失、请求履行合同等，切忌笼统模糊，用"要求人民法院保护我的合法权益"一句话来概括。如果原告要求被告用货币赔偿经济损失，还要具体写明要求赔偿的数额，以便于人民法院预收诉讼费用。如离婚案件的请求事项应写明准予同被告离婚；婚生子女归谁抚养，抚养费由谁负担；财产如何分割；其他请求事项等。②请求应切实可行，合情合理。提出请求事项要以事实为依据，以法律为准绳，从实际出发，合情合理，于法有据。如遗产继承案，被告对被继承人所尽的赡养少，原告尽的义务多，要求继承的份额适当多一些是可以考虑的。但若提出由原告继承全部遗产的要求，那就既不合情理，又违反了有关法律规定。请求赔偿损失应考虑自己的经济收入和对方的负担能力，切忌请求过当。③文字要概括简练。有些起诉状的请求事项写得拖泥带水，如请求与被告离婚，却加上原因的解释、理由的说明等，这样势必与下面的"事实和理由"重复。

2）事实和理由

正文着重写明能够用来证明自己诉讼请求合理性、合法性的证据，包括情况介绍、列举证据和阐明道理三项内容。既然诉讼请求是起诉的目的和要求，那么事实和理由部分，既可说是起诉的事实和理由，也可说是诉讼请求的事实和理由。事实和理由是诉状的主体部分，要精心写好。

叙述诉讼的事实，要讲清时、地、人、事、因、果诸要素。要围绕诉讼目的，全面反映案件的客观真实情况，写明原告同被告的关系，冲突或争端的背景、起因、时间、地点、主要情节及大致经过，冲突或争端的焦点与实质。要写清被告给原告所带来的严重后果及其应负的责任。

叙写案件事实主要应当注意以下几个问题。①叙述事实要客观、准确。②叙述事实必须要素完整。③如果原告在纠纷中有一定的过错，应负一定责任，亦应实事求是地写明，以便法院能全面了解事实真相，做出正确的判决。④叙述事实必须层次分明、详略得当。同时就诉讼的事实提供人证（写清姓名、职业、住址）、言证（证人证言是指证人将其知道的情况向法院所做出的陈述，刑事案件的证人证言包括证人向公安机关和检察机关的陈述）、物证（对案件事实有证明作用的物品和痕迹，它以其外部形状、性质、存在情形等证明案情）、书证（对案件事实有证明意义的书面文件,如户口簿、身份证;民事案件中的遗嘱、合同;刑事案件中的文字依据)。证据还有视听资料、鉴定结论和勘验检查笔录。列举证据,可以根据它所证明的事实,分类排列,以显示证据的相互印证作用。在列举时,可先举直接证据(能够单独直接证明案件主要事实的),后举间接证据。如果没有直接证据只有间接证据的,则要求间接证据具备一定的数量;同时,要求若干间接证据之间必须相互联系、环环紧扣,不能有任何矛盾现象存在。确凿无误的证据是人民法院审判案件的主要依据,它直接关系到诉讼是否成立和诉讼进程是否顺利。列举言证、物证、书证要说明其来源和可靠程度。在提供原件原物有困难时,要说明可以提交的复制品、照片、副本的情况。民事起诉状摆事实时常用的叙述方法有两种:一种是以时间为序,以中心问题为重点的叙述法;另一种是将诸多事实分别归类的叙述法。前者以写案情的全过程为主,多用于纠纷较复杂的诉状,如离婚案、赡养案等诉状;后者以具体归结案情的焦点为主,多用于纷争比较单一的诉状,如财产继承、劳务报酬纠纷等。

结束语讲清诉讼的理由,就是依据法律、法规、政策等,对案件事实进行分析论证,从而说明被告行为的违法性,原告诉讼行为的合理性。可按三个层次展开:第一层,对被告的犯罪或侵权事实进行概括归纳,使案情与分析衔接起来;第二层,依据有关实体法律、法规,联系上述事实,指明被告行为的违法性质;第三层,提出或再次强调诉讼请求,并援引民事诉讼法的适用条款作为提起诉讼的法律依据。

3) 结束语

结束语主要是提出明确而具体的请求目的。例如要求对方赔偿损失、履行合同、归还产权、给付赡养费或抚养费、继承遗产等。不论属哪种情况,都必须写得明确具体,切忌笼统抽象。

3. 尾部

民事起诉状的尾部主要依次写明致送机关、起诉人签名盖章、书状时间以及附项内容。①致送机关。主体写完以后,另起一行空两格写"此致",再另起一行顶格写"××人民法院",或"为此,特向贵院起诉,请依法判决"。为最大限度地节省诉讼成本、缩短诉讼时间、争取对自己最有利的判决,在选择受诉人民法院时应该细加权衡斟酌。例如,产品侵权赔偿案件,被告所在地、侵权行为实施地、侵权结果发生地的法院都有管辖权,选择哪一个法院对原告最有利,就需要综合考虑。②起诉人签名盖章。原告在右下方签名盖章。③书状时间。在具状人下写年月日。④附项。写明:本诉状副本××份(按被告人数确定份数),物证××件,书证××件,其他材料××份。

(三)撰拟要求

一份好的起诉状,应该做到以事动人、以理服人、以情感人,具有不可辩驳的力量。写作起诉状时必须注意以下几个问题:

1. 陈述事实客观真实,突出重点

撰拟起诉状要尊重客观事实,如实反映案件的本来面目(包括原因、过程、双方出现矛盾、争议焦点和结果等),做到不歪曲捏造,不夸大渲染。叙事既要体现过程的完整性,又要有针对性,不能事无巨细,必须突出争议焦点。

2. 诉讼请求明确具体,合理可行

诉讼请求是起诉当事人请求法院解决而要达到的预期目的,诉讼请求必须具体明确,如有几项要求,应标明次序,逐项写明,不要笼统含糊。如要求经济损失赔偿,应写明要求赔偿的币种及数额,以便法院预收诉讼费用。请求要合情、合理、合法,既不能坐视合法权益被侵害,也不能狮子开口漫天要价。

3. 理由阐述有力,援引法律准确

撰拟起诉状要抓住纠纷中的关键事实、要害情节、争执焦点进行详细叙述;出具证人、证言、证据(书证、物证等)要确凿实在;援引法律法规、政策条文要具体准确,引用原文必须一字不漏。

4. 语言准确严谨,语气庄重严肃

撰拟起诉状表意要准确严谨,不能产生歧义,要恰当运用规范的法律语言。思路要清晰,说理要中肯,语气要庄重、简朴、严肃、平和,切忌强词夺理,使用辱骂恐吓语句。

● 例文 8-3

民事起诉状

原告:卫杨庆,男,1973年2月7日出生,汉族,湖北黄石市人,住所地:湖北省黄石市西塞山区西塞卫山下21号。居民身份证号码42020319730207××,联系电话:159××。

被告:阳光人寿保险股份有限公司黄石中心支公司,住所地:湖北省黄石市磁湖路192号。负责人:鲁黎,经理。

被告:阳光人寿保险股份有限公司湖北分公司,住所地:武汉市武昌区中北路81号湖北银行大厦写字楼B座3~5层。负责人:胡柏保,总经理。

诉讼请求:

1. 判令被告阳光人寿保险股份有限公司黄石中心支公司和被告阳光人寿保险股份有限公司湖北分公司于判决生效之日起十日内共同赔偿原告卫杨庆保险金16378.00元。

2. 本案诉讼费用由被告承担。

事实与理由:

2012年6月14日,原告卫杨庆在阳光人寿保险股份有限公司投保了阳光人寿金泰福终身寿险(万能型)(主险)和附加险万能重大疾病保险C款、账户式意外伤害保险、账户式意外伤害医疗保险,并签订保险合同一份,保险合同于2012年6月15日生效,阳光人寿保险股份有限公司向原告卫杨庆签发了8026000023160578号保险单一份。保险费为每年缴纳6000元,其中主险金泰福终身寿险(万能型)及附加险万能重大疾病保险C款缴费期限不限;保险期间主险金泰福终身寿险(万能型)及附加险万能重大疾病保险C款是终身,账户式意外伤害保险、账户式意外伤害医疗保险是一年期;保险金额为:主险基本保险金额120 000元,附加险万能重大疾病保险C款基本保险金额100 000元。附加账户式意外伤害保险基本保险金额为100 000元,账户式意外伤害医疗保险基本保险金额为10 000元。合同签订后,原告按照合同约定及时支付了保险费。

2014年3月9日晚上10时许,原告在黄石嘉泰码头内卸货时,不慎从车上摔下来摔伤,当时头部着地,躺在地上不能动弹。被他人送到黄石市一医院救治,后转院到黄石中心医院治疗。医院诊断为:1.寰枢关节半脱位;2.二级脑外伤:左额颞部头皮挫伤,左额颞顶部硬膜下血肿,蛛网膜下腔出血;3.C2齿状突左偏,C4-C7椎间盘突出症等。原告花费医疗费等16 378.55元。出院后,原告多次向被告阳光人寿保险股份有限公司黄石中心支公司、被告阳光人寿保险股份有限公司湖北分公司提出理赔请求,要求被告赔偿医疗费等损失,被告于2014年6月23日却以原告职业变更为由做出拒赔决定书。

原告认为,原告向阳光人寿保险股份有限公司购买一份阳光人寿金泰福终身寿险(万能型)(主险)和附加险等保险,与阳光人寿保险股份有限公司之间签订的保险合同依法成立,该合同系双方当事人的真实意愿,内容合法有效,受法律保护。虽然,原告的工种有所变更,但是,双方签订的保险合同明确约定:危险程度增加时,按变更前后保障成本差额增收未期满成本。故依约应当承担保险赔偿责任。

综上所述,被告的行为严重地违反了合同法和保险法的规定,损害了原告的合法权益。据此,原告按照《中华人民共和国保险法》第十七条、第十九条、第三十条之规定向人民法院提起诉讼。恳请人民法院保护弱势群体,依法判令被告依约履行给付保险金的义务。

此致

黄石市黄石港区人民法院
具状人:卫杨庆
2015年××月××日

附:阳光人寿保险合同副本1份。

二、上诉状的写作

(一)文体概述

上诉状也分为民事上诉状、刑事上诉状和行政上诉状三类。民事上诉状,是民事案件当事人或者其法定代理人不服一审人民法院的民事判决、裁定,在上诉期间内要求上级人民法院进行审理、撤销、变更原裁判所提出的书面请求。

上诉状只能由具有法定身份的人提出才具有法律效力。根据我国《民事诉讼法》规定,民事案件的原告和被告,包括民事诉讼中只有一个原告和一个被告的双方当事人,原告或被告有两个以上共同诉讼人和有独立请求权的第三人都可提出上诉,无行为能力的当事人,可由法定代理人提起上诉。上诉状必须在法定上诉期限内写出并提交上级人民法院才具有法律效力。在民事诉讼中,不服法院一审判决的,上诉期限为15日;不服法院一审裁定的,上诉期限为10日。当事人有上诉权,体现了人民法院慎重处理案件的精神;使用上诉状,有利于保护当事人合法权益。

上诉状的主要特点为上诉性,当事人书写上诉状提起上诉,可引起第二审程序的发生,使第二审人民法院对上诉案件再一次进行审理,能达到纠正一审法院错误、维护当事人合法权益、保障法律正确实施的目的。上诉状与起诉状有以下几点区别。①诉讼原因不同。起诉状是针对被告侵犯原告的合法权益的行为,向人民法院提起诉讼;上诉状则是针对原审人民法院尚未发生法律效力的判决或裁定,向原审人民法院的上一级人民法院提起的诉讼。②诉讼作用不同。提交起诉状引起第一审程序的发生,做出的判决、裁定可上诉;提交上诉状,引起第二审程序的发生,做出的判决、裁定是终审的,不可以再上诉。③处理程序不同。起诉状由受理人民法院进行审理,依法做出判决、裁定;上诉状必须由上诉人民法院进行二次审理,依法做出终审判决、裁定。④具体写法不同。首先,起诉状必须写清事实,而上诉状一般无须列举事实,只需指出原判决中的不当之处,并概述不服原判的理由;其次,起诉状是针对被告的,写法上多用叙述和说明;上诉状是针对原判的,重在据理力争,讲求事理分析,常用夹叙夹议的手法进行辩驳,并要求议论恰当、请求中肯、语气平和恳切。

(二) 行文格式

1. 首部

(1) 标题。上诉状的标题应当标明"民事上诉状"或"经济纠纷上诉状",前面不加限制性词语。

(2) 当事人的基本情况。上诉状的首部要写明上诉人、被上诉人和第三人的基本情况。

上诉人和被上诉人是公民的,应先列写上诉人(原审被告或原审原告或第三人)的姓名、性别、年龄、民族、籍贯、职业和住址。上诉人如有法定代理人或委托代理人的,接下来另起一行写法定(或委托)代理人的姓名、性别、年龄、民族、籍贯、职业和住址,以及与上诉人的关系。代理人是律师的,只列写姓名、职务。如果既有法定代理人,同时又有委托代理人的,先列写法定代理人,再列写委托代理人。

列写上诉人后,再列写被上诉人(原审原告或原审被告),并说明其与上诉人之间的关系。被上诉人不止一人的,要依次列写他们的基本情况。被上诉人在一审如果是由其法定代理人参与诉讼的,应该在被上诉人的下一行列写出其法定代理人的基本情况。列写完被上诉人之后,如有第三人的,紧接着列写第三人的情况。上诉人和被上诉人是企事业单位、机关、团体(法人)的,应先列写上诉人,写明机关单位的全称及其所在地。在单位名称和所在地后面,另起一行列写这个单位的法定代表人的姓名和职务。如果法定代表人不能亲自进行诉讼,而委托本单位有关业务人员或律师进行诉讼的,要在列写完法定代表人之后,另起一行列写出委托代理人及其姓名、职务。委托代理人有两人的,依次排列。

写当事人的基本情况还需注意两点:一是在上诉人和被上诉人之后要注明在原审中的地位,并用括号括住。如"上诉人(原审原告人或原审被告人):张××,男。××岁……""被上诉人(原审被告人或原审原告人):鲁××,男。××岁……"二是民事案件和刑事自诉案件中的原告和被告,自诉人和被告人,谁提出上诉,另一方就是被上诉人。

2. 正文

(1) 案由。这是上诉状点题立论之笔,要准确简要地写明上诉的具体理由。首先要写明原审人民法院的名称、判决书的编号和不服原判的事由。一般用下列程式语句:"上诉人因××一案,不服××人民法院××年××月××日××字第××号的民事(或刑事)判决(或裁定),现提出上诉。上诉的请求和理由如下。"由此引出上诉的理由和请求。

(2) 上诉的理由和请求。这是上诉状的中心内容,因为上诉状重点是讲清上诉的理由和请求,也就是说,要针对原审判决、裁定中的不当之处提出不服的理由及相应的请求。这部分的写作要考虑三个方面:

认定事实方面的错误。各种性质的案件有各种不同内容的事实,当某一案件的原审裁决在认定事实上存在事实不实,或者不清、不准、不当,或者认定的事实全部错误时,上诉人就可以根据具体情况,有针对性地反驳一审法院的错误认定,陈述正确的事实,举出有关的证据,全部或部分地否定原审裁决认定的事实,摆明其中的道理,提出上诉理由。不论何种案件,只要是认定事实上有错误,都可以根据其错误认定提出上诉理由。但所摆的事实应当客观全面、符合实际,所讲的道理应当透彻明确、合情合理。

适用法律方面的错误。上诉人对原审裁判在适用法律上认为不当时,应当找出适用法律不当的关键所在。或者因为认定事实上有误而不适当地引用了法律；或者因为错误地理解了法律条文而不适当地引用了法律等。应该在上诉状中明确指出错误援引法律的具体条款，说明其错误引用法律条款的原因，同时应说明正确适用法律的依据，以便第二审人民法院全面正确地审查。

运用诉讼程序的错误。如果原审法院在审理案件和最后裁决中，存在违反诉讼程序的错误，包括是否应当回避、证人是否到庭、是否应指定辩护人、审判方式是否公开、审判组织是否合法等，也应根据有关法律规定，指出其错误。在阐明了上诉理由的基础上提出具体的诉讼请求。如请求二审撤销、变更原裁决，或请求重新审理等。

案件的具体情况不同，写法也应有所变化，有的突出案件的关键性情节，集中说明理由；有的根据案情，针对原审法院的裁判逐条阐明不服原判的理由；有的先把原判决书（或裁定书）中不妥或错误的原话引出来，或把原裁判不妥或错误之处概括成一段话，然后有针对性地陈述理由，予以反驳；有的以讲述理由为主，结合着指明原审裁判的不当之处。阐述上诉理由，必须切实做到以下几点：上诉理由必须具有鲜明的针对性；上诉理由必须据实依法说理反驳；上诉理由要注意恰如其分，力戒言过其实，无限上纲。这一部分的结尾处，一般应概括前文，写明"综上所述，原审法院……（裁判的主要错误），为此提起上诉，请求你院……（撤销或变更裁判，或重新审理）。"

3. 尾部

上诉状的结尾包括以下三项内容。①呈文或呈转对象。上诉状写好后，可以直接递交二审法院，也可以通过原审法院转交上一级人民法院。如果是前者，就写"此致××人民法院"；如果是后者，就写"××人民法院（原审法院）转送××人民法院（二审法院）"。②上诉人签名盖章。如系律师代书，则应写明"××律师事务所××律师代书"。③具状日期。④附项。顺序依次列出：上诉状副本××份，书证××件，物证××件。如有证人，还要写出证人的姓名和地址等。

上诉状的写作，主要有两种方法。①说明法，上诉请求的内容要概括地、准确地、有针对性地说明一审判决何处不当，请求第二审人民法院撤销、变更原审的判决或裁定，或者要求重新审理。文字上，要明确、具体，不含糊其词、模棱两可。②反驳法，针对一审判决所认定的事实逐一进行驳斥，从中突出上诉人的观点。要求针对性强、说理性强、逻辑性强。

（三）撰拟要求

1. 介绍案由要准确无误

上诉状在介绍原审案件的案由时（可引述、可归纳、可概括）要符合原意，既不能夸大，也不能缩小，更不能为了说明自己无罪或罪轻而编造案情，这是写好上诉状的最基本要求。还需注意语句简洁、语意明确，语言使用不准确会直接影响到案由介绍的准确性。上诉状的语言必须含义单一，切忌出现似是而非、含混不清或容易产生歧义的语句，同时要尽量不用或少用形容词，更不宜夸张渲染。

2. 提出请求要明确具体

在申明上诉理由后直接提出上诉请求，请求要明确具体。在刑事判决中是判错了请求撤销原判，还是判重了请求减轻，或者在民事裁定中判得不合理、不公正请求纠正、重判，有什么请求提什么请求，要明确具体又简明扼要地写清楚，不能转弯抹角、含糊其词。

3. 陈述理由要有针对性

已判案件之所以需要申诉，是因为法院的判决（或裁定）在事实认定、法律运用以及法律程序等方面出现错误或不当，被告人心里不服。上诉状在申诉不服原判的理由时，必须针对原判中的错误和不当之处，提出有力的反证，逐句予以有理有据的辩驳，提出否定的充分理由，从而论证自己无罪或罪轻。写上诉状不能像写一般议论文那样反复论说、随意发挥，上诉状对原判词的辩驳是短兵相接，对哪一点不服就直接驳哪一点，不容东扯西拉，要求每句话都有很强的针对性。

4. 运用法律要正确恰当

上诉不能仅凭冤屈感觉和主观愿望，一份写得好的上诉状除了依据事实外，还必须正确运用法律。原判是对是错，是轻是重，需要用法律去衡量。无论原判在认定事实、运用法律上，还是法律程序上的错误，都需要运用法律的有关规定去批驳。事实是重要的，但不会正确地运用法律论证，难以写好上诉状。正确运用法律，要首先懂得法律，要想写好上诉状，必须学习法律专业知识。

5. 使用语体要准确得体

上诉状常用的表现手法是记叙、议论和说明。说明适用于上诉状的首部、尾部和附项，事实部分常用记叙，而议论则适用于上诉状的理由部分。从语体要求看，上诉状具有特殊的语言风格，它要求具有高度的准确性，实事求是地反映案件的真实情况；同时要求采用消极修辞的方法，排斥积极修辞的方法。要做到语言平实，风格质朴，以理服人，切不可因一审判决对自己不利而感情用事，出口伤人。

●例文 8-4

民事上诉状

上诉人：赵××，男，19××年8月2日生，汉族，居民，住安丘市兴安街道××村××号。

被上诉人：杨××，男，19××年8月28日生，汉族，安丘市兴安街道××居民委员会居民，住该村。

原审被告：刘××，男，19××年1月15日生，汉族，个体工商户，住安丘市健康路161号。

上诉人因不服山东省安丘市人民法院(2011)安民初字第996号民事判决，现提出上诉。

上诉请求：

1. 依法撤销安丘市人民法院(2011)安民初字第996号民事判决书，驳回被上诉人对上诉人的诉讼请求。

2. 一、二审诉讼费用由被上诉人承担。

事实与理由：

一、原审判决认定事实错误

原审判决认定：刘××将涉案房屋退还给杨××，杨××作为××居委会的成员即取得了该房屋的所有权，这是真正的颠倒黑白，是明显大错特错的。

首先，刘××与杨××的转让协议是一份无效协议！(2008)安民一初字第315号民事判决书认定（第4页倒数第1~2行）明确记载：原告（刘××）对该房屋无所有权，其向被告（赵××）主张腾房无事实和法律依据。既然刘××无房屋所有权，那么他所签订的房屋转让协议是否合法？他有没有权利来签订该房屋的所有权转让协议呢？有点法律常识的百姓都会做出正确的判断，他显然无权签订该房屋转让协议。另外，被上诉人杨××在（2008）安民一初字第315号案件中，是作为刘××的证人参加诉讼，是刘××一家人为了在购房时省点钱的顶名者。他既不是买卖关系的当事人，也不是建造人，与涉案房屋没有任何关系，该房原始购买者名义上是刘××。2010年1月16日，杨××与刘××签订协议，约定涉案房屋的所有权自始至终属于杨××所有，与事实完全不符，该约定没有效力。但原审法院却置生效判决这样的法定证据于不顾，错误的认定该协议有效，并认为退还给杨××是有效的。显然是大错特错。杨××自始对该房就没有任何权利，怎么会出现一个退回房屋给杨××的结论呢？

其次，原审法院没有查明被上诉人是基于何种法律关系要求上诉人腾房。上诉人自2006年11月将此房屋装修后入住该房至今已近6年，在庭审中，原审法院没有查明上诉人是如何实际占有该房屋，是基于购买还是租赁还是强占，是用合法的手段还是非法的手段。如果上诉人是购得此房，被上诉人的诉讼请求自然应予驳回。如果是租赁，是在租赁期限以内还是已过租赁期限。如此重要的、基本的基础法律关系原审法院却不予审查，却径直做出判决，显然是不考虑客观事实。

二、原审判决适应法律错误

房屋所有权的取得主要有两种方式：一是原始取得，此时房屋所有权的取得无须登记。二是继受取得，主要是通过房屋交易等法律行为取得房屋所有权，此时房屋所有权的取得必须经过登记，否则，即使房屋实际交付占有，房屋所有权也不发生转移。（2008）安民一初字第315号民事判决书认定（第四页22~23行）：争议房产系××居委会开发的小产权商品房。也就是说，该房屋没有进行产权登记，还没有确权。转让房屋之人没有所有权，受让人却取得了该房屋的所有权！原审法院如此确认显然错误适应法律。

三、原审法院审判程序违法

1. 原审判决虽然名义上采用普通程序审理，但事实上在审理过程中自始至终只有一名审判员审理。

2. 判决送达时间严重超过法定期限，判决书虽然载明判决时间为2011年4月20日，但送达给上诉人的时间为2012年5月16日，这距离判决做出之日已经过去了一年之久，不知原审法院是出于什么原因。

本案显然为刘××与杨××恶意串通，为了非法利益采用的所谓合法手段制造的蹩脚的伎俩。

上诉人于2006年自刘××之母张××手中以16万的价格购得此房，装修后居住至今。当时刘××年仅16岁，为在校学生，还不具备完全民事行为能力，卖房者是其母亲，这是不言而喻的事实。上诉人在购房时虽然没有与张××签订书面协议，但张××收下了上诉人的10万元现金，上诉人实际占有该房，并进行彻底装修。从常理推断，上诉人与张××的关系显然是房屋买卖关系。张××虽称该款是借款，但上诉人与张××经营的是一样的业务，是竞争对手，流动资金都不够，凭什么借给张××8万元后又借给其姐姐2万元？何况收据条也注明是收到现金而非借条。刘××一家就是因为2007年下半年房价暴涨，在上诉人没有与其签订书面购房协议的情况下，为了私利反悔，想要回房子，向××村委补交款47850

元,并将购房人改为刘××,以刘××名义起诉上诉人。在2008年安民一初字第315号案件败诉后,为了达到其目的,又与杨××炮制了本案。

综上,原审判决颠倒黑白,违反法定程序,枉法裁判,严重侵犯了上诉人的合法权益。上诉人不能妄猜其中的关系,但是上诉人极其愤怒。请二审法院认真查明事实,依法主持正义,支持上诉人的上诉请求。

此致

潍坊市中级人民法院
上诉人:赵××
2015年5月27日
(本文选自应届毕业生网)

【实训练习】

1. 2018年5月,家住某市的赵某把自己继承来的三间房屋租给李某居住,因为二人平时关系甚好,所以赵某每月只收300元租金,经口头协商,租金暂定两年。2019年4月,赵某因儿子生病住院,向好友林某借了3000元。6月,赵某还给林某2000元。10月赵某的妻子得病,又向林某借款6000元。这样,赵某一共欠林某7000元。2003年2月,赵某感到借债过多,就与妻子商议把出租的三间房屋以10万元价款卖给林某,妻子同意了。林某亦表示同意,并将房款93000元(扣除赵某所借的7000元)交给了赵某。付款后,二人到房管部门办理了过户手续。事后,赵某找到李某,说明卖房之事,李某不同意将房屋卖给别人,并表示如果赵某确实要卖房,自己愿意以10万元价格购买所租的三间房。林某要李某腾屋,李某不同意,准备起诉到人民法院保护自己的合法权益。请根据上述案情材料,代李某写一份起诉状。

2. 2018年3月15日,××市东方家园建材有限公司(公司所在地:××市黄河路66号。法定代表人:朱德发)与××市银厦建筑工程有限公司(公司所在地:××市山屏街23号。法定代表人:吴义清)签订了一份"钢材购销合同"。合同中约定:东方家园建材有限公司向银厦建筑工程有限公司销售价值356 000元的各种钢材,2018年3月25日由银厦建筑工程有限公司到东方家园建材有限公司提货,运费由其负担;银厦建筑工程有限公司分两次付款,首次付250 000元,余款在2018年5月30日前付清,逾期按月息1‰支付逾期付款利息。结果,银厦建筑工程有限公司按约定提走了货,并支付了第一笔款,但是余款106 000一直拖而不付,多次催缴无效后,××市东方家园建材有限公司把银厦建筑工程有限公司告上了法庭,要求对方支付余款以及逾期付款利息。请代××市东方家园建材有限公司拟写起诉状。

3. 2018年6月,被告赵××想承租原告李××名下的一套房屋,双方口头上达成了协议,并由李××制作出正式的租房协议书面文本,双方均已签字。然而,由于李××粗心大意,经其手打印出来的协议中,租金一项单价计算标准少了"每月"二字,变成"租金400元"。后在原告李××追收房租的过程中,被告赵××认为双方所签协议是自愿的,该协议有效,应按协议操作,支付给李××400元房租。这样一来,李××所收租金只为同地段同样房屋租金的1/12,李××认为自己的合法权益受到侵害,遂将赵××告上法庭,要求撤销原协议,并要求赵××补齐所差房租。请根据上述案情材料,代李××写一份起诉状。

4. 根据下面提供的材料,写出民事上诉的理由部分。

一天下午,某机关幼儿园甲班组织孩子玩滑梯。这时从墙外走过一个小学低年级的学生,他无目的地向院内扔了一块石头,恰好击中亮亮的头部。当时老师不在现场,扔石头的小朋友跑了,而亮亮头部受了重伤,后经医院抢救脱险。亮亮的家长认为,孩子被砸伤与幼儿园老师失职有关,幼儿园应负赔偿责任。一审法院判决亮亮的家长胜诉。幼儿园不服,提起上诉,理由大致有三:第一,直接责任者是那个肇事的小学生,应该设法找他,让他的家长承担责任;第二,从园外飞来石头属意外事件,是无法预见的,以前从来没有发生过从园外飞进石头的事;第三,作为一个大班的幼儿园老师,同时需要照顾几十个孩子。当时有一个孩子肚子痛,老师带她去医务室,而且立刻就回到孩子们身边,离开时间只有几分钟,而且是因公,算不上失职。

5. 根据下列案情材料,按格式拟写一份民事上诉状。

原告李真阳诉被告贾玲离婚一案,经审理,××市××区人民法院于2018年5月10日以××民字第××号民事判决处理。判决结果有三项:①准予原告李真阳与被告贾玲离婚;②婚生子李××(12岁)由原告李真阳抚养;③各人的衣物归各人所有,共有的财产均分,另附财产分割清单(略)。被告对判决结果第一、三项无异议,对第二项不服,于是,向××市中级人民法院提出上诉,要求依法变更第二项,改判婚生子李××由上诉人抚养。

上诉人指出,原判决认为,"鉴于原告收入丰厚,有足够的能力培养孩子成人,因此本院认为孩子归原告抚养有利于下一代健康成长",于是就将孩子判归原告抚养。上诉人认为上述判决理由不能成立,其理由如下。第一,上诉人一直照顾孩子的生活与学习,孩子与上诉人结下了深厚的母子情谊;而被上诉人近十年来担任公司副总,经常出差或开会,有时甚至几个月都不回家,对孩子的生活、学习从来不闻不问,与孩子没有什么感情。因此,上诉人认为孩子由被上诉人抚养,不利于孩子的成长,而由上诉人抚养则有益于孩子的身心健康,有利于培养孩子成才。第二,上诉人经济收入也不低,完全有能力培养孩子成人。关键不在于谁有钱,而在于由谁抚养更有利于孩子健康成长。

参考文献

[1] 张鹏振,谈俊杰,付丽娅等.现代应用写作[M].武汉:华中科技大学出版社,2013.
[2] 张鹏振,陈娟,林圣娥.大学实用写作教程[M].北京:首都师范大学出版社,2016.
[3] 张鹏振,杨芳,王博.实用口才教程[M].北京:首都师范大学出版社,2017.
[4] 王用源.中文沟通与写作[M].北京:机械工业出版社,2019.
[5] 李成谊.新编实用沟通与演讲[M].武汉:华中科技大学出版社,2013.
[6] 周金声,赵丽玲.实用语文——沟通说写教程[M].北京:人民出版社,2006.
[7] 万业宝网. http://www.wanyebao.com/.
[8] 湖南工业职业技术学院官网. http://www.hunangy.com/.
[9] 新浪博客. http://blog.sina.com.cn/.
[10] 豆丁网. https://www.docin.com/.
[11] 清华大学新闻网. http://news.tsinghua.edu.cn/publish/thunews/index.html.
[12] 第一食品网. http://m.foods1.com/.
[13] 道客巴巴网. https://www.doc88.com/.
[14] 月亮岛教育网. http://www.jisiedu.com/.
[15] 应届生求职网. http://www.yingjiesheng.com/.
[16] 应届毕业生网. https://author.baidu.com/home/1576613109339914.